JOAN S[illegible]ELS

HET INTERNET HANDBOEK

INFORMATIE ZOEKEN · BERICHTEN STUREN · VEILIG WINKELEN
SURFEN OP HET WEB · SOCIALE MEDIA · CHATTEN ...

WWW.**HANDBOEKEN.BE**

Op de begeleidende website www.handboeken.be vind je niet alleen de volledige inhoud van dit boek in kleur terug, maar ook:

- Downloads
- Quizzen
- Kruiswoordraadsels

Een deel van de website is enkel toegankelijk voor wie dit boek aankocht. Met de persoonlijke code die je op de sticker hieronder kan terugvinden, krijg je een toegangspas voor het ledengedeelte van de website. Deze code kan slechts één keer gevalideerd worden via de link 'Code registreren' in de hoofding van de website. Je kiest zelf een gebruikersnaam en wachtwoord. Daarmee kan je je vanaf elke computer aanmelden op de website.

UW PERSOONLIJKE CODE

Kleeft hier geen sticker?

Vraag uw persoonlijke code dan aan via

info@handboeken.be

AAN WIE DIT BOEK WIL KOPIËREN.

JE VINDT DIT BOEK ERG GOED: JE WENST ER **FOTOKOPIEËN** VAN TE MAKEN.
BEDENK DAN TOCH OOK EENS:

- dat de auteur met de opbrengst ervan zijn kosten moet dekken;
- dat de kostprijs voor het maken van kopies hoger is als de prijs van een nieuw exemplaar;
- kopies kwalitatief nooit zo goed zijn als het origineel;
- dat het boek aangekocht kan worden via de website www.handboeken.be;
- dat kopiëren zonder toestemming niet alleen getuigt van weinig respect, maar ook onwettig en strafbaar is.

Versie 2.0, september 2019. Eerste druk.

Omslag, layout en typografie: iWitnessMedia

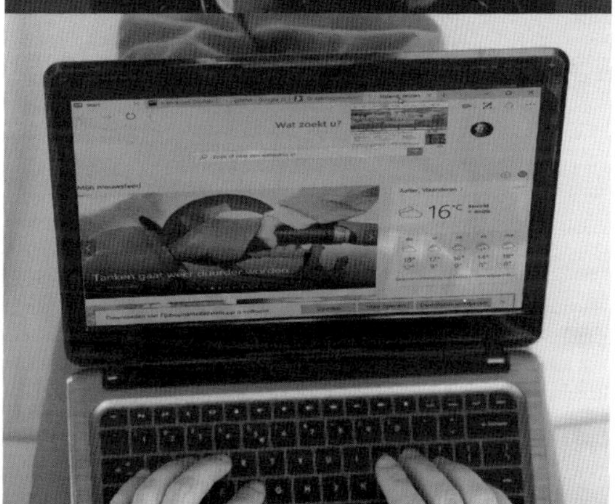

Thema 1

Hoe werkt Internet?

Thema 2

Toegang krijgen tot Internet

Thema 3

Het wereldwijde web

Thema 4

Surfen met Edge

Thema 5

Surfen met Chrome

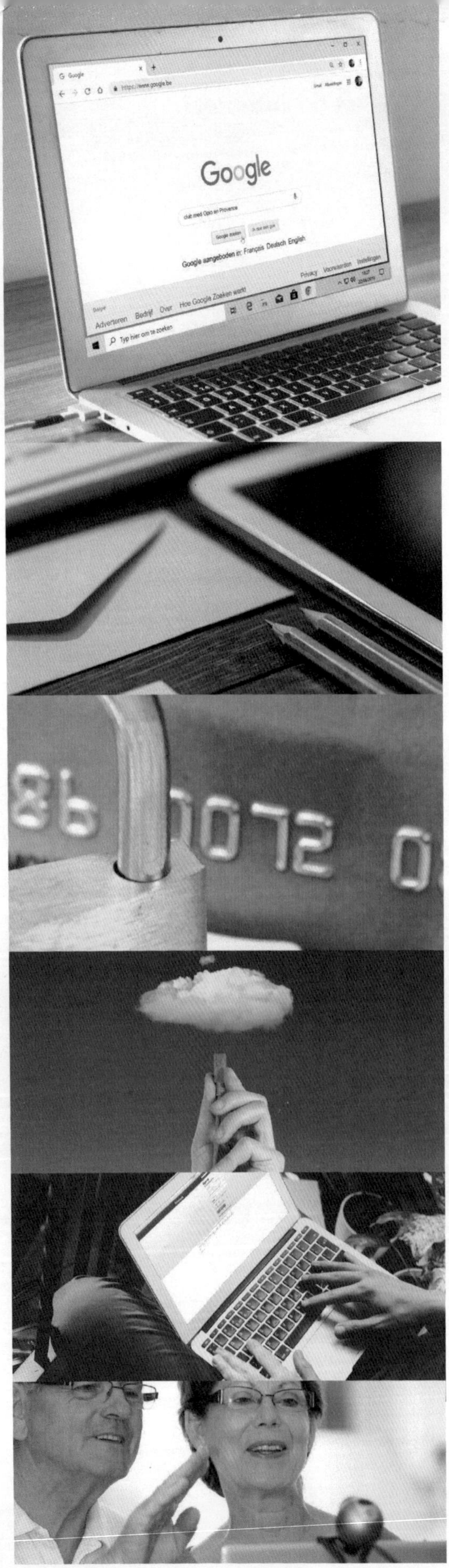

Thema 6

Zoeken en vinden met Google

Thema 7

E-mail

Thema 8

Online veiligheid

Thema 9

Cloud-computing

Thema 10

Sociale Media

Thema 11

Chatten

Thema 1

Hoe werkt Internet?

Geschiedenis van het Internet

Gegevens versturen

Internet Protocol

Pakketgeschakeld netwerk

Toepassingen

Geschiedenis van het Internet

Het Internet kent zijn oorsprong ten tijde van de koude oorlog, toen er gezocht werd naar veilige en zekere communicatiemogelijkheden tussen verschillende computers.

ARPAnet

In 1957 lanceerde de Sovjet-Unie de eerste satelliet, de Spoetnik I. Dit feit was voor de Amerikaanse president Dwight Eisenhower het moment om het ARPA (Advanced Research Program Agency) agentschap op te richten, met als doel opnieuw de technologische voorsprong te verwerven in de wapenwedloop, ondermeer door de VS tegen een in de ruimte gestationeerde nucleaire aanval te beschermen. Directeur Lawrence Roberts zag de mogelijke voordelen van een landelijk communicatienetwerk in. Roberts leidde dan ook de ontwikkeling van zo'n netwerk, gebaseerd op het nieuwe idee van packet switching (zie verder), uitgevonden door de Amerikaan Paul Baran en de Brit Donald Davies. Dit systeem liet toe om gegevens in stukjes over te brengen van één computer naar een andere, eventueel via verschillende wegen. Op die manier worden gegevens zo efficiënt mogelijk doorgegeven en kan een falende computer geen obstakel vormen. Omdat de communicatie tussen verschillende types computers moet kunnen verlopen en deze allemaal andere configuraties hebben, moet er een systeem voorzien worden die de informatiestroom kan regelen. Hiervoor werd een speciale computer met de naam Interface Message Processor (IMP) ontwikkeld die als interface diende tussen de verschillende computers van het netwerk. We zouden dit kunnen beschouwen als de voorloper van de huidige routers. Het ARPANET werd gerealiseerd in oktober 1969. De eerste communicatie verliep tussen de Universiteit van Californië in Los Angeles en het Stanford Research Institute. Kort daarna kwamen ook de universiteiten van Utah en Santa-Barbara hier bij. Deze vier locaties worden beschouwd als het oorspronkelijke ARPAnet en vaak ook als het begin van het Internet.

Spoetnik I in een baan om de aarde

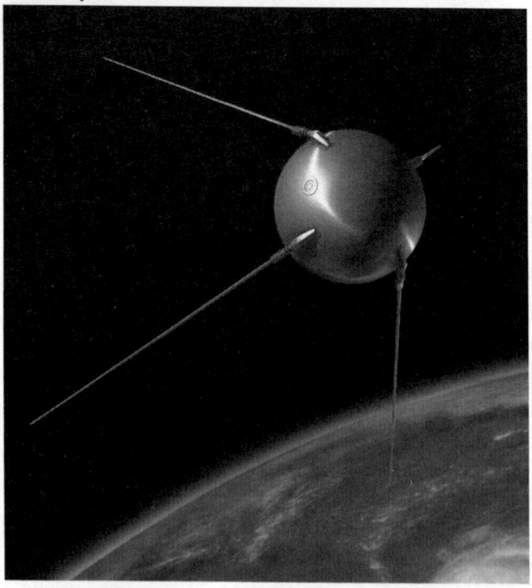

President Dwight Eisenhower richtte in 1958 het ARPA agentschap op. Dit agentschap ontwikkelde het eerste computernetwerk. Toen de opvolger van dit netwerk verbonden werd met een ander netwerk, ontstond het Internet: een netwerk van netwerken.

Internet

ARPAnet werd al snel verbonden met het CSNET, waarin verschillende universiteiten van Noord-Amerika aangesloten waren en vervolgens met EUnet, die onderzoeksfaciliteiten in Europa met elkaar verbond. Deze feiten betekenden de realisatie van het Internet: een netwerk van netwerken.

In 1988 werd het ARPANET met pensioen gestuurd en vervangen door het NSFNET. Het gebruik van het internet explodeerde na 1990, waardoor in 1995 de Amerikaanse regering zich genoodzaakt voelde om het management over te dragen aan onafhankelijke organisaties. Vanaf dat jaar kunnen ook privébedrijven en particulieren aansluiten op het Internet. ■

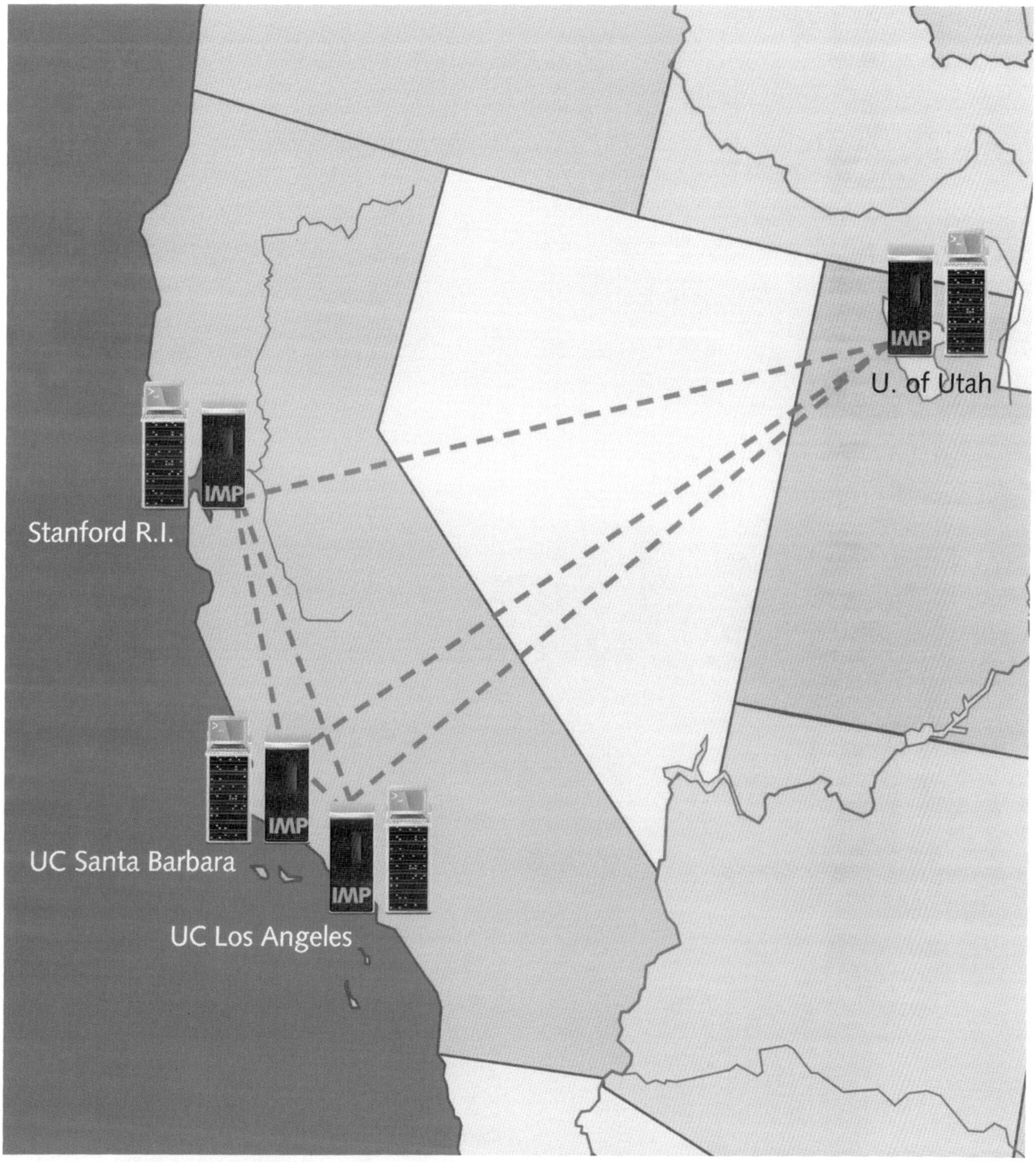

Schematische voorstelling van het ARPAnet in december 1969. Computers van de vier aangesloten universiteiten communiceren met elkaar via IMP computers. De gegevens kunnen via verschillende wegen verzonden worden. Zo kan Santa Barbara rechtstreeks gegevens versturen naar Utah, maar ook via Los Angeles of via Stanford. Enkele maanden later kwam een vijfde IMP in het netwerk terecht: deze van de ontwikkelaar van het ARPAnet, BBN Technologies in Cambridge, Massachusetts, aan de oostkust van de VS. In 1973 kwam er, via een satellietverbinding, voor het eerst een buitenlandse computer in het netwerk: dat van het Noorse NORSAR, een onderzoeksinstelling voor het detecteren van aardbevingen en nucleaire ontploffingen.

Gegevens versturen

Intussen is het internet uitgebreid tot een gigantisch kluwen van computers, kabels, satellieten en veel andere apparaten. Samen zorgen ze er voor dat in een minimum van tijd, gegevens feilloos van de ene computer naar de andere wordt gebracht.

Modem

Een computer op het werk of op school is via het lokale netwerk (LAN, local area network) verbonden met het internet ❶. Het lokale netwerk is op haar beurt verbonden met het LAN van een internetbedrijf, soms via de kabeldistributie of het telefoonnetwerk, maar vaak ook met een snellere verbinding. Thuis zal je via een modem en de kabeldistributie of het telefoonnetwerk (ADSL) verbonden zijn met het internetbedrijf of ISP (Internet Service Provider) ❷.

ISP

De router van het internetbedrijf analyseert je verzoek en bepaalt in welke richting je gegevens verstuurd moeten worden. Is de bestemmeling bij hetzelfde internetbedrijf aangesloten, dan kunnen de gegevens meteen afgeleverd worden ❸. Indien niet, dan zal de router bepalen via welk netwerk de weg vervolgd moet worden. De beslissing wordt genomen op basis van de gegevens van de bestemmeling en de drukte van de verschillende netwerken langs waar de bestemmeling bereikt kan worden ❹.

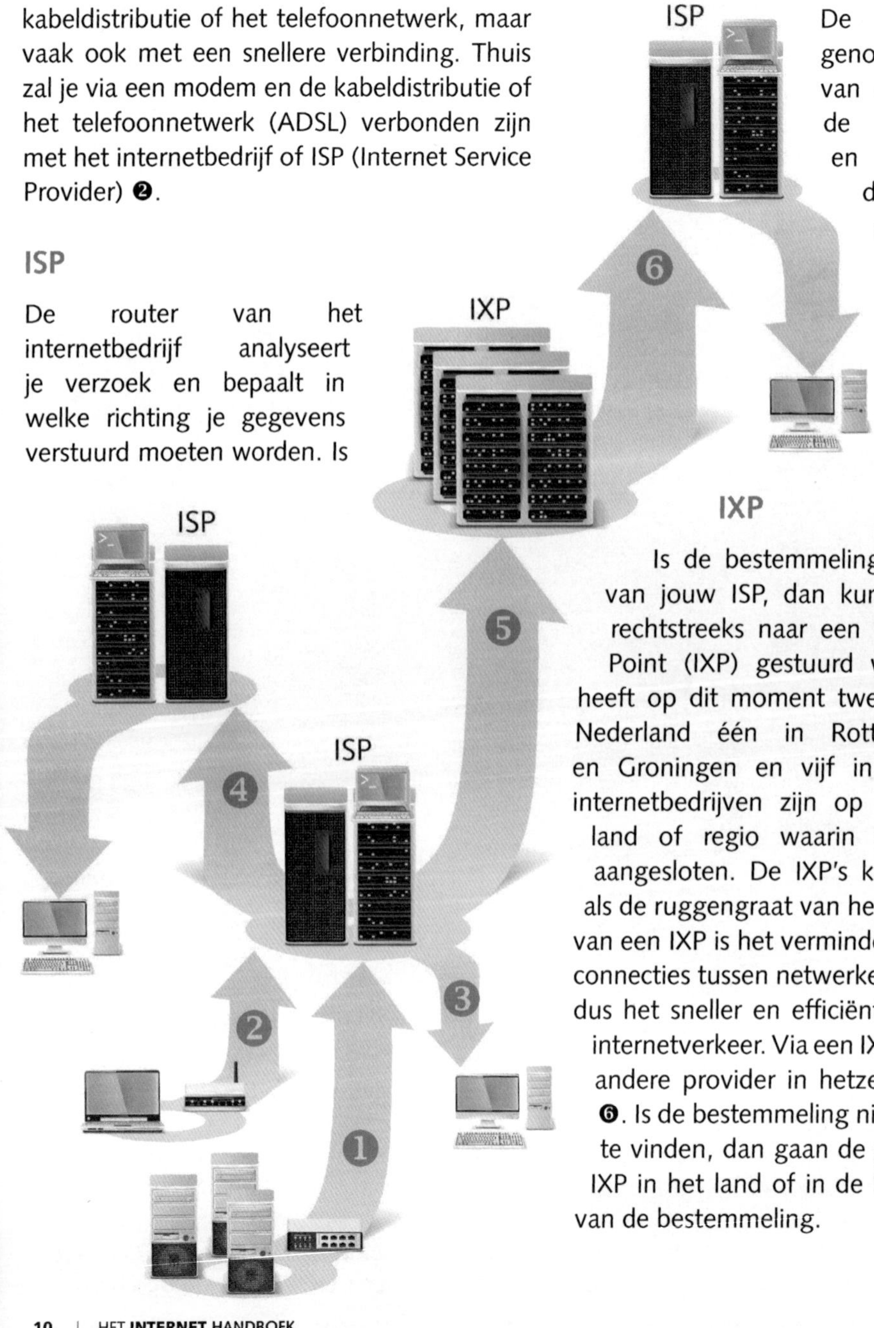

IXP

Is de bestemmeling niet in de buurt van jouw ISP, dan kunnen de gegevens rechtstreeks naar een Internet eXchange Point (IXP) gestuurd worden ❺. België heeft op dit moment twee IXP's in Brussel, Nederland één in Rotterdam, Enschede en Groningen en vijf in Amsterdam. Alle internetbedrijven zijn op de IXP's van het land of regio waarin ze zich bevinden aangesloten. De IXP's kan je beschouwen als de ruggengraat van het internet. Het doel van een IXP is het verminderen van het aantal connecties tussen netwerken en computers en dus het sneller en efficiënter maken van het internetverkeer. Via een IXP kan jouw ISP een andere provider in hetzelfde land bereiken ❻. Is de bestemmeling niet in hetzelfde land te vinden, dan gaan de gegevens naar een IXP in het land of in de buurt van het land van de bestemmeling.

Hubs, switches, repeaters...

Doorheen het internet zullen de gegevens via een reeks netwerkapparaten vooruit gestuurd worden:

Hub

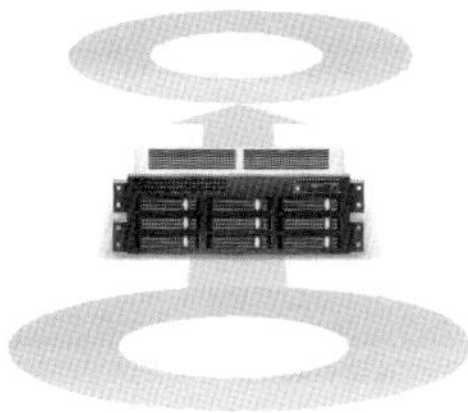

Een hub is een apparaat dat tussen twee netwerken wordt geplaatst, zodat de computers van beide netwerken gegevens kunnen doorgeven.

Bridge

Een bridge (letterlijk een brug) is een apparaat dat één netwerk, via een tweede netwerk, meteen aan een derde netwerk linkt. Het laat de gegevens een soort sprong voorwaarts maken.

Repeater

Wanneer gegevens over lange afstanden verplaatst worden, dan kan het signaal verzwakken en zelfs vervagen. Om dit te voorkomen, worden er repeaters geplaatst die het signaal versterken of vernieuwen. Zo kunnen signalen zelfs de meest afgelegen computers bereiken.

Kabels en satellieten

Vanuit jouw computer gaan de gegevens verstuurd worden via de kabels van het distributienetwerk of van het telefoonnetwerk. Het aantal gegevens die door deze kabels kan verplaatst worden is laag (telefoon) tot matig (distributie), maar voldoende voor particulieren en kleine bedrijven.

Tussen ISP's onderling en tussen ISP's en IXP's worden kabels gebruikt met een veel hoger debiet, zodat veel meer gegevens tegelijkertijd verzonden kunnen worden en tegen een hoge snelheid. Om de continenten met elkaar te verbinden, wordt ook gebruik gemaakt van satellietverbindingen.

Samenwerking

Internetproviders hebben niet alleen servers en routers voor hun eigen klanten, maar ook voor deze van andere providers. Stel dat je een bericht wil sturen naar een vriend die aangesloten is bij een andere provider, dan zal jouw provider de gegevens van en naar de provider van je vriend doorsturen. Beide providers hebben hierover samenwerkingsakkoorden gemaakt. En zelfs mocht dat niet het geval zijn, dan kan de provider de gegevens doorsturen naar een IXP waarmee het wel een overeenkomst heeft. Die stuurt het dan door naar de provider van je vriend.

Altijd bereikbaar

Het geheel van computers en netwerkapparaten, samen met het principe van samenwerking, maakt het internet tot een zeer betrouwbaar en performant computernetwerk. Wanneer één van de computers op het internet uitvalt, of zelfs indien een volledig netwerk of ISP zou uitvallen, dan blijven computers bereikbaar. Routers houden het verkeer in de gaten en kiezen automatisch voor de snelste weg naar de ontvangende computer. Valt plots een netwerk op deze weg uit, dan wordt automatisch een andere route gekozen (zie schema hieronder), net zoals een GPS bij een wegversperring automatisch een andere route voorstelt. ■

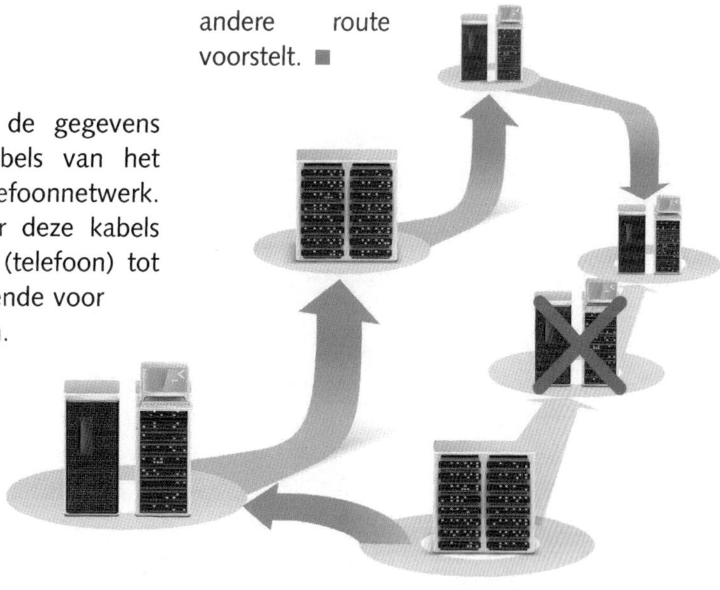

Internet Protocol

Opdat computers in een netwerk met elkaar zouden kunnen 'praten', moeten ze overeenkomen om dezelfde 'taal' te spreken. Die taal wordt in het jargon het protocol genoemd.

Netwerkprotocol

Het eerste netwerkprotocol dat op het ARPANET gebruikt werd, was het NCP (Network Control Program). In 1983 werd het vervangen door het TCP / IP-protocol, ontwikkeld door Robert Kahn, Vinton Cerf en anderen. TCP/IP werd al snel het meest gebruikte netwerkprotocol ter wereld en is ook vandaag nog de taal voor netwerken en het Internet.

TCP/IP

Bij een pakjesbedrijf is er een sorteercentrum die bepaalt hoe pakjes tot bij de klant moeten komen en zijn er koeriers die deze pakjes moeten bezorgen. Op het internet is er een soortgelijke taakverdeling:

TCP

TCP staat voor Transmission Control Protocol. Het is een protocol waarin beschreven staat hoe gegevens via een netwerk verstuurd moeten worden. Het protocol zorgt er voor dat gegevens in pakketjes (zie volgend onderwerp) worden verstuurd en controleert of deze pakketjes goed terecht zijn gekomen. Indien niet, dan worden de pakketjes opnieuw verstuurd, desnoods via een andere route. TCP is dus verantwoordelijk voor het correct afleveren van gegevens en kan je vergelijken met het sorteercentrum van het pakjesbedrijf.

IP

IP staat voor Internet Protocol. In dit protocol wordt beschreven hoe gegevens in een pakketje moeten bewaard worden, van wie het pakket afkomstig is en naar waar het moet verstuurd worden. Het IP-protocol wordt gecontroleerd door het TCP-protocol. Het IP-protocol kan je vergelijken met de koerier en de pakjes. Alle computers, maar ook smartphones, tablets, televisies en andere netwerkapparaten die het TCP/IP protocol ondersteunen kunnen, via Internet, met elkaar communiceren. Zo is het bijvoorbeeld mogelijk om thuis een videocamera aan te sluiten op het internet en het TCP/IP te laten ondersteunen om de beelden met een GSM, die ook aangesloten is en ook TCP/IP ondersteunt, te bekijken, waar ook ter wereld.

IP-adressen

Op een postpakket staat een huis- of bedrijfsadres, zowel van de verzender als van de ontvanger. Ook in een internet packet zijn er adressen nodig, of beter gezegd nummers. Die nummers bepalen naar welke computer het pakketje moet verstuurd worden en van welke computer het afkomstig is.

IPv4

De oorspronkelijke structuur van een IP-adres, vandaag beschreven als een IPv4-adres (IP versie 4), bestaat uit vier groepen van drie cijfers, bijvoorbeeld:

194.78.225.186

In theorie kan elk groepje cijfers tussen 0 en 255 liggen, dus van 0.0.0.0 tot 255.255.255.255. In totaal zijn er dan theoretisch maximaal 4,3 miljard adressen mogelijk. In de praktijk worden echter bepaalde nummers niet gebruikt waardoor het werkelijk aantal nummers lager ligt, namelijk slechts zo'n 14% van het theoretisch maximum. Om die reden is het niet mogelijk om elke computer of apparaat een eigen IP-adres te geven. Particulieren krijgen van een internetbedrijf dan ook één tijdelijk IP-adres. De router thuis (zie volgend thema) kan dan binnen het thuisnetwerk lokale, tijdelijke IP-adressen toekennen aan de aangesloten computers, de spelconsole, de smartphone, tablet, ...

IPv6

Met IP versie 4 zijn er nu al te weinig combinaties mogelijk om alle computers en apparaten ter wereld via een vast IP-adres te laten aansluiten op het internet. Reeds in december 1998 werd geopperd om het IPv4 systeem te vervangen door IPv6 (IP versie 6, versie 5 werd ontwikkeld, maar nooit in gebruik genomen). Bij IPv6 zijn er bijna een onbeperkt aantal adressen mogelijk, namelijk 3.4×10^{38}, dat is 3,4 gevolgd door 37 nullen, of voor elke aardbewoner miljarden adressen! De structuur van een IPv6 adres is heel wat gecompliceerder dan bij IPv4 en kan er bijvoorbeeld zo uitzien:

FE80::34CA:33B:29E0:F863

IP-adres verkrijgen

Geen enkele router of computer die rechtstreeks op het internet aangesloten is, kan of mag een IP-adres hebben dat al door een andere computer gebruikt werd. Net zoals een GSM-nummer hoort ook een IP-adres uniek te zijn. Slechts enkele internationale organisaties delen dan ook de IP-adressen uit. De Amerikaanse organisatie IANA verdeelt groepen IP-adressen tussen vijf regionale organisaties. Voor Europa is dit het RIPE NCC. De regionale organisatie verdeelt zijn pakket IP-adressen onder grote bedrijven en de internetbedrijven. Als klant bij een internetbedrijf krijg je één van deze IP-adressen tijdelijk of vast toegekend. ■

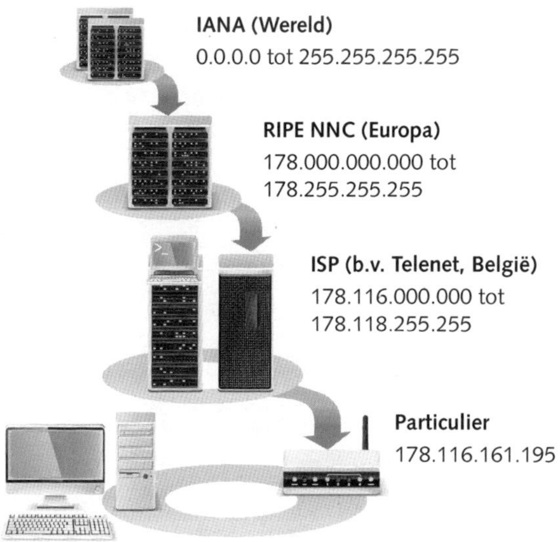

OEFENING

Open 'Zoeken in Windows' via de taakbalk en typ de letters 'opdracht'. Klik in de zoekresultaten op 'Opdrachtprompt':

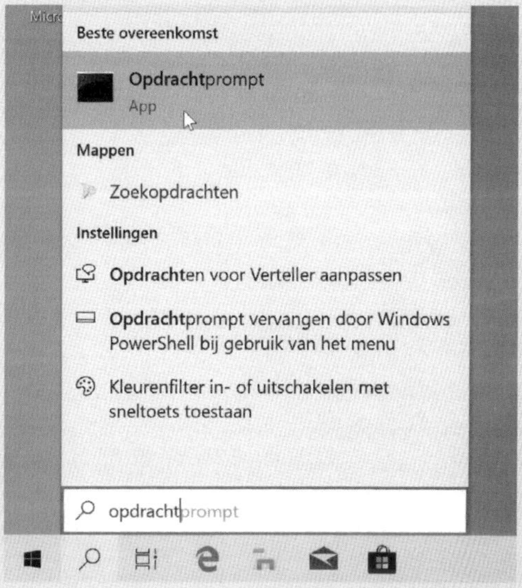

Typ, in de opdrachtprompt, vervolgens dit commando: **ipconfig** en druk op Enter:

Wat is het IPv4 adres van je computer?

____

Dit adres zal waarschijnlijk beginnen met 192.168... Dit is een lokaal IP-adres dat je toegewezen kreeg van de router van het lokale netwerk.
Zie je ook (het lokale) IPv6 adres staan?

____

Sluit het venster af.

Pakketgeschakeld netwerk

Op het internet, maar ook in thuisnetwerken of bedrijfsnetwerken, worden over te zenden gegevens opgesplitst in kleinere pakketten. Elk van deze pakketten kan een andere weg door het netwerk volgen.

Packet switching

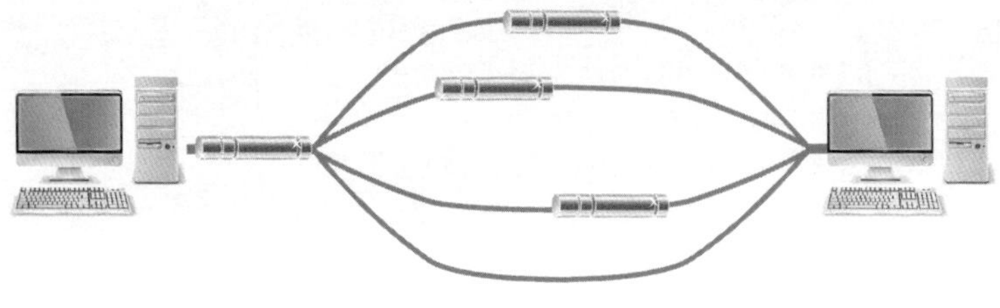

Packet switching is een netwerk communicatie methode die gegevens in blokken met een bepaalde grootte indeelt. Die zogenaamde packets worden via hubs, routers en andere netwerkonderdelen, gebufferd en in een wachtrij geplaatst, waarna ze worden afgeleverd. De ontvangende computer verzamelt alle blokken en plaatst ze in de juiste volgorde. Dit systeem resulteert in een variabele vertraging en doorvoer, afhankelijk van de verkeersbelasting in het netwerk. Packet switching wordt gebruikt om de beschikbare capaciteit van een computernetwerk zo optimaal mogelijk te gebruiken, aangezien één packet via één weg en een ander packet via een andere weg de ontvangende computer kan bereiken. Packet switching wordt op het internet en in de meeste lokale computernetwerken toegepast. ■

STRUCTUUR VAN EEN PACKET

De hoofding of Header

Aan het begin van elke packet worden de IP-adressen van de verzendende en de ontvangende computer geplaatst. Vermits een packet slechts één deeltje van de totale stroom gegevens bevat zal in de header ook het volgnummer van het packet en het totaal aantal packets van de gegevenstroom vermeld worden. De ontvangende computer zal de verschillende stukjes in de juiste volgorde plaatsen.

De eigenlijk inhoud of Payload

Het grootste stuk van een packet is uiteraard de inhoud zelf, de bits en bytes van een bestand, een internetpagina, een muzieknummer of wat de gegevens ook mogen zijn. De structuur van de payload ligt vastgelegd in het TCP/IP protocol. Één packet kan zo'n 1500 bytes bevatten.

Afsluiting of Footer

Aan het einde van een packet volgen nog een paar bits die de ontvangende computer duidelijk maakt dat het packet voltooid is. De footer wordt ook gebruikt voor foutcontrole. Zo telt de verzendende computer het aantal bits met waarde 1 en zet het resultaat daarvan in de footer. Ook de ontvangende computer maakt deze berekening en als het resultaat niet hetzelfde is, dan zal deze aan de verzendende computer vragen om het packet opnieuw te versturen.

Toepassingen

ARPANET was oorspronkelijk ontwikkeld voor het aanmelden op een andere computer en het verzenden en ontvangen van bestanden tussen computers. Na in gebruikname ontwikkelde zich heel snel een derde toepassing: e-mail.

Client en server netwerkmodel

In dit klassieke model voor grote netwerken zijn niet alle computers evenwaardig aan elkaar. Een server is een krachtige computer die vaak in een aparte, meestal gekoelde ruimte, ondergebracht wordt. De bedrijfsserver kan bijvoorbeeld gegevens of bestanden bevatten die nuttig zijn voor de computers van de medewerkers van het bedrijf. Die computers worden clients genoemd (zie verder).

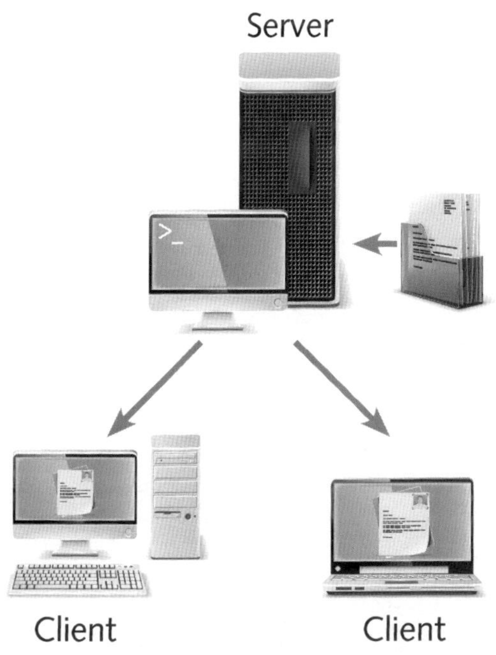

In een ziekenhuis bijvoorbeeld kan een arts vanaf zijn computer een dossier opvragen van een patiënt. Omdat meerdere mensen in het ziekenhuis hetzelfde dossier nodig hebben, wordt dit centraal bewaard op een server. Iedereen die over de juiste rechten beschikt, kan dan het dossier raadplegen. Wordt de server op het internet aangesloten, dan kan een arts vanuit één campus een dossier raadplegen die fysiek op een server in een andere campus bewaard wordt, ongeacht de afstand die tussen de twee lokaties ligt. Uiteraard moet de arts over de nodige rechten beschikken om dit te mogen doen.

Soms kan een server voor één specifieke taak in het netwerk geplaatst worden. Zo zijn er servers die bestanden beheren (file servers) en servers die voor het afdrukken van documenten zorgen (print servers). Omdat een server andere taken te verwerken heeft dan een bureaucomputer, wordt hier meestal ook gebruik gemaakt van een aangepast besturingssysteem zoals Windows Server 2016 of Mac OS Server.

Clients

Een client kan een eenvoudige Windowscomputer of Mac zijn, een laptop of een bureaucomputer. Er is sprake van een fat client indien het om een standaardcomputer gaat met een eigen harde schijf en geïnstalleerde programma's. Een goedkope thin client is een computer die vaak geen eigen harde schijf heeft en al zijn gegevens én de programma's van de (internet)server moet halen.

Peer-to-peer netwerkmodel

De eenvoudigste manier om computers in een netwerk te laten communiceren is via een zogenaamd peer-to-peer model. Elke computer in het netwerk is dan tegelijkertijd client en server. Twee of meer computers met een recente Windowsversie of twee of meer recente Mac computers kunnen, zonder verdere hard- of software, een dergelijk netwerk vormen. Thuis kan je zo gemakkelijk twee of meerdere computers met elkaar verbinden om bijvoorbeeld de muziek, opgeslagen op de ene computer, te laten afspelen op een andere. Ook op het internet wordt het peer-to-peer model gebruikt, bijvoorbeeld wanneer particulieren bestanden met elkaar willen uitwisselen (al-dan-niet legaal).

Internetservers en -diensten.

Op het internet zijn er uiteraard heel wat servers nodig. Elke type server zal een specifieke dienst aan clients leveren.

Webserver

Een webserver beheert internetpagina's van één of meerdere bedrijven of particulieren. Het aantal webservers en internetpagina's is intussen onschatbaar groot geworden. Een verbinding maken met een webserver, via een webbrowser zoals Edge of Chrome, leer je in Thema 4 en Thema 5. Zoekmachines, zoals Google, zijn speciale webservers die automatisch een catalogus van internetpagina's opbouwen. Je kan via een webpagina dan zoeken naar bepaalde informatie die gepresenteerd wordt in mooi opgemaakte pagina's. Google leer je gebruiken in Thema 6.

Mailserver

Een mailserver is een soort postkantoor, het zorgt voor het ontvangen en verzenden van e-mailberichten. Op je computer heb je een e-mailclient programma nodig om e-mail berichten op te stellen, te verzenden en te ontvangen. Dat leer je in Thema 7.

Fileserver

Het uitwisselen van bestanden, zoals programma's, documenten, muziek of andere media, gebeurde oorspronkelijk via fileservers. Die bestaan vandaag nog steeds, maar de meeste bestanden worden nu via webservers gedownload. Bestanden online opslaan, downloaden en delen leer je in Thema 9.

Chatserver

Chatten (van het Engels to chat, wat kletsen of keuvelen betekent) is voor veel internetgebruikers, zowel jong als minder jong, een vorm van vrijetijdsbesteding. Je kan kletsen met een vriend in Balgerhoeke, een kind of kleinkind in de Verenigde Staten of een tante uit Australië. Je kan chatten via tekst, met geluid (Skype) en zelfs met video. Deze mogelijkheden bekijken we in Thema 11.

Veiligheid en privacy

Dat je heel veel informatie vindt op het internet en dat er heel wat toepassingen zijn, heb je intussen waarschijnlijk al begrepen. Verder in het boek wijzen we ook op de gevaren van het internet voor jouw computer, voor jouw gegevens en privacy. We tonen hoe je veilig omgaat met bestanden die je van internet haalt, veilig winkelt en bankzaken verricht in. In Thema 10 bespreken we de mogelijkheden en privacy-instellingen van sociale media zoals Facebook, Instagram en Twitter. ■

Een reisroute laten bepalen naar een vakantiebestemming en live de drukte op de wegen controleren, het kan allemaal via het internet.

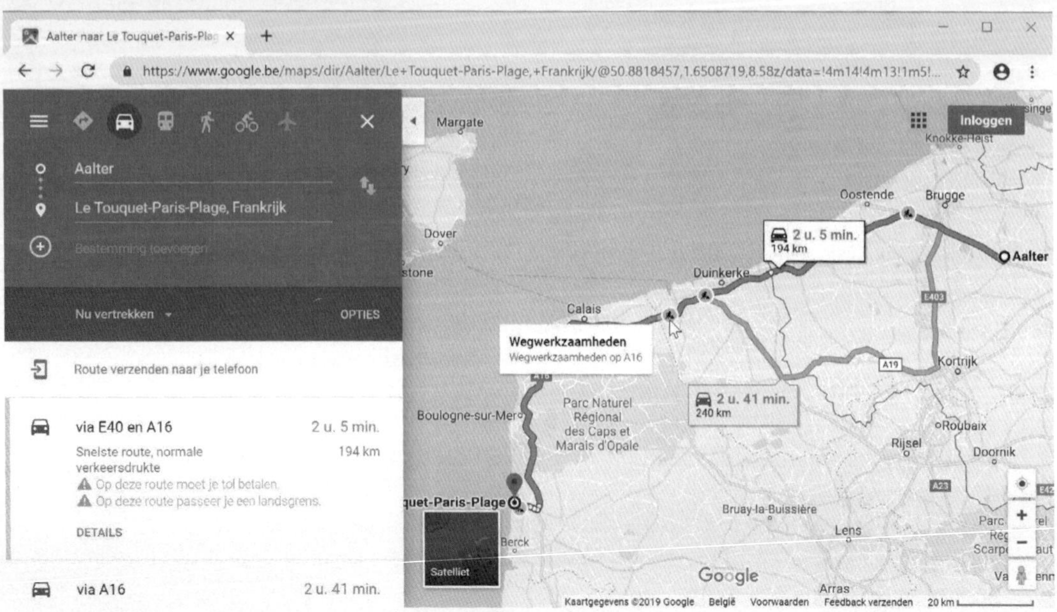

Thema 2

Toegang krijgen tot Internet

Internet in huis halen

Router en switch

Netwerkconfiguratie

Draadloos internet

Netwerkproblemen oplossen

Internet in huis halen

Misschien heb je nog geen internet in huis en vraag je je af welke toestellen er nodig zijn om je computer aan te sluiten. Misschien heb je wel al internet, maar weet je niet waar al die apparaten voor dienen. Dit onderwerp brengt je raad.

Vaste internetverbinding

De meeste particulieren halen internet in huis via de kabel of het telefoonnetwerk. Op beide netwerken worden signalen niet digitaal, maar analoog verzonden. De computer werkt enkel met digitale signalen. Voilà, er is al één apparaat nodig om dit probleem op te lossen: een apparaat dat digitale gegevens van je computer omzet naar analoge signalen voor de kabels naar het internetbedrijf. Dat apparaat wordt een modem genoemd.

Kabelmodem

Klanten van een internetbedrijf dat via de kabeldistributie werkt, zoals Telenet in Vlaanderen of UPC in Nederland, huren een kabelmodem. Die wordt meestal in de garage of in de inkomhal weggestopt. Het apparaat staat altijd aan en in principe hoef je hier niet naar om te kijken, tenzij bij problemen (zie verder in dit thema). De kabelmodem verbindt je thuisnetwerk via de kabeldistributie met het netwerk van het internetbedrijf en dus met internet. Indien je naast internet, ook digitale televisie in huis hebt gehaald, dan vertrekken er vanuit de kabelmodem twee kabels: één kabel naar de settopbox van je televisie, de andere kabel gaat naar de router van je thuisnetwerk.

DSL modem

Ben je klant bij een telefoonmaatschappij, zoals Proximus in Vlaanderen of KPN in Nederland, dan huur je een DSL modem. DSL staat voor Digital Subscriber Line. Er zijn verschillende

KABELDISTRIBUTIE

Coaxkabel voor televisie én internet

De coaxkabel ken je van de aansluiting van je analoge televisie op het distributienetwerk. Het is een wat verouderd type kabel, maar bijna elk huisgezin maakt er gebruik van. Het verstuurt net als vroeger televisiesignalen, maar sinds 1997 wordt ook internettoegang via de kabel aangeboden. Beide signalen (televisie én internetgegevens) worden dus samen via de kabel doorgegeven. De kabelmodem in je huis splitst de televisiesignalen van de internetgegevens.

Broadcast netwerk

Kabeldistributie is van oorsprong een netwerk welke alle gegevens naar iedereen stuurt. Iedereen kan via de kabel dezelfde televisiesignalen ontvangen. Voor internetgegevens geldt hetzelfde: iedereen in een bepaalde wijk deelt alle gegevens. De kabelmodem filtert uit de stroom gegevens die informatie uit die voor jouw netwerk bedoeld is. Dit houdt ook in dat wanneer veel mensen in een wijk tegelijkertijd veel informatie ontvangen of versturen, het internetverkeer kan vertragen.

Glasvezel voor internet

Voor bedrijven is de coaxkabel niet altijd de meest geschikte kabel, enerzijds omdat de snelheid waarmee de gegevens getransporteerd kunnen worden te laag is en anderzijds omdat deze niet altijd beschikbaar is in bedrijventerreinen. In Vlaanderen ligt er een uitgebreid glasvezelnetwerk sinds 1997, het wordt beheerd door Telenet.

varianten mogelijk binnen de DSL standaard. De meeste gekende is ADSL, de A staat voor Asymmetrisch (zie verder). Een ADSL modem werkt net zoals een kabelmodem, maar vertaalt digitale gegevens naar analoge gegevens die via het gewone telefoonnetwerk verstuurd kunnen worden. Je kan dus geen kabelmodem gebruiken voor ADSL en geen ADSL modem voor kabeldistributie. ADSL heeft sinds de introductie in 1998 enkele aanpassingen gekregen. De huidige versie wordt ADSL2+ genoemd en is drie keer sneller dan de oorspronkelijke versie. VDSL is minder gekend en niet overal beschikbaar, maar is veel sneller. De V staat immers voor Very (high speed). VDSL werd in eerste instantie voor digitale televisie gebruikt, maar kan sinds eind 2010 voor snelle internetverbindingen gebruikt worden, althans in Nederland. In België is VDSL intussen al weer vervangen door VDSL2, de nieuwste, snelste en meest geavanceerde DSL standaard.

Bandbreedte

Snelheden

De bandbreedte van een verbinding is het maximaal aantal gegevens die per seconde verstuurd kunnen worden. Die snelheid wordt uitgedrukt in kilobit, megabit of gigabit per seconde, respectievelijk afgekort als Kbps, Mbps en Gbps. De maximale bandbreedte hangt af van het soort netwerk. De werkelijke bandbreedte is afhankelijk van de kwaliteit van de kabels, de afstand tot een telefooncentrale (voor DSL) en de drukte op het internet. Een kort overzicht voor Belgische providers:

Provider	Opgegeven max. bandbreedte	Gemiddelde bandbreedte (*)
Telenet	200 Mbps	69,48 Mbps
VOO	125 Mbps	53,96 Mbps
Orange	225 Mbps	52,14 Mbps
Proximus	50 Mbps	31,75 Mbps
Scarlet	50 Mbps	23,84 Mbps

*bron: speedtest.net, maart 2018, gemiddelden

DSL

Telefonie én internet

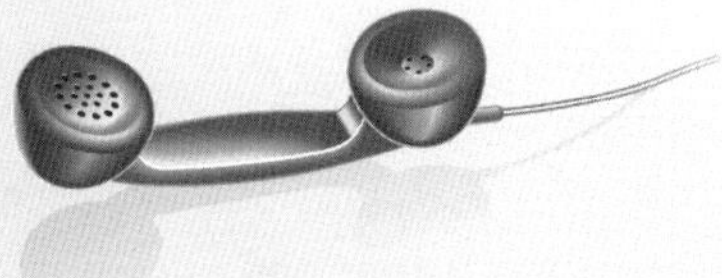

DSL werkt op het bestaande telefoonnetwerk, daarom zal de DSL modem het telefoonsignaal splitsen van de internetgegevens. Dit kan ook via een aparte splitter gebeuren die tussen de muur en de modem wordt geplaatst: één kabel loopt vanuit de splitter naar je modem en de andere naar je vast telefoon. Sinds 2005 is het ook mogelijk om via VDSL digitale televisie te ontvangen. Het DSL netwerk wordt in België beheerd door Proximus (het vroegere Belgacom).

Point-to-point netwerk

In tegenstelling tot kabeldistributie, gebruikt DSL een techniek waarbij het internetbedrijf enkel jouw gegevens doorstuurt naar je modem. Dat is logisch aangezien bij telefonie het ook niet de bedoeling is om jouw gesprekken ook naar de telefoon van de buren te sturen.

Afstand tot centrale

De DSL techniek heeft als belangrijk nadeel dat de kwaliteit van het signaal en dus de snelheid waarmee gegevens verstuurd kunnen worden, sterk afhankelijk is van de afstand van je huis tot de dichtsbijzijnde telefooncentrale. Wie dichtbij woont heeft een snelle DSL verbinding, wie verderaf woont heeft een tragere of kan zelfs helemaal niet aansluiten op het DSL netwerk. Zie grafiekje hiernaast.

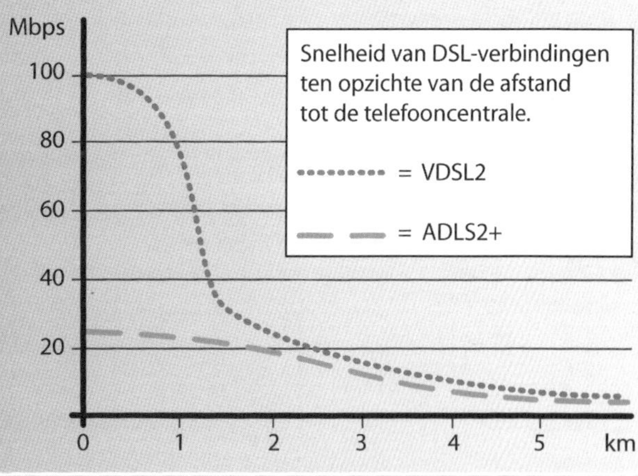

Upstream en downstream

Upstream is de gegevensstroom van je computer naar het internet. Downstream is de gegevensstroom van het internet naar je computer. Omdat je veel meer gegevens van het internet haalt dan dat je er naar toestuurt, kan de bandbreedte bij coax kabel en ADSL asymmetrisch verdeeld worden tussen upstream en downstream. Je kan dan veel minder snel gegevens versturen naar je ISP dan ontvangen:

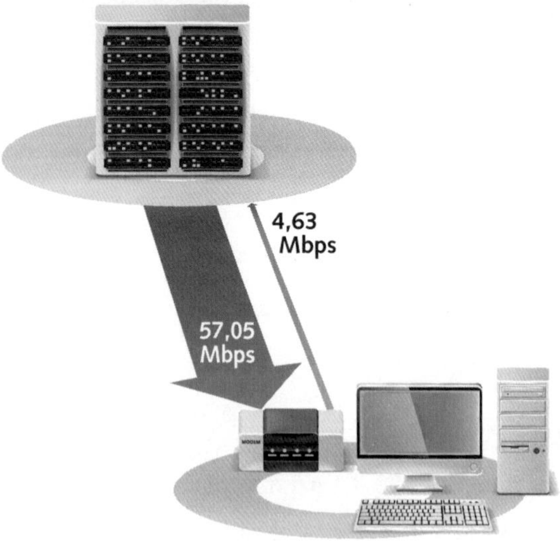

Dat is voor de meeste particulieren niet zo hinderlijk. Je vult immers maar een paar tekens in de adresbalk van je browser in en je krijgt in ruil een volledige internetpagina, met veel tekst, enkele foto's en misschien zelfs video. Wanneer je, zoals we verder in dit boek zullen bespreken, een e-mailbericht verstuurt met een grote bijlage (enkele digitale foto's bijvoorbeeld), dan pas merk je dat het toch even duurt voor deze gegevens verzonden zijn. Onderstaande tabelletje geeft de maximum upload en downloadsnelheden weer van de verschillende netwerken. Je merkt dat bij glasvezel en VDSL2 er geen verschil is tussen upload en download. Dat zijn interessante netwerken voor bedrijven die vooral veel data naar het internet willen verzenden. ■

Netwerk	Maximale downloadsnelheid	Maximale uploadsnelheid
Coaxkabel	100 Mbps	10 Mbps
Glasvezel	1 Gbps	1 Gbps
ADSL2+	24 Mbps	1,3 Mbps
VDSL2	250 Mbps	250 Mbps

OEFENING

Heb je al internet op je computer? Test dan de upstream en downstream snelheden van je internetverbinding eens uit. Om een correct cijfer te krijgen, dient alle internetactiviteit (en ook deze van je huisgenoten, mede-cursisten of collega's) even stilgelegd te worden.

Start je browser en open deze internetpagina:
http://www.speedtest.net/

Na enkele seconden verschijnen twee kaartjes: bovenaan een lokale kaart en onderaan een wereldkaart. Klik in het bovenste kaartje op het bolletje dat het dichtst in de buurt ligt van jouw locatie. Bijvoorbeeld Brussel of Mechelen voor Vlaanderen. De meter schiet in gang:

Na enkele seconden verschijnen zowel de download als de upload snelheid.

Een andere snelheidsmeter vind je bij Telenet op dit adres:
http://speedtest.telenet.be/

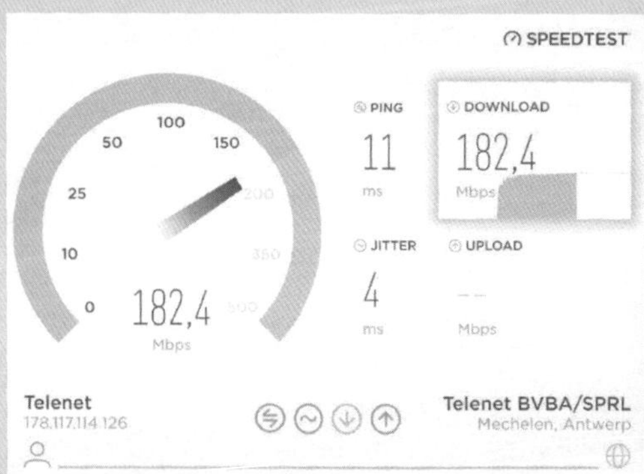

Router en switch

De router is het belangrijkste netwerkapparaat voor wie internet via de kabel of via de telefoonlijn heeft binnengehaald. Een switch of hub is niet strikt noodzakelijk, maar vaak wel nuttig.

Router

De kabelmodem wordt geplaatst door en gehuurd van het internetbedrijf. Zij zijn dan ook verantwoordelijk voor de goede werking ervan. Naast de modem heb je ook een router nodig, tenminste indien één van volgende situaties van toepassing is:

- Je wil meer dan één apparaat aansluiten op internet, bijvoorbeeld twee computers of een computer en een smartphone (gsm)...
- Je wil draadloos een verbinding kunnen maken met internet, bijvoorbeeld op een laptop, gsm of tablet computer.
- Je wil een printer delen tussen verschillende computers.

Verkeerswisselaar

De router is een toestel dat een verbinding kan maken tussen het netwerk van het internetbedrijf, dat loopt tot aan je modem, en het thuisnetwerk met je computer(s), printer(s) en eventuele andere netwerkapparaten. De router is verantwoordelijk voor de vlotte communicatie tussen de aangesloten toestellen onderling en zorgt er tevens voor dat elk toestel een veilige verbinding kan maken met het internet.

Aantal aansluitingen

Een router heeft één ingang voor de modem en een beperkt aantal uitgangen voor computers of andere netwerkapparaten. Heb je veel internetaansluitingen nodig, dan zal een switch noodzakelijk worden (zie verder). De meeste routers die je vandaag op de markt kan kopen hebben een antenne zodat je bepaalde apparaten ook draadloos kan verbinden (zie volgend onderwerp).

Externe en lokale IP adressen

De router is de vertegenwoordiger van je thuisnetwerk en krijgt van de ISP via je modem een uniek IP-adres, bijvoorbeeld 178.119.223.202. Dat IP-adres wordt het extern IP-adres van je netwerk genoemd. In het thuisnetwerk of intern netwerk deelt de router lokale ip-adressen uit aan de aangesloten apparaten, bijvoorbeeld 192.168.2.8. De router heeft zichtzelf het ip-adres 192.168.2.1 toegekend. Zie schema:

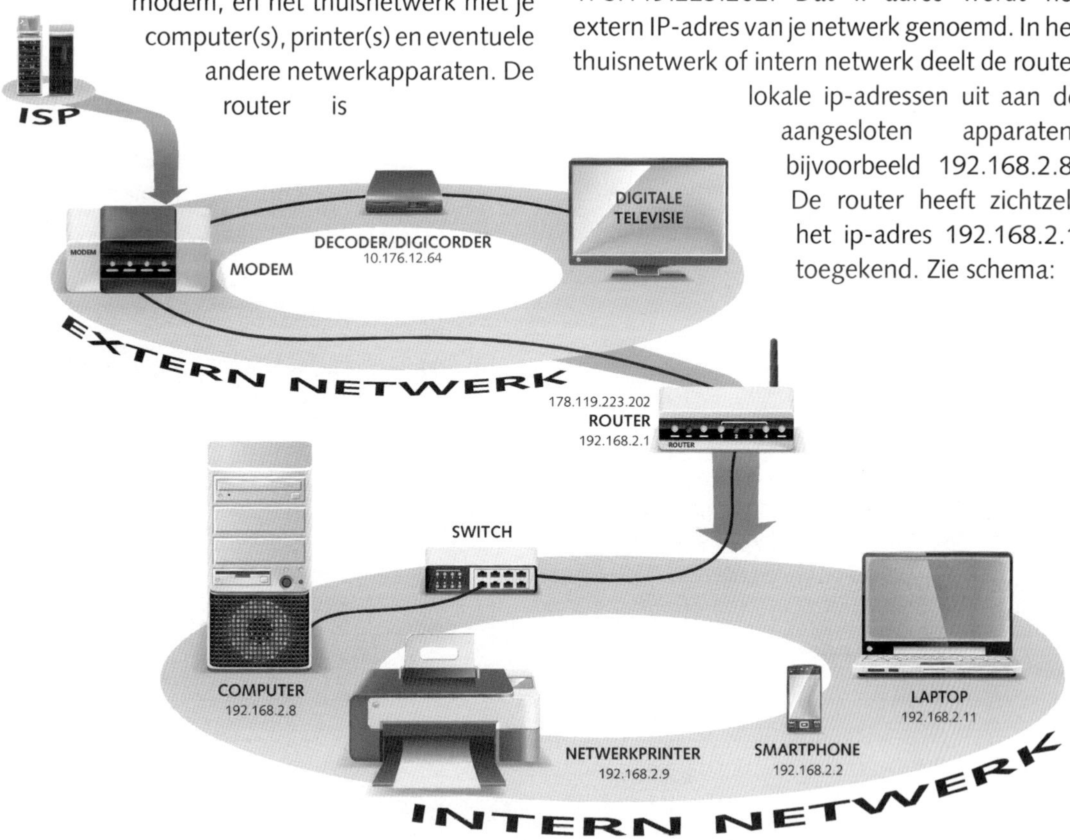

Apparaten aansluiten op router

UTP kabel

De router heeft enkele aansluitingen voor UTP netwerkkabels. UTP staat voor Unshielded Twisted Pair en slaat op de manier waarop verschillende kabeltjes samengevoegd zitten in één kabel, namelijk gedraaid of getorst (twisted). Dit wordt gedaan om interferentie tussen signalen te verminderen en dus een sterker eindsignaal te krijgen. Aan het uiteinde van de UTP kabel zit een RJ-45 connector die op deze van een telefoonkabel lijkt, maar breder is. Op een RJ-45 poort van de router kan je, via een UTP kabel, rechtstreeks een computer aansluiten.

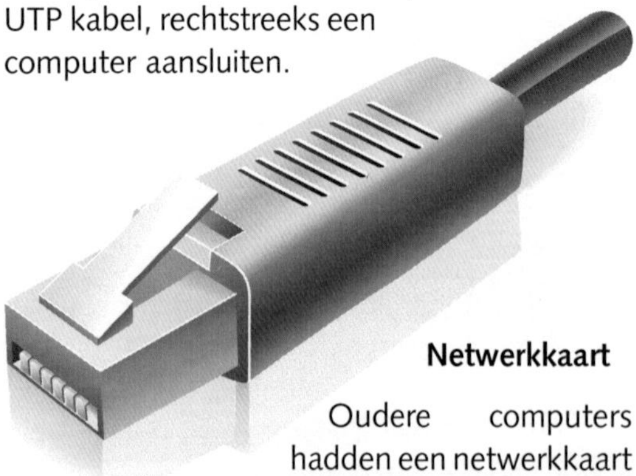

Netwerkkaart

Oudere computers hadden een netwerkkaart nodig om te kunnen aansluiten op een modem of router. Bij moderne computers en laptops is deze vervangen door een netwerkchip op het moederbord. Een computer of laptop heeft dan één RJ-45 poort ter beschikking.

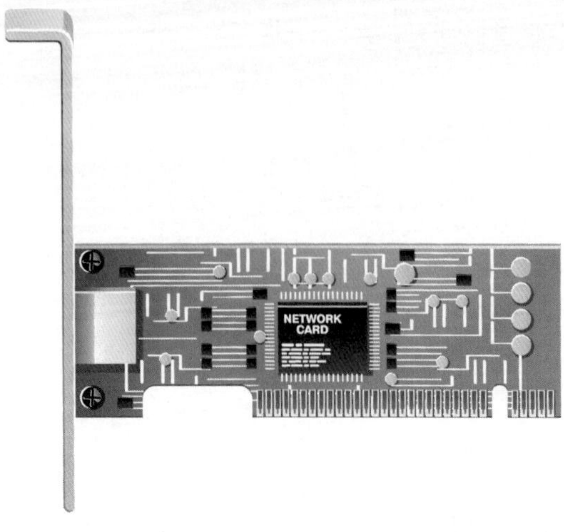

WiFi

Een draadloze router heeft naast RJ-45 poorten voor UTP kabels ook een WiFi antenne. WiFi wordt als synoniem gebruikt voor draadloze internetverbindingen via de zogenaamde IEEE 802.11 standaard. WiFi werkt via radiogolven. WiFi kan voorzien worden in laptops, spelconsoles, smartphones, printers en zelfs hifi-ketens. Thuis of op het werk kan je via de WiFi voorziening van het apparaat draadloos een verbinding maken met de router en dus ook met internet. Heeft een computer geen WiFi chip op het moederbord, dan kan een USB stick met WiFi uitkomst bieden.

Switch

Dankzij WiFi is het niet meer zo moeilijk om in alle kamers van je woning een verbinding te kunnen maken met internet. Wil je toch meerdere computers via UTP kabels verbinden (bijvoorbeeld omdat dit sneller en betrouwbaarder is), dan zal je een switch nodig hebben. Een switch is een soort verdeeldoos voor UTP kabels. In tegenstelling tot een hub, die alle inkomende gegevens naar alle computers stuurt, is een switch een 'slim' apparaat. Het stuurt de inkomende gegevens enkel naar de juiste computer. In bedrijven wordt vaak een switch geplaatst per afdeling en in scholen per computerklas. De switch moet dan over voldoende RJ-45 poorten beschikken om alle computers te kunnen aansluiten. ■

Netwerkconfiguratie

Moderne computers, of ze nu gebruik maken van OSX of Windows als besturingssysteem, kunnen je netwerk en je internetverbinding automatisch configureren.

Computer in een netwerk opnemen

De router in je netwerk is een intelligent apparaat dat nauwelijks ingesteld hoeft te worden. Windows 10 (maar ook recente versies van OSX, het besturingssysteem voor Apple computers) detecteren automatisch de aanwezigheid van een router in het netwerk en kunnen meteen ook voor de internetconfiguratie zorgen. Dit gebeurt in principe tijdens de installatie van Windows of bij de in gebruikname van een nieuwe computer.

Toekenning IP-adressen

Van zodra een computer of printer via een UTP kabel met de router of een switch wordt verbonden en wordt aangezet zal de router dit apparaat detecteren. De computer of printer krijgt dan automatisch een intern IP-adres, beginnend met 192.168.2. toegekend. De router onthoudt ook welk IP-adres een apparaat gekregen heeft toen het voor het laatst gebruikt werd, zodat het opnieuw hetzelfde IP-adres krijgt wanneer het zich opnieuw aanmeldt. Elk apparaat in het netwerk zal een uniek IP-adres krijgen.

MAC adres

Elk netwerkapparaat heeft een uniek serienummer, vergelijkbaar met het chassisnummer van een auto. Dat nummer wordt het MAC (Media Access Control) adres genoemd. Bij het toekennen van een IP-adres zal de router dan ook het MAC adres van het apparaat opvragen.

Beveiliging

In de regel wordt er geen beveiliging toegepast voor computers of printers die via een kabel met de router of switch verbonden zijn. In bedrijfsnetwerken kan dit echter wel gebeuren en kan de systeembeheerder enkel computers met een gekend MAC adres toelaten door de router als dusdanig te configureren.

Router configureren

Af en toe kan het nodig zijn om een aantal instellingen te wijzigen in de configuratie van de router.

Startpagina

De meeste routers kunnen via een webpagina ingesteld worden. Typ in je browser het adres 192.168.1.1 of 192.168.2.1 in en er is veel kans dat je bij je router uitkomt. Zie schermvoorbeeld op de volgende pagina. Indien je deze pagina niet ziet, of een gebruikersnaam en wachtwoord moet invullen, raadpleeg dan de handleiding van je router. Op de pagina van de router zal je onder meer het extern IP-adres kunnen lezen waarmee de router voor de buitenwereld bekend is. Verder zal je ook de IP-adressen zien die de router uitgedeeld heeft aan de aangesloten apparaten (clients), die gekend zijn onder een naam en een MAC adres:

IP-adres

Clientnaam	Interface	IP-adres	MAC-adres	Status	Opslaan naar filterlijst MAC-adressen
	Draadloos		00:1F:1F:BD:62:9D	Niet verbonden	☑
	Draadloos-N		66:D1:A3:22:45:1C	Verbonden	☐
	Draadloos-N		66:D1:A3:22:48:64	Verbonden	☐
NPI17DDFD	Draadloos-N	192.168.1.110	70:18:8B:8A:F7:31	Verbonden	☐
MacMini	Draadloos-N	192.168.1.133	10:9A:DD:B7:4F:C4	Verbonden	☐
AppleTV	Draadloos-N	192.168.1.139	9C:20:7B:A5:90:5D	Verbonden	☐
Apple-TV	Draadloos-N	192.168.1.32	28:CF:DA:2C:82:7D	Verbonden	☐
Voordeur	Draadloos-N	192.168.1.45	28:10:7B:04:9A:06	Verbonden	☐
	Draadloos-G	192.168.1.46	34:46:6F:00:23:AD	Verbonden	☐

Toevoegen Vernieuwen Sluiten

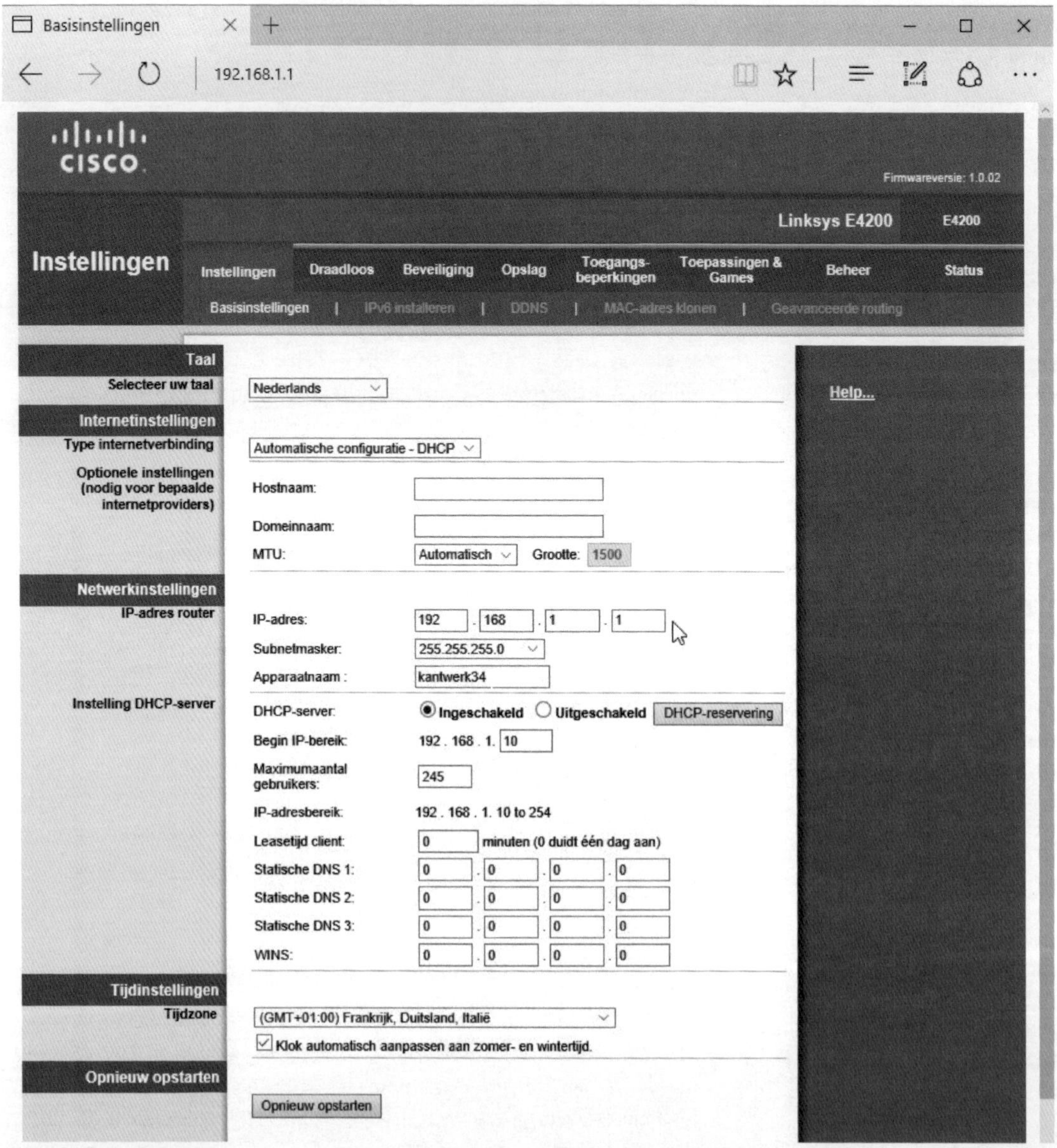

WiFi aanschakelen

Op een draadloze router moet WiFi nog manueel aangezet worden. Daarnaast is het absoluut nuttig om een vorm van beveiliging te gebruiken. Je wil immers niet één van de buren of iemand met minder goede bedoelingen in de buurt van je woning zomaar toegang krijgt tot je thuisnetwerk. De beveiliging is vrij eenvoudig en de configuratie van een beveiligde WiFi -verbinding bestaat uit deze stappen:

1 Je schakelt WiFi aan op de configuratiepagina van je router.

2 Je kiest een naam voor je thuisnetwerk. Die naam wordt ook het SSID genoemd.

3 Je kiest een beveiligingsmethode. Vandaag wordt bijna steeds voor WPA gekozen. WEP is een andere methode. Voor details over WPA en WEP verwijzen we naar de handleiding van je router.

4 Je kiest een encryptiemethode die bij de beveiligingsmethode past. Bijvoorbeeld TKIP voor WPA.

5 Tenslotte kies je een wachtwoord (ook pass phrase genaamd) van minstens 8 karakters. Dat moet uiteraard goed gekozen zijn: makkelijk te onthouden voor jou, maar niet te raden voor een buitenstaander.

Andere instellingen

De verdere configuratie van de router en een thuis- of bedrijfsnetwerk valt buiten het bereik van dit boek. ■

Draadloos internet

In veel hotels, scholen, stations, wegrestaurants en openbare gebouwen kan je draadloos een verbinding maken met het internet. En met de nodige investering kan je zelfs om het even waar het internet op.

WiFi hotspot

Op een laptop met WiFi voorziening kan je niet alleen thuis een internetverbinding realiseren, maar ook op plaatsen met een WiFi Hotspot, zoals luchthavens, stations of hotels. In Nederland is WiFi zelfs beschikbaar in de volledige stad Groningen, In België heeft de stad Brugge een WiFi-netwerk proberen te lanceren, met minder succes. WiFi-netwerken hebben immers een beperkt bereik. Een typische draadloze router heeft een bereik van 32 m binnenshuis tot 95 m buitenshuis. De snelheid van een WiFi internetverbinding is vrij hoog en meer dan voldoende om e-mails te downloaden of te surfen op het internet.

Aanmelden op het WLAN

WLAN staat voor Wireless Local Area Network, een lokaal netwerk waar je draadloos mee kan verbinden. Een WiFi router maakt van een (thuis)netwerk een WLAN.

Thuis

Thuis kan je dankzij een WiFi router je laptop, tablet of smartphone draadloos aansluiten op internet. Om de aansluiting te realiseren heb je deze gegevens nodig:

- De naam van het lokale netwerk (SSID)
- Het bijhorende wachtwoord (pass phrase)

Deze heb je zelf gekozen (zie vorige pagina) of werden voor jou ingesteld. Op een computer met Windows 10 ga je nu als volgt verder:

1 Zorg ervoor dat de WiFi van je computer aan staat. Bij laptops kan je daarvoor een knopje met een satellietsymbooltje nodig hebben. Een controlelampje gaat branden wanneer de WiFi ontvanger aan staat.

2 Onderaan rechts in de taakbalk zie je een draadloos netwerk icoontje:

Klik op dit icoontje en je ziet (hopelijk) een lijst met WLAN netwerken in de buurt verschijnen:

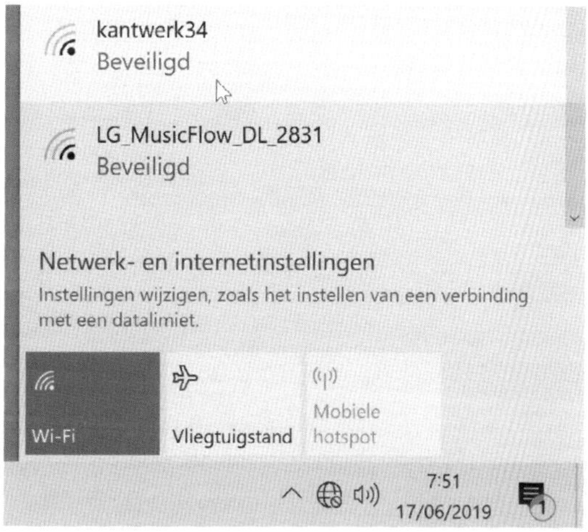

3 Klik op de naam van je thuisnetwerk, die staat meestal bovenaan in de lijst.

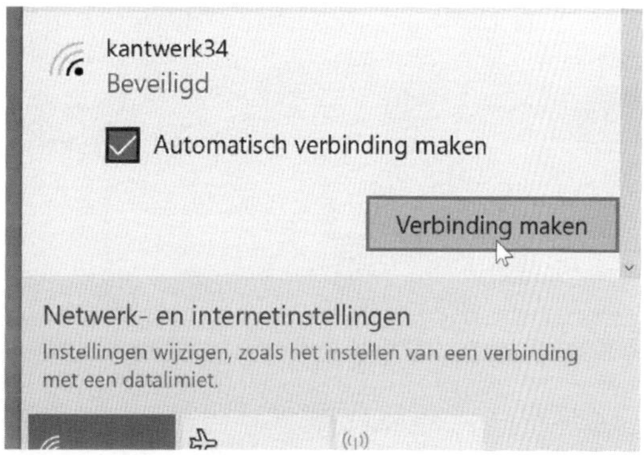

4 Het item klapt open. Klik nu op de knop Verbinding maken.

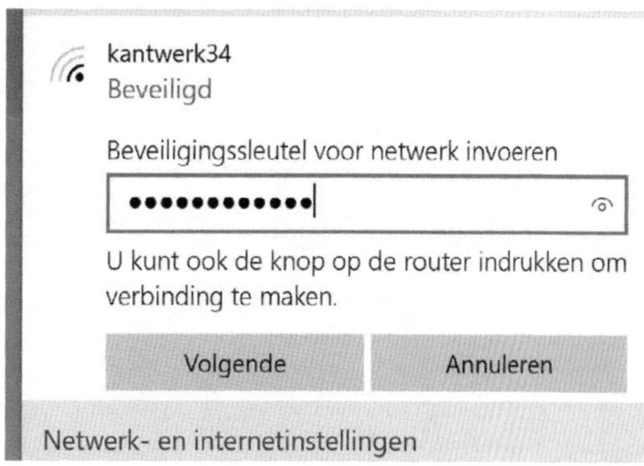

5 Wanneer het netwerk beveiligd is, dan zal nu het wachtwoord gevraagd worden. Vul dit in en klik op Volgende.

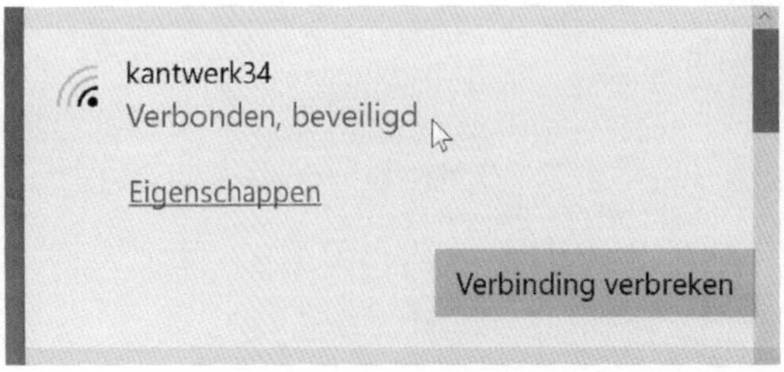

6 Bij onbekende netwerken kan gevraagd worden naar het soort netwerk dat je gekozen hebt. Selecteer dan Thuisnetwerk. Tenslotte zal je verbonden worden met het netwerk.

Hotels en restaurants

De uitbater van een hotel of restaurant kan WiFi aan zijn gasten aanbieden, meestal gratis en soms tegen betaling. Omdat de uitbater zijn netwerk enkel wil delen met klanten zal ook hij een beveiliging voorzien op zijn WiFi router. Vraag aan de uitbater de naam van het netwerk en het wachtwoord en je kan, zoals hierboven beschreven, aanmelden op het netwerk en dus op internet. Selecteer in stap 6 deze keer voor Openbaar netwerk, dat maakt het voor andere hotel- of restaurantgasten onmogelijk om via hetzelfde netwerk jouw computer te benaderen.

HOE SNEL IS WIFI?

IEEE 802.11 standaarden

WiFi kent verschillende standaarden. De meest gebruikte is de zogenaamde IEEE 802.11g standaard. De maximale bandbreedte is dan 54 Mbps, wat zeer hoog is, zelfs hoger dan ADSL2+ en even hoog als VDSL, maar wel lager dan coax kabel. In 2017 is een nieuwe standaard beschikbaar: IEEE 802.11ay met een (theoretische) snelheid van 100 Gbps! Dit tabelletje somt alle standaarden op:

WiFi standaard	Max. bandbreedte
IEEE 802.11a	54 Mbps
IEEE 802.11b	11 Mbps
IEEE 802.11g	54 Mbps
IEEE 802.11n	6,5 - 150 Mbps
IEEE 802.11ay	100 Gbps

Beïnvloedende factoren

De werkelijke bandbreedte die je uit een WiFi verbinding kan halen, is niet alleen afhankelijk van de gebruikte standaard, maar ook van de afstand van je computer tot de hotspot of de WiFi router en de obstakels die er tussen liggen, zoals muren of vloeren.

Hotspot internetbedrijf

Wanneer je een internetabonnement hebt bij een ISP, dan zal die vaak ook toelaten dat je gebruik maakt van zijn WiFi hotspots die her en der in het land voorzien werden. Ga naar een locatie met een hotspot (een lijst vind je op de website van je ISP, bijvoorbeeld telenethotspot.be, of op hotspotsvinden.nl) en zet de WiFi aan op je computer. Volg dezelfde procedure als hierboven beschreven. Wanneer je vervolgens een webbrowser start, dan zal je automatisch een webpagina krijgen waarin je gebruikersnaam en wachtwoord gevraagd wordt die bij je internetabonnement hoort. ■

Netwerkproblemen oplossen

Computers en routers worden alsmaar intelligenter, waardoor de meeste netwerkproblemen automatisch opgelost kunnen worden.

Softwarematig oplossen

Wanneer er plots een melding verschijnt dat je geen internetverbinding meer hebt, dan kan dit een softwareprobleem zijn of een probleem met één van de netwerkapparaten (switch, router of modem) of met één van de kabels. Met een beetje geluk kan Windows je helpen om het probleem op te lossen. Ga als volgt te werk:

1 Bij netwerkproblemen zal Windows in de taakbalk een wereldbol tonen met een ⃠-symbool:

Bij softwareproblemen kan het ook een gevaardriehoekje zijn.

2 Klik op dit icoontje. In sommige situaties zal er een melding verschijnen dat er inderdaad een probleem gevonden is.

3 Klik vervolgens met de **rechter**muisknop op het icoontje. Selecteer de optie 'Problemen oplossen' in het contextmenu:

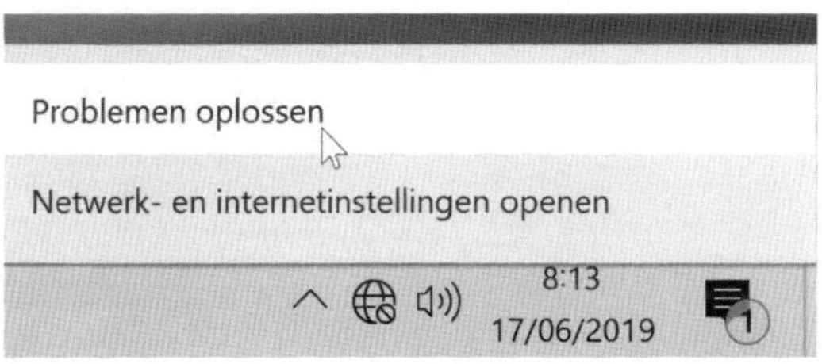

4 Windows probeert uit te zoeken waar de fout precies zit. Dit kan even duren. Indien Windows het probleem kan oplossen, dan zal het dit doen, eventueel na jouw goedkeuring:

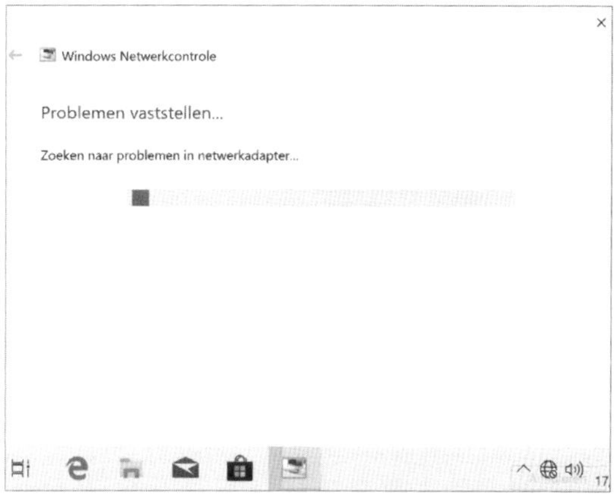

Klik, indien nodig, op de gewenste optie en de herstelling zal worden uitgevoerd. Met wat geluk wordt de herstelling volledig automatisch uitgevoerd.

5 Kunnen de problemen niet automatisch verholpen worden, dan krijg je uitleg over de oorzaak of oorzaken van het probleem:

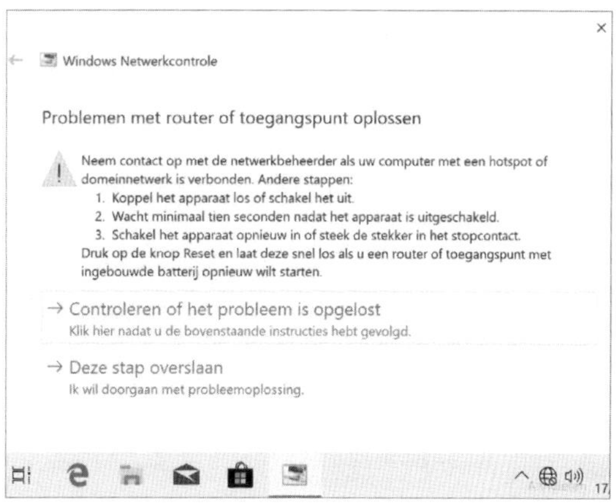

Hardwarematig oplossen

6 Het is uiteraard ook mogelijk dat Windows het probleem niet alleen kan oplossen, bijvoorbeeld omdat één van de apparaten niet ingeschakeld is, of omdat er een kabel los zit. In dat geval zal Windows je in stap 4 of 5 informeren over de acties die je zelf zal moeten ondernemen, bijvoorbeeld:

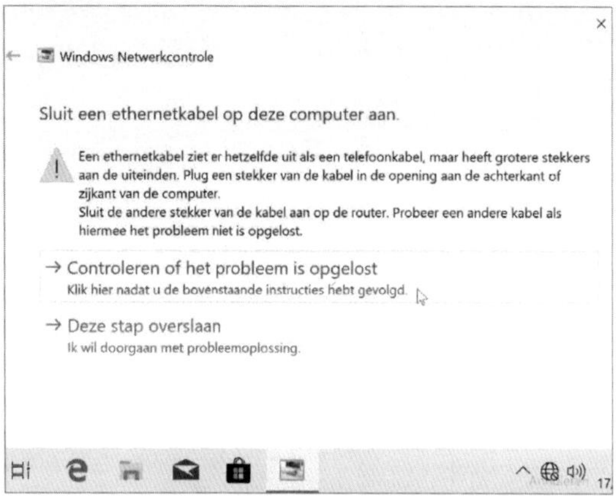

7 Lees de melding zeer goed en, indien je deze ook begrijpt, voer de gevraagde actie uit. Klik vervolgens op Controleren of het probleem is opgelost.

8 Indien je de actie correct hebt uitgevoerd, dan zal Windows het probleem controleren en (hopelijk) de melding geven dat alles weer OK is:

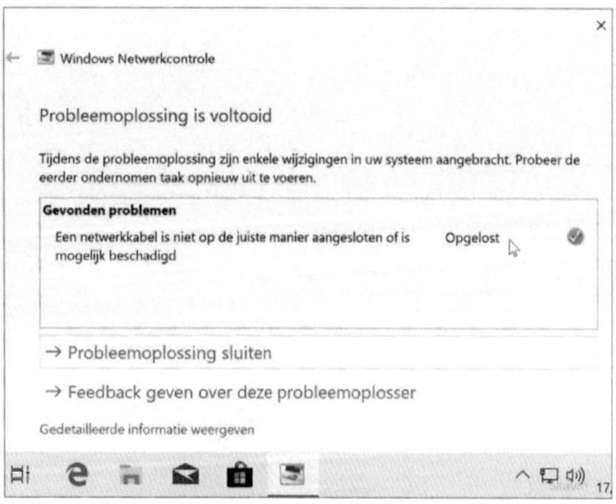

Veel voorkomende problemen

Er kunnen veel oorzaken zijn waarom een netwerk- of internetverbinding niet werkt. Dit zijn de belangrijkste:

- De WiFi voorziening van de laptop staat uit. Kijk na welke knop je moet indrukken of verschuiven om WiFi te activeren.
- Een UTP-kabel is losgekomen of maakt een slecht contact met de aansluiting.
- De router vertoont een probleem: even de router resetten door hem uit en weer in te schakelen kan helpen.
- De modem vertoont een probleem: ook dat kan soms opgelost worden door deze uit en weer in te schakelen. ■

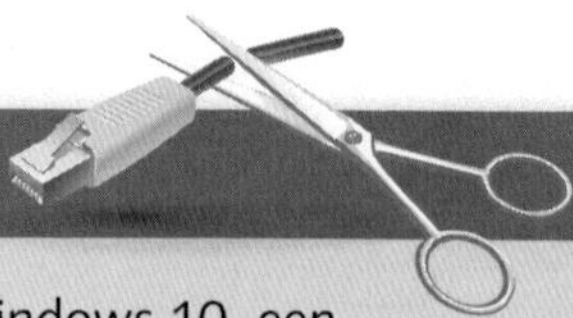

OEFENING

Beschik je over Windows 10, een thuisnetwerk en internet op je computer? Dan kan je als volgt nagaan hoe goed Windows een netwerkprobleem kan detecteren:
1. Koppel de UTP-kabel los van je computer. Of, bij laptops, schakel WiFi uit.
2. Controleer of het netwerkicoontje in de statusbalk een wereldbolletje werd.
3. Voer de stappen uit die we op deze en voorgaande pagina hebben beschreven.
4. Los het probleem op door de kabel weer aan te sluiten of WiFi weer in te schakelen.

Thema 3

Het wereldwijde web

World Wide Web

Domeinnamen

Webpagina's

HTML

Cookies

World Wide Web

Tot in de jaren 90 van de vorige eeuw, werden op internet vooral bestanden uitgewisseld. Die konden gevonden worden via moeilijk te onthouden commando's. Dankzij onder meer een Vlaming, zijn teksten en documenten op internet veel vlotter toegankelijk geworden.

Geschiedenis

De technologie uit de beginperiode van het internet was gemaakt door en voor informatici, onderzoekers en wetenschappers en hoefde dus per definitie niet gebruikersvriendelijk te zijn. In 1989 werkten de Vlaming Robert Cailliau en de Brit Tim Berners in het Zwitserse CERN aan een systeem om via internet documenten op computers op te vragen, te wijzigen en terug te sturen. Doel van dit systeem was om de informatieuitwisseling tussen wetenschappers die samenwerken in de internationale projecten van CERN te vergemakkelijken. De informatie, die uit tekst en beeld kon bestaan, moest op ieder type computer kunnen bekeken worden, ongeacht het besturingssysteem. Ze doopten hun systeem het World Wide Web (wereldwijde web of kortweg web). Toen in 1992 het Amerikaanse NCSA (National Center for Supercomputing Applications) een programma ontwikkelde dat de informatie op het web mooi kon voorstellen via webpagina's, werd het web pas echt een succes. Het programma werd een webbrowser genoemd, kreeg als naam Mosaic mee en werd de basis voor onder meer Internet Explorer, Netscape en andere browsers.

De Limburger Robert Cailliau ontwikkelde bij CERN, samen met collega Tim Berners, het World Wide Web.

De eerste webpagina, gemaakt door Tim Berners in 1991, bestond uit een eenvoudige tekst met aanklikbare woorden.

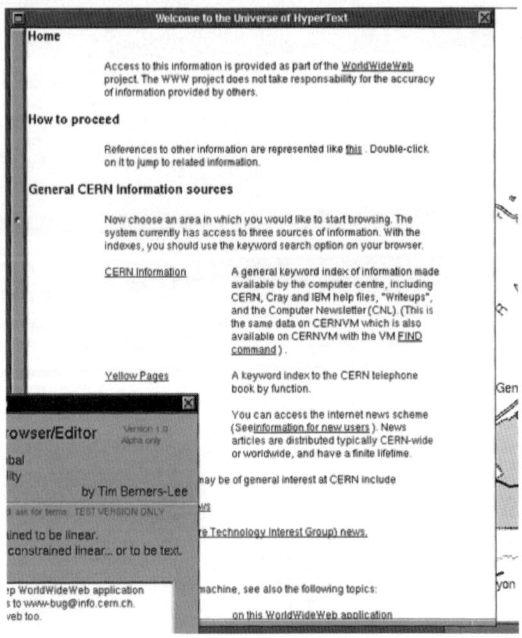

Hypertekst

Het web berust op het hypertekst principe: eenvoudig opgemaakte pagina's met tekst waarin aanklikbare verwijzingen (hyperlinks) naar andere teksten of afbeeldingen opgenomen worden. Gaandeweg kon in een webpagina ook complexe opmaak, tabellen en afbeeldingen geplaatst worden. Vandaag zijn ook audio, video en interactieve animaties mogelijk. Het web is een gigantische multimediale bibliotheek geworden, waarbij iedereen, organisatie of particulier, zijn of haar eigen inhoud aan kan toevoegen.

Protocollen

Zoals we in thema 1 reeds beschreven, spreken computers op het internet met elkaar door middel van een protocol. Het TCP/IP protocol beschrijft de manier waarop packets met informatie heen en weer gestuurd moeten worden op het internet. Voor het World Wide Web zijn een bijkomende reeks protocollen vastgelegd, zodat alle computers webpagina's met elkaar kunnen uitwisselen:

HTTP

HTTP staat voor hypertext transfer protocol. Het beschrijft hoe webgegevens verstuurd moeten worden via internet packets. De verdere beschrijving is nogal technisch en besparen we je liever.

URL

URL staat voor Uniform Resource Locator. Dit protocol bepaalt hoe een webpagina benaderd moet worden. De URL bestaat uit verschillende elementen, hieronder een voorbeeld:

http betekent hier dat we een webpagina gaan bekijken en geen bestand gaan downloaden.

:// vertelt aan je internetprogramma dat wat hierna volgt de eigenlijke URL is.

www staat uiteraard voor world wide web. Het is ook de naam voor de server die de webpagina bevat. Hier kunnen dus ook andere letters staan. Staat er toch www, dan mag je die letters vaak (maar niet altijd) ook weglaten.

. wordt als punt uitgesproken, of in het Engels: dot.

handboeken is een domeinnaam, het is een unieke naam die, eens door iemand aangevraagd, niet meer door iemand anders kan aangevraagd worden. Domeinnamen kunnen bij diverse bedrijven en organisaties aangevraagd worden. Ze moeten jaarlijks betaald worden.

be is de domeinnaam extensie. Het vertelt iets meer over de domeinnaam. be staat voor België, nl voor Nederland, com voor commerciële websites, org voor organisaties enzovoort. Zie ook volgend onderwerp.

Vanaf hier kan er verwezen worden naar een specifieke pagina, al dan niet in een map op de server. In dit voorbeeld wordt de pagina index.html opgevraagd, een bestand dat in de map Internet bewaard werd. Opgelet: op sommige servers is dit gedeelte van de URL hoofdlettergevoelig! De domeinnaam en domeinnaam extensie zijn dit niet.

http://www.handboeken.be/Internet/index.html

HTML

HTML staat voor HyperText Mark-up Language. Het is geen protocol, maar een systeem van codes die bepalen hoe de inhoud van een webpagina opgebouwd kan worden. We bespreken dit verder in dit thema. ■

Domeinnamen

Wanneer er slechts een tiental interessante webservers zouden bestaan, dan konden we hun ip-nummers in een lijstje bijhouden. Met duizenden en miljoenen servers is dit onwerkbaar en wordt derhalve gebruik gemaakt van gemakkelijk te onthouden namen.

Namen en nummers

In de beginperiode bestond internet uit een klein aantal computers die met modems en telefoonlijnen verbonden waren. Men kon slechts een verbinding maken via het IP adres van de computer. Bijvoorbeeld, door 195.0.110.48 in te vullen in een commandolijn. Toen er meer en meer computers aangesloten werden op het internet, werd het onrealistisch om alle IP adressen te onthouden. De eerste oplossing voor het probleem was een eenvoudig tekstbestand dat door het NIC (Network Information Center) werd bijgehouden en waarin namen gekoppeld werden aan IP adressen. Een soort telefoonboek voor computers dus. Dit boek werd al gauw zo groot dat het nog moeilijk bij te houden was.

Domeinnamen

In 1983 ontwikkelde de Universiteit van Wisconsin het systeem van de domeinnamen. Elke computer die vanaf het internet benaderd mocht worden, kreeg een unieke naam. Die unieke naam bestaat uit twee delen: een zelf gekozen naam en de domeinnaam extensie, ook wel top level domeinnaam genoemd (zie kaderstuk). De domeinnamen werden oorspronkelijk toegekend door één organisatie, namelijk ICANN (Internet Corporation for Assigned Names and Numbers). Vandaag zijn er lokale organisaties die hier verantwoordelijk voor zijn. Zo is in Belgie de instantie DNS Belgium (dnsbelgium.be) verantwoordelijk voor het bijhouden van Belgische domeinnamen.

Aanvragen

Een domeinnaam wordt aangekocht via een zogenaamde registrar. Jouw internetbedrijf en tal van andere bedrijven kunnen jou een domeinnaam verkopen. Die kost je tussen € 6,00 en € 20,00 per jaar, afhankelijk van de

DOMEINNAAM EXTENSIES

Algemene extensies

Oorsponkelijk kende het internet slechts enkele algemene domeinnaam extensies, of generic top level domains (gTLD). Ze werden uiteraard vooral binnen de VS gebruikt en enkele kunnen nu nog steeds enkel voor Amerikaanse organisaties toegekend worden:

mil	militaire organisaties in de VS
org	(niet-commerciële) organisaties
gov	amerikaanse overheid (government)
edu	educatieve organisaties in de VS
net	internet gerelateerde organisaties
com	bedrijven

De lijst gTLD's is intussen uitgebreid met: aero (luchtvaartorganisaties), arpa, asia (aziatische bedrijven), biz (zakelijk), cat (catalaanse culturele organisaties), coop (coöperatieven), info, int (internationale bedrijven), jobs, mobi (bedoeld voor mobiele toepassingen), museum, name, post, pro, root (onbekend), tel (contactgegevens), travel en xxx (erotisch getinte inhoud).

Landencodes

Voor elk land in de wereld is er eveneens een domeinnaam extensie voorzien, in het jargon een country code top level domain (ccTLD). Dit zijn de extensies van enkele Europese landen:

be	België	pt	Portugal
nl	Nederland	at	Oostenrijk
de	Duitsland	ch	Zwitserland
uk	Verenigd Koninkrijk	cz	Tsjechië
fr	Frankrijk	hr	Kroatië
es	Spanje	hu	Hongarije
ie	Ierland	lu	Luxemburg

Ook Europa heeft een ccTLD, namelijk: eu.

domeinnaam extensie.

DNS

Een DNS (Domain Name Server) is een computer die bijhoudt welk IP adres bij welke naam hoort. Op die manier kan je bijvoorbeeld handboeken.be intoetsen in plaats van het IP adres 193.202.110.119. DNS-servers aanvaarden verzoeken van programma's en andere DNS-servers om domeinnamen in IP adressen om te zetten. Wanneer een verzoek binnen komt, dan kan de DNS server één van deze dingen doen:

- Het kan het verzoek met een IP adres beantwoorden omdat het IP-adres voor het gevraagde domein in zijn database zit.
- Het kan een andere DNS server contacteren en proberen om het IP-adres voor de gevraagde naam daar te vinden.
- Het kan een foutmelding terugsturen omdat de gevraagde domeinnaam ongeldig is of niet bestaat.

Veronderstel dat je handboeken.be in een webbrowser of ander internetprogramma invult. Dan gebeurt het volgende: jouw computer contacteert de DNS server van jouw internetbedrijf om het IP adres te krijgen. Kent deze DNS server het IP adres niet, dan start het een zoektocht naar het IP adres bij één van de basis DNS-servers. Deze basisservers kennen de IP adressen van elk van de DNS-servers die de top level domain behandelen (com, org, net, be,...). De DNS server zou het adres voor handboeken.be vragen en de basisserver zou zeggen, "ik ken het IP-adres niet, maar hier is het IP adres voor de DNS-server van de be domeinnamen. De vraag gaat nu naar de DNS-server van de be domeinnamen. Deze server kent inderdaad dit IP-adres en geeft dit door aan uw DNS-server die dit op zijn beurt doorgeeft aan uw browser die zo de handboeken.be webserver kan contacteren om de webpagina's op te vragen. Één van de principes achter dit systeem is redundantie. Er zijn meerdere DNS-servers op elk niveau, zodat, als er één ontbreekt, er anderen zijn om de verzoeken te behandelen. Een ander principe is het systeem van het cache geheugen. Zodra een DNS server een verzoek oplost, ontvangt het cache geheugen van die server het IP adres ook. De volgende keer dat dezelfde domeinnaam gevraagd wordt, kan de server het IP adres uit zijn cache geheugen halen en hoeft het geen andere servers meer te contacteren. Hoewel het totaal onzichtbaar is, behandelen DNS-servers elke dag miljarden verzoeken en zijn zij essentieel voor het goede functioneren van het World Wide Web. ■

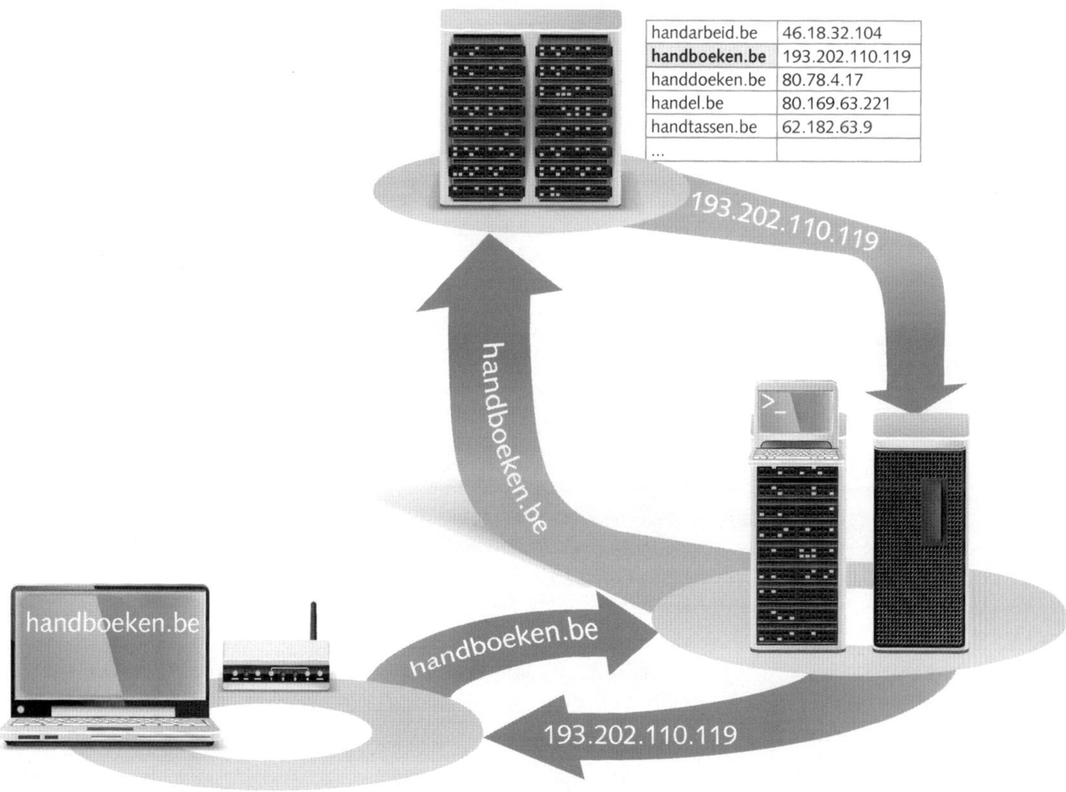

Webserver

Grote organisaties en bedrijven beheren meestal hun eigen webserver. Een persoon, de webmaster, is verantwoordelijk voor het beheer en het onderhoud van de webserver en de website(s) die er op draaien.

Infrastructuur

Informatie opzoeken op het internet is natuurlijk boeiend, maar al die pagina's die je kan bekijken zijn door anderen ter beschikking gesteld. Daar is een zekere investering voor nodig.

Hardware

Websites worden beheerd door een webserver, een krachtige computer dus. Wanneer de websites die de server moet bijhouden niet veel inhoud bevatten en slechts een paar honderd bezoekers per dag tellen, dan voldoet een gewone bureaucomputer die met een vast IP adres permanent aangesloten is op het internet. Voor websites met veel media (foto's, video, animaties...) die tienduizenden bezoekers per dag te verwerken heeft, is uiteraard een veel krachtiger computer nodig of zelfs meerdere computers.

Software

Een computer wordt een webserver wanneer deze voorzien wordt van speciale software. Dat kan vrij duur zijn, maar er is ook gratis software, zoals het (door informatici) welgekende Apache. De installatie en configuratie van deze software is voor computerspecialisten.

Hosting

Een website bestaat uit een reeks bestanden; Die bestanden worden op de harde schijf van de webserver geplaatst. Omdat het voor de meeste particulieren en kleine bedrijven ondoenbaar is om zelf een webserver in huis te halen, zijn er hostingbedrijven opgericht. Hosting betekent zoveel als onderbrengen (een host in het Engels is een gastheer).

ISP

Ook een ISP kan websites hosten. Bij het afsluiten van een internetabonnement krijg je namelijk een beperkte hoeveelheid schijfruimte op de webserver van het internetbedrijf. Voldoende voor een kleine website.

Shared hosting

Kleine bedrijven hebben meer schijfruimte en meer diensten nodig. Voor hun website kunnen ze gebruik maken van een goedkoop shared hosting pakket. Dat betekent dat ze schijfruimte huren op een webserver. Op die server staan ook bestanden van andere klanten. Samen delen ze dus de webserver en dat kan nadelige gevolgen hebben voor de snelheid van hun websites, maar heeft ook een voordeel: het is zeer betaalbaar.

Dedicated server

Bedrijven die meer snelheid en meer mogelijkheden wensen, maken gebruik van dedicated server hosting. Dat wil zeggen dat ze een volledige server huren bij een hostingbedrijf. Uiteraard kost dit (veel meer) dan shared hosting.

Betaalbare shared hosting bij het Belgische Easyhost.be. Voor minder dan € 2,50 per maand krijg je 50 GB schijfruimte te beschikking.

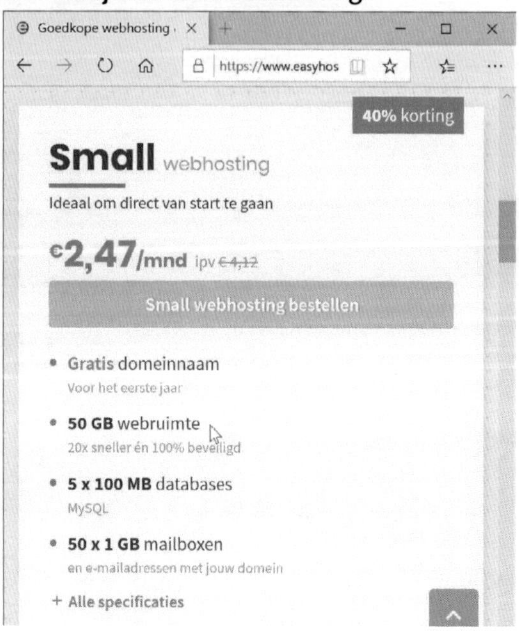

Webpagina inladen

De website met webpagina's staat op de webserver. De URL of het adres van de website is gekend, bijvoorbeeld http://www.mechelen.be. Hoe komen de webpagina's nu op jouw computer terecht? Dat is een ingewikkeld proces, maar dit zijn de belangrijkste stappen (zie schema onderaan deze pagina):

Browser

Op jouw computer start je een webbrowser en in de adresbalk van dit programma typ je de URL ❶.

DNS

De domeinnaam in de URL (mechelen.be bijvoorbeeld) wordt naar de DNS servers gestuurd die het omzetten in een IP-adres ❷.

Webserver aanspreken

Vervolgens probeert de browser dit IP adres te bereiken met het verzoek de webpagina achter de URL te tonen ❸. Wanneer er achter het IP adres inderdaad een webserver schuilt, dan kan het programma op jouw computer rechtstreeks met de server communiceren. De URL wordt door de webserver geïnterpreteerd waarna het de nodige bestanden op zijn harde schijven opzoekt ❹. Dit zal één HTML bestand zijn (zie verder) en tal van afbeeldingen en eventueel andere elementen (audio, video, animatie...). Die bestanden worden in packets (zie thema 1) naar jouw computer overgebracht, langs verschillende routes doorheen het internet ❺.

Cache

De verschillende onderdelen van een webpagina worden eerst in een zogenaamd cache geheugen op de harde schijf van je computer bewaard ❻. Dit geheugen komt zeker van pas wanneer je dezelfde pagina op een later moment nog eens nodig hebt: dan wordt de pagina niet van internet gehaald, maar rechtstreeks van je harde schijf, wat veel sneller gaat.

Pagina opbouwen

Na enige tijd zal je browser de webpagina opbouwen aan de hand van de elementen in het cache geheugen ❼. ■

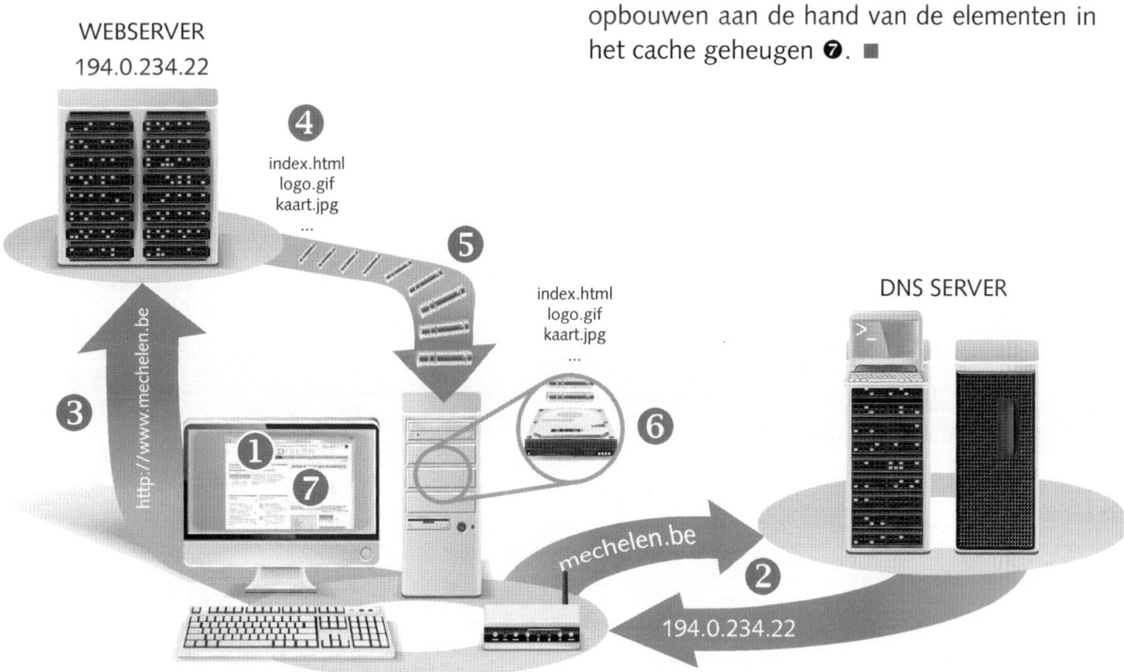

Webpagina's

Duizenden webservers bevatten miljarden webpagina's voor miljoenen internetgebruikers. Dankzij de hedendaagse snelle verbindingen kan je niet alleen tekst, maar ook foto's en video's vlot bekijken.

Website

Een website bestaat uit één of meerdere webpagina's met tekst en afbeeldingen, soms ook met audio en video.

Adres

Het adres van een website is zijn URL. Die kan vrij eenvoudig zijn, zoals: http://www.mechelen.be

In browsers, zoals FireFox, Internet Explorer en Edge (zie volgend thema), volstaat het om in de adresbalk simpelweg mechelen.be te typen. Vermits een browser bedoeld is om webpagina's te openen zal deze automatisch het http protocol gebruiken. Ook www is vaak niet nodig om te typen. Het is dus perfect mogelijk dat, wat je typt in de adresbalk, door de browser of de webserver gewijzigd wordt. Zie oefening.

Pagina inladen

Het is mogelijk dat je eerst een gedeeltelijke webpagina ziet, met ontbrekende foto's of afbeeldingen. Tekst neemt meestal minder geheugen in beslag en zal het eerst verschijnen. Na enkele seconden worden de foto's ingeladen en getoond. Video neemt veel meer geheugen in beslag en het kan enkele tientallen seconden duren voor je videofragmenten op een pagina kan afspelen. Je browser geeft aan wanneer een pagina volledig is ingeladen. Edge bijvoorbeeld toont een kleine animatie wanneer de pagina wordt ingeladen en vervangt deze door een icoontje wanneer de pagina volledig ingeladen is:

Hyperlinks

Typisch aan een webpagina zijn de hyperlinks. Die kunnen opgenomen zijn in een doorlopende tekst en worden vaak aangeduid in een andere kleur of worden onderlijnd. Zo is het meteen duidelijk dat er op die woorden

OEFENING 1

Open je browser, bijvoorbeeld Edge en typ bovenaan in de adresbalk: boek.be
Welke URL verschijnt na enkele seconden bovenaan in de adresbalk?

____

Doe hetzelfde voor: klara.be
Welke URL verschijnt nu in de adresbalk?

____

____

Kan je alle onderdelen van deze URL verklaren?

OEFENING 2

Open je browser, bijvoorbeeld Edge en typ bovenaan in de adresbalk: deredactie.be.
Kijk goed hoe de browser de pagina inlaadt. Verschijnen de foto's onmiddellijk of na enige tijd? Zie je de 'wachtanimatie'? Verschijnt na enige tijd een icoontje voor de URL in de adresbalk? Ben je automatisch overgeschakeld naar een andere URL?

kan geklikt worden, waarna je naar een andere pagina van de website wordt gebracht, of zelfs naar een andere website. Hyperlinks kunnen ook achter knoppen en afbeeldingen zitten. Wanneer je met de muisaanwijzer over een hyperlink zweeft, dan verandert deze in een handje. Hyperlinks in tekst waar al eens op geklikt werd, verschijnen daarna soms in een andere kleur. Ze geven dan aan dat je de pagina achter deze link al eens eerder bezocht hebt. ■

De website van de gemeente Schoten. Hier zie je de homepage of eerste pagina van de website in juni 2019. De site verandert regelmatig en kan er intussen alweer iets anders uitzien!

Schoten registreerde de logische domeinnaam schoten.be. Het icoontje voor de URL betekent dat de webpagina volledig ingeladen is.

Achter deze knoppen zitten hyperlinks naar andere delen van de website.

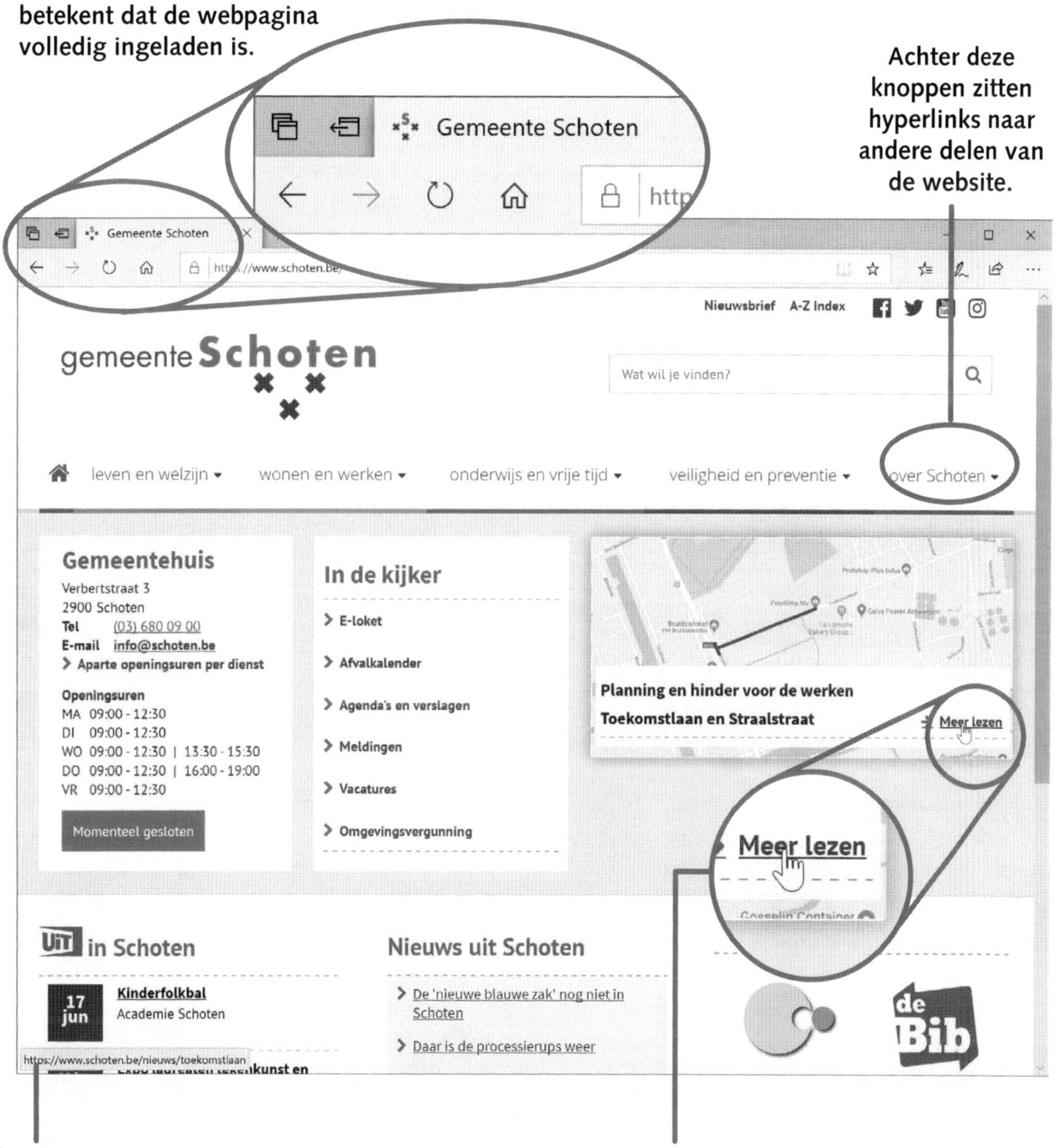

Het doel van een hyperlink kan hier verschijnen

Hyperlinks in teksten zijn vaak onderlijnd en/of in een andere kleur weergegeven. Door er op te klikken, verander je van pagina, eventueel zelfs van website.

HTML

Webpagina's worden 'geschreven' in een relatief eenvoudige opmaaktaal die HTML wordt genoemd. Browsers maken van de tekst met codes een visueel aantrekkelijke webpagina.

Opmaaktaal

We lezen graag mooi opgemaakte tijdschriften en boeken, op televisie kijken we graag naar reportages met mooie beelden. Ook op het web willen we informatie liever lezen in mooi opgemaakte webpagina's, dan in saaie doorlopende teksten. Om webpagina's op te maken, werd door de uitvinders van het web de opmaaktaal HTML (HyperText Mark-up Language) voorzien. Letterlijk betekent HTML: taal voor het opmaken van hypertekst.

Tags

HTML is een eenvoudig tekstbestand waarin met tags (markeringstekens) wordt aangegeven hoe de tekst moet worden geïnterpreteerd (zie voorbeeld op de volgende pagina). Er zijn tags voor hoofdingen (<h1>,<h2>,<h3>...), voor paragrafen (<p>), voor hyperlinks (<a>), voor afbeeldingen <img>, enzovoort. Een stuk tekst wordt tussen een begin- en eindmarkering geplaatst. Zo betekent <h1>Welkom</h1> dat de tekst Welkom een hoofding van het eerste niveau is.

Stijlen

De tags in een HTML bestand geven aan wat de **functie** is van een stuk tekst, maar bepalen niet het **uitzicht**. Het uitzicht wordt bepaald door aan het HTML bestand een stijlpagina toe te voegen of door stijlen in het HTML bestand zelf te definiëren. Stijlen worden eveneens in een opmaaktaal geschreven, niet HTML maar CSS (Cascading Style Sheets). De stijlpagina kan voor elke tag meegeven hoe het moet worden afgebeeld: lettertype, grootte, kleur,... Worden geen stijlen gedefinieerd, dan zal de browser het uitzicht van de tag bepalen.

Webbrowser

HTML wordt bekeken met een webbrowser. Het programma vraagt een HTML document op, interpreteert de tags, past eventueel

ASP, PHP, ...

Statische webpagina

Veel webpagina's hebben als bestandsextensie htm of html, bijvoorbeeld index.html. Deze pagina's bevatten uitsluitend HTML. Ze komen rechtstreeks van de webserver tot jouw browser. Omdat HTML enkel uit eenvoudige tags en tekst bestaat, kan bijna iedereen webpagina's aanmaken of aanpassen. HTML wordt gebruikt voor eenvoudige websites waar de informatie niet snel hoeft te veranderen en waar geen gebruik gemaakt wordt van databanken.

Dynamische webpagina

Je zal het vast wel gaan opmerken: er zijn webpagina's die een andere extensie hebben dan htm(l). Bijvoorbeeld default.asp of resultaten.php. Dit zijn op het niveau van de webserver geen HTML bestanden, maar bestanden die HTML combineren met programmacode. Die programmacode is in een bepaalde computertaal geschreven. Om deze code te kunnen schrijven is een degelijke opleiding nodig en vaak is dat enkel weggelegd voor computerspecialisten. Omdat browsers enkel HTML kunnen weergeven, zal er software nodig zijn op de webserver om de programmacode weer om te zetten naar HTML voor het deze doorstuurt naar jouw browser. Dit omzetten gebeurt pas net voor de pagina wordt opgevraagd. De pagina's zijn op serverniveau dynamische pagina's: de werkelijke inhoud die de bezoeker te zien krijgt kan veranderen van uur tot uur. Voor websites die informatie uit databanken moeten halen, zoals nieuwssites of online winkels, zijn dynamische webpagina's dan ook een must. Zo kan bij een online winkel de databank met productinfo en de databank met de voorraad geraadpleegd worden, voor de webpagina naar de bezoeker wordt verzonden. Op die manier kan de prijs en de beschikbare aantallen voor elk product op elk moment correct worden weergegeven.

de stijlen toe en toont het resultaat als een opgemaakte pagina aan de gebruiker. De browser kan voor een stuk het uitzicht van een webpagina mee bepalen. Met andere woorden, een webpagina bekeken met de browser Edge kan er net een beetje anders uitzien dan met de browsers FireFox of Safari.

Editor

Je kan HTML bestanden maken met een eenvoudig tekstprogramma zoals kladblok, maar dan moet je de tags zelf typen. Het is veel handiger indien de tags automatisch geplaatst kunnen worden. Dat kan via HTML editors. Eén van de bekendste is Adobe Dreamweaver. ■

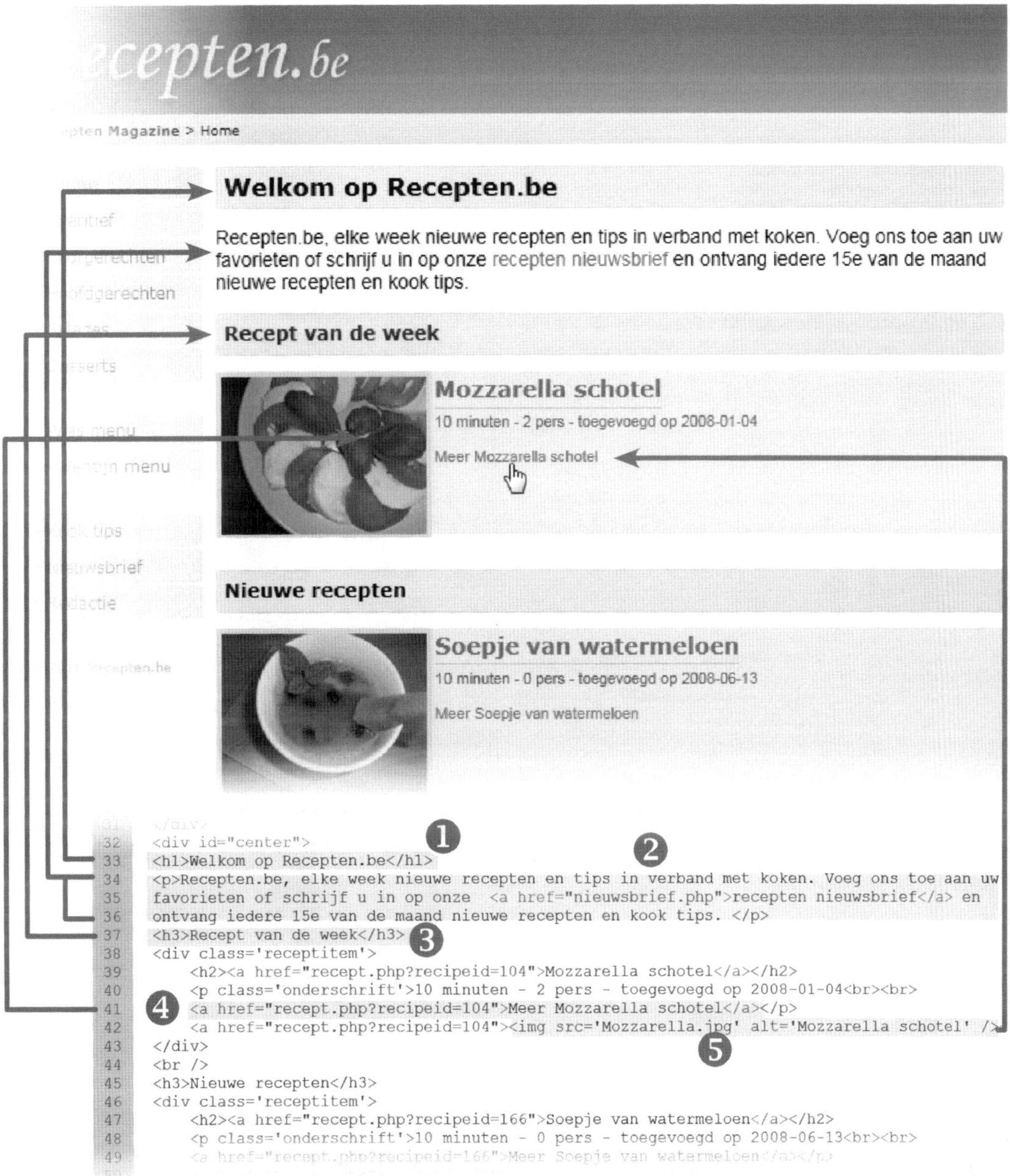

Een eenvoudige webpagina en een deel van de HTML codes die voor de opmaak van deze pagina zorgden. De tag <h1> zorgt er voor dat de tekst als grote hoofding verschijnt ❶. Tussen de tags <p> en </p> wordt een paragraaf met doorlopende tekst geplaatst ❷. De tag <br> zorgt voor een nieuwe lijn. De tag <h3> betekent eveneens een hoofding, maar dan één van het derde niveau, dus kleinere tekst ❸. Tags die beginnen met <a geven hyperlinks aan, na de letters <a wordt de locatie van de link genoteerd ❹. Voor afbeeldingen wordt de tag <img> gebruikt ❺.

Cookies

Ze hebben een kwalijke reputatie, de cookies, maar zijn doorgaans nuttig en meestal onschadelijk. Cookies zouden beter kruimels genoemd worden, want ze bevatten slechts weinig informatie.

Extra informatie

Wanneer een webbrowser een HTML pagina voor het eerst opvraagt, dan kan de maker van die webpagina naast de gevraagde informatie ook een klein tekstbestandje meesturen. Dat kleine bestandje wordt een web cookie of kortweg cookie genoemd. Wanneer de webbrowser dezelfde HTML pagina opvraagt, dan kijkt deze eerst op jouw harde schijf naar de aanwezigheid van de cookie die bij deze pagina hoort. Indien dit gevonden werd, dan wordt de inhoud van de cookie teruggestuurd naar de webserver.

Inhoud

De inhoud van een web cookie is meestal zeer beperkt: het kan bijvoorbeeld de taal van de bezoeker bevatten. Ook gegevens die je in webformulieren invult, kunnen bewaard worden in een cookie. Kortom: allerlei kleine gegevens die bij een volgende bezoek aan dezelfde website van pas kunnen komen. Het volgende voorbeeld illustreert het typische gebruik van cookies. Bij het eerste bezoek van een website, zoals Disney.be, kies je een taal ❶. Die taal, bijvoorbeeld Nederlands, wordt weggeschreven in een cookie ❷. De cookie wordt bewaard in een speciaal daarvoor voorziene map op de harde schijf van jouw computer ❸. De volgende keer dat je dezelfde website bezoekt, stuurt jouw computer de cookie mee naar de webserver ❹. Die interpreteert de cookie, stelt vast dat je Nederlandstalig bent en toont je meteen de homepage in het Nederlands ❺.

Levensduur

Cookies kunnen kortstondig bewaard worden, zolang de browser open staat (sessie-cookie) of worden permanent bewaard op de harde schijf van jouw computer. ■

OEFENING

Open je browser en typ in de adresbalk: mediamarkt.be.
Kan je de taal veranderen? Indien ja, kies dan 'Français'. Bevestig dat je Cookies aanvaardt op deze site.
Sluit af en start de browser opnieuw. Surf opnieuw naar mediamarkt.be. Staat de homepage nu automatisch in het Frans? Welk type cookie werd gebruikt?

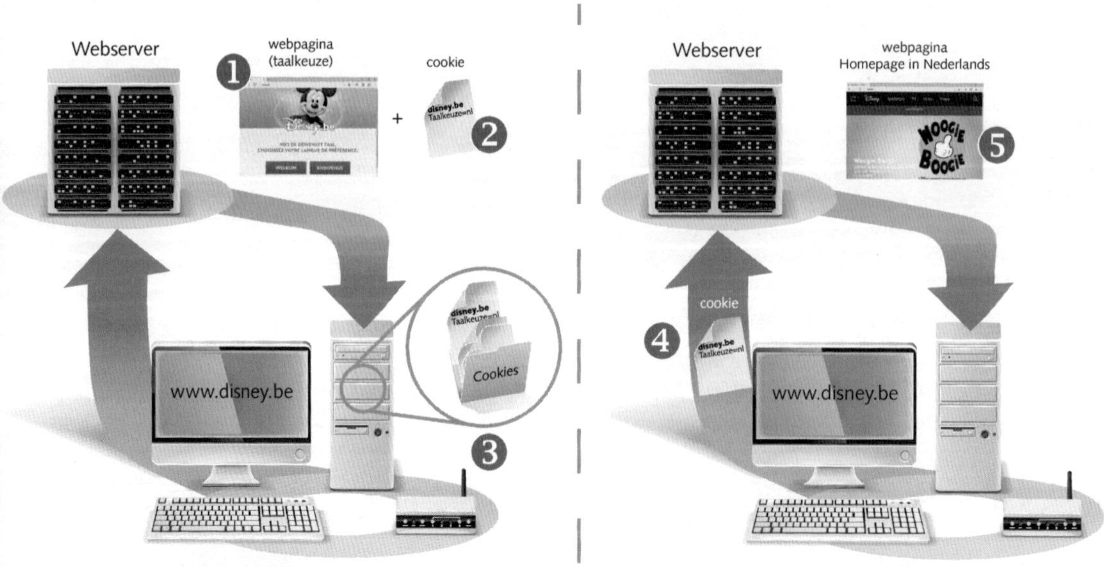

Thema 4

Surfen met Edge

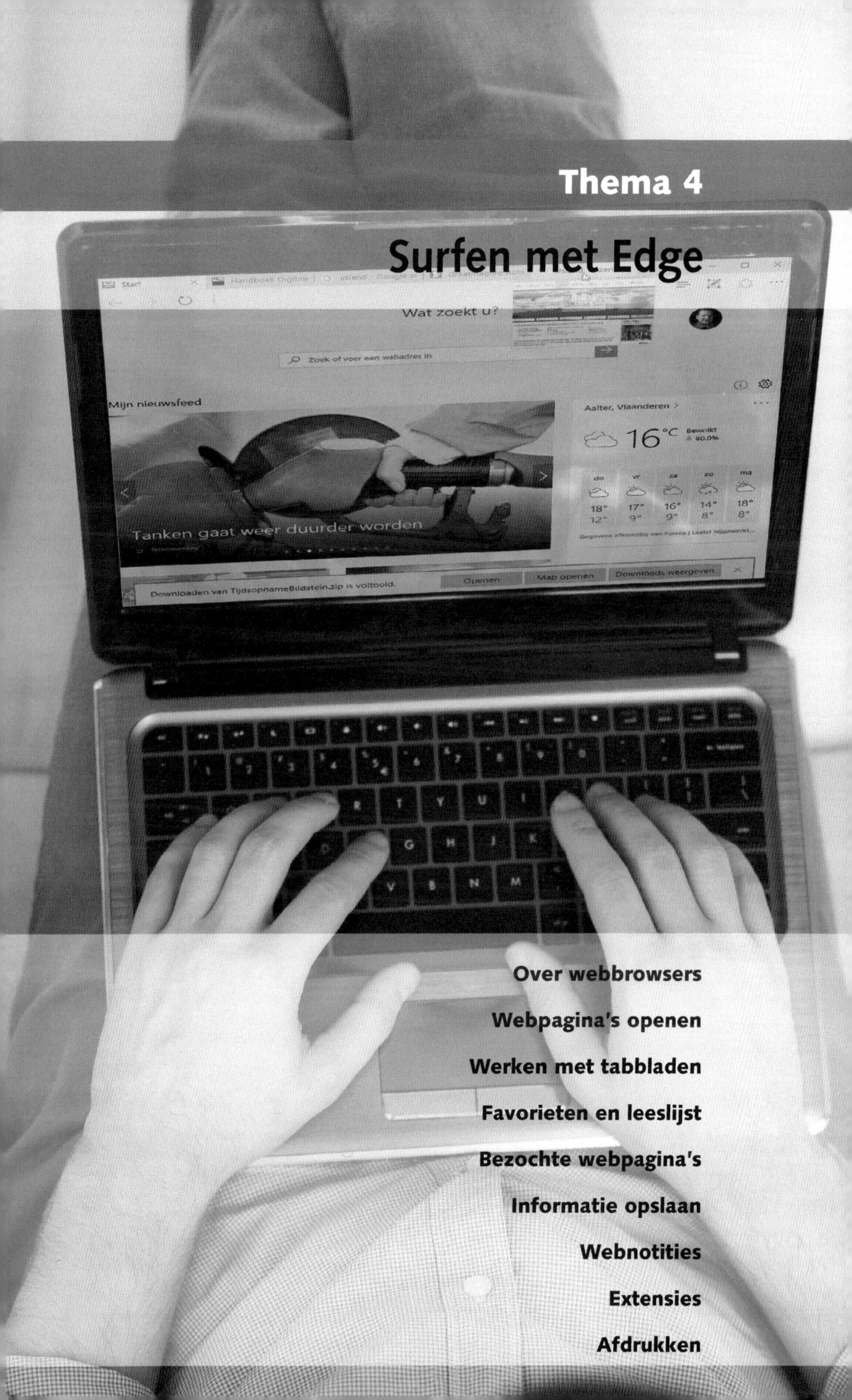

Over webbrowsers

Webpagina's openen

Werken met tabbladen

Favorieten en leeslijst

Bezochte webpagina's

Informatie opslaan

Webnotities

Extensies

Afdrukken

Over webbrowsers

Microsoft Edge is één van de recentste webbrowsers en heeft snel na de introductie in Windows 10 een groot marktaandeel onder de browsers verworven. Het is momenteel zelfs één van de meest gebruikte browsers.

Geschiedenis

Netscape en Internet Explorer

Zoals je in het vorige thema kon lezen, was Mosaic de eerste webbrowser. Het programma vormde de basis voor het programma Netscape dat in 1994 op de markt kwam en al snel de meest populaire browser werd. Microsoft had ruim een jaar extra nodig om zijn versie van een webbrowser te ontwikkelen, eveneens op basis van de oerbrowser Mosaic. Het werd pas eind 1995 gelanceerd. Het succes voor Internet Explorer kwam er pas toen Microsoft het samen met Windows 98 aanbood. Dit leidde tot klachten van Netscape omdat het vond dat Microsoft zijn monopoliepositie in de markt van de besturingssystemen misbruikte om zijn browser aan de man te brengen. Microsoft werd daarvoor in 1998 inderdaad veroordeeld, maar toen was voor Netscape het kwaad geschied: Internet Explorer had reeds een marktaandeel van bijna 50% verworven. Enkele slechte zakelijke beslissingen leidde in 2002 tot het definitieve einde van Netscape: Internet Explorer verwierf toen een marktaandeel van meer dan 90%.

FireFox

In 2002 zag het er naar uit dat Internet Explorer de enige webbrowser was voor Windowscomputers. De ontwikkelaars van Netscape gaven de broncode van hun webbrowser vrij, in de hoop dat een nieuwe browser tegengewicht kon bieden aan Internet Explorer. Hieruit ontstond in 2005 inderdaad een nieuwe browser die FireFox werd genoemd. De browser werd vooral de laatste jaren populair. In 2008 werd de nieuwe versie van FireFox op één dag meer dan 8 miljoen keer gedownload, goed voor een Guinness Wereldrecord. FireFox is een uitstekende webbrowser, die destijds kon concurreren met Internet Explorer.

Webbrowser

Edge en voorganger Internet Explorer en hun concurrenten FireFox, Chrome (van Google) en Safari (van Apple) zijn allemaal goede webbrowsers. Ze hebben dan ook gemeenschappelijke eigenschappen.

Surfen op het web

De basisfunctie van een webbrowser is het correct en mooi voorstellen van webpagina's. Via de hyperlinks op deze pagina's kan je van de ene pagina naar een andere pagina navigeren, iets wat ook 'surfen op het web' wordt genoemd.

Andere functies

Alle hierboven genoemde browsers bieden de mogelijkheid om favoriete webpagina's bij te houden, bestanden te downloaden, een geschiedenis bij te houden van bezochte webpagina's, surfen op meerdere webpagina's tegelijk via tabbladen, pop-up vensters blokkeren, advertentiefiltering en automatisch zoeken op zoekmachines. Deze en andere opties bekijken we verder in dit thema. ■

Gebruikte browsers bij de bezoekers van onze website handboeken.be in juni 2019. Het aandeel van Edge is vergelijkbaar met dat van Google Chrome, al jaren een populaire browser. Sinds de komst van Edge is het aandeel van Internet Explorer sterk gedaald.

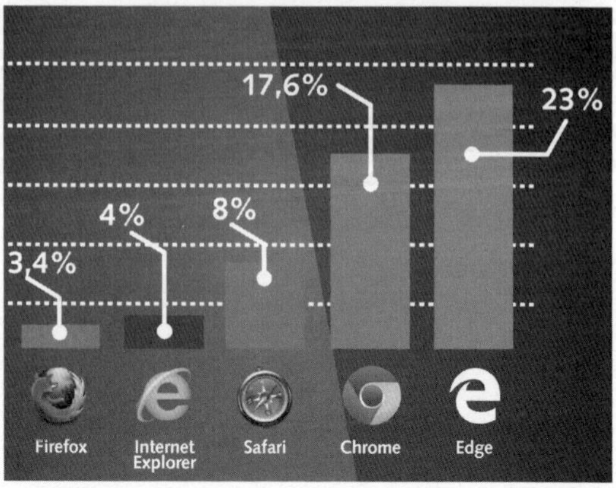

Webpagina's openen

Edge heeft een heel sobere interface: een groot venster met bovenaan een navigatiebalk waar slechts enkele knopjes aanwezig zijn. Alle aandacht gaat dan ook naar de webpagina's.

Sobere interface

Het valt op wanneer je Edge voor het eerst opstart: het heeft een gestroomlijnd, minimalistisch uiterlijk en toont heel weinig besturingselementen zoals menu's of knoppen. Nochtans bevat het heel wat functies om efficiënt op het web te surfen. De belangrijkste vensteronderdelen tonen we alvast in onderstaand schermvoorbeeld:

Terugknop
Toont de vorige bezochte webpagina's.

Klik met de rechtermuisknop en een lijst met vorige bezochte webpagina('s) wordt getoond.

Adresbalk
Vul hier een URL in. Wanneer je klikt op een hyperlink in een webpagina, dan verschijnt hier het nieuwe adres.

De adresbalk werkt ook als zoekbalk.

Tabbladen laten je toe om meerdere webpagina's in één venster te openen. Tabbladen kan je sluiten via het kruisje achter de naam. Het actieve tabblad staat helder weergegeven.

Nieuw tabblad
Je kan zelf een nieuw tabblad bijmaken.

Knoppenbalk
Hub (toegang tot favorieten, leeslijst, historiek en downloads), Webnotities, Delen en een menu met instellingen en opties.

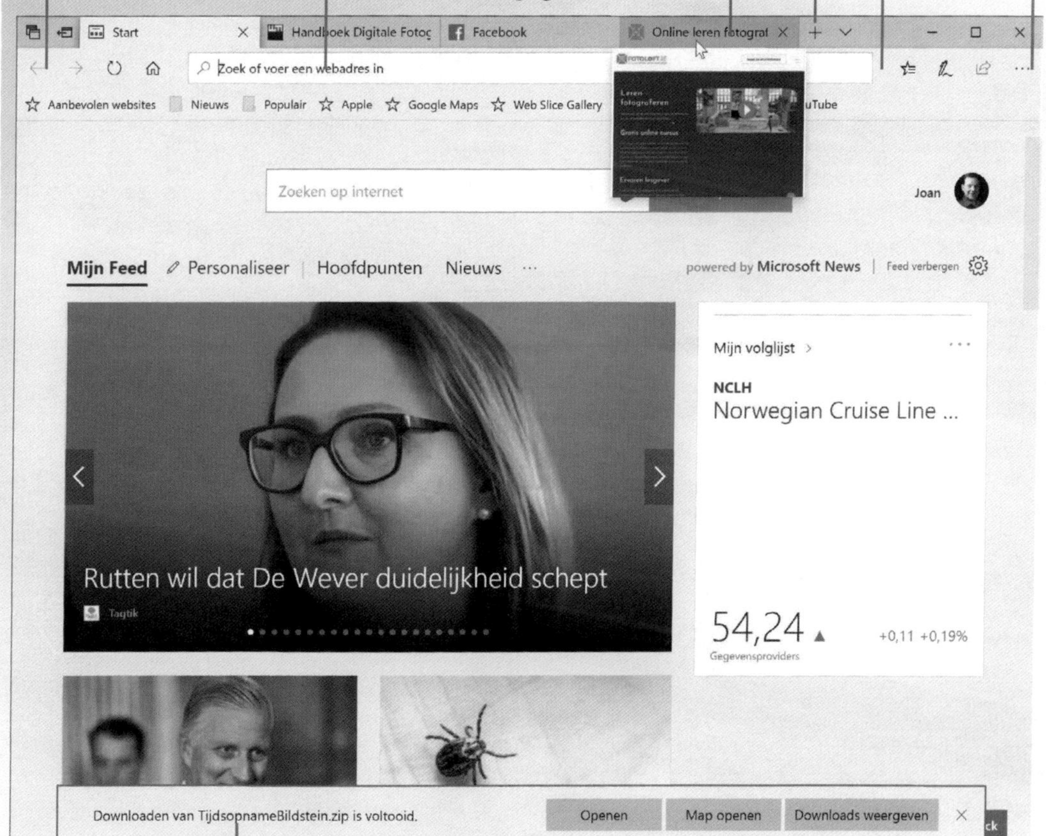

De meldingsbalk verschijnt automatisch. Hier wordt informatie weergegeven over de status van de browser, een webpagina of een gedownload bestand.

Adresbalk

Er zijn veel verschillende manieren om een bepaalde webpagina te openen. Door zelf de URL in de adresbalk te typen, of door een hyperlink aan te klikken bijvoorbeeld, maar er zijn nog meer mogelijkheden. De adresbalk bevat het adres of de URL van de webpagina die je momenteel ziet. Klik in de adresbalk waardoor de tekst blauw oplicht en typ meteen de URL van de nieuwe webpagina die je wil bezoeken:

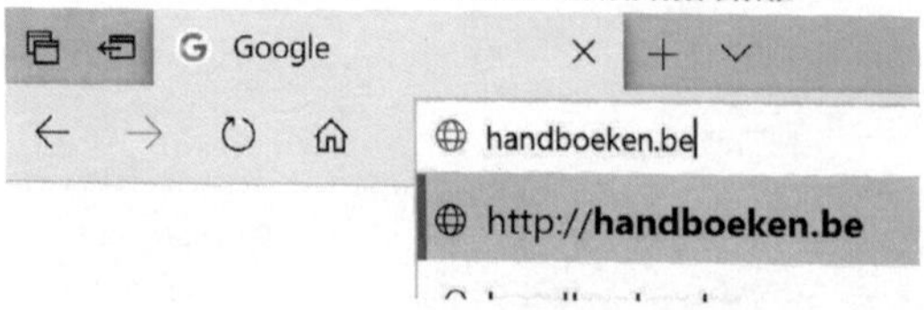

Na het invullen van de URL druk je op Enter op je toetsenbord.

Volledige URL tonen

Merk op dat Edge de domeinnaam (b.v. jomas.be of fotoloft.be) in een adres accentueert. Bij niet-beveiligde websites zie je geen http:// staan:

Bij beveiligde sites zie je voor het adres een slotje én wordt het adres voorafgegaan door https://:

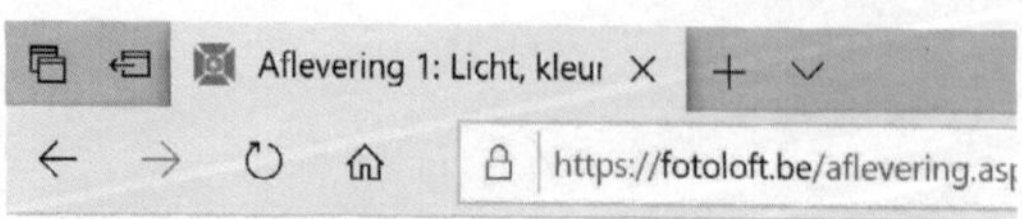

SNELTOETSEN

Adresbalk selecteren

Alt D

Suggesties in Geschiedenis

Wanneer je een adres aan het invullen bent dat je eerder al eens invulde, dan zal Edge suggesties tonen:

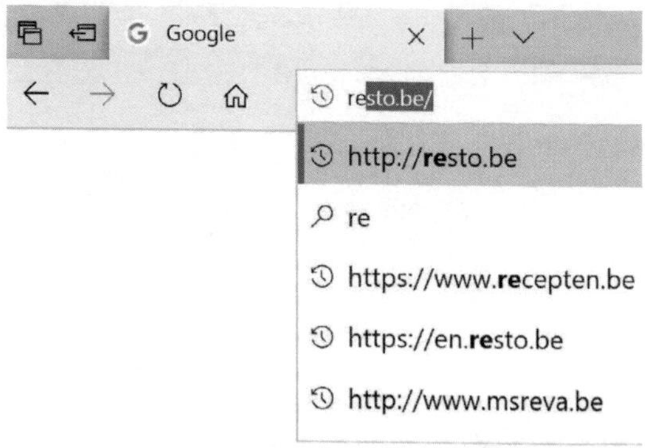

In bovenstaand voorbeeld werden enkel de letters re getypt. Edge ontdekte dat we eerder al de websites **Re**cepten.be en **Re**sto.be bezochten. De meest recente website wordt meteen in de adresbalk geplaatst. Wil je deze suggestie aanvaarden, klik dan op Enter. Wil je een andere suggestie gebruiken, klik deze dan aan in de lijst. Gebruik je geen suggestie, typ dan gewoon verder.

Suggesties van zoekmachine

In thema 6 werken we met zoekmachine Google. Je kan ook tijdens het typen van een adres deze zoekmachine (of een andere, zoals Bing) gebruiken. Stel, je typt recept in de adresbalk, dan kan de zoekmachine meteen enkele websites opzoeken die iets met 'recept' te maken hebben en deze als extra suggestielijst tonen. Standaard staat deze optie aan, maar kan Bing in plaats van Google gebruikt worden. Wil je suggesties van Google, dan zal je mogelijk deze stappen moeten uitvoeren:

1 Typ alvast enkele letters in de adresbalk eindig met een spatie. De suggestielijsten worden getoond. Bovenaan rechts in de lijst zie je de melding Zoeken met Google of Zoeken met Bing staan:

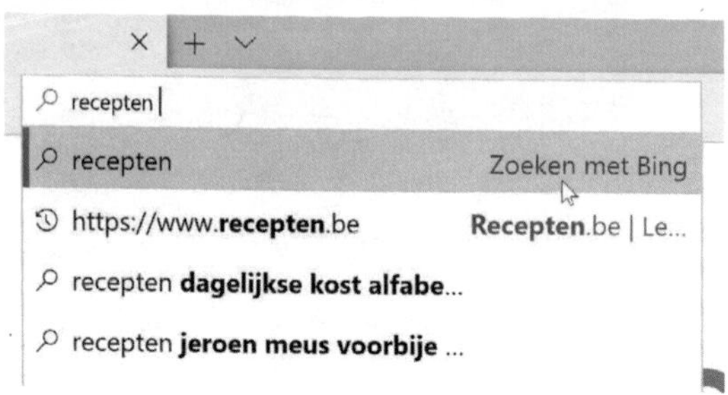

2 Heb je momenteel Bing en niet Google als zoekmachine, dan kan je Bing door Google vervangen via de knop 'Instellingen en meer' (de knop met de drie puntjes) bovenaan rechts in het browservenster:

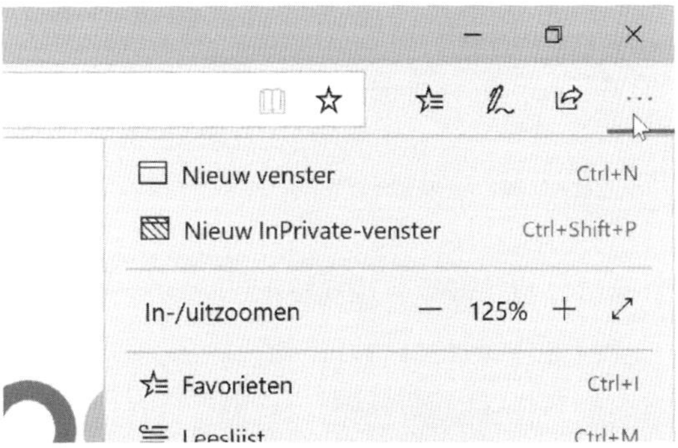

Klik onderdaan door op de optie: Instellingen.

3 Klik nu door op de knop Geavanceerd:

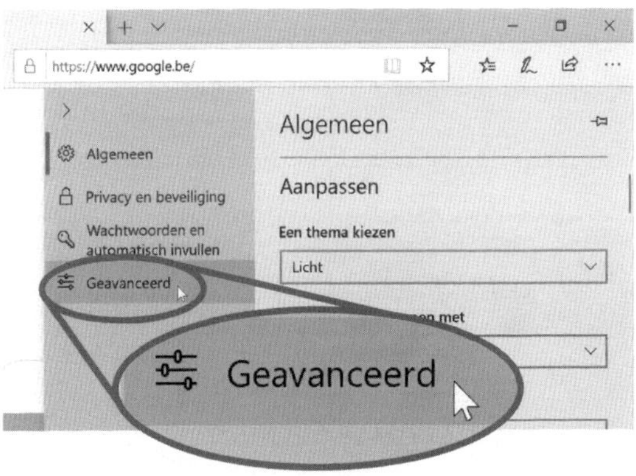

4 Klik onderaan in de nieuwe menulijst op de knop Zoekprogramma wijzigen:

5 Kies nu de zoekmachine die je wenst te gebruiken in Edge en klik tenslotte op de knop Als standaard instellen:

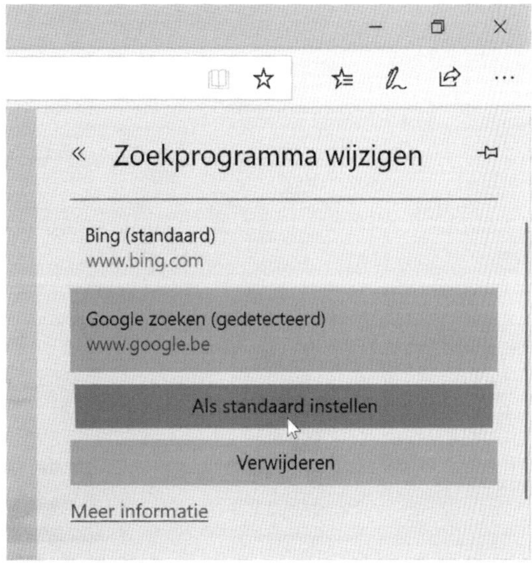

6 Bij het typen van een trefwoord, zal vanaf nu Google een lijst met relevante websitetitels tonen. Zie je een interessante suggestie staan, dan kan je deze aanklikken:

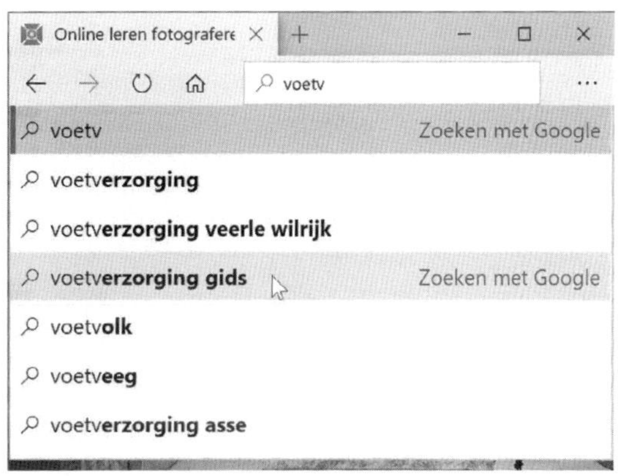

Indien niet, typ dan gewoon verder.

Zoeken via de adresbalk

Je kan meteen in de adresbalk één of meerdere zoektermen typen. Voor het vinden van webpagina's maakt Edge gebruik van de door jou ingestelde zoekmachine. We zullen zoeken met Google uitgebreid bespreken in het volgende thema.

OEFENING 1

Open Edge.
Typ het volgende adres: hln.be
Op welke website kom je terecht?

____

Typ vervolgens dit adres: nieuwsblad.be
Je komt uiteraard terecht op de website van de krant Het Nieuwsblad.
Typ nu in de adresbalk het woord: nieuws
Welke suggesties toont Edge?

____

____

OEFENING 2

Open Edge.
Zorg er voor dat de suggesties van zoekmachine Google worden gebruikt en dat zoeksuggesties worden toegepast. Typ de trefwoorden milkshake en aardbei in de adresbalk in. Selecteer de eerste suggestie van Google. Op welke website kom je terecht?

____

Kies vervolgens de eerste website die Google voorstelde. Welke ingrediënten, behalve melk en aardbeien, heb je nog nodig om een milkshake te maken?

______________ en ______________

Beveiligde verbinding?

Webpagina's die via een beveiligd HTTP protocol worden getoond, hebben een URL die begint met https, de s staat voor secure (veilig). Het grijs of groen hangslotpictogram voor het adres is dan een extra indicatie dat het om een beveiligde webpagina gaat:

Bij gebruik van HTTPS worden de gegevens versleuteld, waardoor het voor een buitenstaander, bijvoorbeeld iemand die afluistert, onmogelijk zou moeten zijn om te weten welke gegevens verstuurd worden. Dergelijke verbindingen zijn absoluut nodig wanneer je op een webpagina belangrijke gegevens moet invullen, zoals het nummer van je bankkaart. Bij betalen op internet controleer je dan ook best de aanwezigheid van het hangslotpictogram in de adresbalk! Websites met een groen, vol hangslot zijn nóg veiliger dan websites met een wit, hol hangslot:

Van deze websites is het bedrijf erachter geïdentificeerd door een beveiligingsbedrijf zoals VeriSign. Klik je op een grijs hangslotpictogram, dan zie je de naam van de verstrekker van het beveiligingscertificaat en de naam van de website. Klik je op een groen hangslotpictogram, dan zie je de naam en (een deel van) het adres van het bedrijf achter de website.

OEFENING 3

Surf eens naar de website van je bank, bijvoorbeeld ing.be of belfius.be.
Welk soort verbinding wordt gebruikt?

____________________ verbinding

Waaraan merk je dit?

1. ____________________________ en

2. ____________________________

Webpagina's vernieuwen of stoppen

Vernieuwen

Sommige dynamische webpagina's veranderen meermaals per dag, sommige zelfs na enkele seconden. Nieuwssites bijvoorbeeld, of sites met camerabeelden. Wil je dezelfde webpagina nog eens bekijken, maar met geactualiseerde inhoud, dan klik je op de knop Vernieuwen, het pictogram met de gekrulde pijl, links van de adresbalk:

Stoppen

Bij trage internetverbindingen of druk verkeer op internet kan het gebeuren dat een webpagina niet verschijnt. Klik dan op de knop Stoppen, het pictogram met het kruisje:

Edge stopt dan het verder inladen van de pagina en toont het reeds beschikbare deel. Een paar minuten later kan je, via het pictogram Vernieuwen, de pagina nog eens proberen in te laden.

SNELTOETSEN

Opnieuw laden van de webpagina

Control R of F5

Laden van de webpagina stoppen

Esc

OEFENING 4

Verkeerscentrum Vlaanderen biedt je de mogelijkheid om beelden van Vlaamse snelwegen live te bekijken. Open deze website: http://www.verkeerscentrum.be/
Klik in de linkernavigatie op Verkeersinformatie en vervolgens op camerabeelden. Je ziet nu live camerabeelden:

Wacht enkele minuten en vernieuw dan de pagina. Zijn de videobeelden vernieuwd?

Leesweergave

Net achter het adres staat een pictogram van een boek. Is dit pictogram zwart in plaats van grijs, dan is er een Leesweergave versie mogelijk van de webpagina. Die weergave haalt alle overbodige elementen (reclamebanners, menubalken, knoppen...) op de webpagina weg en maakt de hoofdtekst duidelijker zodat je je beter kan concentreren op de inhoud. Helaas is zo'n leesweergave niet altijd beschikbaar. In het voorbeeld hiernaast lukt het wel: de normale weergave toont boven het artikel een knoppenbalk, een logo en nog een knoppenbalk. Daartussenr nog een groot reclameblok. Naast het artikel staat nog een reclameblok voor hotels. Het artikel zelf valt daardoor haast niet op! In de leesweergave verdwijnen al deze elementen en krijg je enkel het artikel zelf te zien, inclusief de relevante foto's of afbeeldingen..

Tip 1: De leesweergave kan je 'afdwingen' door voor de url in de adresbalk read: te typen, b.v. read:http://handboeken.be.

Tip 2: De leesweergave kan je instellen via de knop Meer (...) ▸ Instellingen ▸ Lezen. Je kan de achtergrondkleur (standaard, licht, normaal of donker) en de grootte van de tekst (klein, normaal, groot of extra groot) aanpassen.

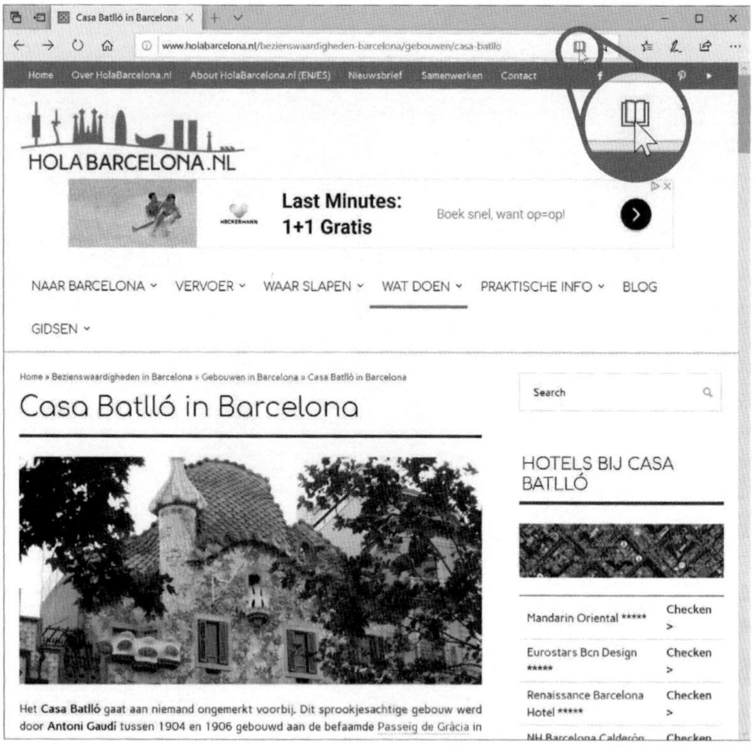

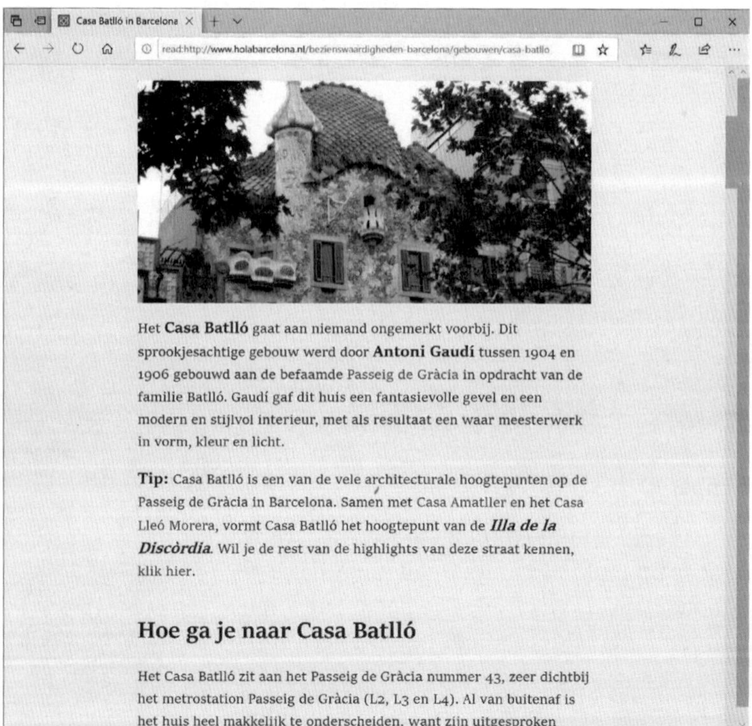

SNELTOETSEN

Leesweergave activeren/deactiveren (indien beschikbaar)

Control Shift R

Inhoud webpagina vergroten

Sommige webpagina's hebben een te klein lettertype waardoor je de teksten niet vlot kan lezen. Gelukkig kan je in het menu 'Instellingen en meer', via de knop met de drie puntjes in de rechter bovenhoek van het venster, de volledige inhoud van een webpagina groter maken (tekst én afbeeldingen):

SNELTOETSEN

Inzoomen / Uitzoomen op een pagina

Control + / Control -

Control **en muiswieltje**

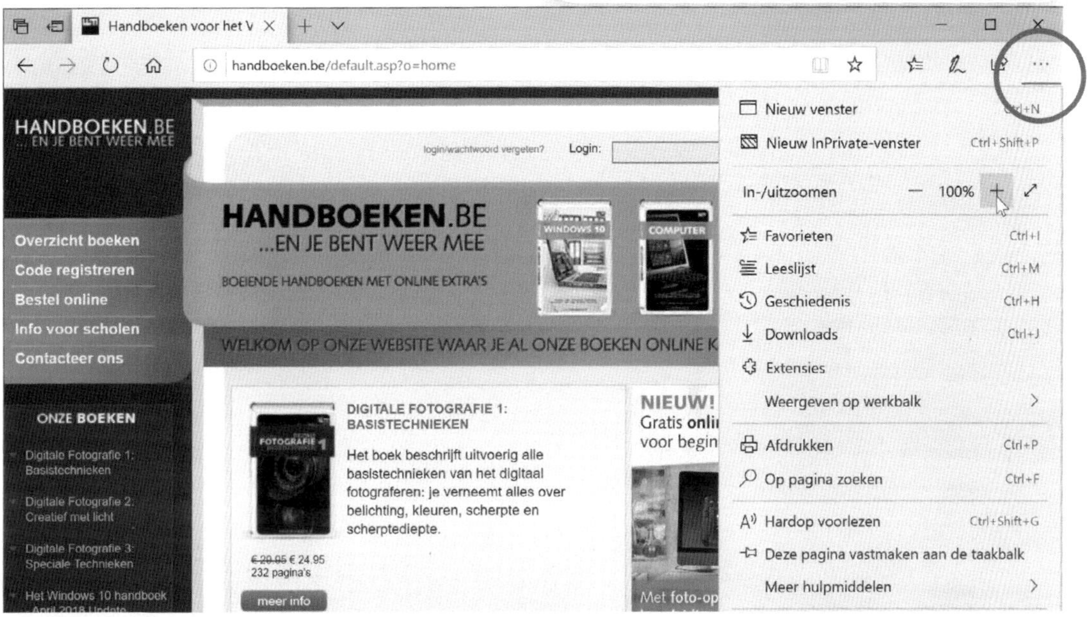

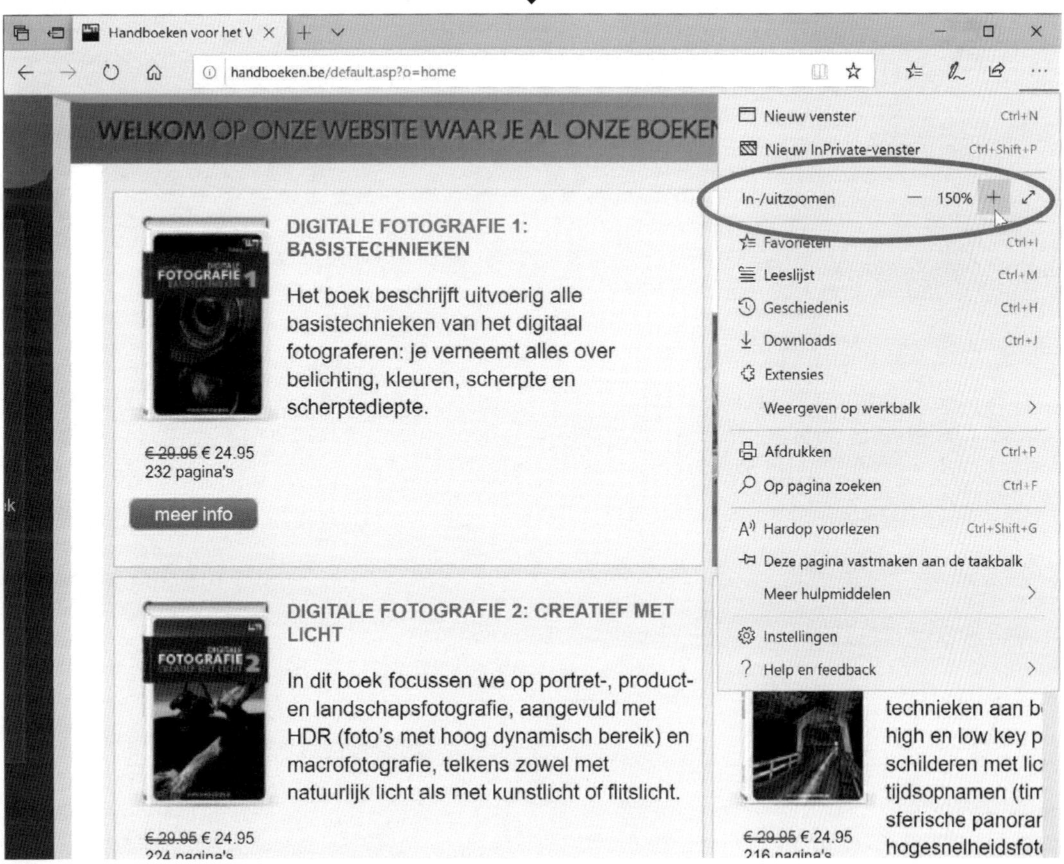

Compatibiliteitsproblemen oplossen

Edge is een nieuwe browser die geen verouderde webtechnologieën meer ondersteunt. Daardoor kunnen webpagina's die deze technologieën nog steeds gebruiken niet goed weergegeven worden. Edge's voorganger, de browser Internet Explorer 11 dus, is nog steeds aanwezig in Windows 10. Mocht je via Edge een webpagina tegenkomen die niet goed getoond wordt, dan los je dit zo op:

1 Open het menu achter de knop Meer (knop met drie puntjes) en selecteer hier de optie 'Met Internet Explorer openen'

2 De webpagina wordt nu in Internet Explorer 11 geopend, deze keer hopelijk zonder problemen. Zie voorbeeld hieronder.

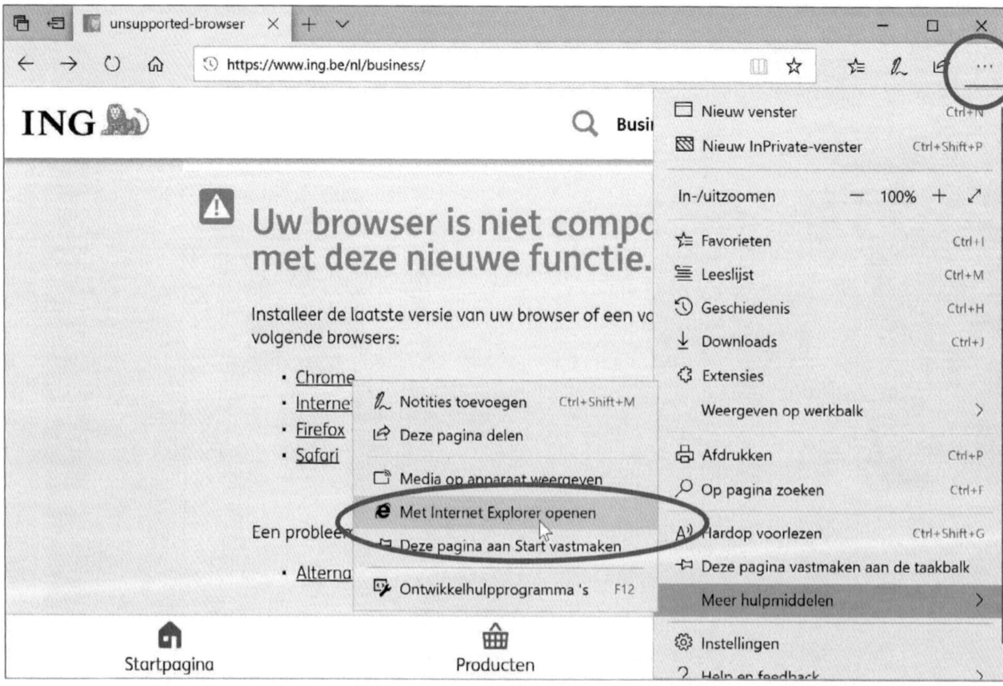

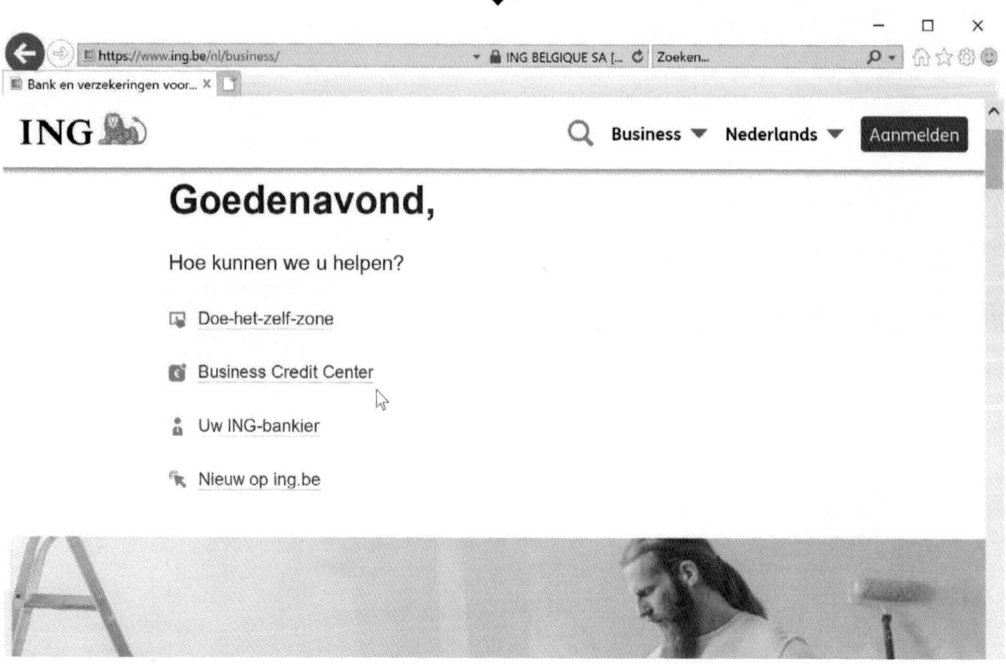

Openingspagina

Telkens je Edge opstart krijg je standaard een pagina te zien, 'gevoed' door Microsoft News. Die 'Feed' levert nieuwsberichten, het weerbericht en eventueel beursberichten. Je kan deze 'Feed' aanpassen of verwijderen.

Openingspagina van Microsoft aanpassen

Rechts bovenaan de openingspagina zie je eventueel "Powered by Microsoft News" met daarnaast een knop 'Feed verbergen':

Via de link 'Feed verbergen' kan je de volgende opties aanpassen:

- Regio en taal voor de nieuwsberichten
- De standaardrubrieken Weer en Financiën aan- of uitvinken.
- Je kan de volledige Feed weglaten

Maak je keuzes en klik op Opslaan. De instellingen worden meteen toegepast op de openingspagina.

Openingspagina vervangen

Vind je die Microsoft News berichten als openingspagina maar niets en wil je bijvoorbeeld de bedrijfswebsite of jouw favoriete website als openingspagina instellen, dan kan dat:

1 Selecteer de optie Instellingen in het menu 'Instellingen en meer' via de knop met de drie puntjes.

2 Onder 'Microsoft Edge openen met' kies je alvast 'Specifieke pagina of pagina's':

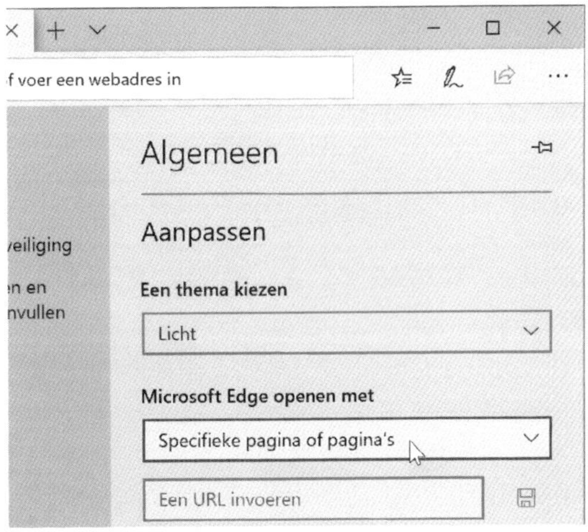

3 Vul in het vak 'Een URL invoeren' het adres van jouw nieuwe openingspagina in, waarna je op het disketteknopje klikt om het adres te bewaren.

4 Je kan op de link '+ Nieuwe pagina toevoegen' klikken om meteen ook een tweede website in een apart tabblad te laten openen bij het opstarten van Edge:

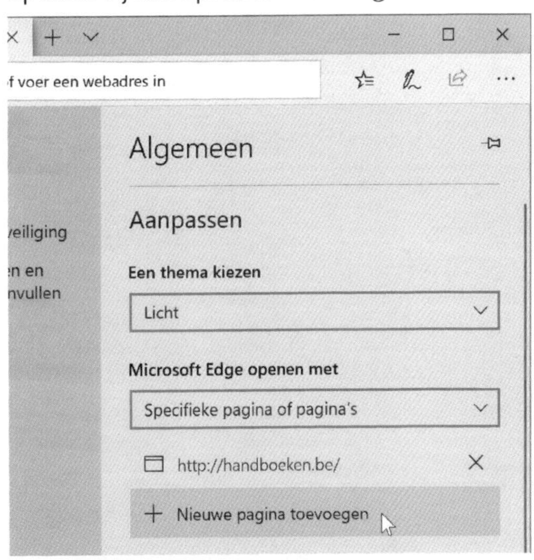

5 De instellingen worden meteen toegepast. Wil je één van de openingspagina's terug verwijderen, klik dan in stap 4 hierboven op het kruisje achter de URL van de pagina. ■

OEFENING 4

Stel Google.be in als openingspagina. Stel jouw eigen favoriete website in als tweede openingspagina. Test dit uit.
Verwijder in de lijst met pagina's jouw favoriete website (laat enkel google.be staan).

Werken met tabbladen

Zoals alle moderne browsers ondersteunt ook Edge tabbed-browsing. Dat betekent dat je in één hoofdvenster meerdere tabbladen kan openen met daarin telkens een andere webpagina. Er is minstens één tabblad actief. Klik op een tabblad om de webpagina er in te bekijken.

Nieuw tabblad

Naast het laatste actieve tabblad vind je een klein vakje met een +. Wanneer je er met de muisaanwijzer over zweeft, dan verschijnt "Nieuw tabblad":

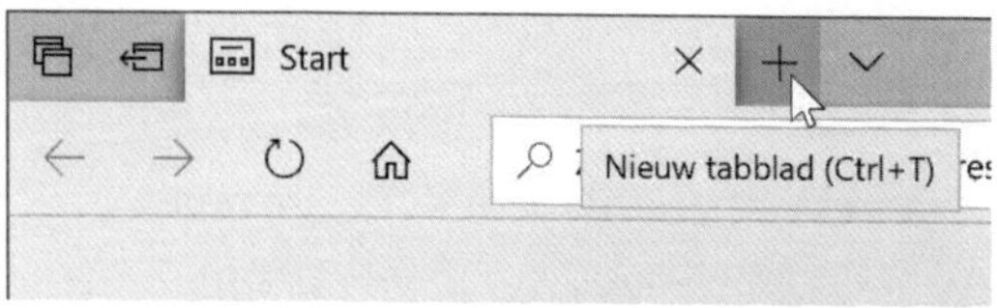

Klik je op dit vakje, dan opent een nieuw tabblad met daarin een lege pagina (tenzij iets anders ingesteld was bij de instellingen van Edge). Je kan zo enkele tientallen nieuwe tabbladen maken, maar weet wel dat elk tabblad extra geheugen en processortijd eist.

Tabblad sluiten

Een tabblad sluit je door het kruisje rechts op het tabblad aan te klikken:

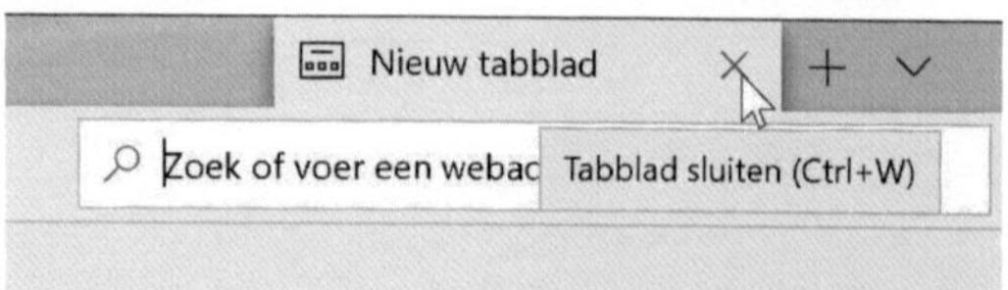

Sluit je het laatste tabblad, dan wordt de browser afgesloten.

SNELTOETSEN

Nieuw tabblad maken

Control T

Huidig tabblad sluiten

Control W

(Per ongeluk) gesloten tabblad openen

Control Shift T

Tabblad voorvertoning

Je bladert naar een tabblad door er op te klikken. Laat je de muisaanwijzer even zweven over een tabblad, dan krijg je een voorvertoning van de inhoud. Dat kan handig zijn als je twee tabbladen hebt van dezelfde website maar met een andere webpagina geopend:

Tabblad verplaatsen

Mocht je de volgorde van een reeks tabbladen willen wijzigen, dan kan dit door de tabbladen te verslepen met de linkermuisknop:

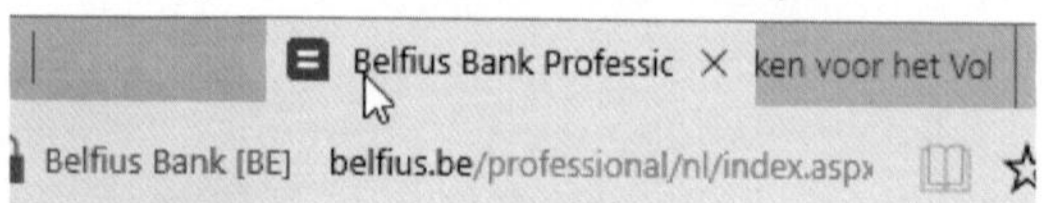

Tabblad als nieuw venster

Het is soms nuttig om twee webpagina's met elkaar te vergelijken, bijvoorbeeld om de informatie op de ene pagina te controleren met deze op de andere pagina. Een tabblad kan je promoveren tot venster zodat twee tabbladen in twee browservensters zitten:

1 Sleep het tabblad met de linker muisknop weg van de balk met tabbladen:

2 Laat de muisknop los. Een nieuw venster voor het gesleepte tabblad werd gemaakt:

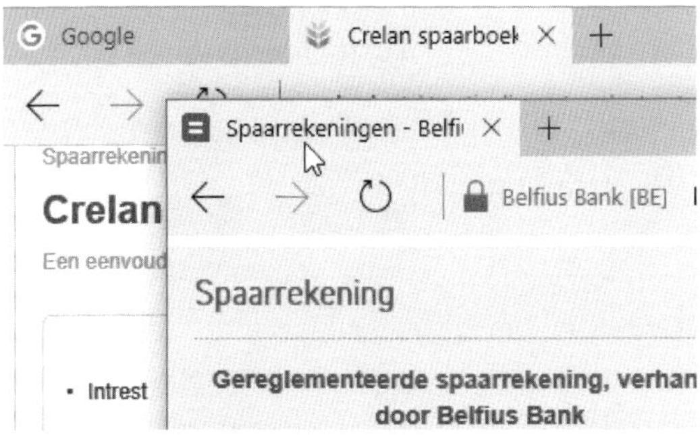

3 Je kan beide vensters naast elkaar plaatsen door het ene venster via de titelbalk te verslepen naar de rechter- en het andere naar de linkerkant van je scherm.

Tabblad pinnen

Tabbladen vastpinnen houdt in dat je een favoriete webpagina als een steeds aanwezig tabblad kan krijgen, telkens je Edge opstart. Het tabblad wordt wel gereduceerd tot de grootte van een pictogram:

1 Klik met de rechtermuisknop op het tabblad en selecteer Vastmaken in het contextmenu:

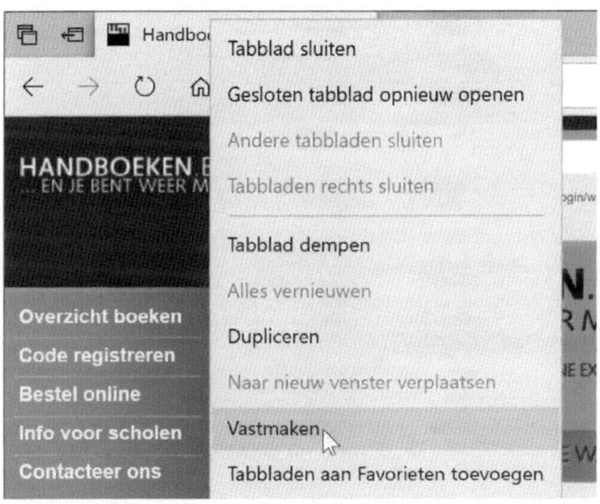

2 Sluit Edge en start de browser daarna opnieuw op. Je ziet in de linkerkant het pictogram van de vastgepinde webpagina. Zweef je er met de muisaanwijzer over, dan zie je een miniatuur van de webpagina:

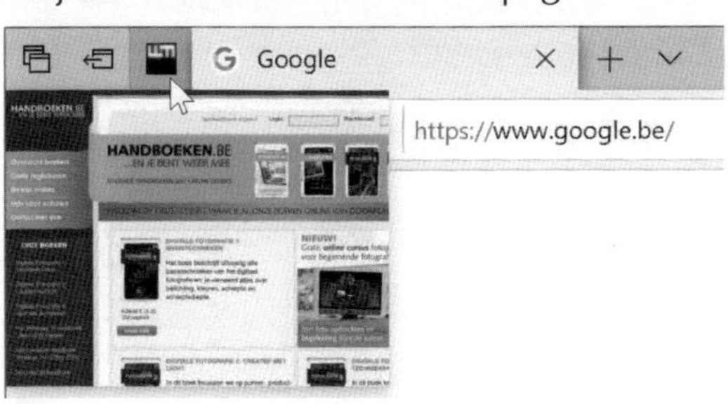

4 Een vastgemaakt tabblad maak je weer 'los' door er met de rechtermuisknop op te klikken en Losmaken te kiezen in het menu.

Tabbladen opzij zetten

Heb je een reeks tabbladen geopend die je later nog eens opnieuw zal raadplegen, dan kan je met de tweede knop in de tabbladenbalk bovenaan alle openstaande tabbladen opzij zetten om later te lezen:

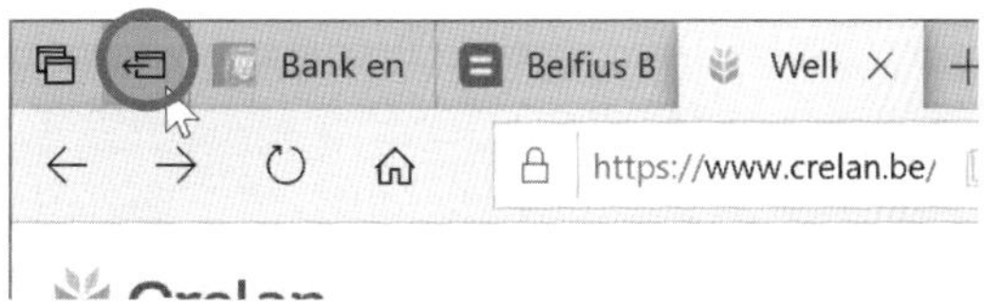

Het pictogram uiterst links, 'Tabbladen die u apart heb gezet' toont de opgeslagen tabbladen in een uitklapmenu. Van hieruit kan je ze makkelijk terug openen of verwijderen:

Tabblad dempen

Een tabblad met een website waarin een video of audiofragment wordt afgespeeld, wordt gemarkeerd met een luidsprekerpictogram:

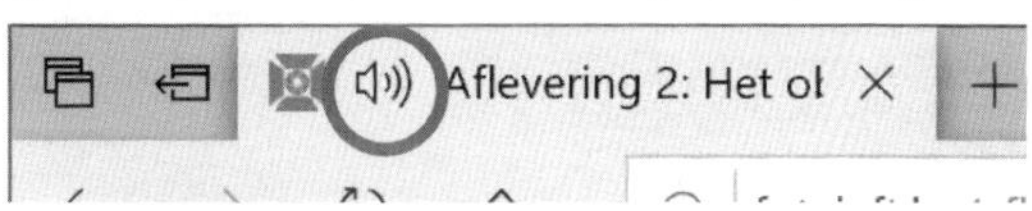

Door hierop te klikken wordt de audio gedempt. ■

OEFENING

Start Edge en typ in de adresbalk de url www.google.be. Maak een nieuw tabblad en open daarin de website handboeken.be. Maak nog een nieuw tabblad voor de website een.be. Plaats het tabblad van handboeken.be achter dat van een.be. Maak van het tabblad met handboeken.be een nieuw venster. Sluit het tabblad met google.be.

Favorieten en leeslijst

Het zou vervelend zijn indien je elke interessante webpagina opnieuw zou moeten intypen of opzoeken. Gelukkig is dat ook niet nodig: Edge kan jouw favoriete webpagina's bijhouden in de 'Hub'.

Toevoegen als favoriete website

Om een webpagina bij de lijst favorieten te plaatsen, ga je als volgt te werk:

1 Open de webpagina die je wenst toe te voegen aan jouw Favorieten.

2 Klik op het sterpictogram in de adresbalk:

3 Je kan de webpagina toevoegen aan de lijst met Favorieten of aan een Leeslijst (zie verder). Selecteer Favorieten:

4 Je kan eventueel de naam van de webpagina aanpassen, indien de standaardnaam niet duidelijk genoeg is. Je kan de webpagina in de lijst Favorieten plaatsen of opnemen in de Werkbalk Favorieten (zie verder).

5 De webpagina kan rechtstreeks in de lijst Favorieten worden opgenomen, maar dan krijg je na verloop van tijd een ellenlange lijst waar het nog moeilijk je weg te vinden is. Het is daarom beter om je favorieten in mappen in te delen, zoals je ook bestanden in mappen en submappen indeelt. Via de link 'Nieuwe map maken' kan je tijdens het toevoegen al een nieuwe map aanmaken en de webpagina meteen daarin onderbrengen:

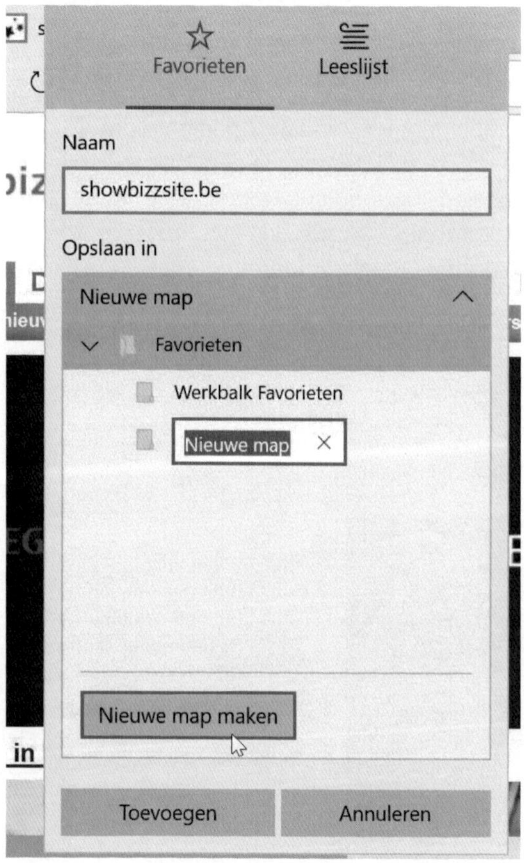

6 Staan de naam van de webpagina en eventueel de naam van de map correct ingevuld? Klik dan op Toevoegen.

7 Bij een webpagina die reeds in de lijst Favorieten werd opgenomen, wordt een vol stersymbooltje getoond:

Favoriete website openen

Rechtstreeks, via lijst Favorieten in de Hub

Klik op de knop 'Hub' (pictogram met ster en drie lijntjes) en klik vervolgens op het ster-pictogram om de Favorietenlijst te bekijken:

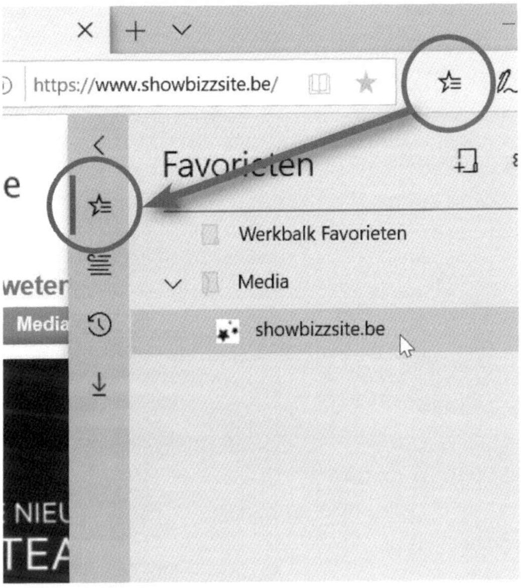

Navigeer eventueel naar de submap waarin je de favoriete webpagina hebt ondergebracht en klik vervolgens op de naam van de webpagina.

Via de adresbalk

In het vorige onderwerp zagen we dat Edge, na het intypen van enkele karakters in de adresbalk, overeenkomsten zoekt in de historiek en resultaten zoekt met een zoekmachine. Daarnaast zoekt de browser ook in de lijst met Favorieten. Wanneer je ongeveer de naam weet van de favoriete website, dan kun je enkele letters van deze naam in de adresbalk invullen. In de lijst met suggesties zal je bovenaan ook websites uit je Favorieten zien opduiken:

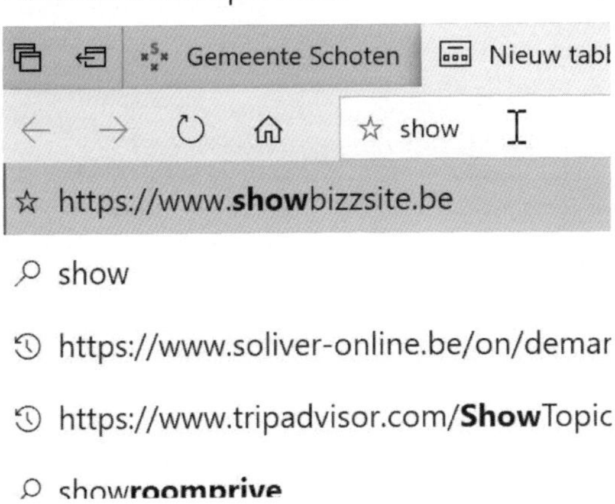

SNELTOETSEN

Webpagina in favorieten plaatsen

Control D

Lijst met favorieten openen

Control I

OEFENING 1

Open Edge en typ **klara.be** in de adresbalk.
Waar kom je terecht?

____

Plaats deze website in de lijst met favorieten, in een submap 'Radio'. De favoriet én de submap maak je tegelijkertijd aan!

Typ **nostalgie.eu** in de adresbalk.
Waar kom je terecht?

____

Plaats ook deze website in de lijst met favorieten, eveneens in de submap 'Radio'. De map bestaat reeds, dus je hoeft die enkel nog aan te duiden.

Typ tenslotte **deredactie.be**
Waar kom je terecht?

____

Plaats ook deze webpagina in de favorieten, maar deze keer in een submap Media. Indien deze map nog niet bestaat, dan maak je ze meteen aan.

Werkbalk Favorieten

Je kan een beperkt aantal favorieten permanent zichtbaar houden in Edge via de Werkbalk Favorieten. Die werkbalk staat standaard uitgeschakeld en kan je als volgt zichtbaar maken:

1 Open de Hub via het pictogram met de ster met drie lijntjes. Klik bovenaan op Instellingen (tandwielpictogram):

2 Het volgende menu verschijnt. Je kan hier de werkbalk aan- of uitschakelen. Daaronder een optie om de naam van de favoriet weg te laten en enkel het pictogram te tonen. Je kan dan meer websites in de werkbalk opnemen:

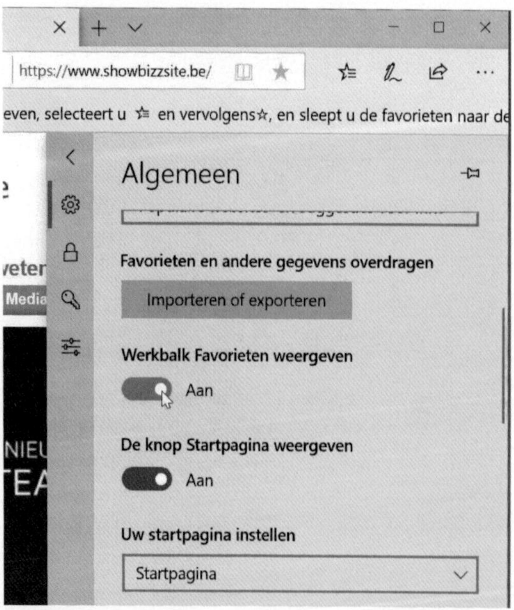

3a Heb je nog geen webpagina's in de werkbalk opgenomen, dan verschijnt een balk met één zin uitleg hoe je favorieten in de werkbalk kan opnemen:

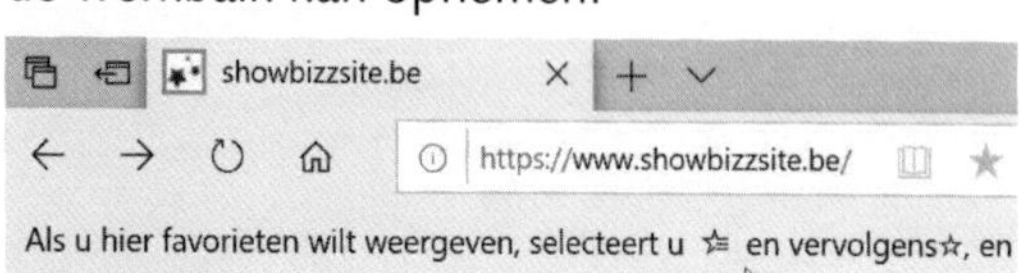

3b Heb je wel al webpagina's opgenomen in de werkbalk, dan zie je een balk, net onder de adresbalk, met al die webpagina's:

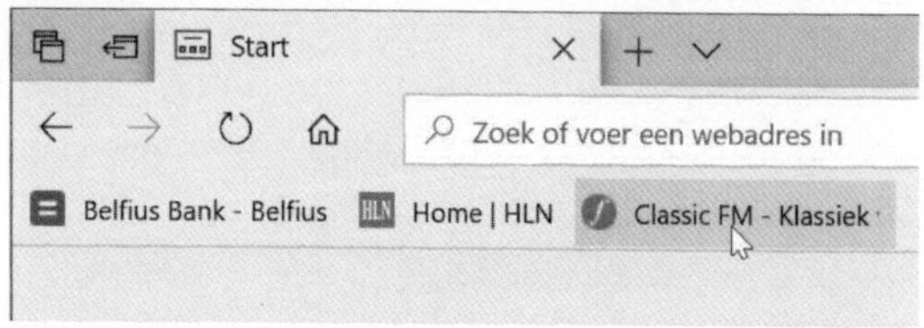

Favorieten ordenen

Met de Hub uitgeklapt op de lijst Favorieten, kan je nu gemakkelijk enkele handelingen uitvoeren.

Submap maken

Zo kan je de favorieten indelen door extra mappen te maken:

1 Klik, met de rechtermuisknop, onder één van de reeds aanwezige mappen en selecteer 'Nieuwe map maken' in het contextmenu:

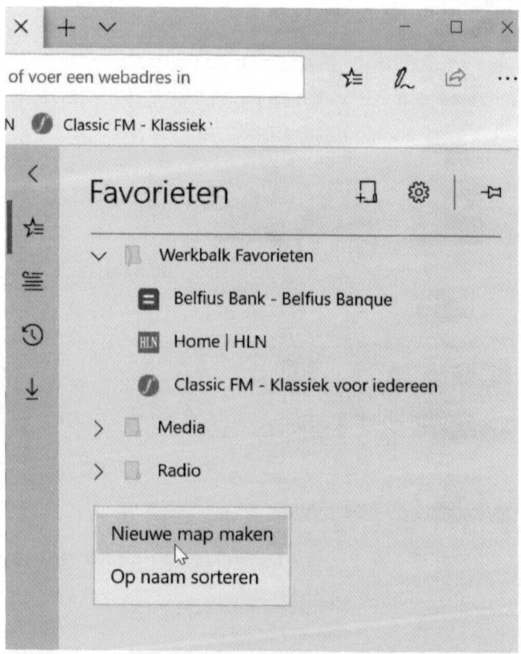

2 Een nieuwe map werd aangemaakt. Typ onmiddellijk de gewenste naam voor de map:

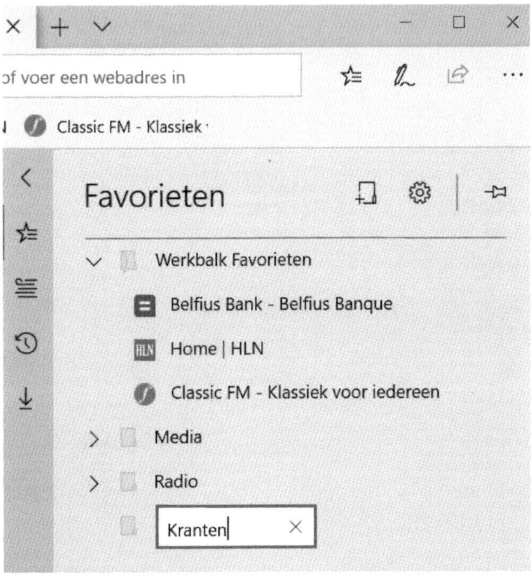

Bevestig met Enter.

3 De nieuwe map kan je in de hoofdlijst laten staan, maar je kan deze ook met de linker muisknop verslepen naar een betere positie, bijvoorbeeld boven- of onderaan.

Map verplaatsen

Door een map te verslepen op een andere map, maak je van de eerste map een submap van de tweede. Een voorbeeld: je maakte, zoals hiervoor beschreven, een map Media en een map Kranten aan. Door de map Kranten te verslepen op de map Media wordt deze een submap van die map:

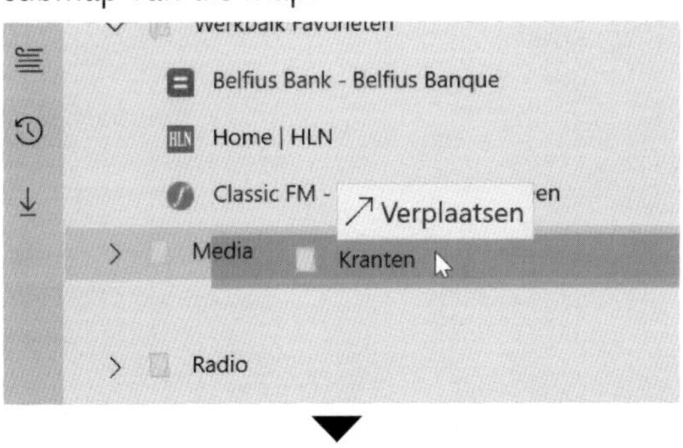

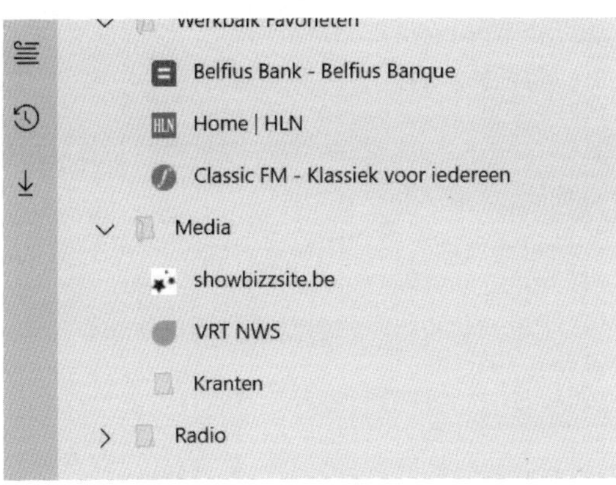

Favorieten verplaatsen

Op dezelfde manier zoals bij het verplaatsen van mappen, kan je ook favorieten verplaatsen, door ze met de linkermuisknop te verslepen naar een andere map:

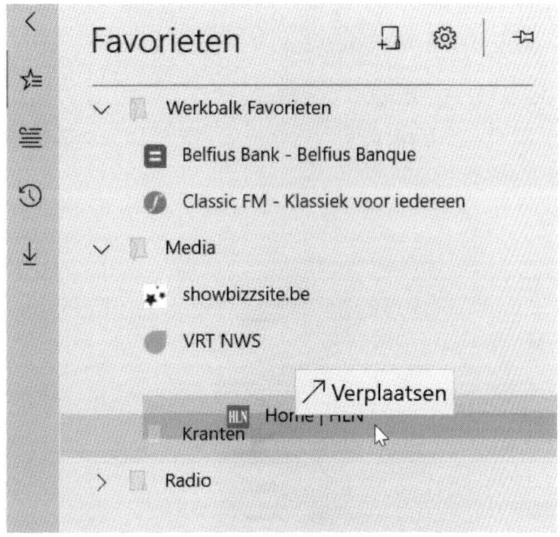

Mappen of Favorieten verwijderen

Een item verwijderen in uit de lijst Favorieten is heel eenvoudig: klik er op met de rechtermuisknop en selecteer de optie Verwijderen in het contextmenu.

OEFENING 2

Open via de Hub de lijst met Favorieten. Maak een submap Klassiek en een submap Pop aan. Verplaats beide mappen zodat ze submappen worden van de map Radio.
Sleep de Favoriet Klara naar de map Klassiek en de Favoriet Nostalgie naar de map Pop:

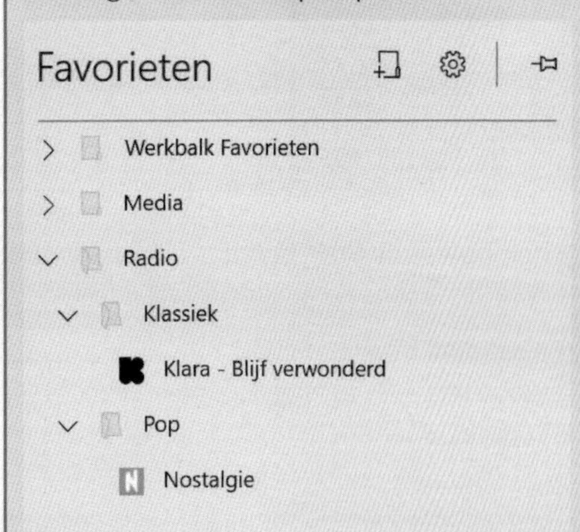

Leeslijst

Zoals de naam al aangeeft is een leeslijst een (tijdelijke) lijst van webpagina's die je nog wil lezen, zonder ze in de lijst van Favorieten te moeten indelen.

Webpagina toevoegen

Stel: je vindt een interessant artikel op een website, maar je hebt even geen tijd om het volledig te lezen. Dan plaats je deze pagina tijdelijk in je Leeslijst:

1 Open de webpagina in Edge en klik op de knop Favorieten in de adresbalk, de knop met het sterretje.

2 Selecteer Leeslijst in het menu. Pas eventueel de naam van de webpagina aan en klik op Toevoegen:

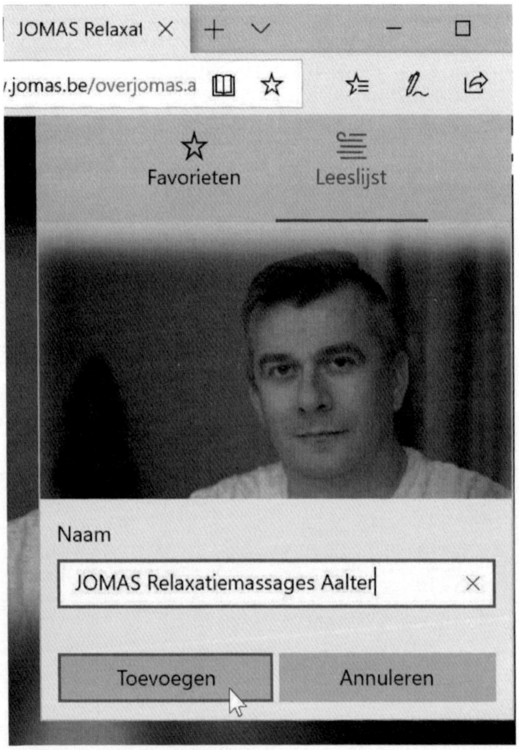

Webpagina bekijken

Om de webpagina terug te bekijken:

3 Klik op het pictogram Hub, het pictogram met de ster met drie lijntjes.

4 Klik door op Leeslijst en selecteer de webpagina die je wenst te bekijken:

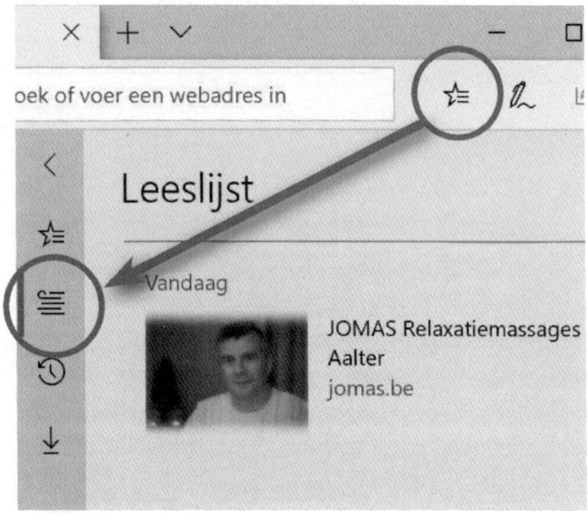

Webpagina verwijderen

5 Heb je een pagina voorgoed gelezen, selecteer deze dan in de Leeslijst met de rechtermuisknop en kies Verwijderen.

Favorieten en leeslijst synchroniseren

Favorieten en de Leeslijst kunnen gesynchroniseerd worden tussen verschillende Windows-toestellen, waarop je aangemeld bent met hetzelfde Microsoft-account. Twee instellingen moeten hiervoor goed staan:

1 In Edge zet je via 'Instellingen en meer' ▸ Instellingen de optie 'Uw favorieten en leeslijst synchroniseren' op Aan:

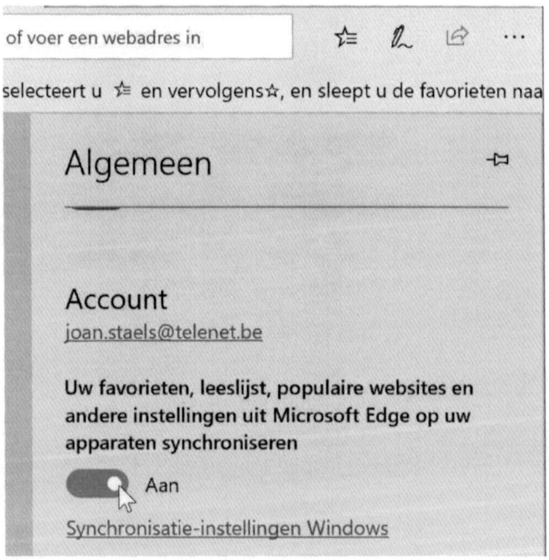

2 Klik daaronder op de link 'Synchronisatie-instellingen Windows'. In Instellingen ▸ Accounts ▸ Uw instellingen synchroniseren schakel je de optie 'Instellingen synchroniseren' ook Aan. ■

Bezochte webpagina's

Edge houdt een lijst bij van al jouw bezochte websites. Ook de inhoud van de laatst bezochte pagina's, inclusief foto's en afbeeldingen daarop aanwezig, worden op de harde schijf bewaard.

Automatisch archief

In de normale mode wordt de URL van elke webpagina die je bezoekt door Edge bijgehouden in een Geschiedenislijst. De webpagina zelf, inclusief alle foto's en andere media worden in de speciale map 'Tijdelijke Internetbestanden' op de harde schijf bewaard. Na verloop van tijd worden de oudst bezochte websites uit de Geschiedenis gehaald om plaats te maken voor nieuwe. En ook de inhoud van de bezochte webpagina's wordt na verloop van tijd automatisch gewist.

Geschiedenis raadplegen

Via de Hub, die je in het vorige onderwerp gebruikte, krijg je ook zicht op de geschiedenislijst:

1 Klik op het pictogram met de ster met drie lijntjes om de Hub te openen.

2 Klik vervolgens op de knop Geschiedenis met het pictogram van een klokje. De geschiedenislijst wordt getoond, gesorteerd in omgekeerd chronologische volgorde:

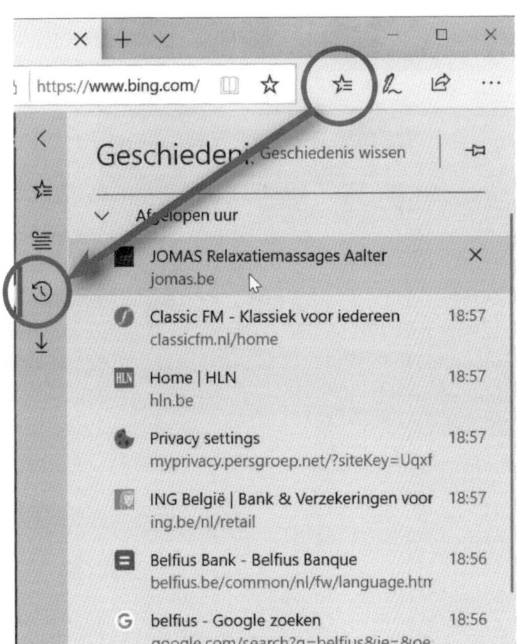

3 Klik op een periode, bijvoorbeeld 'Eerder vandaag' en je ziet alle webpagina's die je vandaag bezocht.

Geschiedenis voor suggesties

De lijst met reeds eerder bezochte webpagina's wordt op verschillende momenten door Edge geraadpleegd.

Rechtstreeks bekijken

Tijdens het typen van een adres in de adresbalk kan je eerder bezochte webpagina's zien verschijnen in een menu:

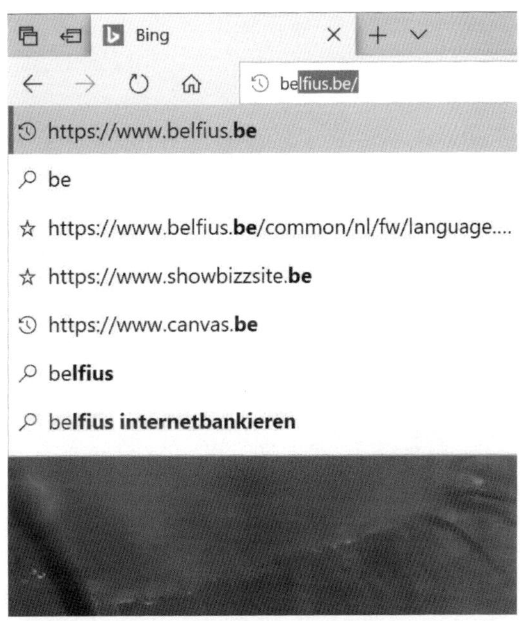

De drie à vier meest relevante gevonden webpagina's worden getoond. Je kan nu één van de suggesties aanklikken. Dit systeem wordt Auto-aanvullen genoemd. Zie ook het onderwerp 'Webpagina's openen' vooraan in dit thema.

Geschiedenis aanpassen

Lijst wissen

De geschiedenislijst kan je handmatig wissen:

1 Open het menu 'Instellingen en meer' via het pictogram met de drie puntjes in de rechter bovenhoek en kies Instellingen.

2 In het instellingenmenu klik je links op 'Privacy en beveiliging'

3 Onder de hoofding 'Browsegegevens wissen', klik je op de knop 'Kies wat u wilt wissen':

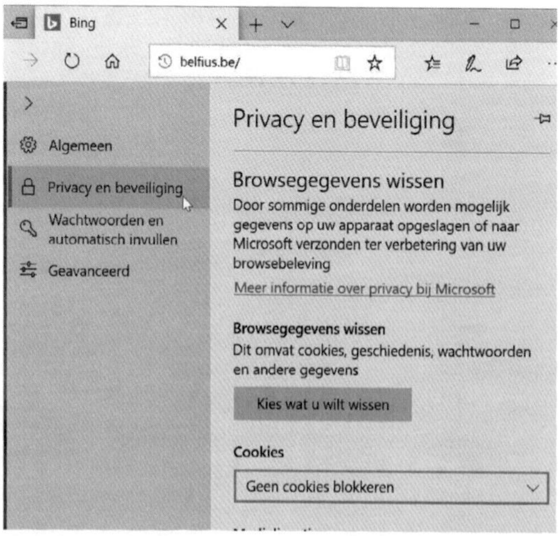

3 In het volgende menu plaats je een vinkje bij Browsegeschiedenis. Zoals je merkt, kan je ook andere gegevens die automatisch bewaard werden, wissen:

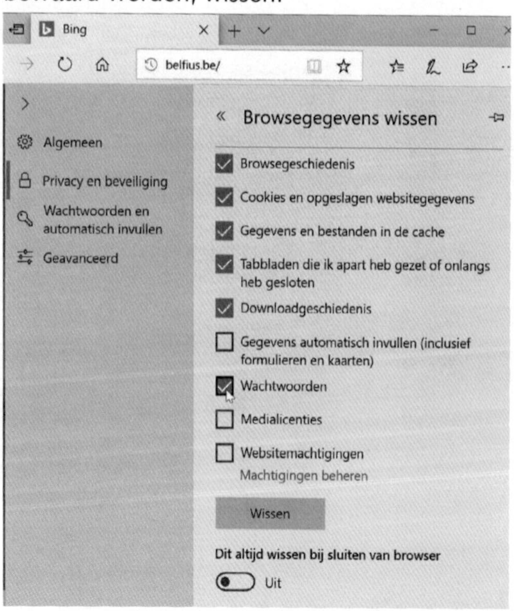

De eerste drie optie vink je best aan:

- **Browsegeschiedenis**: een lijst met websites die je eerder hebt bezocht.
- **Cookies en opgeslagen websitegegevens**: kleine hoeveelheden data die websites opslaan op uw pc om uw voorkeuren te kunnen onthouden, zoals taalvoorkeur of locatie. Zie ook thema 3.
- **Gegevens en bestanden in de cache**: dit zijn inhouden van webpagina's, inclusief foto's, afbeeldingen en andere media-inhoud die worden opgeslagen op de harde schijf. Edge gebruikt deze gegevens om inhoud sneller te kunnen laden als je een webpagina opnieuw bezoekt. Deze gegevens kunnen op termijn redelijk wat data in beslag nemen.

4 Maak je keuze(s) en bevestig met een klik op Wissen.

Geschiedenis uitschakelen

De browsegeschiedenis is enerzijds nuttig, maar anderzijds kan het ook een probleem vormen voor je privacy, vooral wanneer je op een computer werkt die ook door andere personen gebruikt wordt (familieleden thuis, collega's op het werk, mede-cursisten op school...). Om geen geschiedenislijst te laten aanmaken ga je als volgt te werk:

1 Herhaal stappen 1 tot 3 uit het stappenplan in de linkerkolom.

2 Onder de knop Wissen kan je de optie 'Dit altijd wissen bij sluiten van browser' op Aan zetten, indien je de geschiedenislijst (en andere aangevinkte gegevens) automatisch wil wissen van zodra je Edge afsluit.

Surfen zonder sporen achter te laten

Nu je weet dat van elke webpagina die je bezoekt, zowel de URL (=Browsegeschiedenis) als de inhoud (=Gegevens en bestanden in de cache) kan bewaard worden, zal je in bepaalde situaties voorzichtiger willen surfen. Wanneer je op een 'vreemde' computer surft, zoals in het buitenland of op school, dan kan het interessant zijn om geen sporen op de computer achter te laten.

InPrivate-navigatie

Edge heeft voor bovenstaand probleem een oplossing bedacht: InPrivate-navigatie. In deze speciale mode van het programma worden:

- geen cookies bewaard (zie thema 3)
- geen browsegeschiedenis opgeslagen
- geen internetbestanden bewaard
- geen formuliergegevens bewaard
- alle extra werkbalken uitgeschakeld

In het kort: je laat tijdens een InPrivate-navigatie geen sporen achter op de computer.

Start InPrivate-navigatie als volgt:

1 Start Edge op de normale manier en selecteer in het menu 'Instellingen en meer' de optie Nieuw InPrivate-venster:

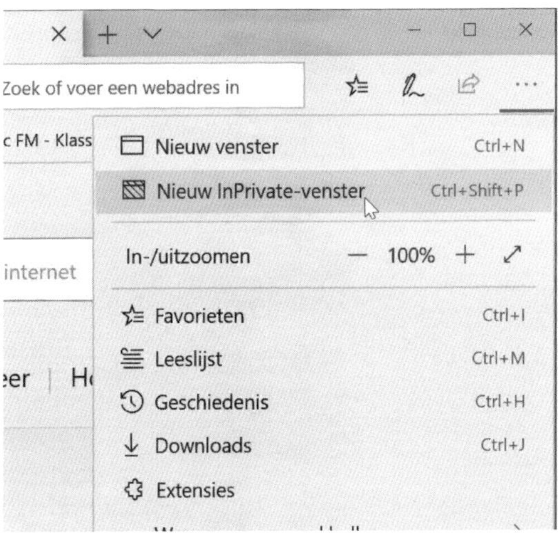

2 InPrivate-navigatie zal in een nieuw Edge-venster verdergaan.

3 De browser toont wat informatie over deze mode:

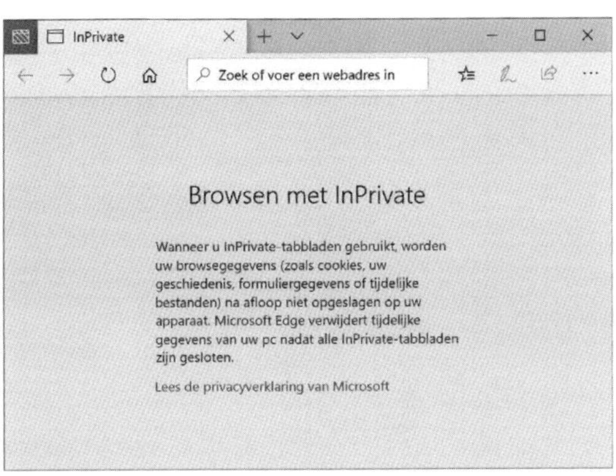

4 Gebruik de adresbalk zoals voorheen. Gedurende de InPrivate-navigatie zal vóór de adresbalk een verwijzing naar InPrivate-navigatie te zien zijn:

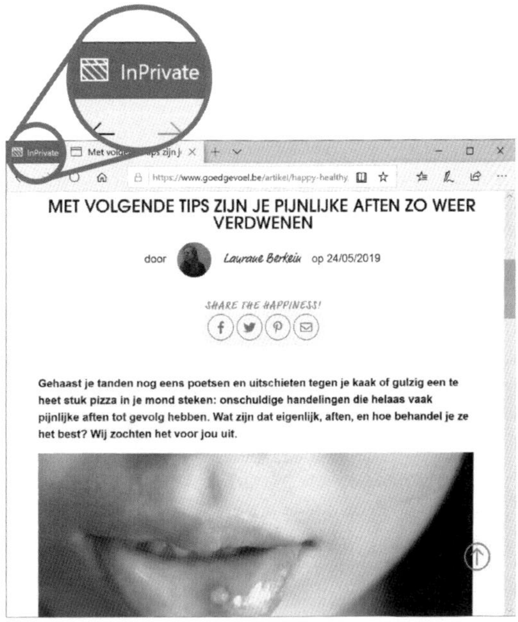

5 Na het afsluiten van de browser zal Edge de cache leegmaken en aanmeldgegevens zoals gebruikersnamen en wachtwoorden automatisch wissen. ■

OEFENING

Bezoek de website van een politieke partij die je nog niet eerder bezocht had via Edge.

Start daarna een InPrivate-navigatie.
Bezoek de website van een andere politieke partij die je ook nog niet bezocht hebt via Edge.
Sluit het InPrivate-venster af.
Sluit ook Edge af.

Start Edge opnieuw op.
Typ de eerste letters van de eerste politieke partij. Verschijnt de website in het menu zoeksuggesties?

____

Typ de eerste letters van de tweede politieke partij. Verschijnt deze website in het menu zoeksuggesties?

____

Informatie opslaan

Via het World Wide Web kan je niet alleen webpagina's bekijken, maar ook documenten en bestanden downloaden

Webpagina opslaan

Een webpagina is een tekstbestand met HTML code (zie thema 3) waarin verwijzingen kunnen staan naar afbeeldingen, foto's video- en audiobestanden. Hoewel Edge de webpagina's, hun afbeeldingen en andere media automatisch bewaart (tenzij bij InPrivate navigatie), is het moeilijk om deze bestanden terug te vinden op je computer. Wil je een webpagina bewaren op een gemakkelijk terug te vinden locatie, bijvoorbeeld in jouw persoonlijke map Documenten, dan kan dat via één van deze opties:

Afdrukken als pdf

Je kan een webpagina afdrukken naar een printer, maar ook naar een pdf-document. Zo'n document kan je opnieuw openen in Edge of via Adobe Acrobat Reader. Zie verder in dit thema.

Via Internet Explorer

In Edge is geen optie voorzien om een webpagina op te slaan. Die mogelijkheid werd wel geboden in Internet Explorer. We kunnen via de optie 'Openen met Internet Explorer' een webpagina bewaren waarbij het html tekstbestand bewaard wordt in een map op de harde schijf en de afbeeldingen en andere media in een submap van die map:

1 Surf naar de webpagina die je wenst te bewaren en kies via het menu 'Instellingen en meer' de optie Meer hulpmiddelen ▸ 'Met Internet Explorer openen':

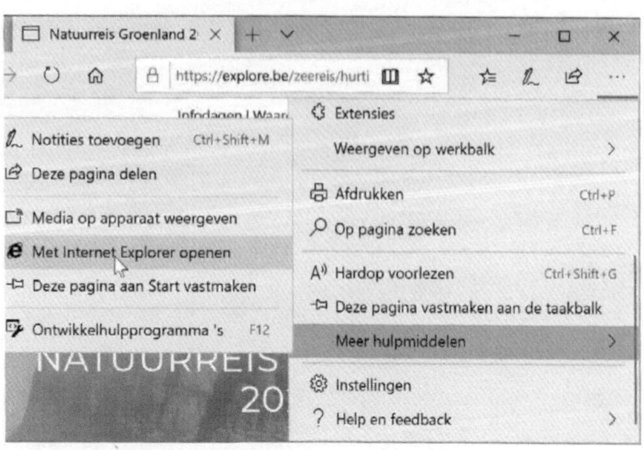

2 De pagina wordt geopend in Internet Explorer. Open hier het menu Extra achter het tandwielpictogram in de rechter bovenhoek van het Internet Explorervenster en kies: Bestand ▸ Opslaan als...:

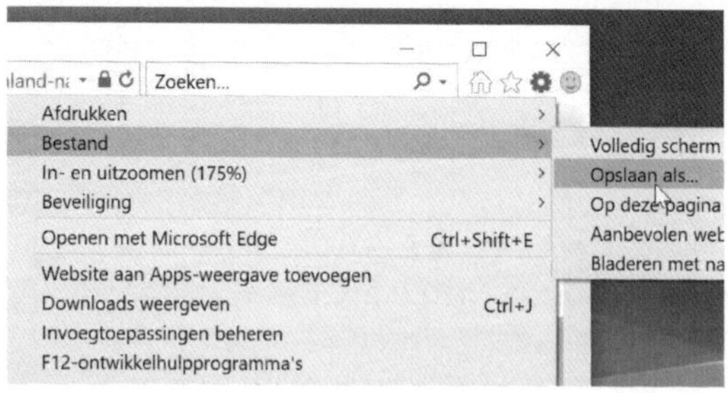

3 In het dialoogvenster blader je naar de map waar je de webpagina en zijn media wil opslaan. Onderaan in het dialoogvenster, bij 'Opslaan als:' selecteer je de optie Webpagina, volledig:

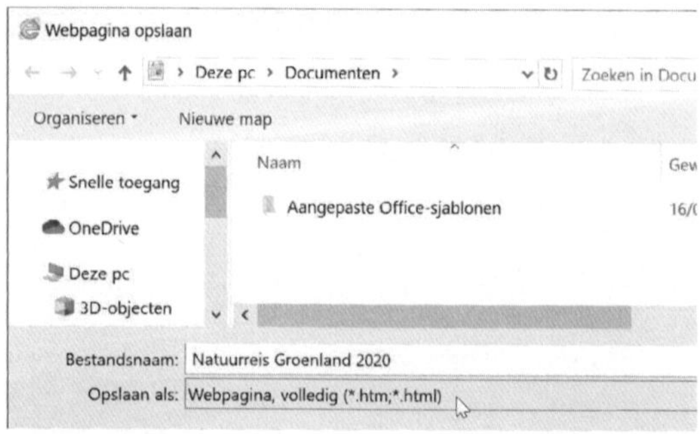

Pas eventueel de bestandsnaam aan en klik op Opslaan.

4 Internet Explorer bewaart de webpagina onder de gekozen naam en ook de submap met media heeft de gekozen naam gekregen:

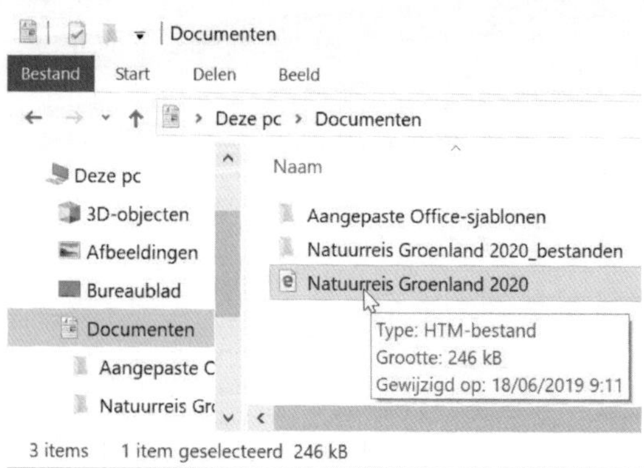

Het HTML-bestand kan je openen in Edge of in een andere browser. Wil je het bestand kopiëren, vergeet dan niet om ook de submap met dezelfde naam mee te kopiëren.

Bestanden downloaden

Delen van een webpagina, zoals foto's en afbeeldingen, kan je apart bewaren. Op veel webpagina's staan verwijzingen naar documenten of bestanden die je kan downloaden naar je harde schijf. Sommige van deze bestanden kunnen door de browser geopend worden (foto's, muziekbestanden, sommige videobestanden, pdf-documenten...) en andere niet.

Foto's of afbeeldingen downloaden

Zie je op een webpagina een mooie foto, die je bijvoorbeeld in een Worddocument wil plaatsen, dan kan je die foto in de meeste gevallen downloaden. Let echter wel op de wetgeving in verband met het auteursrecht indien je de foto buiten de privésfeer gaat verspreiden (school, werk, vereniging...)! Zie kaderstuk hiernaast. Ga als volgt te werk om een afbeelding op een webpagina te downloaden naar de harde schijf:

1 Klik met de rechtermuisknop op de foto of afbeelding.

2 In het contextmenu kies je voor 'Afbeelding opslaan als'.

3 Blader naar de locatie waar je de foto of afbeelding wil bewaren. Je kan eventueel de naam aanpassen. Klik tenslotte op OK.

AUTEURSRECHT

Voor het downloaden, kopiëren, verspreiden van een muziekbestand, videofragment, foto, afbeelding of computerprogramma is bijna steeds toestemming nodig van de rechthebbende auteur of producent.

Beschermd

Bijna alle foto's, afbeeldingen en andere media die op het web te vinden zijn, zijn auteursrechtelijk beschermd. De afwezigheid van een copyright melding is dus geen voldoende reden om een werk zo maar te kopiëren of te verspreiden.

Publiek domein

Een afbeelding, foto of tekst mag wel vrij gekopieerd worden, indien het werk publiek domein is. Een werk wordt automatisch publiek domein wanneer het auteursrecht is verlopen. Auteursrecht verloopt in Europa 70 jaar na het overlijden van de auteur. In sommige landen is dit slechts 50 jaar. Voor werken van een bedrijf of organisatie, is de termijn 70 jaar na de publicatie.

Een auteur of producent kan ook uitdrukkelijk afstand gedaan hebben van het auteursrecht, door het werk aan te duiden als publiek domein. In dat geval mag je het vrij downloaden, kopiëren of op een website plaatsen.

Niet-commercieel gebruik

Het is een misvatting te denken dat je een foto of afbeelding mag gebruiken in een clubblad of website waar je geen commercieel voordeel uit haalt. Ook voor dit soort gebruik moet toestemming gevraagd worden.

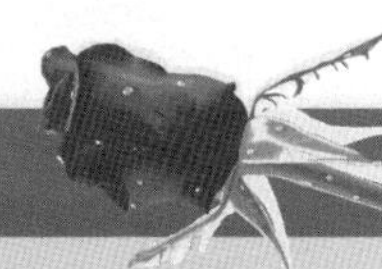

OEFENING 1

Bezoek de website bijzondergroen.nl.
Klik bovenaan, in de rubriek Bloemen, door op Rozen. Selecteer één van de boeketten en probeer vervolgens de foto te downloaden naar de map Afbeeldingen op je computer.
Open de foto vanaf de harde schijf.

Documenten downloaden

Via webpagina's kunnen allerlei documenten, zoals brochures, gidsen, kaarten, catalogi enzovoort worden aangeboden. Dit kan onder de vorm van Word-documenten of het meer universele pdf-formaat (zie kaderstuk). In het volgende voorbeeld gaan we een toeristische brochure downloaden van de website van Genk (visitgenk.be):

1 We bezoeken de website en zoeken naar de juiste brochure. In de navigatie onderaan zien we een link naar brochures. We klikken op de link en op de nieuwe webpagina zien we inderdaad de mogelijkheid om brochures in de vorm van pdf-bestanden, te downloaden:

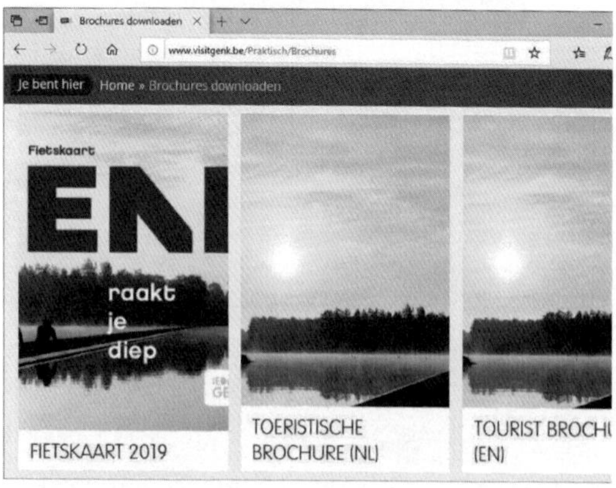

2 Onderaan in het venster verschijnt de meldingsbalk met de vraag of je het pdf-bestand wilt Opslaan (in de map Downloads) of wilt Opslaan als (document opslaan in een zelf te kiezen map):

3 Meteen na het downloaden komt een nieuwe melding...

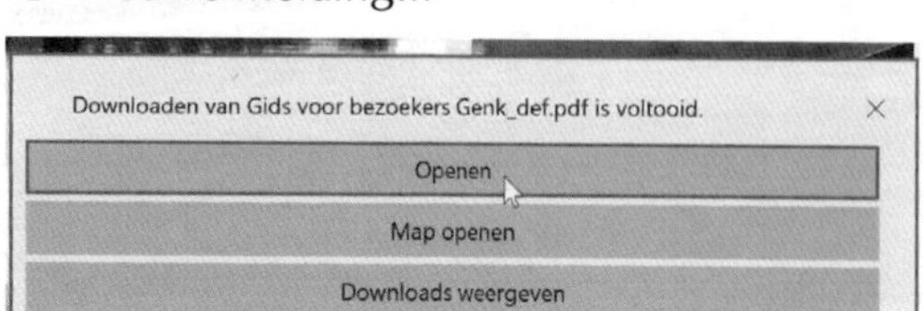

...namelijk dat het downloaden voltooid is. Je krijgt nu de gelegenheid om het bestand te openen of de map te openen. Kies je voor Openen, dan wordt Adobe Reader gestart (indien dat programma reeds geïnstalleerd was op de computer) en de brochure geopend. Heb je geen Adobe Reader, dan zal je via Edge de brochure kunnen bekijken.

Kies je voor Map openen, dan wordt de map Downloads geopend, tenzij je in stap 2 voor 'Opslaan als' koos, dan wordt de map die je in stap 2 koos, geopend. Kies je voor Downloads weergeven, dan toont Edge een overzicht van alle recent gedownloade items (zie verder).

Tip: de map Downloads is een persoonlijke map in Windows. Andere gebruikers hebben (niet direct) toegang tot deze map.

PDF

Opmaak behouden

Tekstbestanden kennen geen opmaak en zijn dus vrij saai. Worddocumenten kennen wel opmaak, maar niet iedere computer kan deze documenten openen. Bovendien kan de opmaak van een Worddocument er op elke computer een beetje anders uitzien. Deze problemen worden opgevangen door het pdf-formaat van fabrikant Adobe. Een pdf-document ziet er op alle computers, ongeacht het besturingssysteem of configuratie, hetzelfde uit. PDF staat voor Portable Document Format, een documentformaat dat je gemakkelijk kan overbrengen van het ene systeem naar een ander.

Pdf-documenten maken

Vanuit programma's als Microsoft Word, Open Office of Adobe Indesign, kunnen pdf-documenten gemaakt worden. Via het programma Adobe Acrobat kan je ook vanuit andere programma's pdf-documenten maken. Adobe Acrobat is niet gratis.

Pdf-documenten openen

Om een pdf-document te kunnen lezen is Adobe Reader, een gratis te downloaden programma, nodig. Je vindt het via de website van Adobe: http://get.adobe.com/nl/reader/

Mediabestanden streamen, niet downloaden

Muziek en films downloaden is niet meer van deze tijd. Vandaag worden mediabestanden gestreamd. Dat wil zeggen dat je ze rechtstreeks via internetservers beluistert of bekijkt. Er zijn een aantal diensten waar je gratis of tegen betaling muziek kan streamen, zoals Spotify en Deezer. Voor het streamen van films kan je bij Netflix of Amazon Prime terecht.

Programma's downloaden

Zowat alles wat digitaal is, kan je vinden op het web, legaal of minder legaal. Tot enkele jaren geleden werd commerciële software nog vrijwel uitsluitend op cd's of dvd's aangeboden. Vandaag kan je populaire programma's zoals Microsoft Office 365 of Adobe Photoshop Elements legaal aankopen en downloaden via de website van de fabrikant. Ook minder gekende software kan je downloaden, al dan niet tegen betaling. Wees echter op je hoede voor programma's die gratis aangeboden worden indien je de fabrikant of website waar het aangeboden wordt niet gekend is. Gratis software kan schadelijke code bevatten. Meer hierover in Thema 7.

OEFENING 2

Heb je vragen over de opvoeding van je kinderen of kleinkinderen? Bezoek dan de website van Kind & Gezin op dit adres: https://kindengezin.be/. Zoek onderaan, in de voet van de website, een link naar brochures. Download een **pdf brochure** van één van hun gidsen en bekijk na het downloaden de gekozen brochure.

PDF BEKIJKEN IN EDGE

Edge heeft een ingebouwde PDF-lezer, waardoor je niet noodzakelijk een apart programma nodig hebt om PDF-bestand te openen. De knoppenbalk kan je zwevend maken of laten vastzetten.

Paginanummer
Pagina x van y. Vul een paginanummer in om meteen naar die pagina te bladeren.

Paginaweergave-opties
Kwartslag rechtsom draaien, Volledig scherm, Paginabreed tonen, Twee pagina's tegelijk tonen.

Menubalk
Vastzetten of laten zweven

Opslaan / Opslaan als

Aantekeningen
Plaats tekst of handgeschreven aantekeningen op de pagina's

Voorlezen
Laat een computerstem de teksten voorlezen

Uit- of inzoomen

Zoeken
met trefwoorden

Afdrukken

Downloads weergeven

Lijst met recente downloads

Alle bestanden die je via Edge downloadde, kan je terugvinden via het downloadvenster. Dit venster kan je openen indien je na het downloaden van een item in de meldingsbalk klikt op 'Downloads weergeven'. Je kan het ook opvragen als volgt:

1 Open de Hub via het pictogram met de ster met drie lijntjes en klik op het pictogram met de neerwaartse pijl. De lijst met Downloads verschijnt:

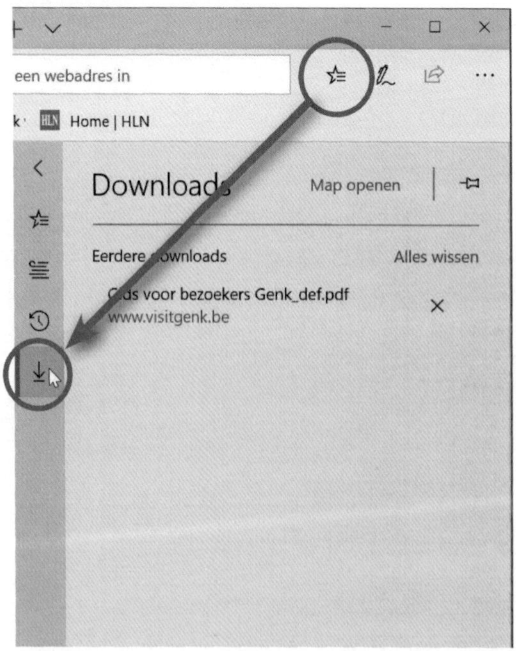

2 Voor elk item in de lijst zie je de volledige bestandsnaam en de website waar het vandaan kwam.

3 Documenten kan je openen door op de naam van het item te klikken. Het document wordt dan met het standaardprogramma geopend.

SNELTOETSEN

Downloads weergeven

Control J

Standaardlocatie voor downloads

Wens je de standaardmap voor het bewaren van de downloads aan te passen, dan kan dat via de Instellingen van Edge:

1 Open het menu 'Instellingen en meer' via het pictogram met de drie puntjes in de rechter bovenhoek van het Edgevenster en kies Instellingen.

2 Onder de hoofding 'Downloads' klik je op de knop 'Wijzigen' waarna je de nieuwe map selecteert: ■

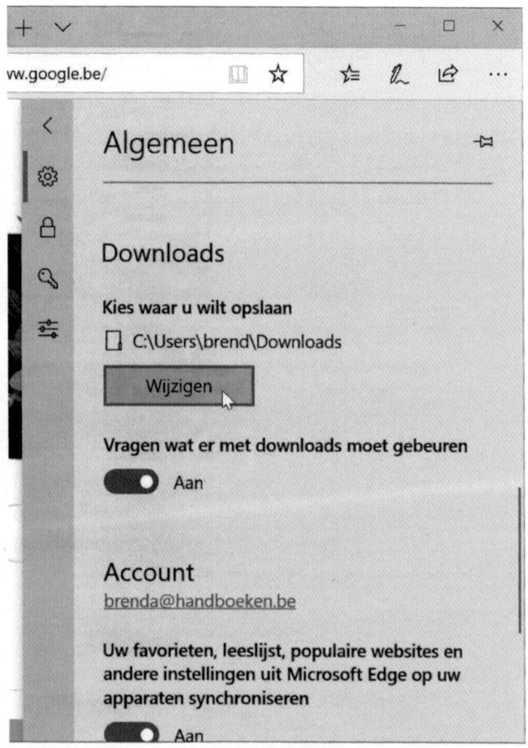

Webnotities

De meest unieke mogelijkheid in Edge is de notitiemode. Vooral tabletgebruikers met een stylus zullen deze mode appreciëren.

Aantekeningen maken

Met webnotities onderscheidt Edge zich van alle andere browsers. Op elke webpagina of webafbeelding kan er met een stylus geschreven en gemarkeerd worden. Ook gewone computergebruikers kunnen de notitiemode gebruiken en bijvoorbeeld een getypte boodschap bij een webpagina plaatsen.

Tekenen en markeren

De notitiemode activeer je met een druk of tik op de knop met de tekenpen. Je kiest een gereedschap: een pen of een fluo marker staan ter beschikking. Je kan hierbij een kleur een puntstijl of -grootte selecteren. Daarna schrijf of markeer je op de webpagina. Je kan met de gum krabbels of markeringen weghalen.

Tekstvak

Ook met muis en toetsenbord kan je webnotities maken, bijvoorbeeld met tekstkaders:

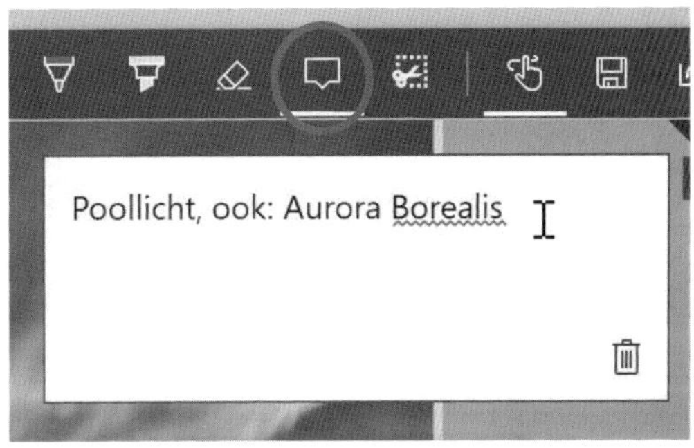

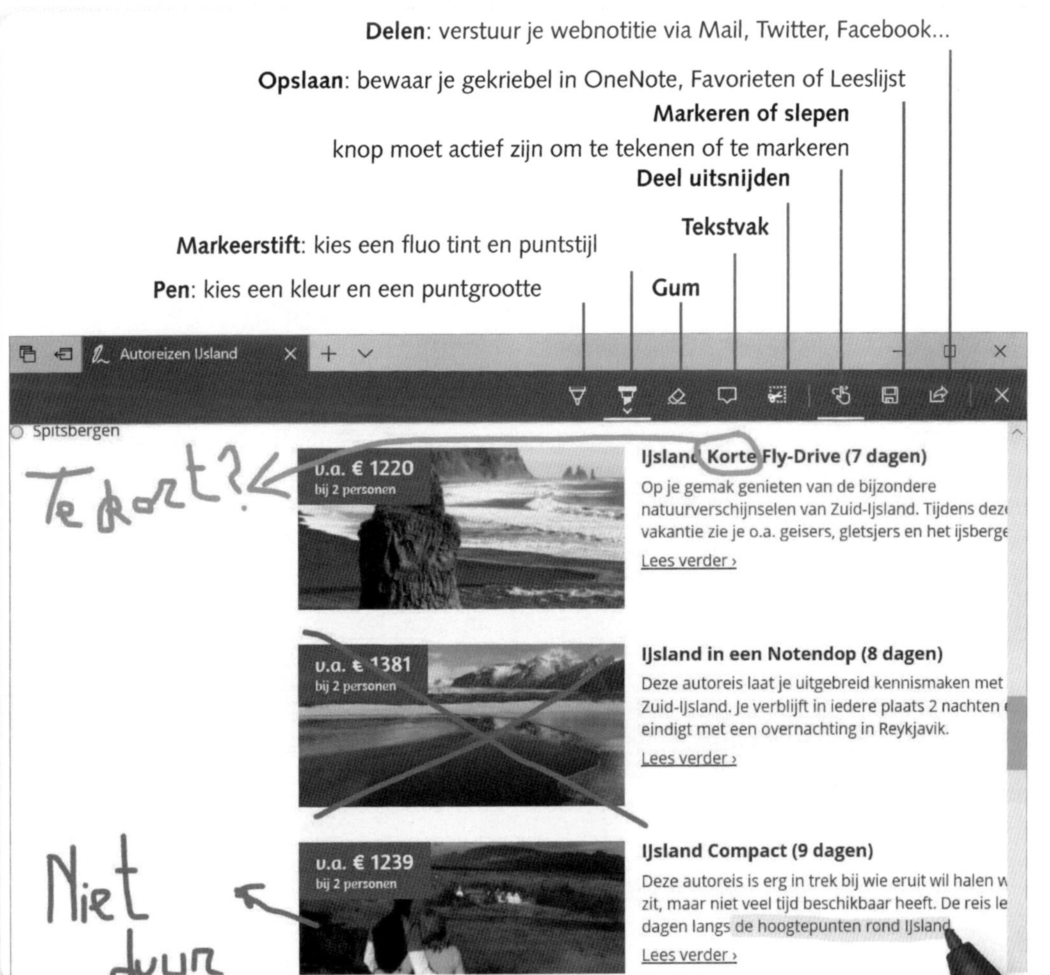

Notities opslaan

Vergeet niet jouw notities op te slaan via de knop met het diskettesymbool. Notities kan je opslaan in OneNote. Gebruik je Windows 10 op meerdere toestellen, dan kan je via OneNote jouw notities bekijken op al jouw apparaten. Je moet dan uiteraard wel overal aanmelden met dezelfde Microsoft-account. Je kan de notitie ook bewaren in de leeslijst van Edge.

Notitie bekijken

Op een bureaucomputer zal OneNote bij het opstarten een verbinding maken met de servers van Microsoft en nieuwe notities downloaden, ook webnotities:

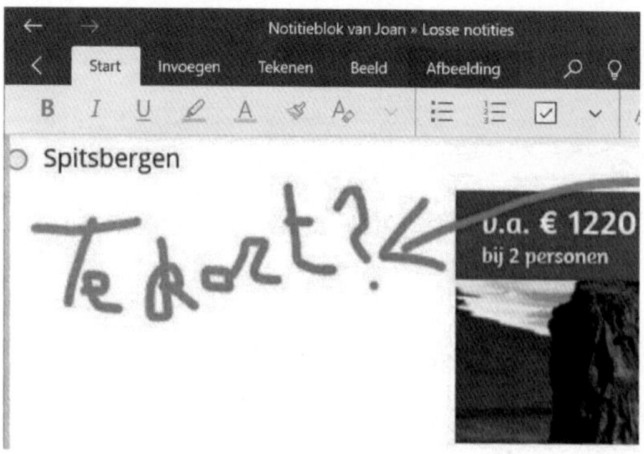

Bewaar je notities in Edge zelf, dan kan je ze oproepen via de Leeslijst:

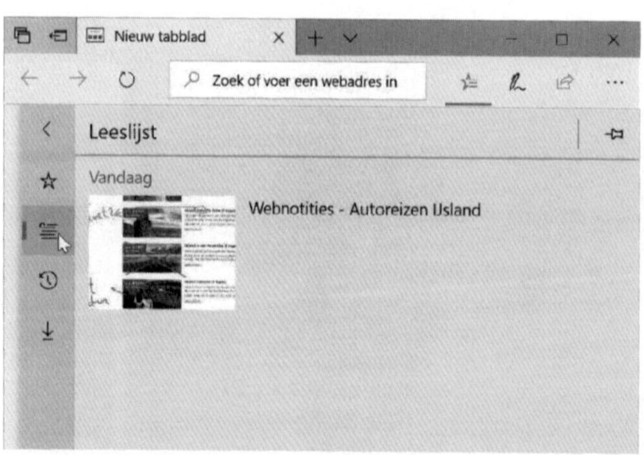

Notitie aanpassen

Zowel via Edge als via OneNote kan je notities verder aanvullen of aanpassen. Roep de notitie op en pas meteen aan (OneNote) of klik op de knop Webnotitie en pas aan (Edge).

Notitie delen

Staat Edge nog in de mode Webnotitie, dan kan je via de knop Delen jouw notitie verzenden via e-mail, opladen naar sociale media zoals Facebook of Twitter of verzenden naar OneNote. Je kan de notitie ook draadloos doorsturen naar een andere Windows 10 pc die in de buurt staat, via de nieuwe functie 'Delen in directe omgeving':

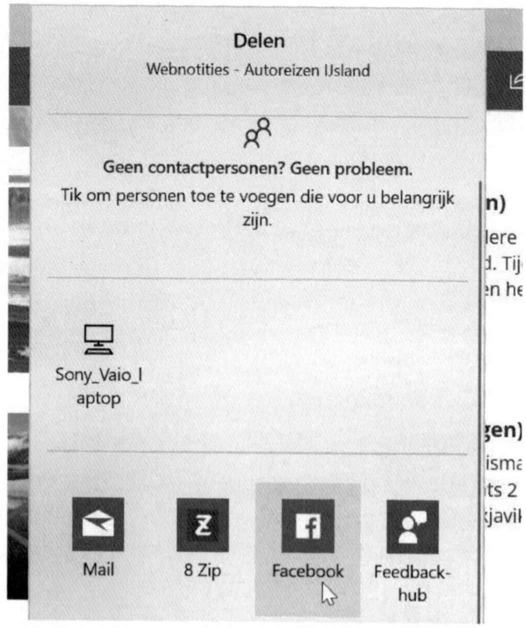

Opgelet: Voor je e-mails kan verzenden, moet Mail minstens één account van jou kennen (zie verder in dit boek). Om berichten te kunnen posten op Facebook moet de Facebook-app geïnstalleerd zijn. In alle gevallen wordt een jpg-bestand als bijlage bij een bericht verzonden. Hier een voorbeeld van delen via Facebook: ■

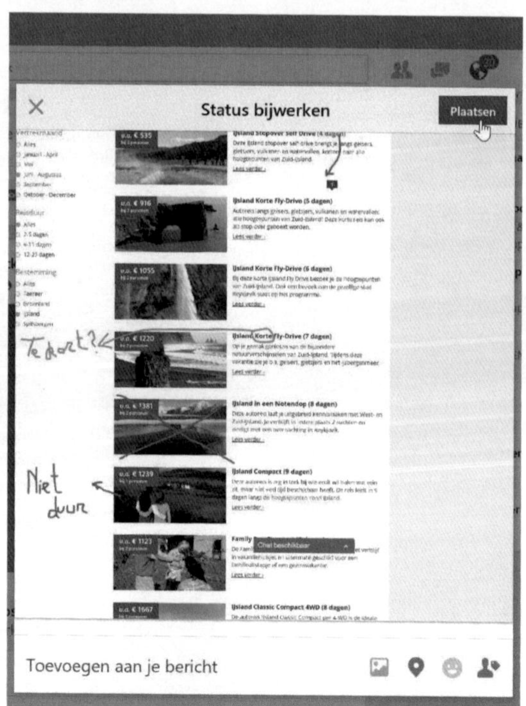

Extensies

Extensies zijn uitbreidingen van de mogelijkheden van de browser. Een systeem dat al veel langer in gebruik is bij concurrerende browsers zoals FireFox en Chrome.

Extensie toevoegen

In het volgende voorbeeld proberen we een Extensie te installeren die advertenties op webpagina's kan weghalen. De naam van de Extensie is AdBlock:

1 Selecteer 'Extensies' in het menu 'Instellingen en meer' via het pictogram met de drie puntjes.

2 De lijst met reeds geïnstalleerde Extensies verschijnt, al zal die de eerste keer uiteraard leeg zijn. Klik onderaan op de link 'Ontdek meer extensies'.

3 De app Microsoft Store opent en toont na enkele seconden een lijst met Extensies voor Edge. Selecteer de gewenste Extensie (in ons voorbeeld AdBlock):

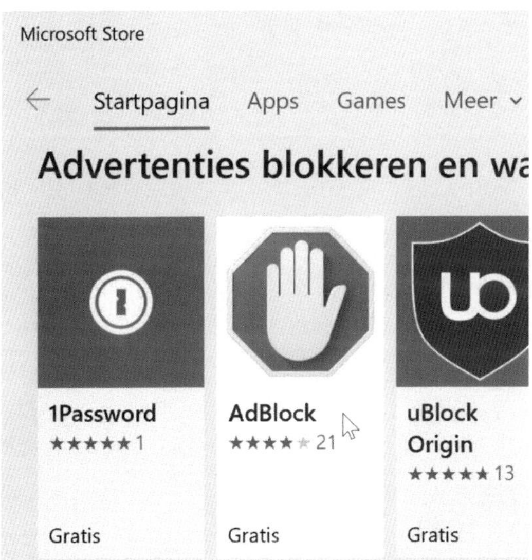

4 Op de detailpagina van de Extensie klik je op de knop Downloaden (of op de knop Kopen indien de Extensie niet gratis is).

5 Store kan je eventueel vragen om je aan te melden met je Microsoft-Account. De Extensie wordt daarna gedownload en geïnstalleerd.

6 Terug in Edge zal je de Extensie nog moeten Inschakelen. Je krijgt automatisch een melding van zodra Edge een nieuwe Extensie krijgt. Lees eerst wat de Extensie met je browser of je gegevens doet en klik dan pas eventueel op Inschakelen:

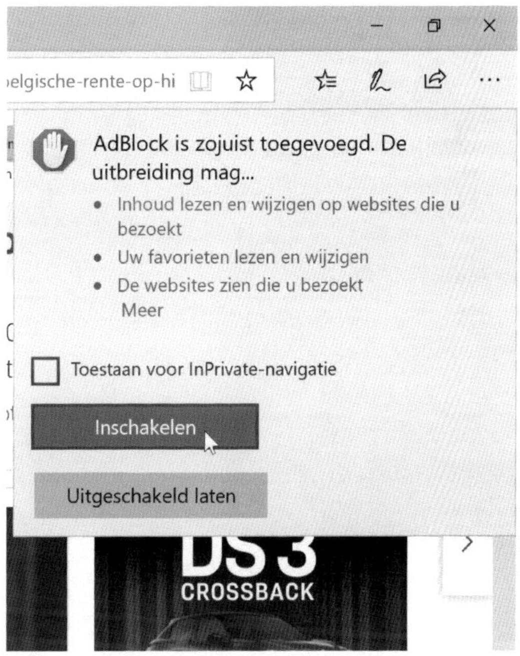

7 Extensies kan je via het menu Meer steeds uit- of inschakelen. ■

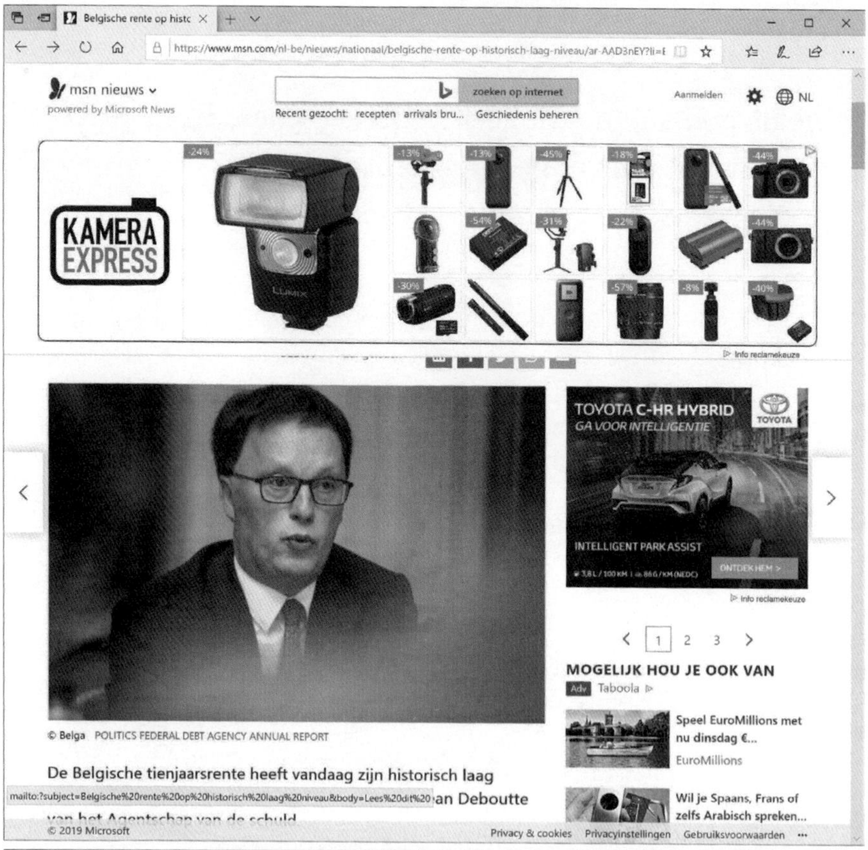

Extensies zoals AdBlock kunnen een meerwaarde bieden aan browsen via Edge. Boven: Zonder de Extensie krijgen we op deze pagina meer reclame dan inhoud te zien. Onder: De Extensie AdBlock werd ingeschakeld. De twee grote reclameblokken werden weggehaald waardoor we ons op de redactionele inhoud kunnen focussen.

Afdrukken

Het afdrukken van een webpagina verschilt niet zo veel van het afdrukken van bijvoorbeeld een Word-document.

Volledige webpagina afdrukken

Alle webpagina's die uit HTML werden opgebouwd (de meeste pagina's dus), kan je afdrukken via de functie Afdrukken in het menu 'Instellingen en meer'.

Afdrukvoorbeeld

Webpagina's met een zwarte of donkere achtergrond en witte of heldere letters drukken niet goed af omdat je printer de donkere achtergrond niet altijd mee afdrukt. Daarom is het een goed idee om eerst een afdrukvoorbeeld te bekijken en pas daarna, indien het voorbeeld er goed uitzag, af te drukken:

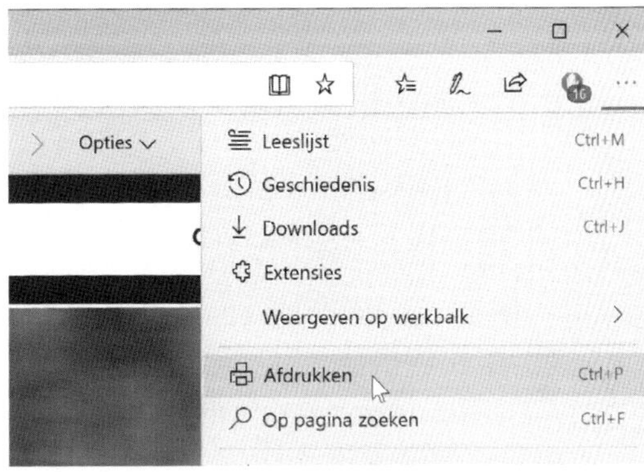

1 Open het menu 'Instellingen en meer' en selecteer Afdrukken.

2 Het venster met het afdrukvoorbeeld verschijnt. In dit venster kan je de printer kiezen die de pagina moet afdrukken. Je kan ook kiezen voor 'Microsoft Print to PDF' om de pagina om te zetten naar een PDF-document dat je kan opslaan op de harde schijf. Daarnaast zijn tal van aanpassingen mogelijk, bijvoorbeeld om papier te besparen of een duidelijker leesbare lettergrootte te krijgen:

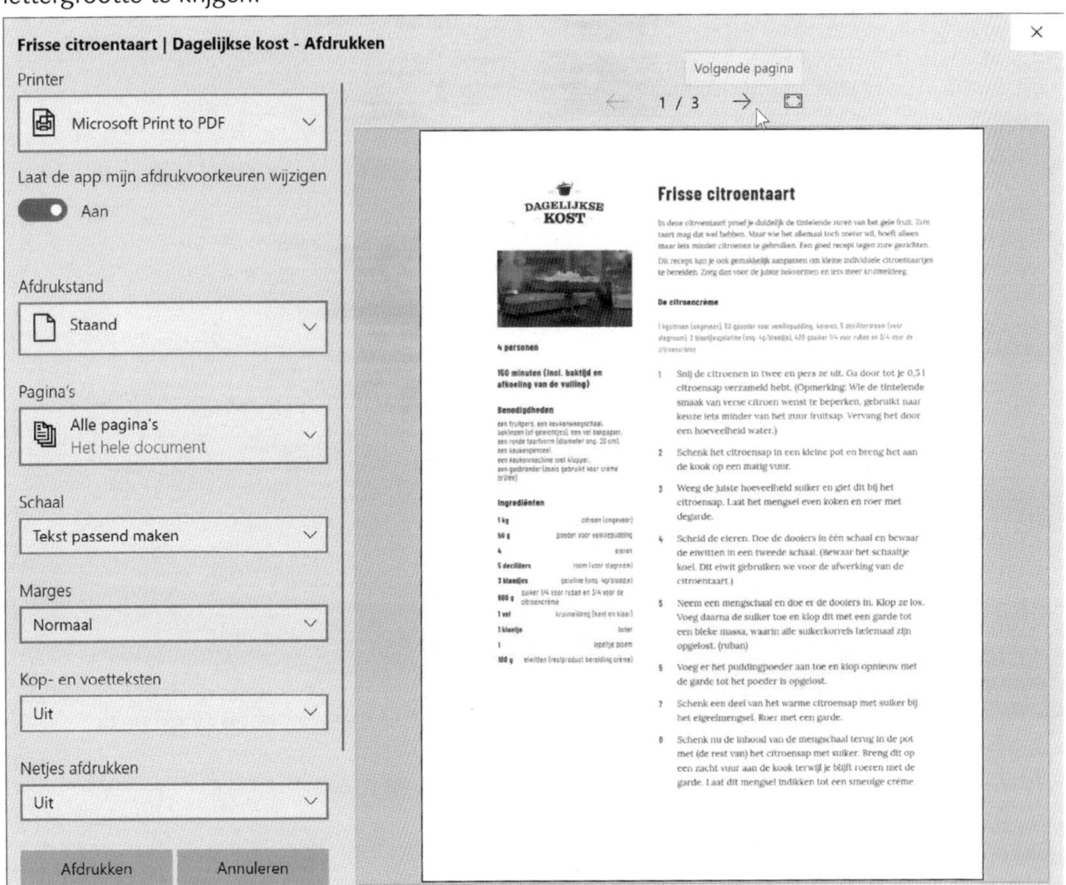

Pagina-oriëntatie

3 Bepaal via de optie Afdrukstand in het venster Afdrukvoorbeeld of je de pagina('s) staand of liggend wil afdrukken. Het voorbeeld wordt meteen aangepast.

Minder pagina's afdrukken

Bovenaan rechts in het venster zie je het aantal pagina's dat je gaat afdrukken:

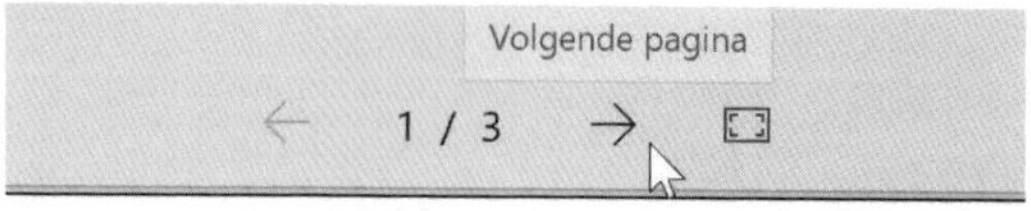

4a Lijkt dit aantal te veel, dan kan je het aantal pagina's terugdringen door de inhoud van de pagina's te verkleinen via het keuzemenu Schaal. Met een klein percentage (tot 25%) gaat er meer op één pagina, maar uiteraard gaat dit ten koste van de leesbaarheid van het document!

4b Een andere manier om meer inhoud op een pagina te krijgen verloopt via het aanpassen van de marges. Die kan je in plaats van op Normaal op Smal zetten. De opties Gemiddeld en Breed zijn beide breder dan Normaal.

4c Je hoeft niet alle pagina's af te drukken. Soms is de laatste pagina niet interessant of bijna leeg. Je kan dan best de optie Pagina's op 'Aangepast bereik' zetten, waarna je de af te drukken pagina's kan invullen:

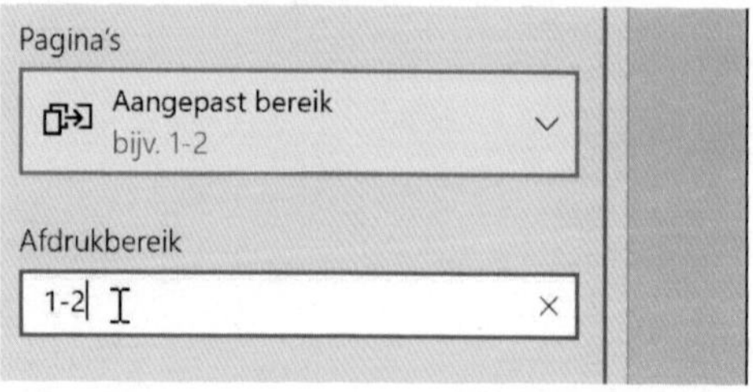

4d Tenslotte kan je proberen om de optie 'Netjes afdrukken' te gebruiken. Overbodige elementen zoals logo's of reclame verdwijnen dan van de pagina.

Kop- en voetteksten

5 Op af te drukken pagina's kan je boven- en onderaan een kop- en voettekst plaatsen. In de koptekst zal links de naam van de webpagina staan en rechts de paginanummer. In de voettekst staat de URL en de datum van afdrukken. Zet je de optie bij Kop- en voetteksten op Aan, dan worden deze meteen in het afdrukvoorbeeld getoond:

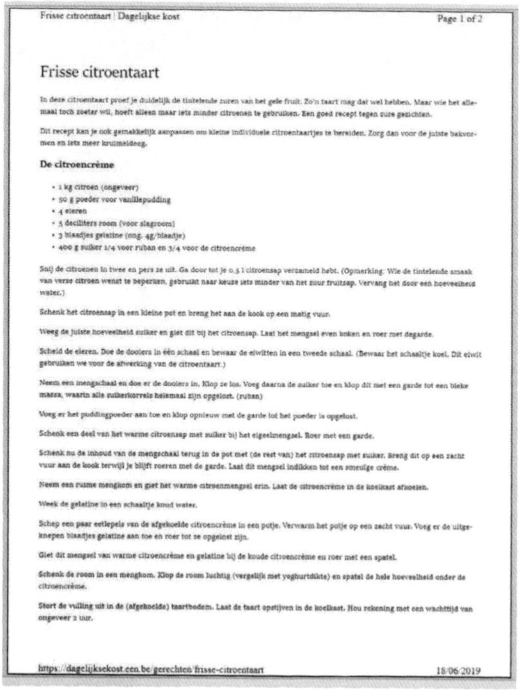

Frisse citroentaart | Dagelijkse kost Page 1 of 2

Frisse citroentaart

In deze citroentaart proef je duidelijk de tintelende zuren van het gele fruit. Zo'n taart mag dat wel hebben. Maar wie het allemaal toch zoeter wil, hoeft alleen maar iets minder citroenen te gebruiken. Een goed recept tegen zure gezichten.

Dit recept kan je ook gemakkelijk aanpassen om kleine individuele citroentaartjes te bereiden. Zorg dan voor de juiste bakvormen en iets meer kruimeldeeg.

De citroencrème

- 1 kg citroen (ongeveer)
- 50 g poeder voor vanillepudding
- 4 eieren
- 5 deciliters room (voor slagroom)
- 3 blaadjes gelatine (ong. 4g/blaadje)
- 400 g suiker 1/4 voor ruban en 3/4 voor de citroencrème

Snij de citroenen in twee en pers ze uit. Ga door tot je 0,5 l citroensap verzameld hebt. (Opmerking: Wie de tintelende smaak van verse citroen wenst te beperken, gebruikt naar keuze iets minder van het zuur fruitsap. Vervang het door een hoeveelheid water.)

Schenk het citroensap in een kleine pot en breng het aan de kook op een matig vuur.

Weeg de juiste hoeveelheid suiker en giet dit bij het citroensap. Laat het mengsel even koken en roer met degarde.

Scheid de eieren. Doe de dooiers in één schaal en bewaar de eiwitten in een tweede schaal. (Bewaar het schaaltje koel. Dit eiwit gebruiken we voor de afwerking van de citroentaart.)

Neem een mengschaal en doe er de dooiers in. Klop ze los. Voeg daarna de suiker toe en klop dit met een garde tot een bleke massa, waarin alle suikerkorrels helemaal zijn opgelost. (ruban)

Voeg er het puddingpoeder aan toe en klop opnieuw met de garde tot het poeder is opgelost.

Schenk een deel van het warme citroensap met suiker bij het eigeelmengsel. Roer met een garde.

Schenk nu de inhoud van de mengschaal terug in de pot met (de rest van) het citroensap met suiker. Breng dit op een zacht vuur aan de kook terwijl je blijft roeren met de garde. Laat dit mengsel indikken tot een smeuïge crème.

Neem een ruime mengkom en giet het warme citroenmengsel erin. Laat de citroencrème in de koelkast afkoelen.

Week de gelatine in een schaaltje koud water.

Schep een paar eetlepels van de afgekoelde citroencrème in een potje. Verwarm het potje op een zacht vuur. Voeg er de uitgeknepen blaadjes gelatine aan toe en roer tot ze opgelost zijn.

Giet dit mengsel van warme citroencrème en gelatine bij de koude citroencrème en roer met een spatel.

Schenk de room in een mengkom. Klop de room luchtig (vergelijk met yoghurtdikte) en spatel de hele hoeveelheid onder de citroencrème.

Stort de vulling uit in de (afgekoelde) taartbodem. Laat de taart opstijven in de koelkast. Hou rekening met een wachttijd van ongeveer 2 uur.

https://dagelijksekost.een.be/gerechten/frisse-citroentaart 18/06/2019

Afdrukken

Ziet het afdrukvoorbeeld er met de gekozen opties goed uit, dan kan je in het venster Afdrukvoorbeeld onderaan links op de knop Afdrukken klikken.

Tip: Je kan ook de leesweergave van een webpagina afdrukken. Is de knop Leesweergave niet actief, klik dan in de adresbalk en voeg voor de url de tekst read: toe, bijvoorbeeld:

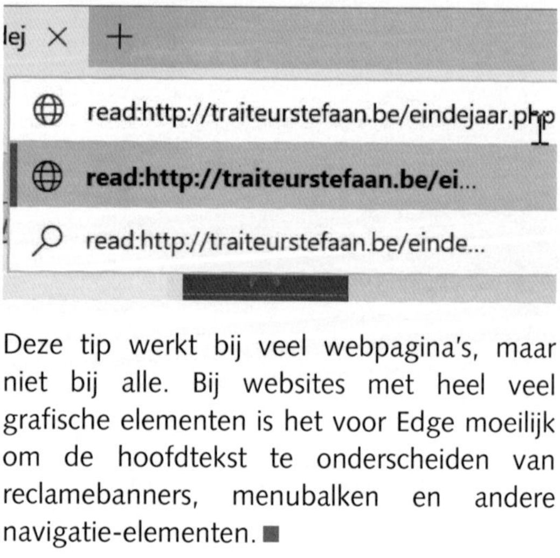

Deze tip werkt bij veel webpagina's, maar niet bij alle. Bij websites met heel veel grafische elementen is het voor Edge moeilijk om de hoofdtekst te onderscheiden van reclamebanners, menubalken en andere navigatie-elementen. ■

Thema 5

Surfen met Chrome

Over Chrome

De webbrowser Chrome is gebaseerd op het open source Chromium-project. Google bezit en ondersteunt zowel Chrome als Chromium.

Chromium

Open source project

Het Chromium-project werd in 2008 gestart door internetgigant Google. Het doel van het project was om een veilige, snelle en stabiele webbrowser te ontwikkelen. Chromium is ook de naam van een browser, maar die is voor gewone gebruikers niet interessant, wegens te onstabiel.

Chrome

De Chrome webbrowser is samengesteld uit de Chromium broncode, waar extra functies werden aan toegevoegd. Google voegt eigen code toe, zoals het geautomatiseerde updatemechanisme of componenten voor digitaal rechtenbeheer (DRM) zodat video's en muziek kunnen afgespeeld worden. Chrome is geen open source, maar is wel freeware. Je mag het dus gratis installeren en de software gratis verspreiden.

Chrome OS en Chromebooks

Google ontwikkelde vanuit Chromium ook een besturingssysteem voor netbooks, die Chromebooks genoemd worden. Omdat het besturingssysteem gebaseerd is op een browser zijn het voornamelijk webapplicaties die je op een Chromebook kan gebruiken. Voor het onderwijs, vooral in lagere scholen, zijn de goedkope Chromebooks interessant, maar niet voor kantoortoepassingen. Een Chromebook van een goed merk heb je al voor minder dan €200.

Chromecast

Alsof de naam Chrome nog niet genoeg werd gebruikt, lanceerde Google in 2013 een mediaspeler onder de naam Chromecast. Het is een klein apparaatje dat je aansluit op een digitale televisie. Je kan er webapplicaties op gebruiken en dus inhoud van YouTube, Netflix of andere media-apps streamen naar je tv. Met een Chromecast maak je van elke digitale televisie een smart televisie. Gebruik je Chrome als webbrowser, dan kan je de inhoud van je browservenster streamen naar je televisie.

Webbrowser

In dit thema bespreken we de vooral de webbrowser Chrome. We hebben net al een volledig thema besteed aan de webbrowser Edge, maar Chrome heeft zo zijn voordelen.

Sterke punten

- Chrome is een snelle en robuuste browser.
- Chrome is beschikbaar op pc, tablet, smartphone en zelf op een smart televisie, ingebouwd of via de Chromecast dongle.
- Het biedt een sterke en volledige integratie van je Google Account.
- Het heeft een goedlopend extensie-systeem en een betrouwbare reeks mobiele apps.
- Chrome blokkeert advertenties die niet voldoen aan bepaalde industriestandaarden.
- Een vertaler voor webpagina's is ingebouwd
- Chrome kan ook geïnstalleerd worden zonder dat je beheerdersrechten hebt:

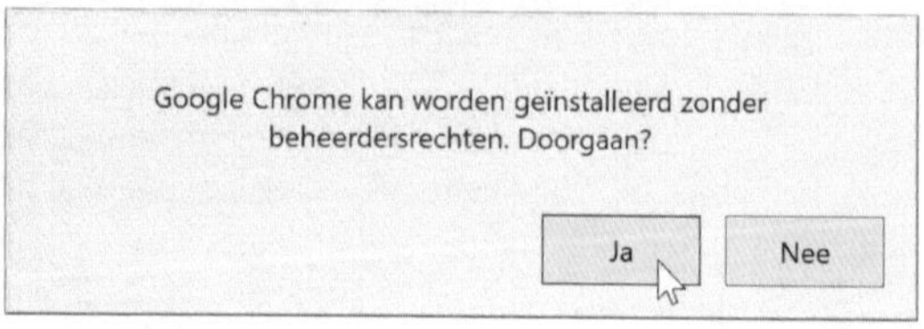

Zwakke punten

De nauwe integratie met de apps en diensten van Google kan risico's voor je privacy inhouden. Google heeft een uitgebreid systeem voor gegevensverzameling waarin de zoekmachine en een breed scala aan andere producten en services worden gebruikt om een profiel van jouw interesses op te bouwen. Dat wordt vervolgens gebruikt om gerichte advertenties mogelijk te maken. Chrome bevindt zich in het midden van dit alles, waardoor Google een verbazingwekkende hoeveelheid persoonlijke gegevens over jou kan verzamelen. ■

Chrome installeren

Het installatieproces van Chrome is eenvoudig. Het kan zelfs geïnstalleerd worden door gebruikers die geen beheerdersrechten hebben. Daardoor kan Chrome op elke gewenste computer worden geïnstalleerd.

Officiële Chrome-website

Als je Chrome nog moet installeren op jouw computer, surf dan naar Google.com/chrome, de officiële Chrome-website. Klik daar op de knop 'Chrome downloaden':

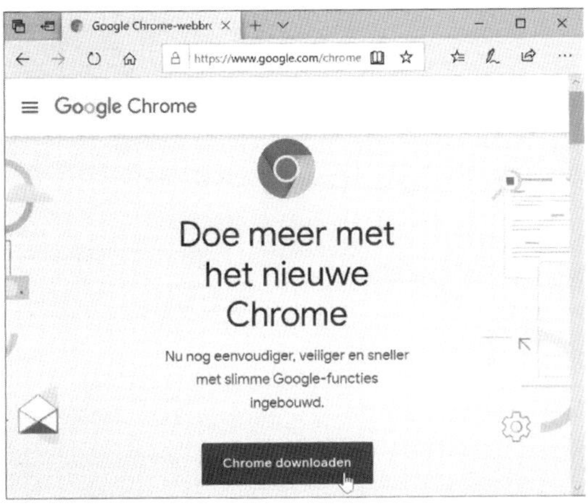

Hierna verschijnt een pop-up. Meteen zie je dat Google geïnteresseerd is in jouw gegevens:

Je kan het vinkje bij 'Help Chrome beter te maken...' eventueel uitschakelen als je zo weinig mogelijk gegevens wil doorsturen naar Google. Klik op 'Accepteren en downloaden'. Wanneer het downloaden voltooid is, voer je de installatie uit en volg je de instructies om Chrome op jouw computer te installeren.

Standaardbrowser?

Na de installatie zal je een pictogram van Chrome aantreffen op het bureaublad. Daarnaast zal je ook in het startmenu een pictogram zien in de alfabetische lijst met apps, onder de G van Google Chrome. Start je Chrome op, dan zal je vaak de melding zien staan dat deze niet de standaardbrowser is:

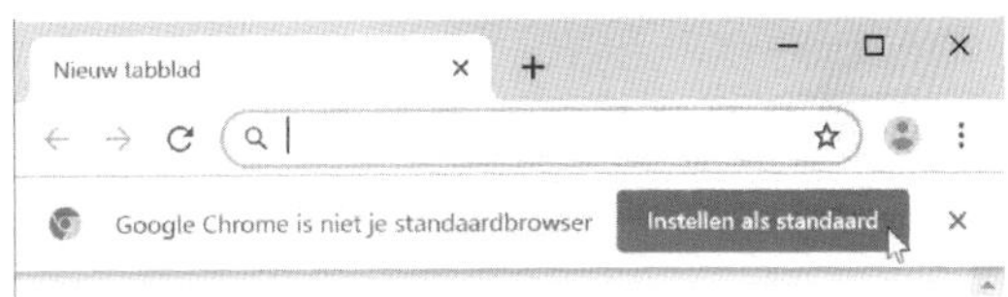

De standaardbrowser is de browser die gebruikt zal worden indien je, bijvoorbeeld in een e-mailbericht, op een URL klikt.

Standaardbrowser aanpassen

Heb je Chrome als standaardbrowser gekozen, maar ben je van gedacht veranderd, dan kan je de standaardbrowser als volgt aanpassen:

1 Klik in de zoekbalk op de taakbalk en typ: standaardapps.

2 Selecteer Standaardapps in de lijst met zoekresultaten.

3 Selecteer onder Webbrowser de browser die momenteel wordt vermeld en selecteer vervolgens een andere browser: ■

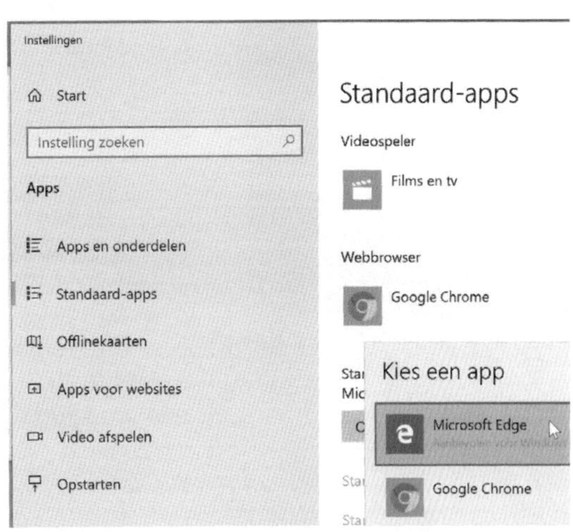

Basisinstellingen

Net als Edge heeft ook Chrome een heel sobere interface. De 'omnibox' staat centraal: een balk waarin je website-adressen kan typen en zoekopdrachten kan starten.

Startpagina

Het meest typerende aan Google Chrome is de uiterst sobere, maar efficiënte startpagina. Onderhuids heeft Google Chrome nochtans heel wat functies om efficiënt op het web te surfen. Opvallend zijn de afgeronde balken, pictogrammen en tabbladen. De belangrijkste onderdelen van de startpagina tonen we alvast in onderstaand schermvoorbeeld:

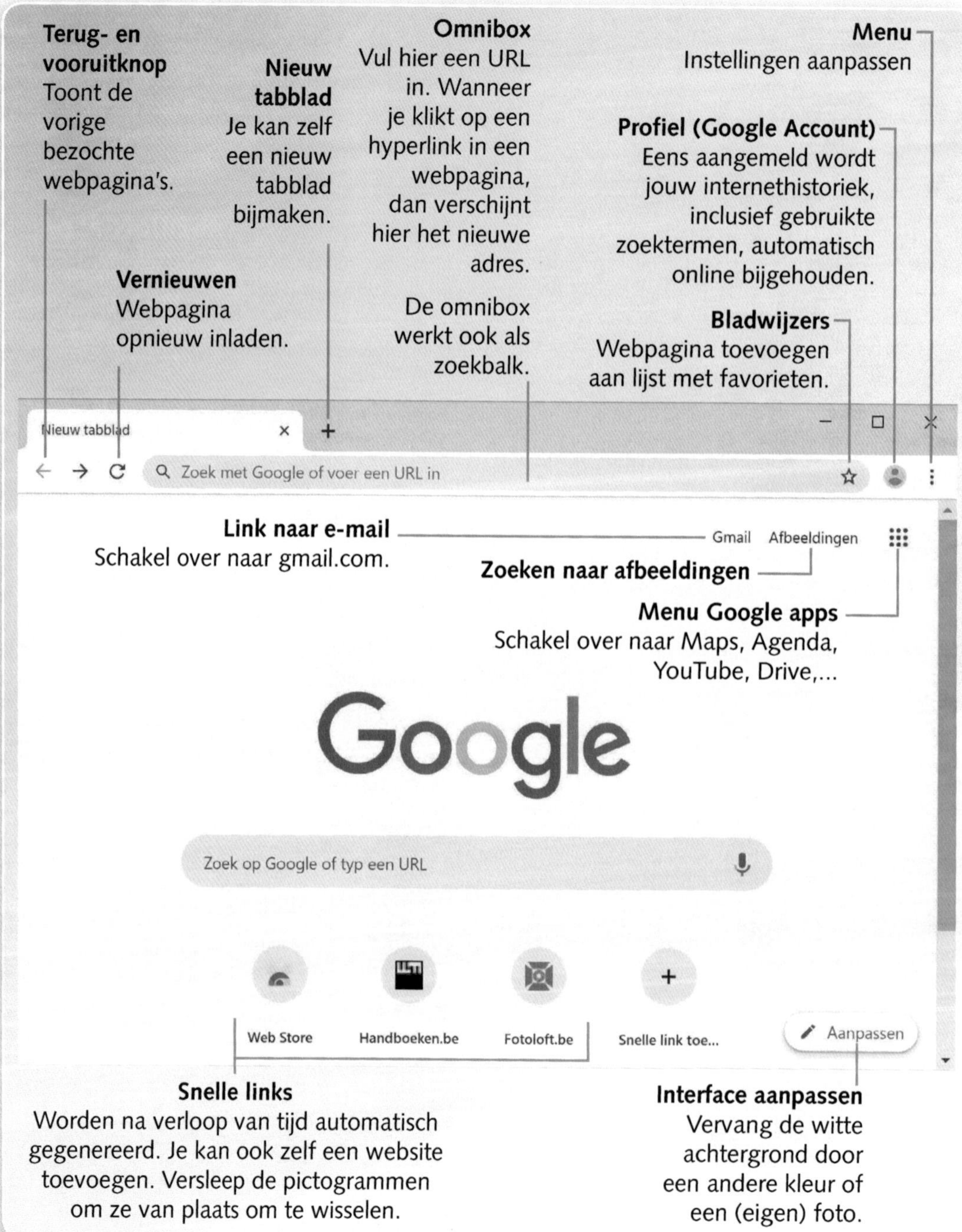

Homepage-knop

Het is je misschien nog niet opgevallen, maar in de standaardinterface is geen home-knop voorzien. Die kan je als volgt toevoegen:

1 Klik op de menuknop in de rechter bovenhoek van het venster en selecteer 'Instellingen'.

2 Schuif naar onder tot je de rubriek Vormgeving ziet. Hier kan je de optie Homepage-knop aanzetten:

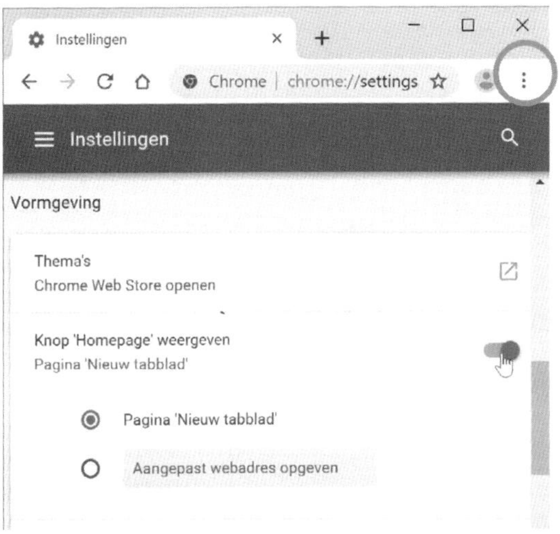

3 Indien je wenst, dan kan je de standaard startpagina vervangen door een andere webpagina, bijvoorbeeld de bedrijfswebsite.

Synchroniseren tussen toestellen

Wil je zoveel mogelijk voordeel halen uit je Google Account, dan kan je best op elk toestel waar je Chrome op geïnstalleerd hebt, aanmelden met dezelfde Google Account.

1 Klik op de profielknop bovenaan om je aan te melden en klik op 'Inloggen op Chrome' of op 'Synchronisatie inschakelen...':

2 Vul jouw Google e-mailadres in, klik op Volgende en vul daarna ook jouw wachtwoord in.

3 De eerste keer dat je op een nieuwe toestel aanmeldt, zal Google een extra veiligheidsstap inlassen en jou bijvoorbeeld een verificatiecode sturen naar je e-mailadres of naar je smartphone. Vul deze in en klik op Volgende. Je bent nu aangemeld.

4 De vraag 'Synchronisatie inschakelen?' verschijnt. Klik eerst op Instellingen om te controleren wat Google zoal gaat bijhouden. Dat is een redelijk uitgebreide lijst, maar niet alles staat aangevinkt. Neem rustig de tijd om alles door te nemen. Klik daarna op bevestigen:

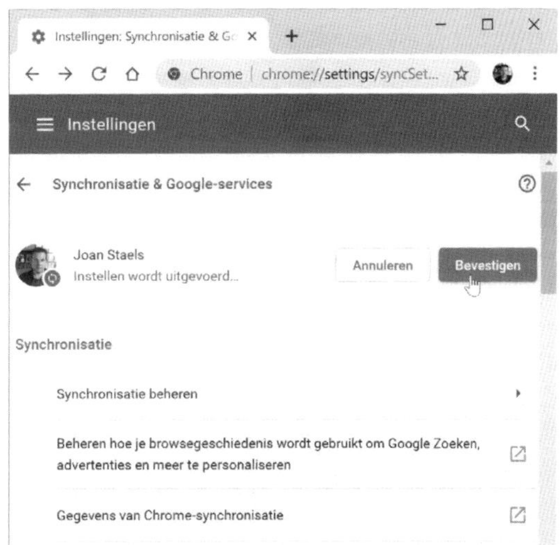

Favorieten als bladwijzers importeren

Heb je tot hiertoe met Edge gewerkt en daar Favorieten (in Chrome: Bladwijzers) aangemaakt, dan kan je deze overbrengen naar Chrome:

1 Zorg dat je aangemeld bent. Klik op de menuknop in de rechter bovenhoek van het venster en selecteer 'Instellingen'.

2 In de rubriek Personen klik je op de link 'Bladwijzers en instellingen importeren'.

3 Selecteer de browser van waaruit je de favorieten wens te importeren en klik op Importeren: ■

Surfen met Chrome

Websites bezoeken met Chrome is net zo eenvoudig als met andere browsers: gewoon de url intypen in de balk bovenaan en je kan surfen op het web.

Omnibox

URL invullen

Vul een geldig internetadres (URL) in en Chrome opent meteen de webpagina. Je hoeft geen http:// of https:// te typen en vaak mag je ook www. weglaten. Bij beveiligde websites toont Chrome https:// voor de url en daarvoor een hangslotsymbool:

Is de website niet beveiligd, dan zijn geen van deze elementen zichtbaar en toont Chrome een waarschuwing:

Zolang de website geen wachtwoorden of andere gevoelige gegevens vraagt, is dat niet noodzakelijk een groot probleem.

Zoeken via de omnibox

Je kan meteen in de omnibox één of meerdere zoektermen typen. Voor het vinden van webpagina's maakt Chrome uiteraard gebruik van de Google zoekmachine. Wil je toch liever een andere zoekmachine, dan kan je dit aanpassen via de menuknop ▸ Instellingen ▸ Zoekmachine.

SNELTOETS

Omnibox selecteren

Alt D

Auto aanvullen

Van zodra je in de Omnibox enkele karakters typt, zal de zoekmachine automatisch aanvullen en in een menu ook enkele suggesties tonen. Ben je een url aan het invullen, dan kan je dit negeren. Je kan de auto-aanvulling overnemen door op Enter te drukken.

Tip: wil je de zoekopdracht meteen in een nieuw tabblad openen, druk dan Alt+Enter.

Bij auto aanvullen kan je zowel trefwoorden zijn opduiken...:

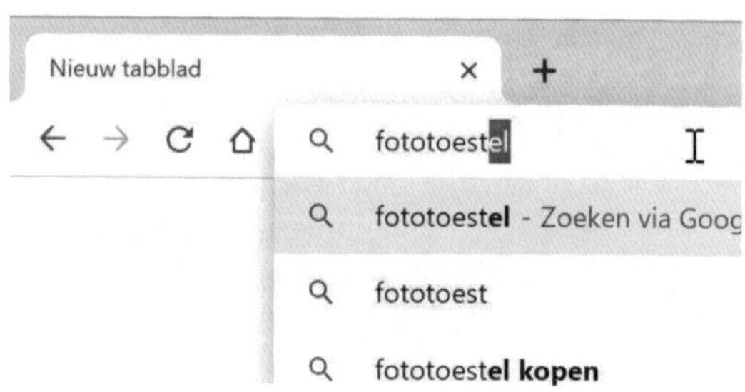

... als websites die in je geschiedenis aanwezig zijn:

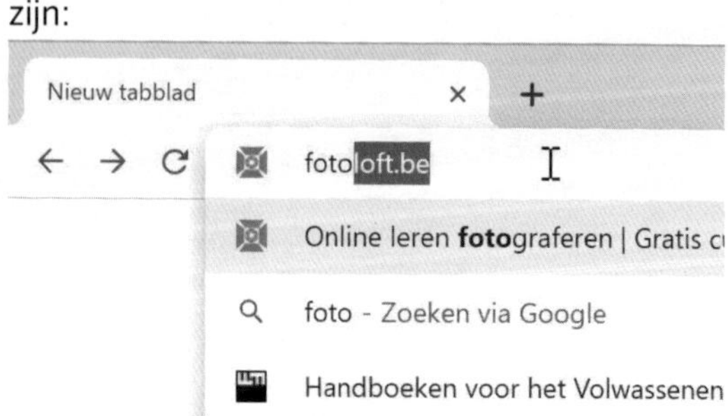

Tip: met de Tab-toets navigeer je door de lijst met suggesties. Gebruik Shift-Tab om terug naar boven in de suggestielijst te bladeren.

Webpagina's vernieuwen of stoppen

Wil je dezelfde webpagina nog eens bekijken, maar met geactualiseerde inhoud, dan klik je op de knop Vernieuwen, het pictogram met de cirkelvormige pijl, links van de omnibox.

Tip: Druk op de Escape-toets op je toetsenbord om het inladen van een webpagina te stoppen.

Homepage openen

Heb je de Homepage-knop niet geactiveerd (zie vorig onderwerp) en wil je toch de startpagina opnieuw te zien krijgen, druk dan op Alt+Home.

Inhoud vergroten

Vind je de teksten van een webpagina niet goed leesbaar of zijn de foto's te klein weergegeven, dan kan je inzoomen op de pagina: open het menu en kies de gewenste vergroting:

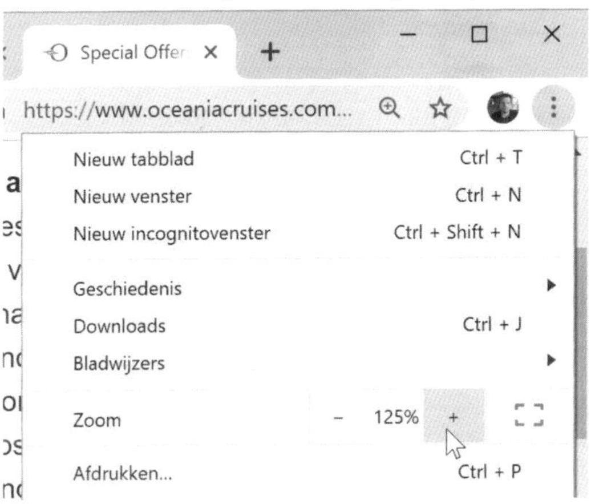

Teksten vertalen

Dankzij Google Translate is het gemakkelijk om websites te laten vertalen naar het Nederlands. Klik simpelweg met de rechtermuisknop op een webpagina en selecteer 'Vertalen in het Nederlands' in het contextmenu:

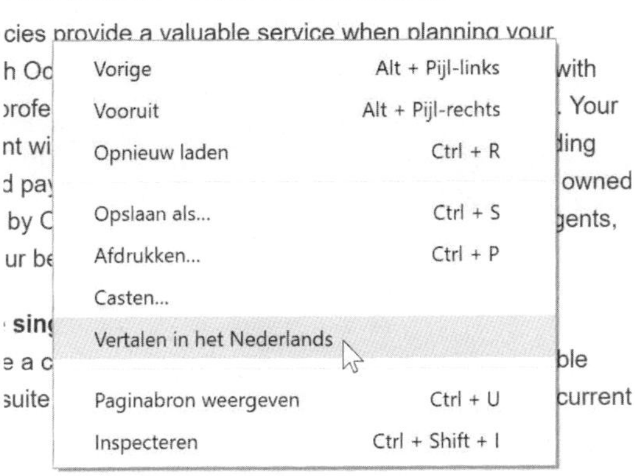

SNELTOETSEN

URL of zoekopdracht in nieuw tabblad openen

Alt + Enter

Pagina opnieuw laden

F5

Homepage opnieuw openen

Alt + Home

Inzoomen / Uitzoomen op een pagina

Control + / Control -

Control **en muiswieltje**

Google probeert de taal van de website te herkennen en vertaalt vervolgens naar het Nederlands. Bovenaan, in de omnibox is nu het Google Translate pictogram te zien:

Via dit pictogram kan je enkele opties kiezen. Zo kan je laten vertalen naar een andere taal dan het Nederlands. Wil je de vertaling terug weg, klik dan op de knop 'Origineel weergeven'. ■

Tabbladen en vensters

Google Chrome biedt uiteraard ook tabbed-browsing. Wanneer je de browser start, dan opent Chrome de startpagina op een eerste tabblad.

Nieuw tabblad

Klik op het + pictogram rechts van het laatste tabblad op de titelbalk wanneer je een nieuwe webpagina in hetzelfde venster wilt openen:

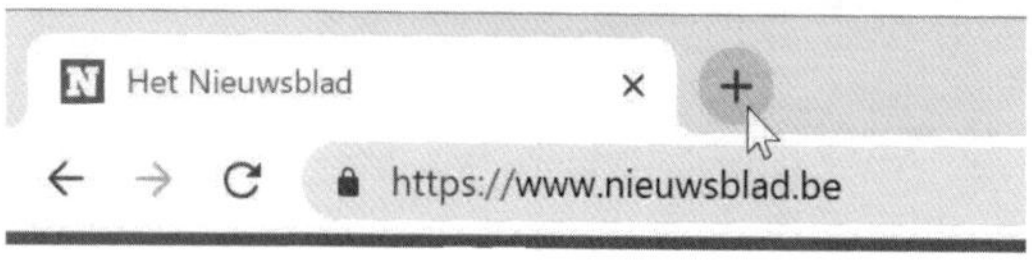

Je kan ook één van deze handelingen uitvoeren om een nieuw tabblad te openen:

- Open het menu met een klik op het pictogram met de drie stippen in de rechter bovenhoek van de browser en selecteer de optie 'Nieuw tabblad'.
- Klik met de rechtermuisknop op de titelbalk en selecteer 'Nieuw tabblad'.

Inhoud nieuw tabblad

Het nieuwe tabblad toont de standaard Google startpagina.

Tabblad sluiten

Een tabblad sluit je met het kruisje in de rechterkant van het tabblad:

Rechtsklikken op een tabblad en 'Tabblad sluiten' kiezen in het contextmenu kan ook. In dit menu zie je ook bijzondere opties om tabbladen te sluiten:

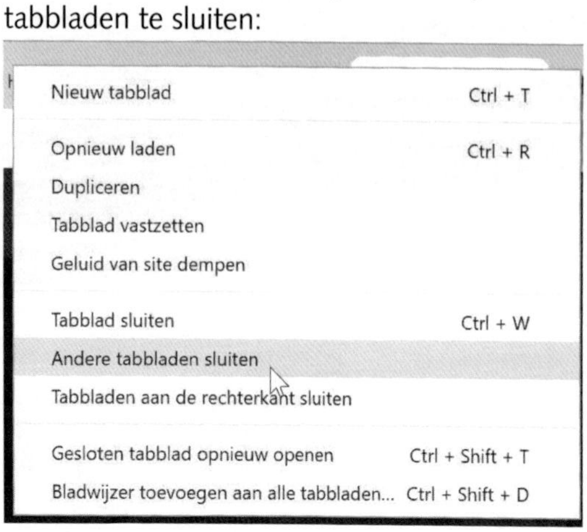

SNELTOETSEN

Nieuw tabblad maken

Control T

Huidig tabblad sluiten

Control W

(Per ongeluk) gesloten tabblad openen

Control Shift T

Zo kan je alle tabbladen sluiten, behalve het aangeklikte tabblad, of enkel de tabbladen sluiten die rechts van het aangeklikte tabblad zich bevinden. Heb je een tabblad gesloten dat je toch nog even had willen bekijken, dan kan je in dit menu de optie 'Gesloten tabblad opnieuw openen' kiezen. Dit werkt ook herhalend, je kan dus twee of meer recent gesloten tabbladen opnieuw openen. Het is dus een soort 'Ongedaan maken' functie.

Tabbladen verplaatsen

Mocht je de volgorde van een reeks tabbladen willen wijzigen, dan kan dit door een tabblad te verslepen met de linkermuisknop:

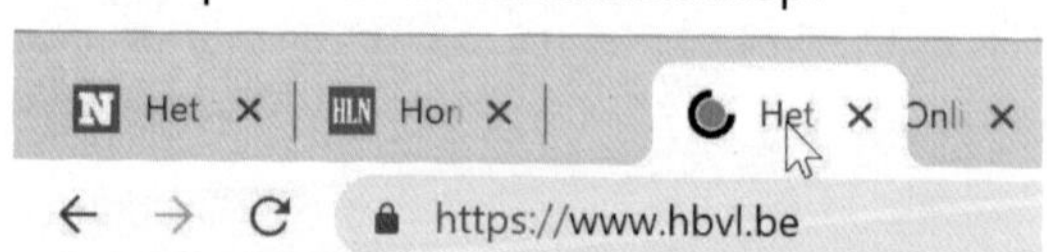

Tabblad als nieuw venster

Een tabblad kan je promoveren tot venster door het vanuit de titelbalk weg te slepen:

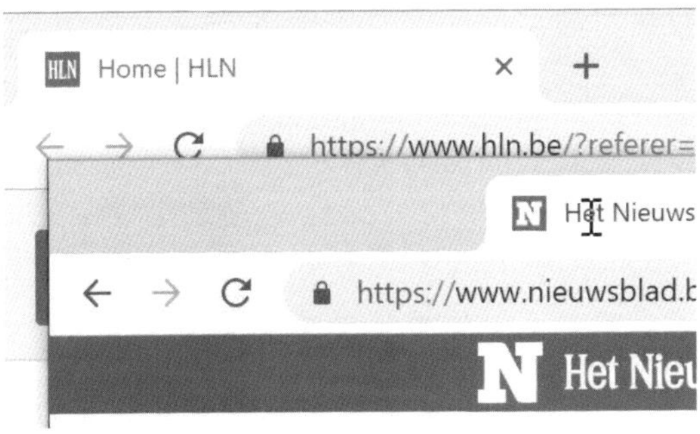

Sleep je het tabblad van het nieuwe venster terug naar het oorspronkelijke venster, dan worden de tabbladen weer herenigd.

Tabblad vastzetten

Wil je bij het opstarten van Chrome steeds een bepaalde website kunnen raadplegen, dan kan je het tabblad van die pagina 'vastzetten'. Het tabblad wordt gereduceerd tot de grootte van een pictogram en wordt in de linkerrand van het venster geplaatst. Zo zet je een tabblad vast:

1 Klik met de rechtermuisknop op het tabblad en selecteer 'Tabblad vastzetten' in het contextmenu.

2 Je ziet nu links in de titelbalk het pictogram van de vastgezette webpagina:

3 Een vastgezet tabblad maak je weer 'los' door er met de rechtermuisknop op te klikken en 'Tabblad losmaken' te kiezen in het menu.

Tabblad dempen

Een tabblad met een website waarin een video of audiofragment wordt afgespeeld, wordt gemarkeerd met een luidsprekerpictogram:

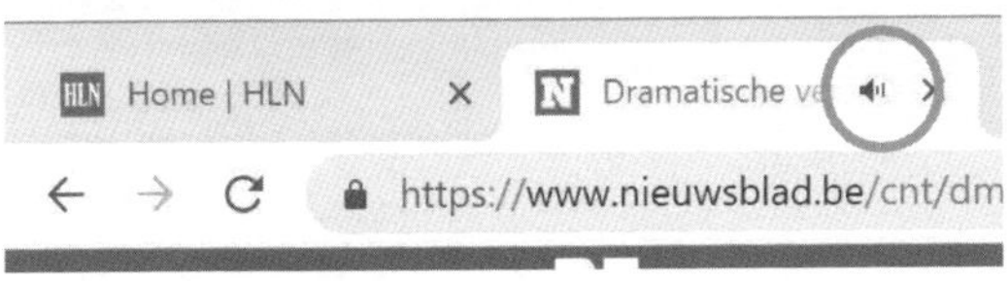

Wil je het geluid op deze webpagina dempen, klik dan met de rechtermuisknop op het tabblad en kies 'Geluid van site dempen'.

Nieuw venster

Je kan een tweede browservenster openen via het menu achter het pictogram met de drie stippen. Selecteer de optie 'Nieuw venster' voor een normaal venster.

Incognitovenster

Chrome slaat standaard al jouw browsegeschiedenis op om voorspellingen in de omnibox weer te geven en snelle links pictogrammen weer te geven op de startpagina. Chrome slaat ook de inhoud van een webpagina op, om deze sneller weer te geven wanneer je dezelfde website bezoekt. Wil je geen spoor van browsegeschiedenis achterlaten, gebruik dan het incognitovenster:

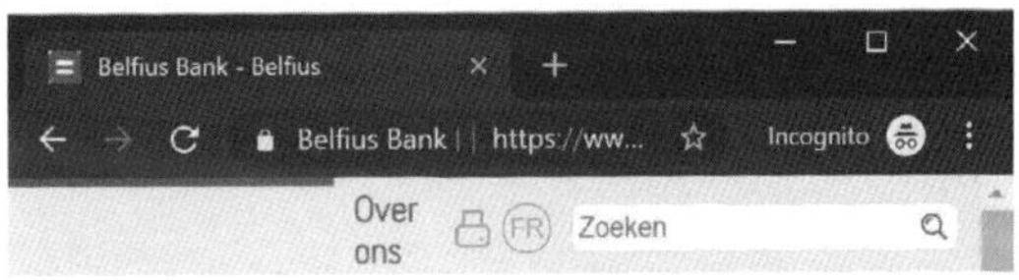

Chrome slaat nu geen geschiedenis en geen wachtwoorden op tijdens de sessie. De optie 'Nieuw incognitovenster' is ook nuttig wanneer je Chrome gebruikt op een computer die niet van jou is.

Tip: je kan Chrome ook starten in de incognitomodus door het pictogram in het startmenu of in de taakbalk aan te klikken met de rechtermuisknop en daar 'Nieuw incognitovenster' te kiezen ■

SNELTOETSEN

Nieuw venster

Control N

Nieuw incognitovenster

Control Shift N

Bladwijzers

Zoals je bij Edge vaak geraadpleegde websites in een lijst Favorieten onderbrengt, zo zal je bij Google Chrome jouw favoriete webpagina's laten bijhouden in een lijst 'Bladwijzers'.

Bladwijzerbalk

Wat Chrome 'Bladwijzers' noemt, is wat browsers zoals Edge 'Favorieten' noemt. In Chrome kan je jouw favoriete webpagina's opslaan in de bladwijzerbalk en deze van daaruit snel openen wanneer dat nodig is.

Chrome toont standaard een bladwijzerbalk onder de omnibox telkens wanneer je een nieuwe tabbladpagina opent. Op andere tabbladen kan je de Bladwijzerbalk eventueel weghalen door de optie Menu ▸ Bladwijzers ▸ 'Bladwijzerbalk weergeven' uit te vinken.

'Andere bladwijzers'

Er zijn twee hoofdmappen waarin je bladwijzers kan bewaren: Bladwijzerbalk en 'Andere bladwijzers'. De eerste wordt links onder de omnibox uitgelijnd en kan bijna de volledige breedte van het venster in beslag nemen. De tweede wordt rechts uitgelijnd en is enkel als een map zichtbaar. Zie kader hieronder. In beide mappen kan je submappen aanmaken.

Toevoegen als favoriete website

Om een webpagina in de lijst Bladwijzers te plaatsen, ga je als volgt te werk:

1 Open de webpagina die je wenst toe te voegen aan de Bladwijzers.

2 Klik op het sterpictogram in de omnibox:

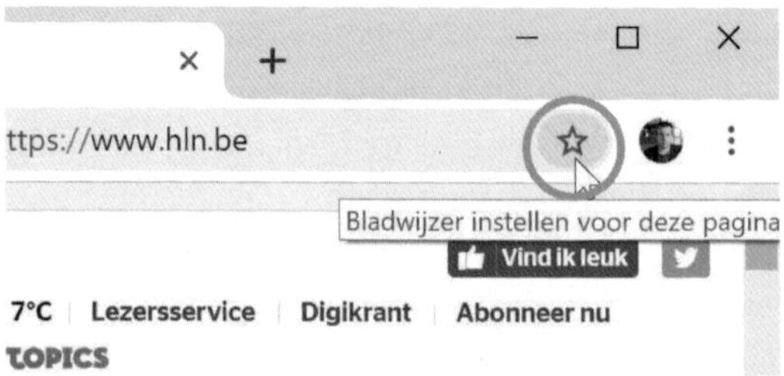

3 Pas eventueel de naam van de bladwijzer. aan.

4a Bepaal waar je de bladwijzer wil maken: in de bladwijzerbalk of ingedeeld in 'Andere bladwijzers':

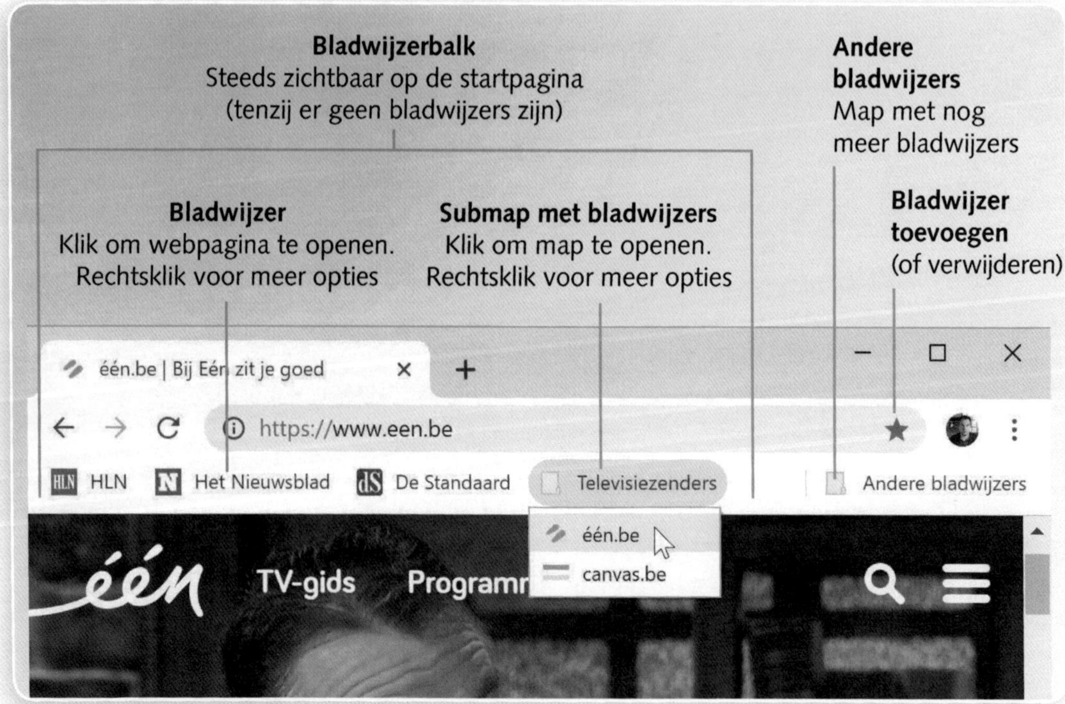

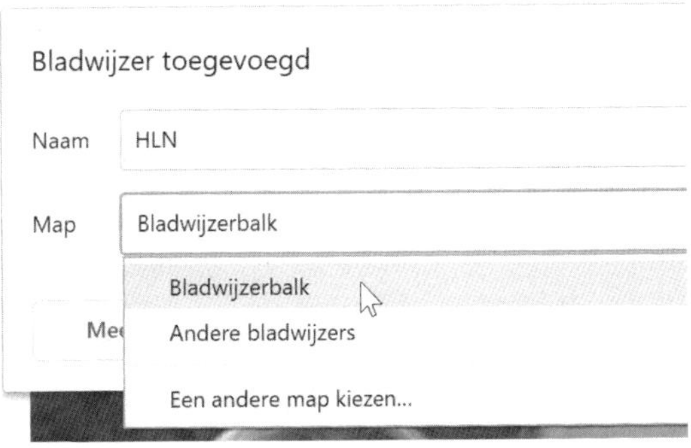

4b Wil je de bladwijzer in een submap onderbrengen, klik dan op de knop 'Meer' of kies onder Map voor 'Een andere map kiezen...'. Je krijgt nu de mappenstructuur van de bladwijzers te zien:

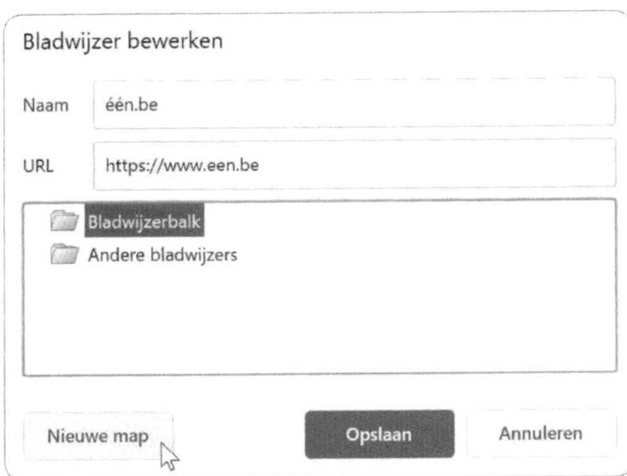

Selecteer een hoofdmap en klik op de knop 'Nieuwe map' indien je de submap nog moet aanmaken. Geef de submap een naam. Klik daarna op Opslaan om de bladwijzers in de submap te bewaren:

Mobiele bladwijzers

Gebruik je Chrome op een smartphone of tablet, dan kan je daar bladwijzers opslaan in een map 'Mobiele bladwijzers'. Die verschijnen echter niet in de bladwijzerbalk op je pc.

SNELTOETSEN

Webpagina in Bladwijzers plaatsen

Control D

Lijst Bladwijzers openen

Control I

Bladwijzerbalk verbergen/tonen

Control Shift B

(werkt niet op de startpagina)

Bladwijzers openen

Één bladwijzer openen

Een bladwijzer openen is uiteraard eenvoudig indien de bladwijzerbalk zichtbaar is in het venster. Je kan de bladwijzers ook benaderen via het menu:

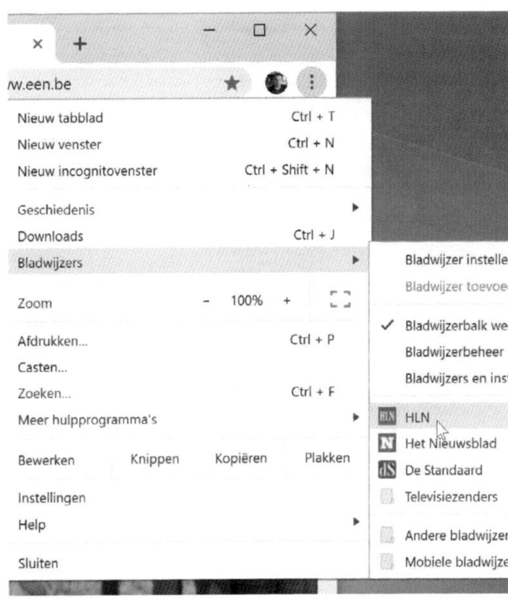

Tip: mobiele bladwijzers zijn hier wel te raadplegen.

Map bladwijzers openen

Klik met de rechtermuisknop op een map met bladwijzers en kies 'Alle (x) openen'. Je kan ze ook openen in een nieuw (incognito)venster. Dit werkt zowel in de bladwijzerbalk als in het menu.

Bladwijzers organiseren

Chrome biedt efficiënt bladwijzerbeheer waarmee je een map of koppeling op de bladwijzerbalk eenvoudig kunt aanpassen, weergeven of verbergen. Je kan ook bladwijzers naar andere mappen slepen en neerzetten of een hele map verwijderen.

Bladwijzerbeheer

Selecteer in het menu de optie Bladwijzerbeheer en je krijgt een overzicht van alle bladwijzers en hun mappen:

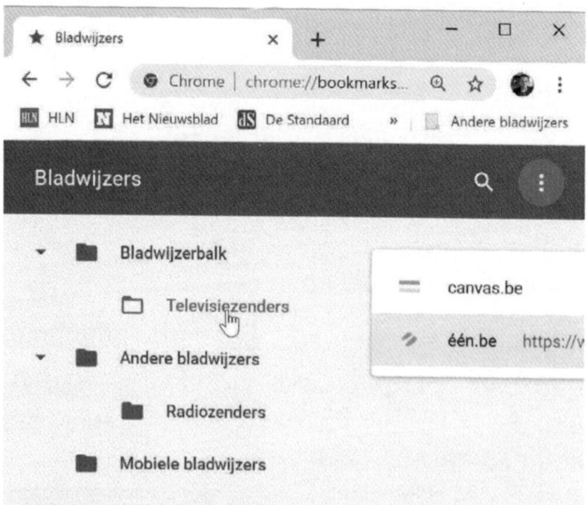

Nieuwe submap maken

Selecteer een hoofdmap, klik op de knop met de drie puntjes en selecteer 'Nieuwe map toevoegen' om een nieuwe submap te maken:

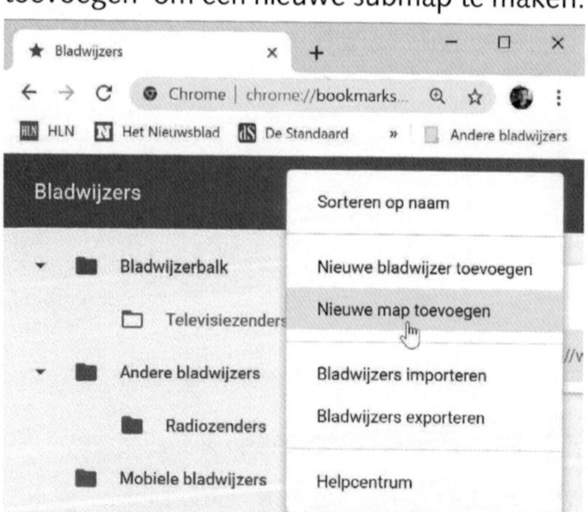

Vul een naam in en klik op Opslaan:

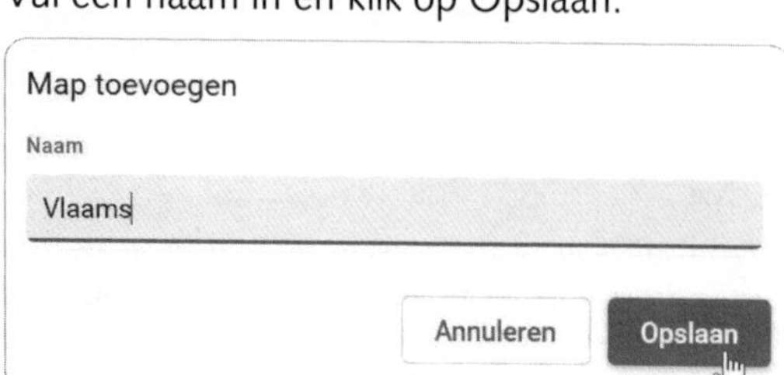

Bladwijzers verplaatsen

Je kan bladwijzers verplaatsen door ze simpelweg met de linkermuisknop te verslepen en neer te zetten in een andere map:

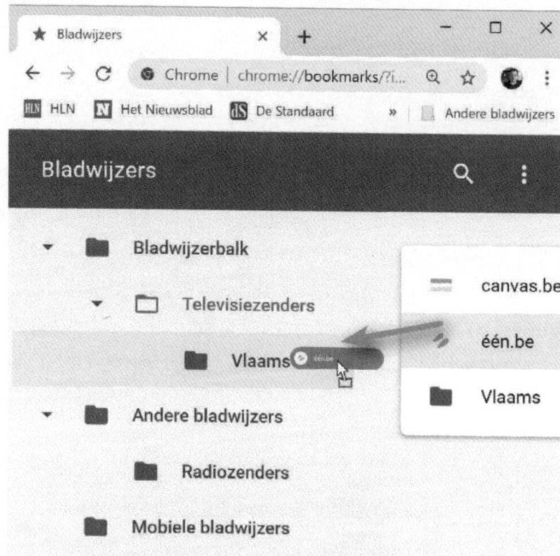

Je kan zo ook submappen verplaatsen.

Naam aanpassen

Typfoutje gemaakt bij het maken van een bladwijzer of submap? Geen probleem: klik met de rechtermuisknop op een bladwijzer of submap en kies 'Naam wijzigen'.

Bladwijzers verwijderen

Klik met de rechtermuisknop op een bladwijzer en kies Verwijderen om deze te verwijderen uit een map. Je kan op dezelfde manier ook een volledige map, inclusief aanwezige bladwijzers, verwijderen.

Gesynchroniseerd

Bladwijzers die je op één toestel maakte, worden automatisch ook gesynchroniseerd naar je andere toestellen, op voorwaarde dat je aangemeld was met dezelfde Google Account. ■

Geschiedenis en privacy

Google Chrome houdt bij welke websites je recent bezocht hebt, zowel offline op je computer, als online op internetservers. De inhoud van de laatst bezochte pagina's, inclusief foto's en afbeeldingen, wordt op de harde schijf bewaard.

Geschiedenis

Tenzij je de incognitomodus gebruikt, zal Chrome elke webpagina die je bezoekt bijhouden in een Geschiedenislijst. Na verloop van tijd worden de oudst bezochte websites uit de Geschiedenis gehaald om plaats te maken voor nieuwe. De lijst wordt bijgehouden op je computer en indien je aangemeld was met een Google Account, dan wordt die ook online bewaard, zodat synchronisatie tussen jouw toestellen mogelijk wordt. Google kent alleszins jouw favoriete websites!

Recente geschiedenis op apparaten

Via menu ▶ Geschiedenis krijg je zicht op recente activiteiten in Chrome. Niet alleen op je huidig toestel, maar ook op andere toestellen waar je recent Chrome op gebruikte:

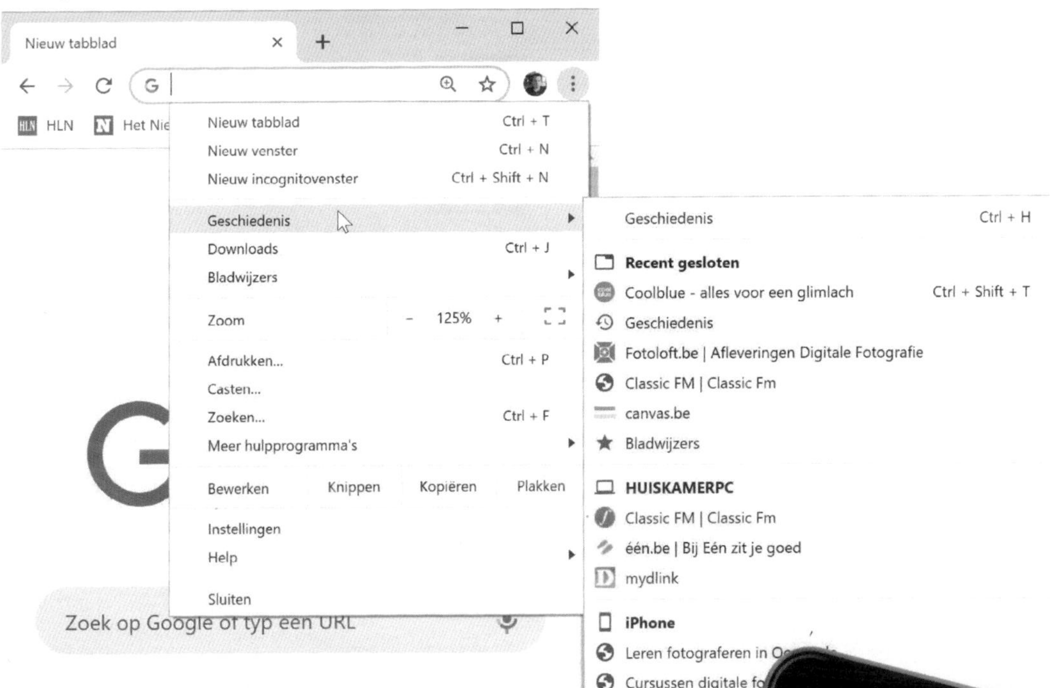

In bovenstaand voorbeeld toont Chrome welke (web)pagina's er recent werden gesloten op de huidige computer. De nog actieve tabbladen staan hier niet vermeld. Daaronder staan de laatst bezochte webpagina's op een andere computer (HuiskamerPC) en tenslotte toont Chrome ook nog de webpagina's die net op een smartphone werden geraadpleegd (iPhone). Vanuit deze lijst kan je een recent bezochte webpagina opnieuw openen. Zo kan je een website die je op je smartphone opende even later terug oproepen op je bureaucomputer en omgekeerd.

Websites die je in Chrome op een bureaucomputer opende, kan je terugvinden in de lijst Geschiedenis in de Chrome app op je smartphone.

Uitgebreide geschiedenis raadplegen

Via menu ▸ Geschiedenis ▸ Geschiedenis krijg je zicht op de geschiedenislijst van al jouw apparaten, chronologisch ingedeeld per dag. De meest recente items staan bovenaan:

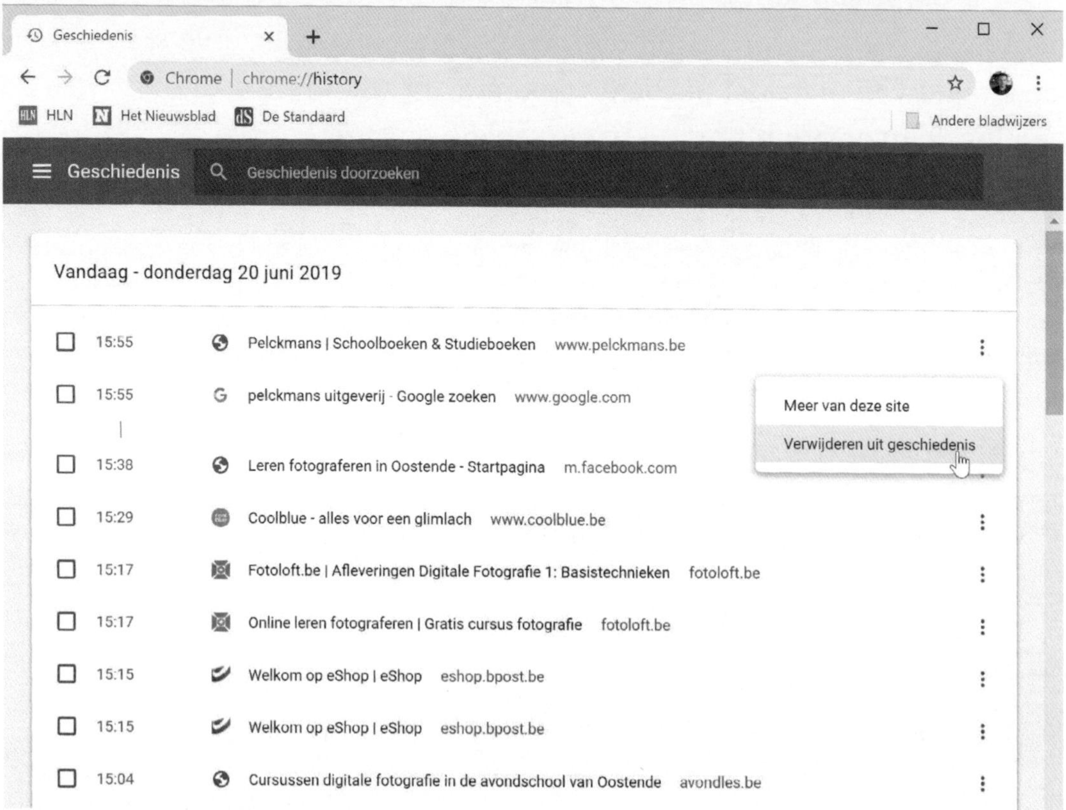

Het verticale, grijze lijntje (hier tussen items 2 en 3) duidt aan wanneer je even stopte met surfen. Via het menu achter elk item kan je één webpagina uit de lijst verwijderen. De optie "Meer van deze site' in dit menu toont een overzicht van de momenten waarop je deze website bezocht.

Browsegegevens wissen

Lijsten wissen op alle apparaten

Om de volledige geschiedenislijst van al jouw apparaten te wissen, moet je aangemeld zijn met jouw Google Account. Wil je enkel de Geschiedenis op je computer wissen, meld je dan eerst af.

1 Navigeer naar menu ▸ Geschiedenis ▸ Geschiedenis.

2 In Geschiedenis open je het 'hamburgermenu' linksboven, net voor de naam Geschiedenis:

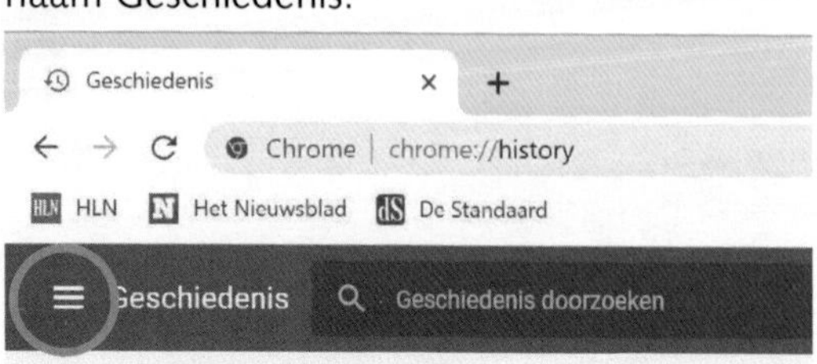

3 Selecteer in dit menu de optie 'Browsegegevens wissen':

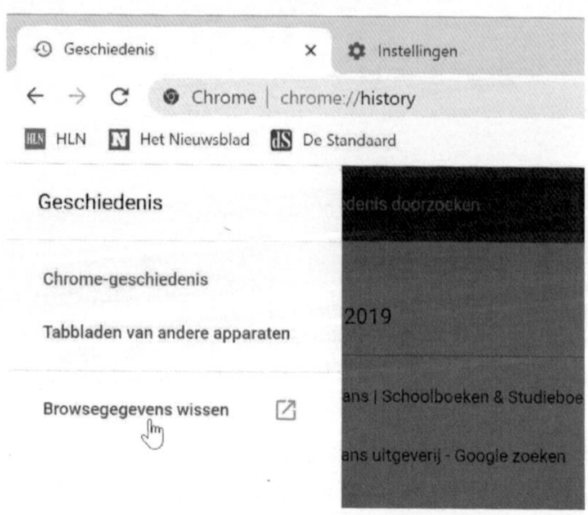

4 Kies in de hoofding meteen voor 'Geavanceerd'. Je kan dan meteen ook andere gegevens die automatisch bewaard werden, wissen:

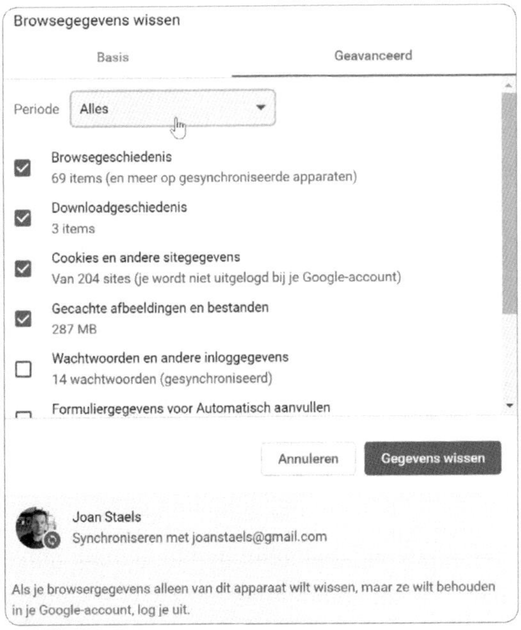

Met 'Periode' kies je de tijdspanne van de te verwijderen items. Je kan items van vandaag, van de voorbije week of van de afgelopen 4 weken verwijderen. Wil je echt alles wissen, selecteer dan Alles. De eerste vier opties vink je best aan:

- **Browsegeschiedenis**: een lijst met websites die je eerder hebt bezocht.
- **Downloadgeschiedenis**: een lijst namen van items die je gedownload hebt. De downloads zelf worden niet gewist.
- **Cookies en andere sitegegevens**: kleine hoeveelheden data die websites opslaan op uw pc om uw voorkeuren te kunnen onthouden, zoals taalvoorkeur of locatie. Zie ook thema 3.
- **Gecachte afbeeldingen en bestanden**: dit zijn inhouden van webpagina's, inclusief foto's en andere media die worden opgeslagen op de harde schijf. Chrome gebruikt deze gegevens om inhoud sneller te kunnen laden als je een webpagina opnieuw bezoekt. Deze gegevens kunnen op termijn redelijk wat data in beslag nemen.

5 Bekijk ook de andere gegevens die je eventueel kan wissen, zoals wachtwoorden en ingevulde velden op webformulieren. Maak je keuze(s) en bevestig met een klik op 'Gegevens wissen'.

6 Chrome bevestigt dat de items gewist zijn, maar dat bepaalde informatie, zoals locatiegegevens en gebruikte zoektermen misschien toch nog behouden werden en verwijst naar de site myactivity.google.com.

SNELTOETS

Browsegegevens wissen

Control Shift Delete

Geschiedenis uitschakelen

De browsegeschiedenis is enerzijds nuttig, maar anderzijds kan het ook een probleem vormen voor je privacy, vooral wanneer je op een computer werkt die ook door andere personen gebruikt wordt (familieleden thuis, collega's op het werk, mede-cursisten op school...). Om geen geschiedenislijst te laten aanmaken kan je in Google Chrome enkel de incognitomodus gebruiken. Dan wordt geen geschiedenislijst bijgehouden en hoeft er dus ook geen geschiedenis gewist te worden. Zie onderwerp Tabbladen en vensters eerder in dit thema.

Surfen als 'Gast'

Sommige websites hebben cookies nodig om te functioneren. Een optie om 'normaal' te surfen met Chrome en toch achteraf geen sporen na te laten, verloopt via de Gastsessie. Je opent een nieuw browservenster in die mode via profielknop ▸ Gastvenster openen:

Na het afsluiten van dit nieuwe venster zal alle geschiedenis van deze sessie automatisch verwijderd worden. ■

Media en bestanden opslaan

Met Google Chrome kan je snel de inhoud van een webpagina opslaan. Bestanden downloaden gaat ook gemakkelijk, misschien zelfs té gemakkelijk!

Webpagina opslaan

Wil je een webpagina bewaren op een gemakkelijk terug te vinden locatie, bijvoorbeeld in jouw persoonlijke map Documenten, dan kan dat via één van deze opties:

Afdrukken als pdf

Je kan een webpagina afdrukken naar een printer, maar ook naar een pdf-document. Zo'n document kan je openen in het gratis programma Adobe Acrobat Reader (get.adobe.com/nl/reader).

HTML-bestand opslaan

In Chrome is een optie voorzien om een webpagina op te slaan. Het html tekstbestand wordt bewaard in een gekozen map op de harde schijf en de afbeeldingen en andere media op die webpagina worden in een submap van die map geplaatst:

1 Surf naar de webpagina die je wenst te bewaren en kies via het menu de optie Meer hulpprogramma's ▸ Pagina opslaan als...:

2 In het dialoogvenster blader je naar de map waar je de webpagina en media wil opslaan. Onderaan in het venster, bij 'Opslaan als:' selecteer je 'Webpagina, compleet':

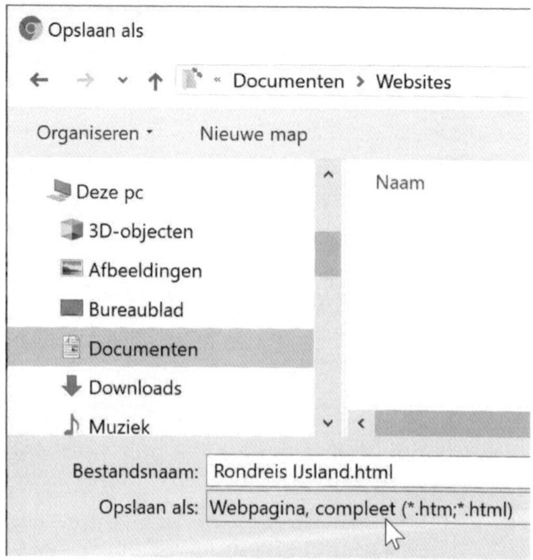

Pas eventueel de bestandsnaam aan en klik op Opslaan.

3 Chrome bewaart de webpagina onder de gekozen naam en ook de submap met media heeft de gekozen naam gekregen:

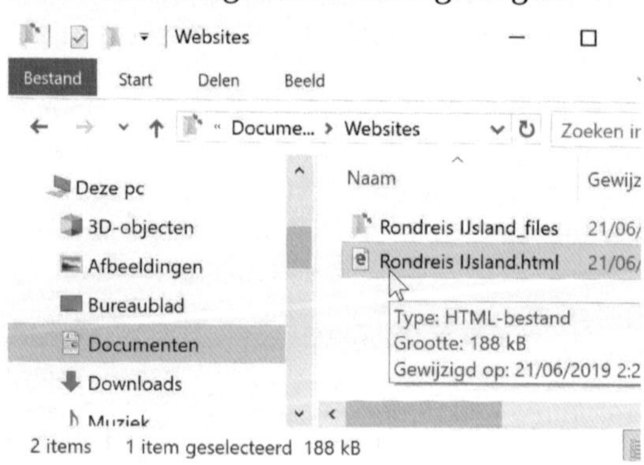

Het HTML-bestand kan je openen in Chrome of in een andere browser. Wil je het bestand kopiëren, vergeet dan niet om ook de submap met dezelfde naam mee te kopiëren.

Foto's en afbeeldingen

Delen van een webpagina, zoals foto's en afbeeldingen, kan je apart bewaren. Op veel webpagina's staan verwijzingen naar documenten of bestanden die je kan downloaden naar je harde schijf. Sommige van deze bestanden kunnen door Chrome geopend of afgespeeld worden (foto's, muziekbestanden, sommige videobestanden,...) en andere niet.

Via kopiëren en plakken

Een foto nodig om een Word-document of presentatie wat te verfraaien? Zoek een foto op, kopieer deze op een webpagina en plak ze in je document:

1 Klik met de rechtermuisknop op de gevonden foto en selecteer 'Afbeelding kopiëren':

2 Ga naar je werkdocument, plaats het invoegteken op de juiste plaats en selecteer daar in het menu Bewerken de optie Plakken of gebruik de sneltoets Ctrl+V.

Tip: Nog sneller gaat het wanneer je de foto vanuit het Chrome venster versleept naar je werkdocument:

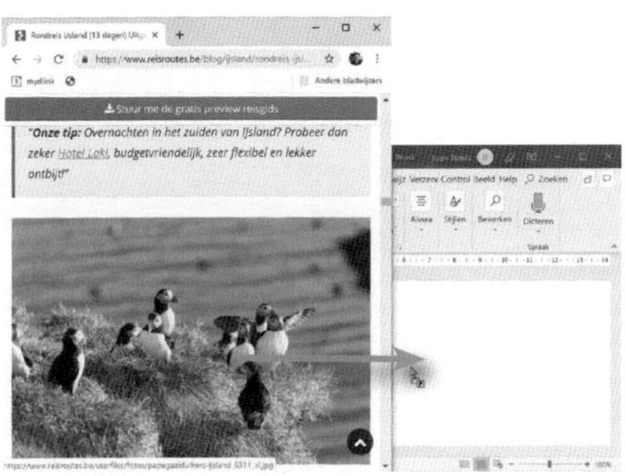

SNELTOETS

Webpagina opslaan

Control S

Foto's of afbeeldingen downloaden

Ga als volgt te werk om een afbeelding op een webpagina te downloaden naar de harde schijf:

1 Klik met de rechtermuisknop op de foto of afbeelding.

2 In het contextmenu kies je voor 'Afbeelding opslaan als...':

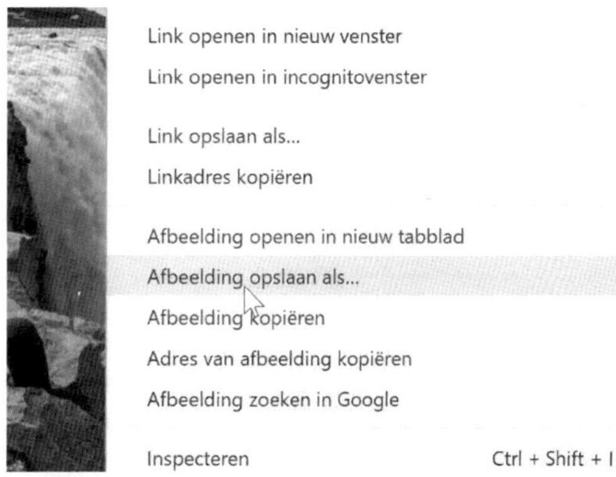

3 Blader naar de locatie waar je de foto of afbeelding wil bewaren. Je kan eventueel de naam aanpassen. Klik tenslotte op OK.

Documenten downloaden

Op webpagina's kunnen allerlei bestanden, documenten en media worden aangeboden. In het volgende voorbeeld gaan we een voorbeeldsollicitatiebrief downloaden van de website van jobat (jobat.be):

1 We bezoeken de website en zoeken naar de juiste pagina. We zien de mogelijkheid om twee voorbeelden te downloaden, zowel in Word-formaat als in pdf-formaat. We kiezen voor het bewerkbare Word-formaat.

2 Na een klik op de downloadlink zal Chrome het bestand meteen beginnen downloaden, we moeten dus niet bevestigen:

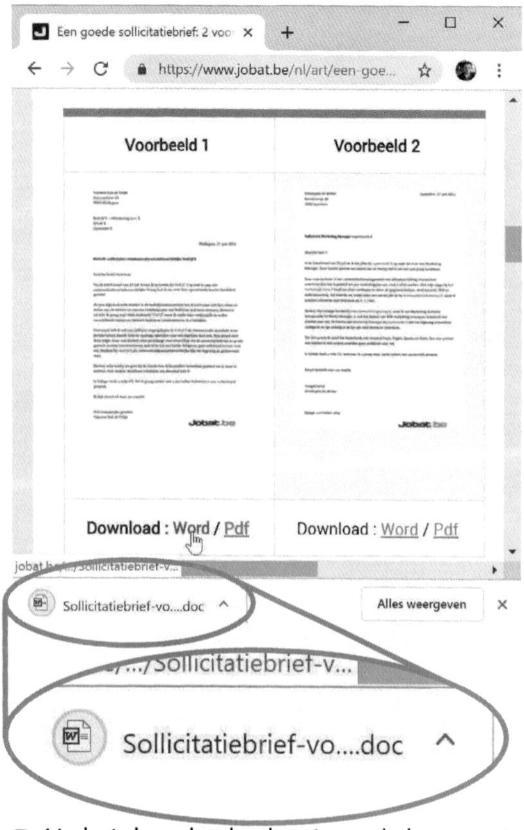

3 Na het downloaden kan je op de knop met het pijltje klikken om het item te openen of de map waarin het zich bevindt te openen:

SNELTOETSEN

Downloads weergeven

Control J

Downloads weergeven

Alle bestanden die je via Chrome downloadde, kan je terugvinden via menu ▶ Downloads:

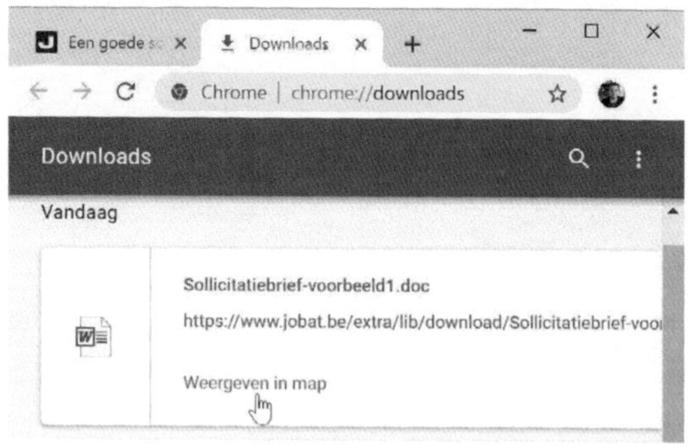

Voor elk item zie je de volledige bestandsnaam en de website waar het vandaan kwam. Documenten kan je openen door op de naam van het item te klikken. Het document wordt dan met het standaardprogramma geopend.

Niet automatisch downloaden

Een van de grotere beveiligingsproblemen in Chrome is het automatisch downloaden van bestanden tijdens het browsen. Je kan het automatisch downloaden uitschakelen zodat Chrome jou elke keer vraagt om het downloaden van het bestand te bevestigen. Open menu ▶ Instellingen en klik helemaal onderaan op de link 'Geavanceerd ▼'. In de rubriek Downloads zet je de schakelaar bij de optie 'Vooafgaand aan een download...' aan:

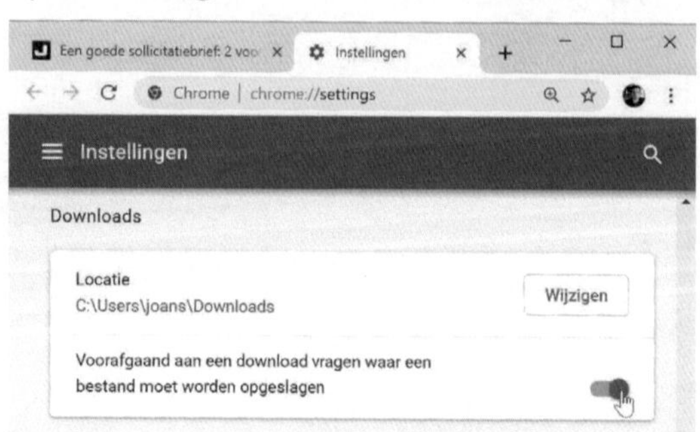

Standaardlocatie voor downloads

Bij de instellingen kan je de locatie voor de downloads aanpassen (zie hierboven). ■

Extensies

Google Chrome heeft een uitgebreid extensie-ecosysteem. Een extensie breidt de mogelijkheden van een browser verder uit.

Extensies bekijken

Chrome kan worden uitgebreid met veel extensies om de functie van de browser te verbeteren. Chrome accepteert alleen extensies van de Chrome Web Store, er zijn geen extensies van derden toegestaan. Ga naar menu ▸ Meer hulpprogramma's ▸ Extensies om de reeds geïnstalleerde extensies te bekijken:

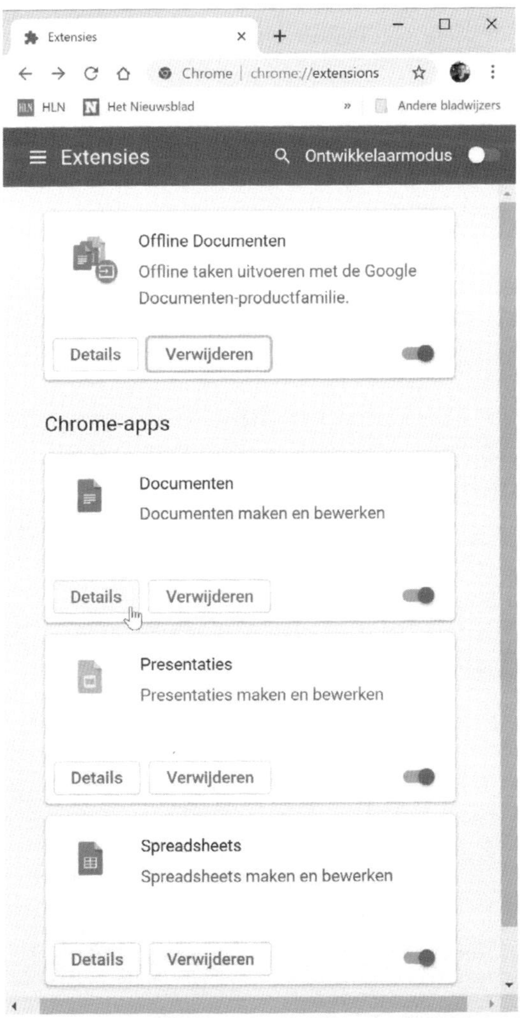

Zoals je merkt zijn er al enkele Extensies standaard door Google voorzien. Die laten je toe om online of offline met documenten te werken in enkele Google Apps.

Extensie toevoegen

Handmatig installeren

Klik in de pagina Extensies op het hamburgermenu en klik op de link 'Chrome Web Store' onderaan. Hiermee ga je naar het gedeelte Extensies van de Chrome Web Store, waar je kan zoeken naar extensies en thema's voor jouw browser. Je kan nu heel eenvoudig op de knop 'Toevoegen aan Chrome' klikken om een extensie te installeren:

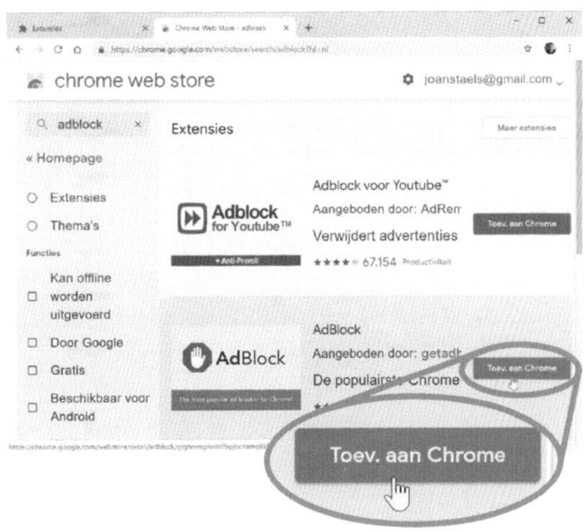

Na de installatie kan je meestal het extensiepictogram naast de omnibox bekijken:

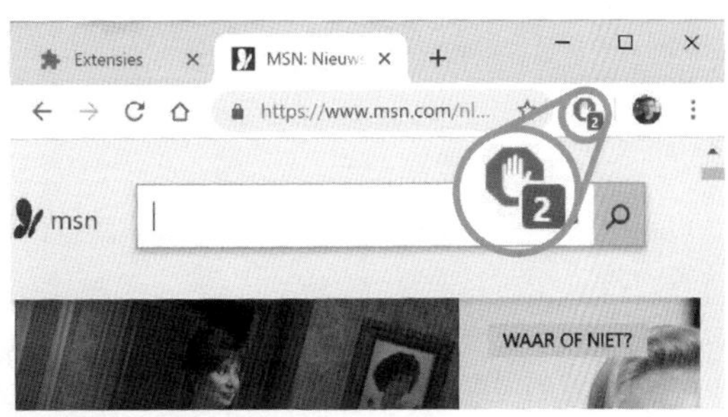

Houd er rekening mee dat sommige extensies ervoor kunnen zorgen dat de browser langzamer reageert op het laden van pagina's.

Automatisch installeren

Sommige websites hebben een extensie (ook plug-in geheten) nodig om de inhoud correct te kunnen weergeven. Is de vereiste plugin niet aanwezig, dan kan de website jou vragen om deze plug-in te installeren. In Google Chrome zal die als extensie worden geïnstalleerd. Hieronder een voorbeeld: op de website mydlink.com kan ik mijn geïnstalleerde webcamera's live bekijken. Om de livebeelden te kunnen zien is duidelijk een plug-in nodig:

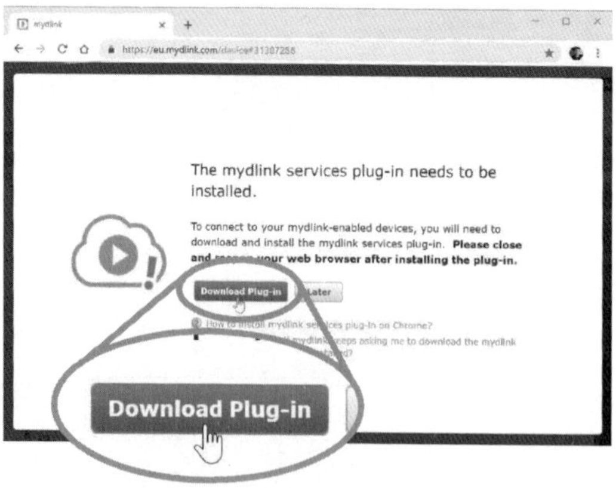

Na een klik op de downloadknop wordt ik naar de Chrome web store gebracht waar ik de juiste extensie kan toevoegen aan Chrome:

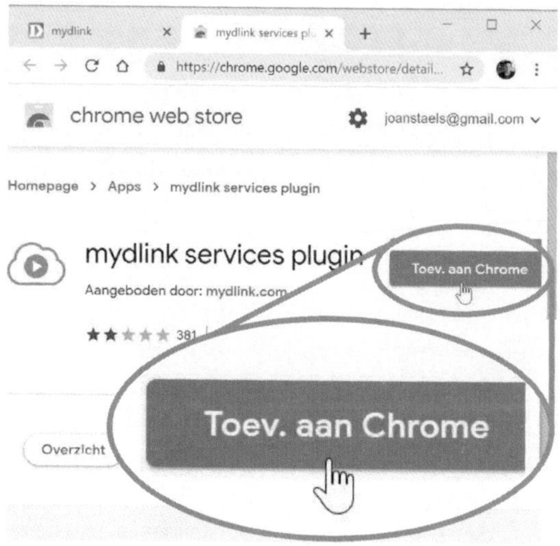

Meteen na het bevestigen dat de extensie geïnstalleerd mag worden, is de installatie een feit. Even de webpagina vernieuwen en de beelden zijn nu wel te bekijken:

Problemen oplossen

Ga voor het oplossen van problemen met een extensie naar menu ▸ Meer hulpprogramma's ▸ Extensies en schakel de extensie uit die problemen veroorzaken.

Tip: Open je de browser in incognitomodus, dan worden alle extensies uitgeschakeld. ■

Deze website werkte in Edge niet, de beelden waren niet zichtbaar. In Chrome werkt dezelfde website wel, dankzij de juiste extensie. Chrome heeft dan ook een veel uitgebreider systeem van Extensies dan Edge.

Casten

Vanuit Google Chrome kan je een tabblad of zelfs je volledige scherm draadloos doorsturen naar een televisie. Je hebt er enkel een klein toestelletje voor nodig: een Chromecast.

Met deze Google Chromecast Ultra kan je beelden tot 4K Ultra HD doorsturen naar je televisie. Dit apparaatje kost €79. Er is ook een Google Chromecast van €39 die resoluties tot Full HD ondersteunt.

Chromecast

Chromecast is een digitale mediaspeler, ontwikkeld door Google. Met het apparaat, een kleine dongle, kan je vanaf je computer, laptop of mobiel toestel muziek of video afspelen op een digitale televisie of beeldscherm. Je kan ook de inhoud van een tabblad uit de Google Chrome webbrowser doorsturen naar het scherm. En zelfs screen mirroring is mogelijk. Dat wil zeggen dat je jouw volledige computerscherm draadloos kan doorsturen naar een televisie!

Installatie

De Chromecast sluit je via HDMI aan op je digitale televisie of beeldscherm. Voor de voeding is een USB-kabel voorzien. Die kan je op de USB-poort van de televisie of op netstroom aansluiten. Verder is er enkel nog een performant WiFi netwerk noodzakelijk.

Configureren

Om de Chromecast in te stellen is een smartphone of tablet nodig waarop de app Google Home geïnstalleerd werd. De configuratie verloopt in grote lijnen als volgt:

1 Maak op je smartphone of tablet verbinding met het WiFi-netwerk van de Chromecast.

2 Zet de televisie of het beeldscherm waarop de Chromecast is aangesloten aan op de juiste bron. Op het scherm verschijnt het logo van Google Home.

3 Open de app Google Home op je mobiel toestel en selecteer daar 'Apparaat instellen'. Volg de aanwijzingen die op het scherm van je mobiel ziet verschijnen. Enkele minuten later is de Chromecast geconfigureerd.

Casten via Google Chrome

Vereisten

Om succesvol te casten vanuit Google Chrome moeten minstens deze voorwaarden vervuld zijn:

- Het WiFi-netwerk dat Chromecast gebruikt moet hetzelfde zijn als deze die de pc gebruikt.
- Je moet in Chrome aangemeld zijn met het Google account dat je tijdens de configuratie in de Google Home app instelde.

Tabblad casten

1 Om de inhoud van het huidige tabblad naar een extern beeldscherm te sturen (te 'casten'), kies je in het menu van Chrome de optie Casten...:

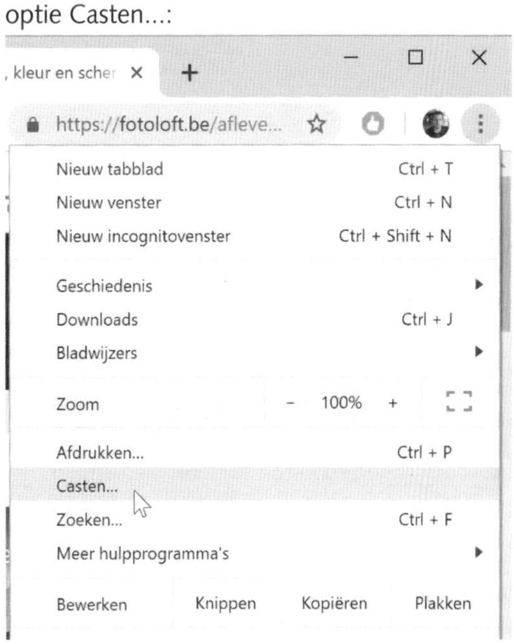

2 Standaard wordt het huidige tabblad gecast. Selecteer de juiste Chromecast (in onderstaand voorbeeld is dit 'Televisie boven'):

3 De inhoud van het tabblad verschijnt na één of hooguit enkele seconden op het extern beeldscherm. De menubalken worden niet op de televisie getoond. In het tabblad in Chrome zelf verschijnt een blauw pictogram van een scherm en naast de omnibox staat het Chromecast-pictogram actief:

4 Via het Chromecast-pictogram kan je het casten beëindigen:

Tip: Het casten wordt uiteraard ook beëindigd wanneer je het tabblad of Chrome zelf sluit.

Volledig scherm casten (screen mirroring)

Om het volledige scherm van je computer naar je televisie te sturen klik je in stap 2 hierboven op de knop 'Bronnen ▼':

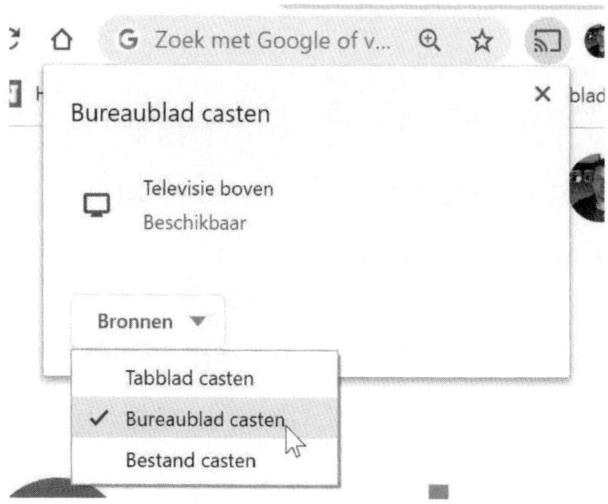

Selecteer hier 'Bureaublad casten'. Klik vervolgens op de naam van je Chromecast en bevestig dat je het volledige bureaublad (je scherm van je pc dus) wil casten. Je kan hierbij ook de audio doorsturen naar het scherm:

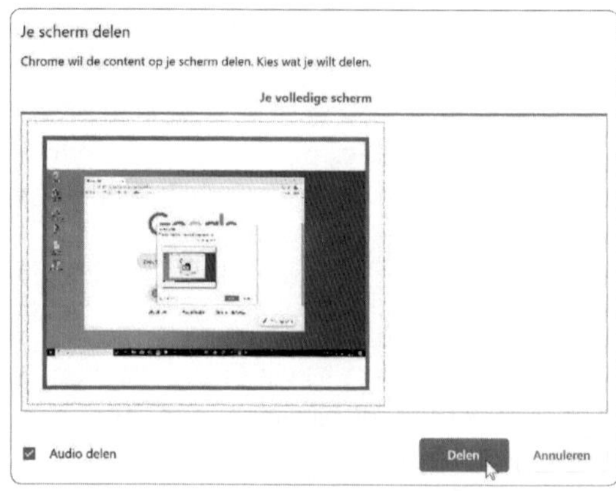

Klik op Delen en je computerscherm verschijnt nu ook op het extern beeldscherm:

Beëindig het casten via het Chromecast-pictogram naast de omnibox. Door Chrome af te sluiten zal je het casten ook stoppen. ■

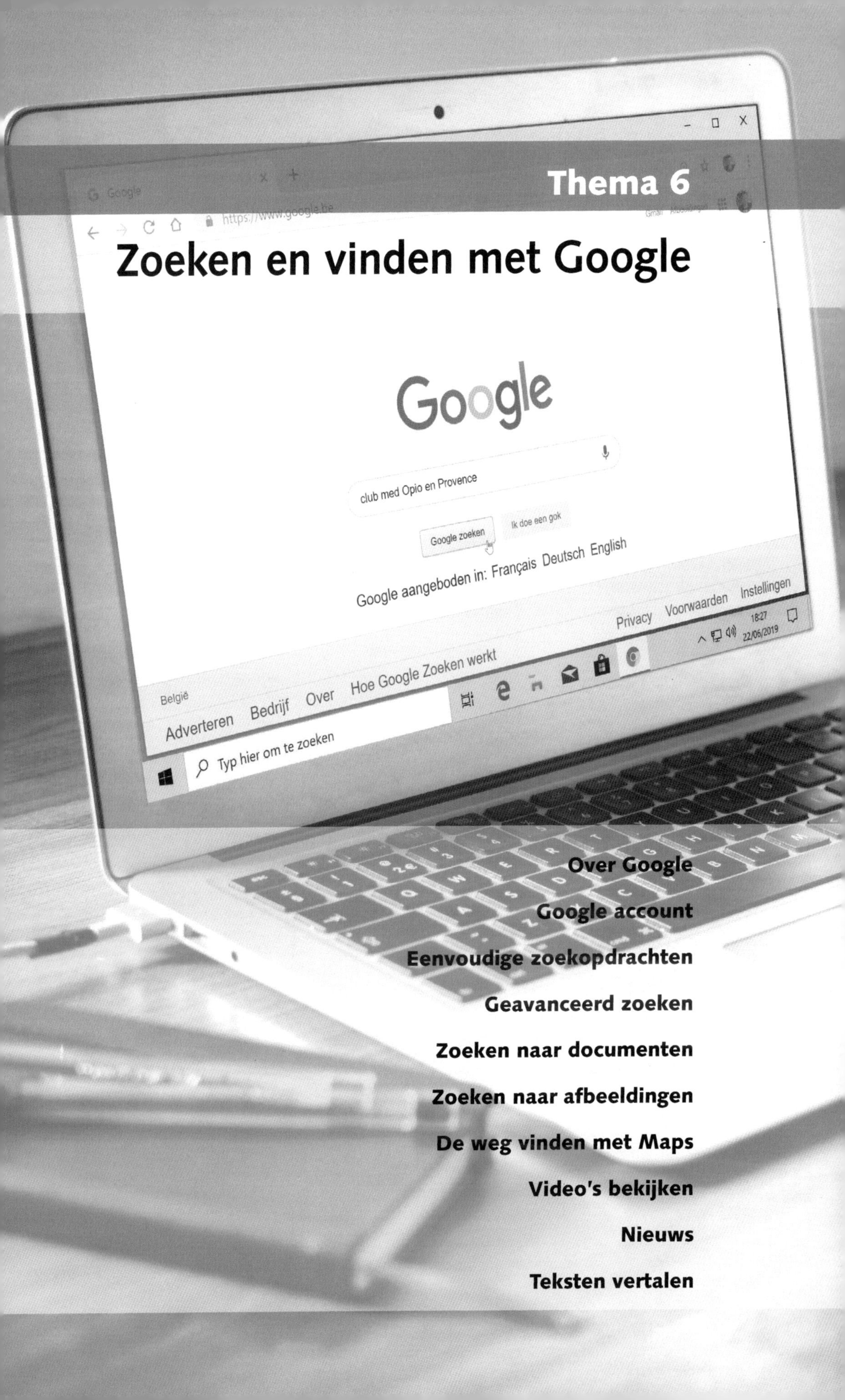

Thema 6

Zoeken en vinden met Google

Over Google

Google account

Eenvoudige zoekopdrachten

Geavanceerd zoeken

Zoeken naar documenten

Zoeken naar afbeeldingen

De weg vinden met Maps

Video's bekijken

Nieuws

Teksten vertalen

Over Google

Google was niet de eerste zoekmachine maar verwierf zeer snel een groot marktaandeel onder de internetzoekmachines verworven. Zo groot, dat 'Googelen' al sinds 2005 een werkwoord is.

Directory

Een paar miljoen miljoen webpagina's

Er wordt geschat dat er vandaag een paar triljard webpagina's op het web te vinden zijn, verspreid over ongeveer 1 miljard websites. De vraag is dus niet óf de informatie te vinden is, maar eerder wáár je het kan vinden.

Lijstjes

In 1994, de beginjaren van het world wide web, werd door het Amerikaanse Yahoo! een online lijst samengesteld met interessante websites, ingedeeld in categorieën en subcategorieën. Deze door mensen samengestelde 'directory' werd al snel zo omvangrijk dat het niet meer bij te houden viel en het zoeken te veel tijd koste. De Yahoo! directory werd officieel gesloten in december 2014 en heeft dus net 20 jaar bestaan.

Zoekmachine

In 1995 kwam de zoekmachine Altavista beschikbaar. Je hoefde nu niet langer door lijstjes te bladeren, maar kon rechtstreeks via zoektermen zoeken naar een website die de informatie bevat die je zocht. In 1997 kwam de intussen meest bekende zoekmachine op de markt: Google. Het succes van Google was eenvoudig: het was snel en toonde de meest relevante webpagina's voor een zoekopdracht. De werking van een zoekmachine, zoals Google, kent de volgende fases:

Crawler

Een automatische webbrowser of crawler (soms ook spider of 'spin' genoemd) zoekt op een webpagina naar hyperlinks die leiden naar andere webpagina's. De crawler springt zo van de ene naar de andere website.

Index

Op elke bezochte webpagina worden de titels, subtitels en woorden geanalyseerd. De webpagina wordt gesorteerd overeenkomstig de gevonden inhoud en in een index geplaatst.

Zoekinterface

De gebruikersinterface van een zoekmachine is zeer eenvoudig, namelijk een zoekbalkje waarin één of meerdere zoektermen ingevuld kunnen worden. Op basis van de zoektermen (in het jargon een query genoemd) wordt, via een geheim gehouden algoritme, een lijst van relevante webpagina's samengesteld via de index. Die lijst, waarin de meest relevante websites bovenaan zouden moeten staan, wordt vervolgens gepresenteerd op een webpagina. Dit algoritme wordt regelmatig aangepast en vernieuwd om steeds betere zoekresultaten te kunnen presenteren. ■

Via welke zoekmachines vonden internetgebruikers onze website handboeken.be in juni 2019? Met 88% is het aandeel van Google gigantisch. Bing van Microsoft heeft maar een beperkt aandeel en van Altavista of Yahoo! is uiteraard geen spoor meer.

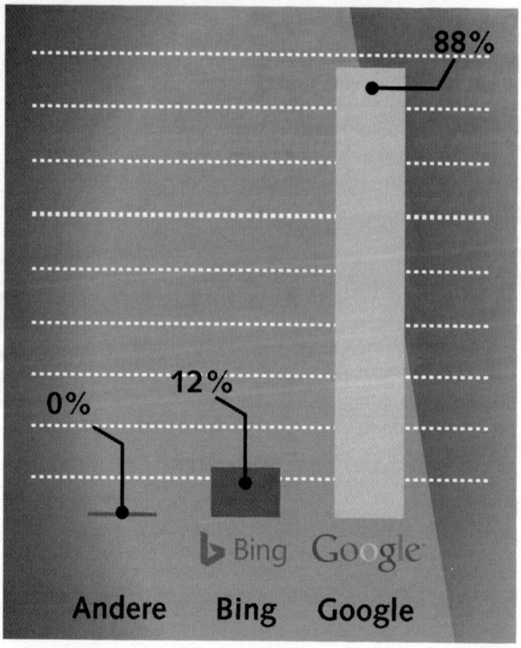

Google account

Google is niet alleen een zoekmachine, het is ook de naam van een bedrijf dat nog andere gratis (en betalende) internetdiensten aanbiedt. Met een gratis Google account kan je gebruik maken van één of meerdere van die diensten.

Gratis account?

Wanneer je alleen maar gebruik gaat maken van de gratis zoekmachine Google, dan is het aanmaken van een Google account niet echt nodig. Wil je gebruik maken van Google diensten zoals Gmail, YouTube of Google Drive (zie verdere thema's in dit boek), dan is een Google account een vereiste.

Privacy

Alvorens een gratis account te maken, dien je er van bewust te zijn dat je in ruil voor de diensten en services een deel van je online privacy prijsgeeft. Google haalt vooral winst door de advertenties op hun websites (YouTube, Maps...). Wanneer je informatie zoekt via hun zoekmachine, dan analyseren de Google servers jouw surfgedrag en wanneer je gebruik maakt van Gmail, dan scannen de servers de inhoud van jouw e-mailberichten. Op basis daarvan krijg je zeer gerichte advertenties te zien. Elke klik op zo'n advertentie brengt geld op van de adverteerders! Het is eigenlijk eenvoudig: van zodra je gebruik maakt van online diensten, of het nu om Google, Facebook, Microsoft of een ander bedrijf gaat, jouw gegevens zullen commercieel gebruikt worden, in ruil voor interessante, gratis internetdiensten.

Privacy statement

Voor je al jouw gegevens invult, kan je op de website google.be of google.nl doorklikken op de link Privacy, helemaal onderaan op de pagina. Je kan er onder meer lezen welke gegevens Google zoal verzamelt.

Hoe meer gebruik je maakt van Google diensten, hoe meer gericht dergelijke advertenties zijn en hoe groter de kans is dat je er op klikt.

> **goedkope vluchten**
> **Advertentie** · **www.Jetcost.nl/Vlucht**
> Vergelijk nu & bespaar op **vluchten**. Alle prijzen in één oogopslag!

Account aanmaken

Een account aanmaken kan via de knop Inloggen op de homepage van Google. Je kan doorklikken op de link 'Account maken'.

Gmail of eigen e-mailadres

Aanmelden met een Google account vereist een e-mailadres en een wachtwoord. Je kan een nieuw e-mailadres maken, waardoor je meteen gebruik maakt van Google's Gmail dienst. Je kan ook je eigen e-mailadres gebruiken. Klik daarvoor op de blauwe link 'Mijn huidig e-mailadres gebruiken':

Je bent dan niet automatisch ingeschreven voor Gmail. Via een link in een e-mailbericht zal je jouw Google account moeten bevestigen.

Zoveel gegevens?

Wil je weten waarom Google je telefoonnummer of je locatie wenst te weten, klik dan op de link 'Privacy' onderaan het formulier. In stap 2 worden nog meer gegevens gevraagd. In stap 3 moet je akkoord gaan met de voorwaarden. Daarna nog één keer klikken op 'Account maken' en je Google account is een feit. ■

Eenvoudige zoekopdrachten

Hoe beter de keuze aan zoektermen, hoe relevanter de zoekresultaten zijn en hoe sneller je zal vinden wat je zocht.

Zoektermen kiezen

Een zoekquery is een tekenreeks bestaande uit trefwoorden (zoektermen), aangevuld met speciale tekens. De keuze van die trefwoorden is cruciaal voor een efficiënte zoekopdracht. Daarom geven we hierna enkele belangrijke tips:

- Gebruik specifieke trefwoorden in plaats van zeer algemene. Bijvoorbeeld: 'Vakantiehuis Provence' in plaats van 'Vakantie Frankrijk'.
- Hoe meer (goede) zoekwoorden je gebruikt, hoe specifieker en interessanter de resultaten zullen zijn. Dus 'Vakantiehuis Provence 2017 familie zwembad' levert meer gerichte resultaten op dan 'Vakantiehuis Provence'.
- Gebruik geen voeg- of lidwoorden zoals en, of, de, het, een... Deze woorden worden immers automatisch genegeerd door Google.
- Indien twee woorden bij mekaar horen, dan kan je ze tussen dubbele aanhalingstekens plaatsen. Bijvoorbeeld 'Omrekenen Euro "Belgische Frank"' is zinvoller dan 'Omrekenen Euro Belgische Frank' omdat Frank ook een voornaam is, maar samen met Belgische gaat het duidelijk om de oude munteenheid.
- Hoofdletters of kleine letters? Dat maakt geen verschil uit: 'Provence' of 'provence' is voor Google hetzelfde.
- Controleer uiteraard de correcte spelling van je zoektermen: 'balconplant' zal minder interessante resultaten opleveren dan 'balkonplant'! Google kan typfouten herkennen en de juiste schrijfwijze suggereren:

OEFENING 1

Een vriendin vertelde je over haar Club Med vakantie in Opio en Provence. Met welke zoekquery krijg je de minste, maar wel de meest relevante resultaten?

- club med Opio en Provence:

Aantal resultaten:________________

- "Club Med" "Opio en Provence":

Aantal resultaten:________________

- "Club Med Opio en Provence":

Aantal resultaten:________________

- Google zoekt automatisch ook naar synoniemen van je zoektermen. Met de zoekterm 'huurauto' zoekt Google ook naar 'huurwagen'.
- Leveren je zoekwoorden weinig interessante webpagina's op en ben je de Engelse taal voldoende machtig? Probeer dan Engelstalige zoekwoorden: "recipe easy chocolate cake" levert meer resultaten op dan "recept makkelijke chocoladetaart".

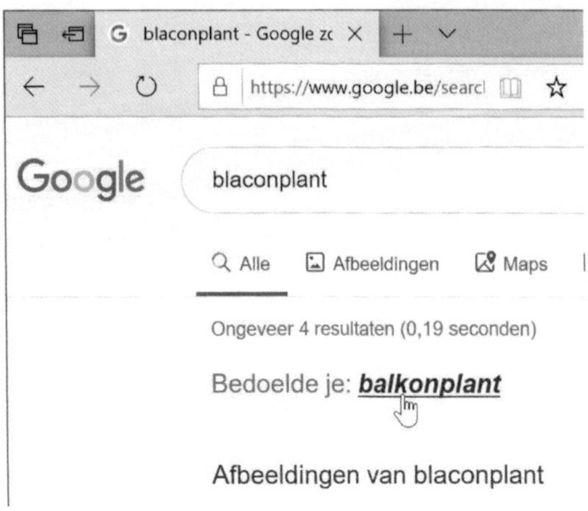

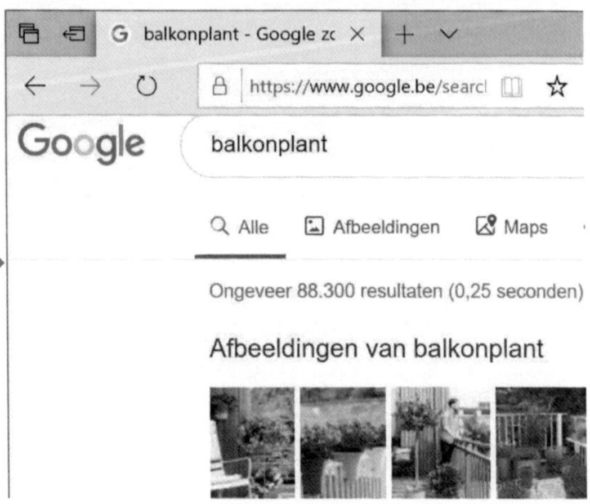

Google webinterface

Open Edge of Chrome en navigeer naar google.be. In de eenvoudige interface van Google is de zoekbalk het grootste onderdeel. Typ hier je zoekquery in en de interface verandert meteen in een uitgebreide zoekmachine. Achter het matrixpictogram vind je koppelingen naar andere onderdelen van Google, zoals Google+, YouTube en Google Play:

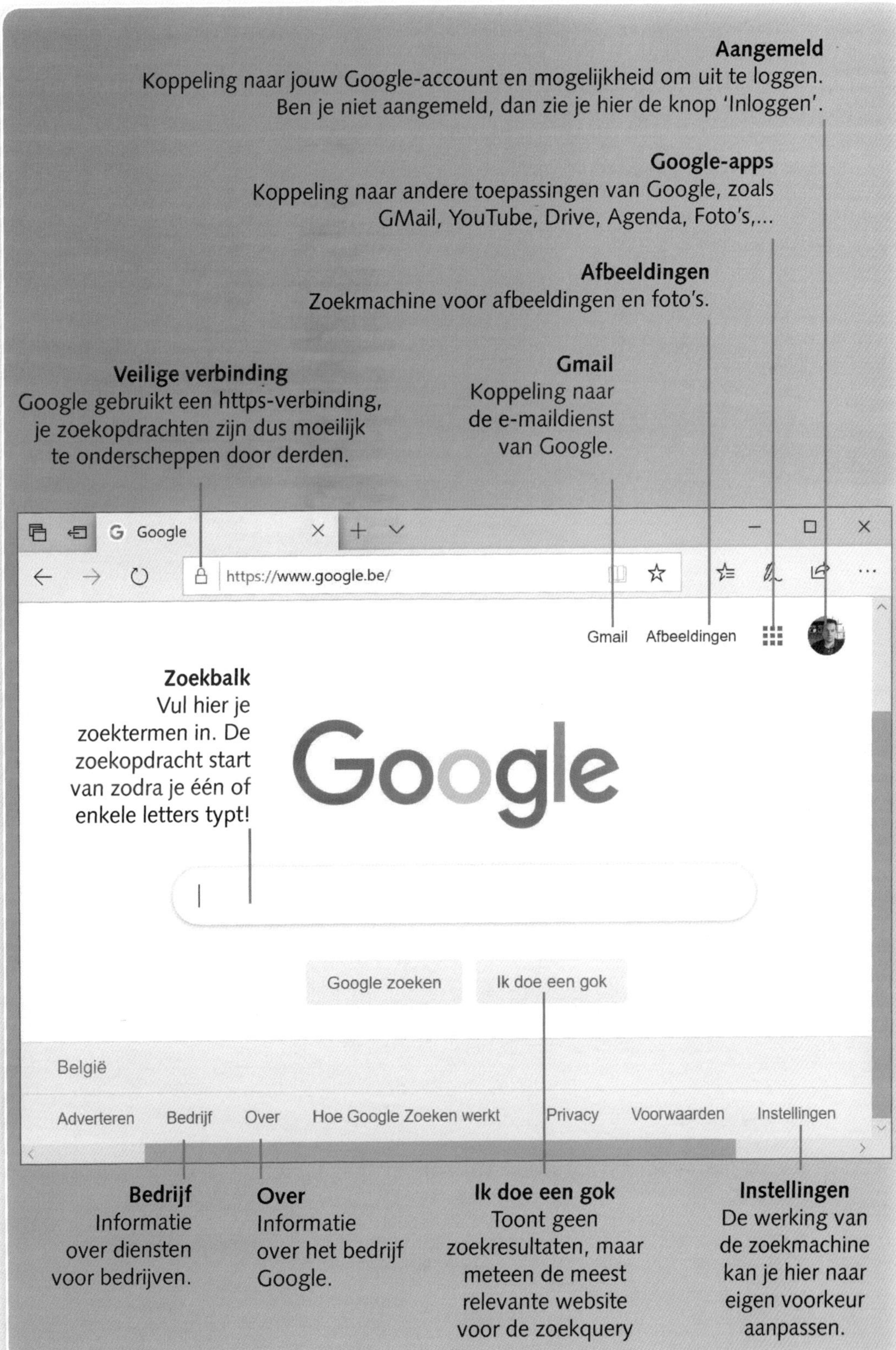

Zoekresultaten

Het is indrukwekkend hoeveel webpagina's er over bepaalde onderwerpen gevonden worden en hoe snel Google de meest relevante webpagina's voor je vindt. Deze gegevens lees je helemaal bovenaan in de pagina met zoekresultaten.

Advertenties

De lijst met zoekresultaten wordt vaak voorafgegaan door een aantal 'gesponsorde links' of advertenties. Ze worden voorzien van een label met 'Advertentie'. Die kunnen zeker interessant zijn, maar ze zijn uiteraard vooral bedoeld om inkomsten te verwerven:

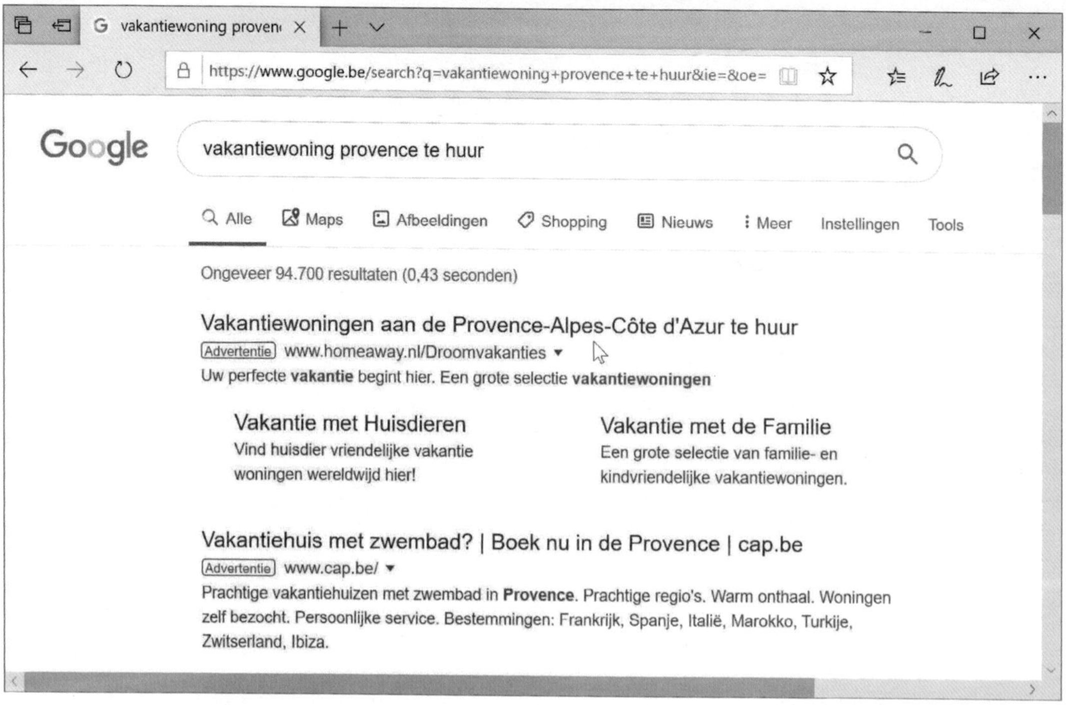

De echte zoekresultaten vind je daaronder. Hier een voorbeeld:

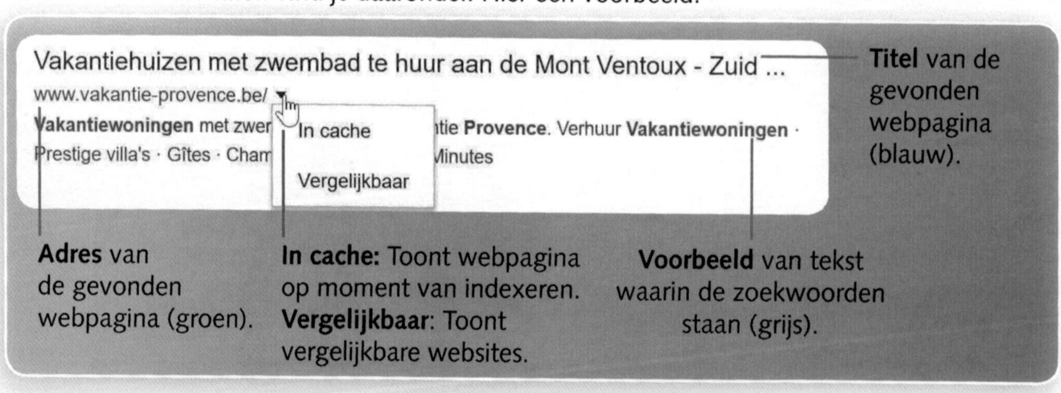

Zoekresultaat openen

Klik op de blauwe titel of het groene adres van een zoekresultaat om de webpagina te openen.

Tip 1: Je kan ook klikken met de **rechter**muisknop en vervolgens kiezen voor 'Openen in nieuw tabblad'. Zo kan je via de tabbladen enkele webpagina's gemakkelijk vergelijken. **Tip 2**: Je kan via de Zoekinstellingen Google zo configureren dat de zoekresultaten in een nieuw venster worden geopend. De zoekinstellingen vind je via de link Instellingen bovenaan de zoekresultaten.

Resultaten verfijnen

Boven de zoekresultaten kan je, via de knop 'Tools', de zoekresultaten filteren: ■

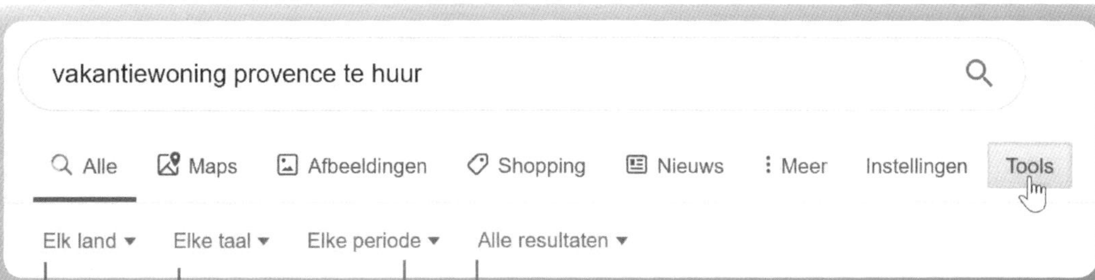

Taal
Je kan hier kiezen om enkel Nederlandstalige websites te zien.

Inhoudelijk filteren:
Woord voor woord toont enkel webpagina's die alle zoektermen exact bevatten (geen synoniemen).

Land
Op google.be kan je hier kiezen om enkel Belgische websites te zien en op google.nl enkel Nederlandse.

Periode
Bepaal hier hoe recent de informatie op de gevonden webpagina's moet zijn. Je kan kiezen van zeer recent (Afgelopen uur) tot ouder (Afgelopen jaar). Je kan ook een eigen periode opgeven. Vooral interessant voor nieuwsfeiten en zoekertjes.

OEFENING 2

Zoek met Google op welke Engelse koning en koningin er regeerden in 1764:

Koning ______________ en koningin ______________

OEFENING 3

Zoek, met maximum twee zoektermen, het volgende op over je favoriete artiest(e):

- De webdefinitie van je artiest(e) (zoek in 'woordenboek') indien beschikbaar.
- Het meest recente nieuwsfeit over de artiest(e).

De gegevens mogen enkel op Nederlandstalige webpagina's gevonden worden.

Geavanceerd zoeken

Exact datgene vinden wat je zoekt, dat kan vaak een lastige opdracht worden. Een eenvoudige zoekopdracht in miljarden webpagina's kan honderdduizenden min-of-meer relevante zoekresultaten opleveren. Te veel natuurlijk. Tijd voor geavanceerde zoektechnieken dus!

Extra criteria

Geavanceerde zoekopdrachten bestaan eveneens uit meerdere, goed gekozen zoektermen. Ze worden echter aangevuld met extra filters of criteria. Die kan je meegeven in het zoekbalkje of je kan gebruik maken van het formulier Geavanceerd zoeken.

Geavanceerd zoekformulier

De optie 'Geavanceerd zoeken' vind je onder de link Instellingen bovenaan...:

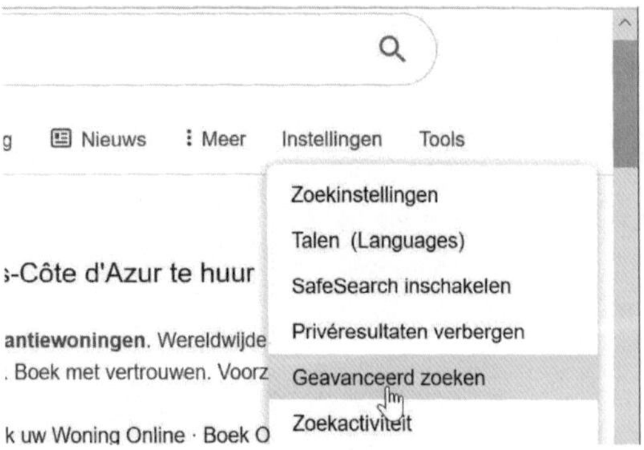

...of achter de link Instellingen onderaan de Google pagina's:

Het volgende zoekformulier verschijnt dan:

De meeste opties spreken voor zich. Het formulier geeft aan wat zoal mogelijk is: je kan zoeken op zowel de aanwezigheid als de afwezigheid van woorden. Je kan zoeken op meerdere zoekwoorden die samen moeten voorkomen (logische EN) en je kan zoeken op meerdere zoekwoorden die samen of apart mogen voorkomen (logische OF). Naast de opties voor zoekwoorden krijg je ook nog de gelegenheid om meteen filters toe te passen, vergelijkbaar met de opties die op de vorige pagina besproken werden.

Geavanceerd zoeken via zoekbalk

De opties die in het geavanceerd zoekformulier te vinden zijn, kan je ook gebruiken in het zoekbalkje, maar je hebt er symbolen of codewoorden voor nodig.

Logische OF operator: OR

Google zet webpagina's die al je zoektermen bevatten bovenaan in de zoekresultaten, daarna pas verschijnen de webpagina's die slechts enkele van je zoektermen bevatten. De logische AND operator is dan ook niet nodig. Hoeven de zoekwoorden niet allen samen op een pagina te staan, dan kan je de logische OR operator gebruiken (het moet in het Engels, dus niet OF!). Zo zoek je via de query 'Bergen OR Mons' naar pagina's die over de stad Bergen gaan, of over de stad Mons. Uiteraard krijg je nu meer resultaten dan via 'Bergen Mons', die enkel webpagina's toont waar beide woorden samen in voorkomen.

Woorden uitsluiten: -

Stel, je zoekt interessante informatie over een toeristische locatie zoals Marseille aan de azurenkust van Frankrijk. De zoekquery 'Marseille Frankrijk' toont veel webpagina's van hotels en andere vakantie-gerelateerde onderwerpen. De zoekwoorden hotel en vakantie kan je uitsluiten door ze in te vullen in het zoekbalkje, voorafgegaan door een minteken. Plaats geen spatie tussen het minteken en het zoekwoord! Dus: 'Marseille Frankrijk -hotel -vakantie'.

Stopwoorden niet uitsluiten: " "

Zoals eerder gemeld, zal Google stopwoorden zoals en, of, maar, wat, hoe... uitsluiten. Wil je dit niet, dan kan je het stopwoord tussen aanhalingstekens plaatsen. Via de zoekquery 'Recept "in" "en" witloof' zoek je naar gerechten zoals 'Witloof **en** hesp **in** de oven'.

Exact zoeken: " "

Door aanhalingstekens rond een woord te plaatsen, verplicht je Google naar het exacte woord te zoeken en niet naar synoniemen of gelijkaardige zoektermen. Met 'speler "Jansen"' zoek je enkel naar spelers die Jansen heten en niet Janssen bijvoorbeeld.

Wildcard: *

Een asteriks of sterretje gebruik je als je een woord binnen een zinsdeel niet kent. Je zoekt bijvoorbeeld naar het sprookje over de wolf en de geitjes, maar je weet niet meer hoeveel geitjes er waren, dan kan je deze zoekquery gebruiken: 'Sprookje "De wolf en de * geitjes"'. **Tip**: de asteriks staat steeds voor een volledig woord in een door aanhalingstekens omsloten woordenreeks en niet voor een deel van een word.

Synoniemen: geen speciaal karakter nodig

Staartvis wordt ook wel zeeduivel of lotte genoemd. Wanneer je wil zoeken naar recepten met deze lekkere vis, dan weet Google dat staartvis, zeeduivel en lotte synoniemen zijn. Met 'recept staartvis' vind je ook recepten waarin sprake is van lotte of zeeduivel.

OEFENING 1

Zoek naar recepten die voldoen aan deze criteria:

- Gerecht met topinambour (ook aardpeer genoemd), maar geen soep of puree.

Zoekquery:______________________

____

- Dessert of nagerecht met aardbei of framboos, gezoet met stevia

Zoekquery:______________________

____

- Wat is de exotische naam voor sterfruit?

Zoekquery:______________________

Zoeken op specifieke posities

Wil je nog gerichter zoeken, dan kan je via een codewoord gevolgd door een dubbelpunt en je zoekwoord, opgeven waar een zoekterm in een webpagina gevonden moet worden:

- in het adres = inurl: / allinurl:
- in de titel = intitle: / allintitle:
- in de tekst = intext: / allintext:
- in een link naar de webpagina = inanchor:

Hieronder een paar voorbeelden ter verduidelijking. Zo zoek je naar webpagina's met mozart in het adres (url): 'inurl:mozart'. Google zoekt zowel in de domeinnaam als in de rest van de url naar de term mozart. Wil je dat alle zoekwoorden na het codewoord voorkomen in de url, gebruik dan allinurl:. Met de query 'allinurl:'studio mozart'' zoek je naar webpagina's die zowel studio als mozart in de url hebben staan:

Op dezelfde manier gebruik je de codes intitle: en intext: (of allintitle: en allintext:). De codewoorden inanchor:/allinanchor: zoeken naar webpagina's die via het zoekwoord (of zoekwoorden) in een hyperlink gelinkt werden. Werd op een website via de link 'Video montenegro' naar de webpagina www.visit-montenegro.com/video.htm gelinkt, dan zal de zoekquery 'allinanchor: video montenegro' deze webpagina vinden.

Webpagina's zoeken binnen één website

Google kan ook zoeken binnen één bepaalde website. Zo zou je op de website van je werkgever kunnen zoeken naar bepaalde pagina's. Gebruik het codewoord site: gevolgd door de naam van de website en de zoekwoorden. Zo zal de zoekquery 'site:handboeken.be Windows' alleen op de website handboeken.be zoeken naar webpagina's met het woord Windows. **Tip**: je vindt meer resultaten indien je enkel de domeinnaam meegeeft en niet het volledige adres. Met 'site:brugge.be' vind je resultaten op zowel www.brugge.be als op stad.brugge.be of bibliotheek.brugge.be. ■

OEFENING 2

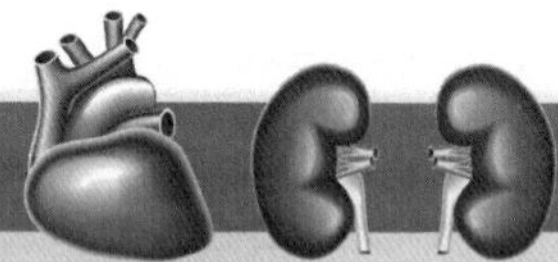

Zoek naar informatie op de website van het ziekenhuis AZ Alma in Eeklo, azalma.be:

- Webpagina's met het woord hart in het **adres** van de pagina.

Zoekquery: ______________________

- Webpagina's met het woord urologie in de **titel**.

Zoekquery: ______________________

- Webpagina's met het woord nieren in de **tekst**.

Zoekquery: ______________________

- Wat is de slogan van het AZ Alma?

Zoekquery: ______________________

Zoeken naar documenten

Met Google kan je niet alleen naar webpagina's zoeken, maar ook naar Excel-, Word- of pdf-bestanden en andere documenten.

Documenten vinden

Via de standaard zoekbalk van Google zoek je naar webpagina's. Je hebt vast wel gemerkt dat de titel van sommige zoekresultaten voorafgegaan wordt door de aanduiding [PDF], [DOC] of [XLS]. Bij een zoektocht naar fiets- en wandelroutes in de groene gordel rond Brugge ('fietsen groene gordel brugge') vinden we zelfs een aantal resultaten met [PDF] voor de titel:

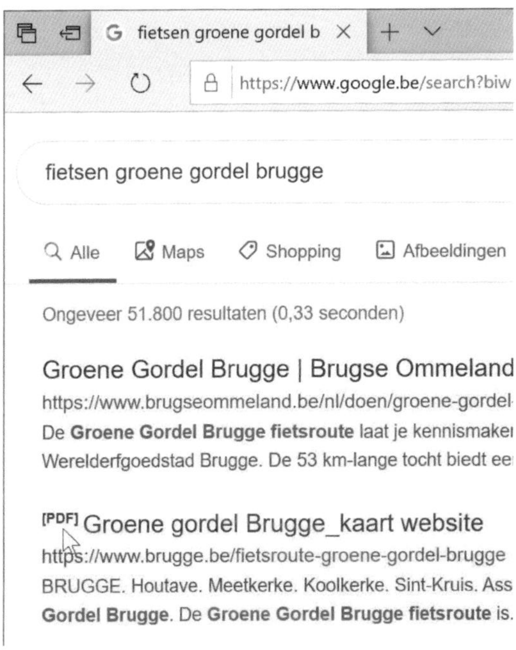

Google geeft hiermee aan dat de zoektermen niet op een webpagina staan, maar in een pdf-document voorkomen.

Naar documenten zoeken

Wil je alleen maar documenten vinden, dan kan je het codewoord ext: gevolgd door de bestandsextensie (bijvoorbeeld pdf) toevoegen in je zoekquery. Met de zoekquery 'groene gordel brugge ext:pdf' zoekt Google enkel naar pdf-bestanden waarin de woorden 'groene gordel brugge' voorkomen. De lijst met bestandstypes waar je via Google kan naar zoeken is zeer ruim.

Doorzoekbare documenttypes

Naast pdf-bestanden, Word- en Exceldocumenten zijn er nog heel wat andere documenttypes die Google indexeert. In de volgende tabel zetten we de belangrijkste bestandstypes op een rij:

ext:	documenttype
txt	tekstbestanden zonder opmaak
rtf	tekstbestanden met opmaak
doc	Microsoft Word of Wordpad
docx	Microsoft Word
odt	OpenOffice Writer
wks, wps, wpf	Microsoft Works
xls, xlsx, xlw	Microsoft Excel
odc	OpenOffice Calc
psd	Adobe Photoshop (Elements)
ai	Adobe Illustrator
pdf	Adobe Portable Document Format
dxg, dwg, md	AutoCAD
bmp, tiff, gif, jpg, jpeg, pict, png, targa	Bitmap foto of afbeelding
cdr	CorelDraw
eps, ps	Postscript afbeelding
psp	Paint Shop Pro
ppt, pptx	PowerPoint presentatie

OEFENING 1

Zoek op een Nederlandstalige webpagina naar een Exceldocument met een calorieën tabel:

Zoekquery: ______________________

Vind je ook een PowerPoint presentatie met tips over gezonde voeding?

Zoekquery: ______________________

Documenten openen of bewaren

Openen in Edge of Chrome

Grafische bestanden zoals JPG, PNG en SVG kan je rechtstreeks openen in jouw browser. Daarnaast kunnen browsers ook een beperkt aantal videoformaten afspelen. En zoals je in thema 4 kon lezen, opent Edge zonder problemen een PDF-bestand. Om andere documenttypes te kunnen openen in zowel Edge als Chrome, zullen extensies nodig zijn. Zie vorige thema's voor informatie over het installeren van Extensies in Edge of in Chrome.

Documenten opslaan

Wanneer je in de zoekresultaten op een document klikt, dat **niet** door de browser kan geopend worden, dan wordt het bestand gedownload. Bij Chrome gebeurt dit soms onmiddellijk en automatisch. Bij Edge krijg je onderaan in een balk de vraag 'Wat wilt u doen met ...?', met als antwoordopties Openen, Opslaan (Opslaan als) of Annuleren:

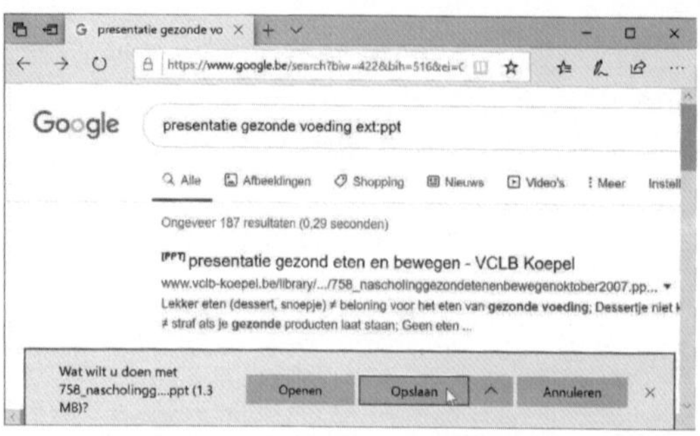

Kies je voor Opslaan, dan is de kans groot dat het bestand in de persoonlijke map Downloads terechtkomt, tenzij je de standaard downloadmap aangepast hebt via de instellingen van Edge. Kies je voor Opslaan als, dan kan je het document opslaan in een map naar keuze. Het bestand wordt na het downloaden nog eerst gecontroleerd op virussen of andere kwaadaardige software met de ingebouwde virusscanner van Windows.

Openen

Na het downloaden krijg je een nieuwe vraag:

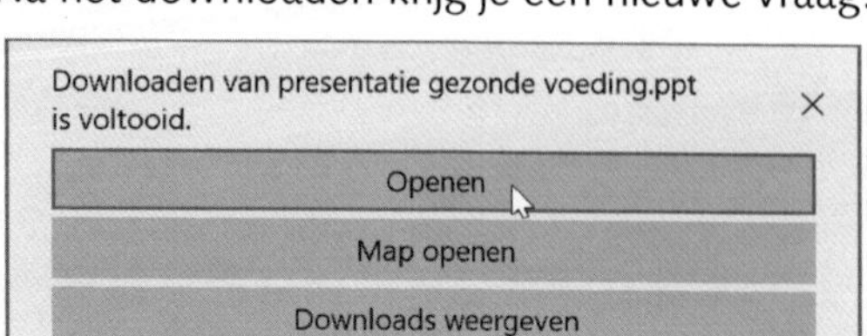

Kies je voor openen, dan wordt het document geopend in het programma waarmee het geassocieerd is. Xls-bestanden worden in Excel geopend, ppt-bestanden in PowerPoint, enzovoort. Heb je een bestand gedownload waar Windows geen raad meer weet, omdat je geen geassocieerd programma hebt, dan wordt je gevraagd in welk programma je het bestand zou willen openen:

Je kan de suggestie aanvaarden (indien beschikbaar) of je kan op Meer apps klikken om een ander programma op je computer aan te duiden. ■

OEFENING 2

Zoek naar een voorbeeld sollicitatiebrief in Word-formaat en open het in Word(pad).

Zoekquery:________________________

Vind en open een pdf-document met tips voor het solliciteren.

Zoekquery:________________________

Zoeken naar afbeeldingen

Op zoek naar een nieuwe bureaubladafbeelding of wil je weten hoe de acteur Eddie Redmayne of de nieuwe BMW 3-reeks er uitziet? Zoek dan doelbewust naar afbeeldingen of foto's via Google.

Prentjes kijken

Voor sommige onderwerpen zegt een foto of afbeelding inderdaad meer dan duizend woorden. Naast interessante wetenswaardigheden over je volgende vakantiebestemming wil je vast ook enkele mooie foto's zien. Met de standaard zoekoptie 'Web' kan je tussen de resultaten ook foto's zien staan:

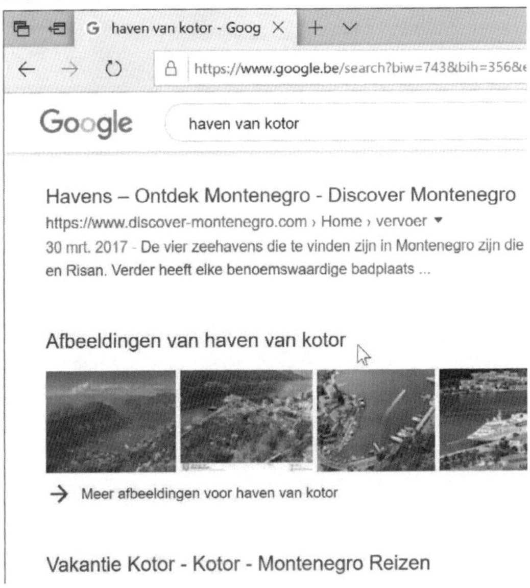

Wil je uitsluitend naar foto's zoeken, dan biedt Google de zoekoptie 'Afbeeldingen' aan. Je kan de zoekquery laten staan en bovenaan doorklikken op Afbeeldingen. Je krijgt nu alleen maar foto's en afbeeldingen te zien:

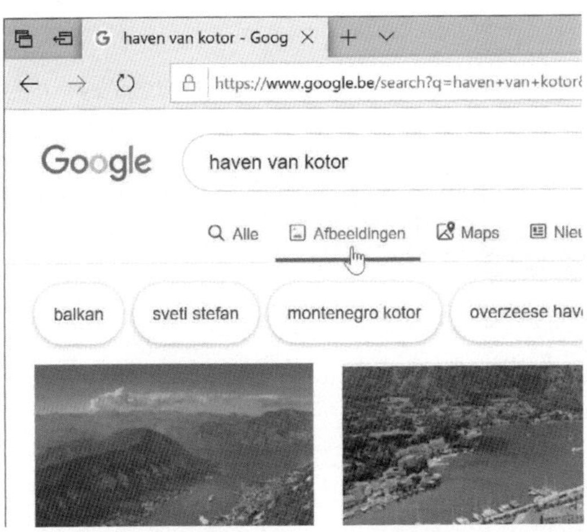

Klik op een afbeelding en je krijgt meer opties:

Bezoeken

De pagina waar de afbeelding werd gevonden wordt geopend. Je zal op zoek moeten gaan in de pagina om de foto te vinden.

Delen

Via de optie Delen kan je de afbeelding op jouw Facebookpagina zetten of delen via Twitter of E-mail. Je kan ook een link naar de afbeelding maken om bijvoorbeeld in een bericht te plakken.

'Toevoegen aan' en Collecties

Deze opties zijn enkel beschikbaar indien je aangemeld was met een Google Account. Met 'Toevoegen aan' voeg je de afbeelding toe aan de collectie 'Favoriete afbeeldingen'. De collecties bekijk je via de knop 'Collecties'.

Gerelateerde afbeeldingen

Onder de drie knoppen krijg je een overzicht van foto's die erg lijken op de gevonden foto:

Opties voor afbeeldingen

Zoekhulpmiddelen (filters)

Bij zoekopdrachten naar afbeeldingen kan je dezelfde codewoorden als bij geavanceerd zoeken gebruiken. Daarnaast zijn er ook specifieke filters voor afbeeldingen voorzien. Die krijg je boven de zoekresultaten te zien, opnieuw onder de knop 'Tools':

Zoeken op bestandstype

In het vorige onderwerp zag je de mogelijkheid om te zoeken op bestandstypes. Dat kan tijdens het zoeken naar afbeeldingen ook nuttig zijn. Zo kan je zoeken naar deze grafische bestandstypes:

ext:	documenttype
jpg	Foto's met jpg of jpeg indeling, zoals foto's van een digitale camera of ingescande foto's.
gif	Afbeeldingen, logo's en animaties. Ondersteunt ook transparantie.
png	Afbeeldingen en logo's. Ondersteunt eveneens transparantie.
bmp	Foto's en afbeeldingen. Grote bestanden!
svg	Vectorafbeeldingen zoals kaarten, schema's of logo's. Kan geopend worden in Adobe Illustrator of CorelDraw.

Kinderen niet toegelaten

Sommige foto's of afbeeldingen kunnen choquerend zijn voor kinderen. Daarom voorziet Google in de SafeSearch optie. Het is een soort pornofilter die je naast het zoekbalkje kan aan- of uitzetten:

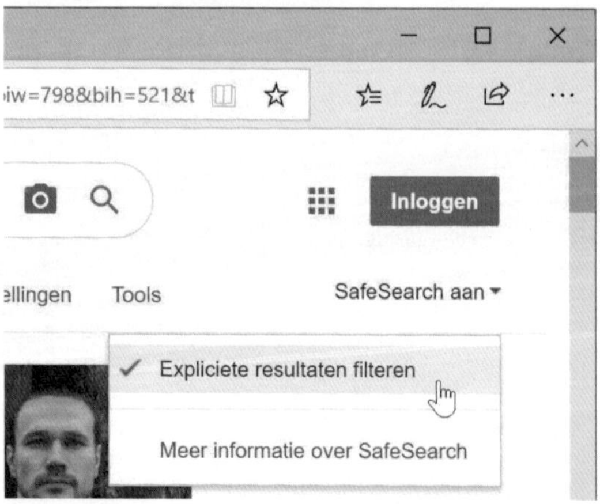

Deze optie zou de meeste sexueel getinte foto's moeten weglaten, maar 100% garantie heb je niet.

SafeSearch vergrendelen

Je kan de SafeSearch optie ook permanent aanzetten, zodat je kinderen via Google niet per ongeluk "foute foto's" of foute inhoud tegenkomen. De procedure verloopt in een aantal stappen:

1 Om SafeSearch te kunnen vergrendelen moet je inloggen met je Google Account:

2 Na inloggen open je de pagina met de zoekinstellingen, bijvoorbeeld door onderaan op 'Instellingen' en vervolgens op 'Zoekinstellingen' te klikken:

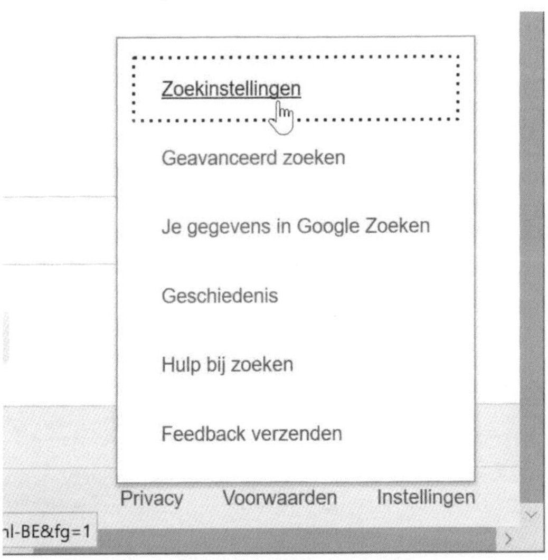

3 Zet de optie SafeSearch aan en klik daarna op SafeSearch vergrendelen:

4 Daarna moet je nogmaals bevestigen dat je de filter wil vergrendelen. Klik op de knop 'SafeSearch vergrendelen':

5 Tenslotte wordt de filter toegepast en blijft deze actief, ook wanneer je niet meer ingelogd bent. De knop SafeSearch is nu veranderd in 'SafeSearch is vergrendeld' en de achtergrond bevat gekleurde bollen:

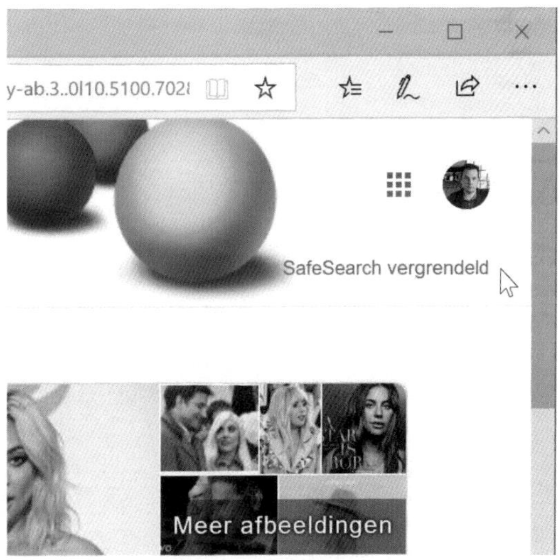

Tip: Wil je de SafeSearch optie veranderen, dan herhaal je deze stappen.

OEFENING 1

Ga op zoek naar **foto's** met een overwegend **rode kleur**, in **groot formaat** van desserts met frambozen, maar **geen taart**!

Zoekquery: ______________________

____

Zoeken via een foto

Een bijzondere, eerder verborgen functie van Google, is het zoeken naar informatie over een foto die je zelf oplaadt. Misschien heb je een foto van een gebouw gemaakt op vakantie en weet je niet meer om welk gebouw het gaat. Je kan de foto opladen naar de Google server en misschien kom je zo meer te weten over het gebouw. Naast informatie over je foto kan Google ook zoeken naar visueel gelijkende foto's. Wanneer je je eigen portretfoto oplaadt kan je misschien je eigen dubbelganger vinden!

Informatie over een foto opzoeken

Het opzoeken van informatie over een foto gebeurt via de volgende stappen:

1 Open de webpagina images.google.be

2 Klik op het camerasymbool in de zoekbalk:

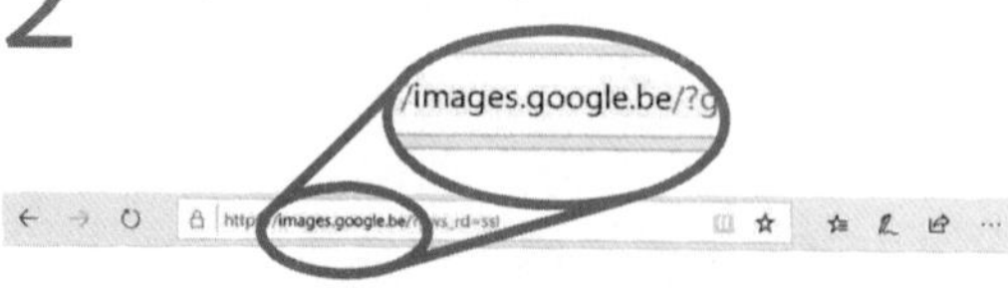

3 Klik nu op het tabblad 'Een afbeelding uploaden':

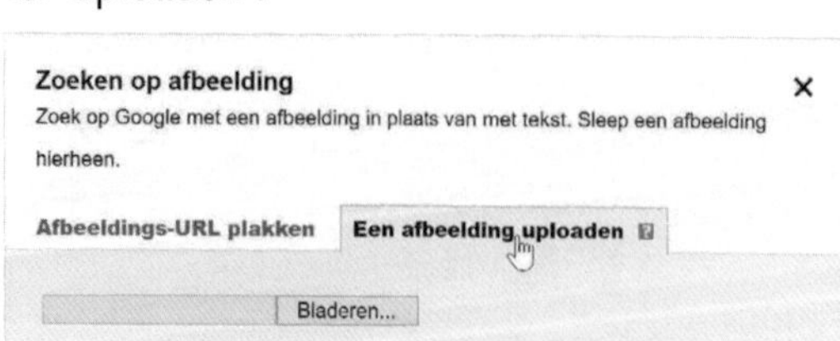

4 Klik op de knop Bladeren en blader naar de map op de harde schijf waar je de op te laden foto bewaarde. Selecteer het bestand en klik op Openen.

5 De foto wordt opgeladen naar de server van Google en even later verschijnen de resultaten. We probeerden het met een foto van een kunstwerk, genomen in Reykjavik:

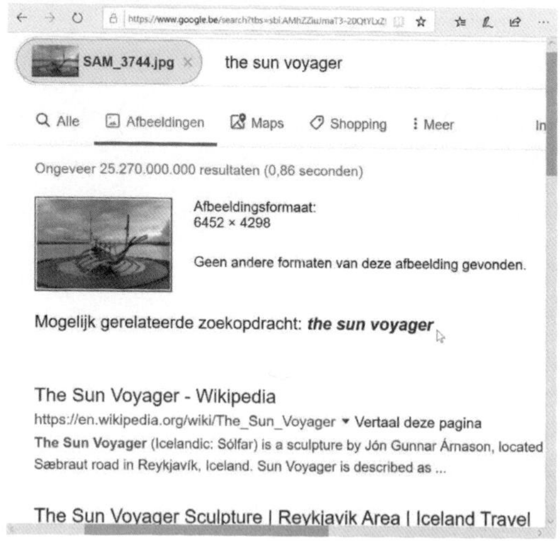

Google weet precies welk kunstwerk we fotografeerden: 'The sun voyager'. Meteen worden ook enkele relevante webpagina's voorgesteld met informatie over het kunstwerk.

6 Indien je geen goede resultaten krijgt, dan kan je via het balkje naast het miniatuur van je foto nog enkele aanwijzingen geven. Misschien ken je de naam van het gebouw niet, maar je weet vast nog wel in welk land of stad de foto gemaakt werd. Dit kan Google helpen om meer gericht te zoeken. ■

OEFENING 2

Laad zelf ook eens een eigen (vakantie) foto op waar een monument of standbeeld op staat. Kan je iets interessants terugvinden via Google? Geef eventueel extra hints (trefwoorden) in.

OEFENING 3

Zoek of maak een goede portretfoto van jezelf en laad deze op naar Google. Kan je een dubbelganger van jezelf terugvinden? Veel plezier!

De weg vinden met Maps

De wegenkaarten van Google zijn zo goed, dat je zonder probleem de weg naar een bepaald adres zal vinden. Je hebt nu geen excuus meer om te laat komen, want Google biedt ook real time verkeersinformatie aan.

Kaarten bekijken

Voor we de routeplanner bespreken, bekijken we de verschillende kaartweergaves. Google biedt niet alleen de klassieke wereldkaart, landkaarten of wegenkaarten aan, maar ook satellietbeelden en luchtfoto's. Beroemd en berucht is Street View, waarin panoramische 3D foto's te zien zijn die van op straatniveau gemaakt werden. Je kan haast binnenkijken in de huizen!

Werkomgeving

De kaarten van Google vind je onder andere op maps.google.be of via www.google.be/maps. De eerste keer dat je op een computer naar Google Maps navigeert, zal Google proberen in te schatten waar je je ergens bevindt. Alle mapopties vind je in een menu aan de linkerkant:

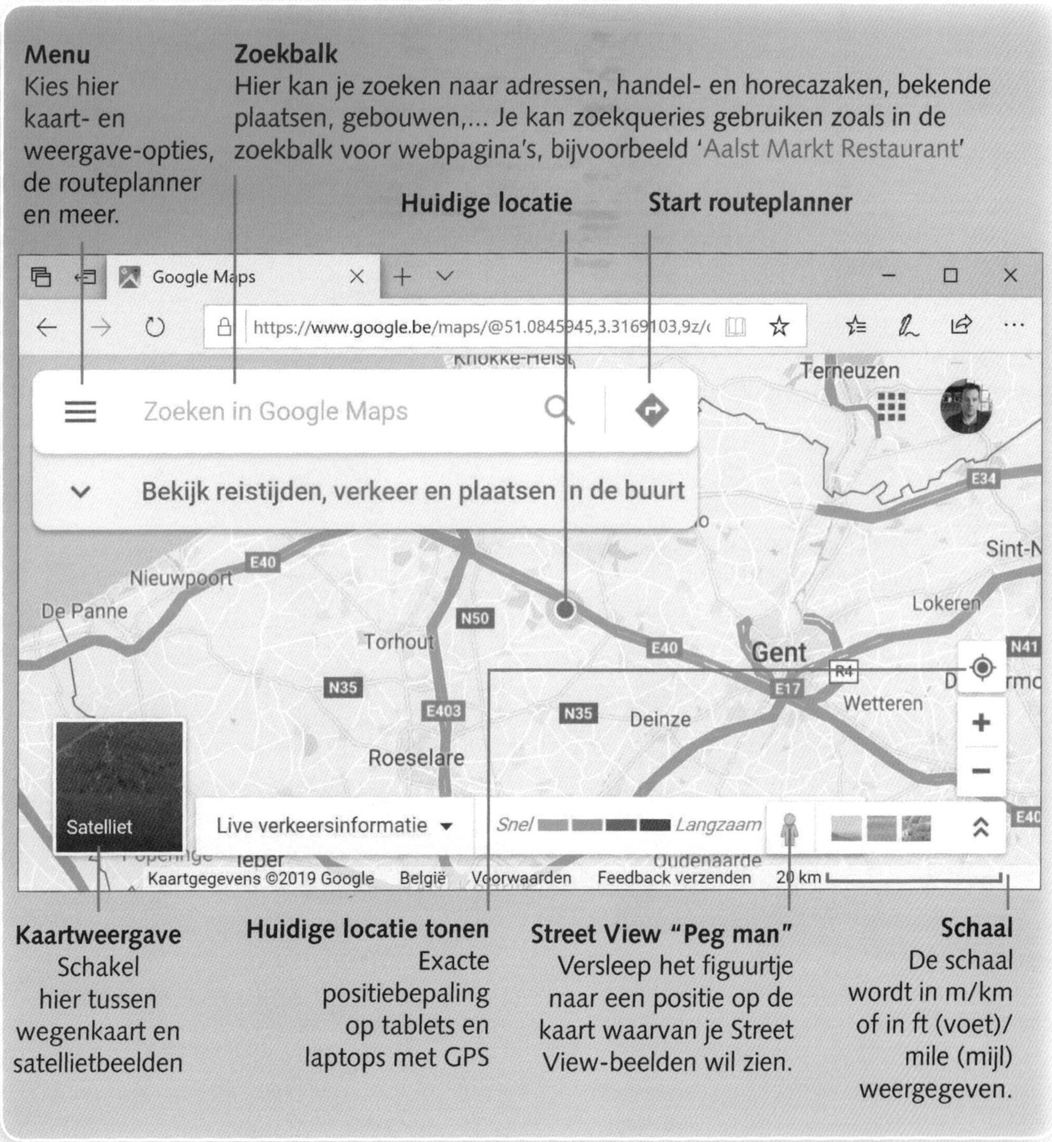

Huidige locatie toestaan

Voor Google Maps jouw locatie kan tonen op de kaart, moet je via de Windowsinstellingen toestemming hiervoor geven. Dat doe je als volgt:

1 Open de app Instellingen, bijvoorbeeld via Startmenu ▸ Instellingen

2 Navigeer in de app Instellingen naar Privacy ▸ Locatie en kijk na of de Locatieservice ingeschakeld staat:

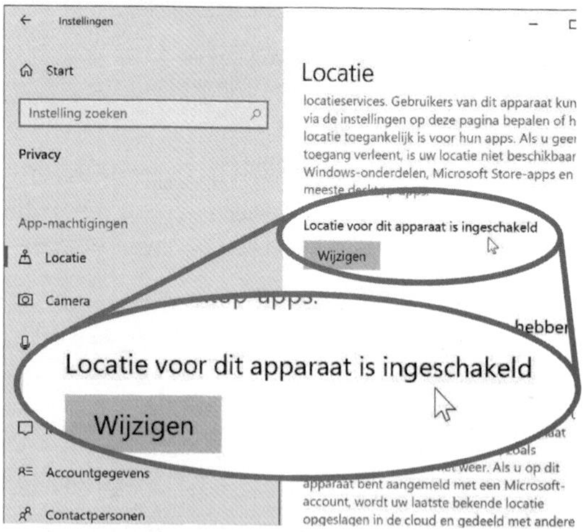

3 Op een computer met vaste internetaansluiting en zonder GPS kan de bepaling van jouw locatie niet nauwkeurig zijn. Je kan dan via de knop 'Standaardlocatie instellen' jouw thuisadres ingeven via de app Kaarten van Windows.

4 Terug in Edge zal je ook toestemming moeten geven om je locatie aan Google Maps door te geven wanneer je voor het eerst op de knop 'Huidige locatie' klikt:

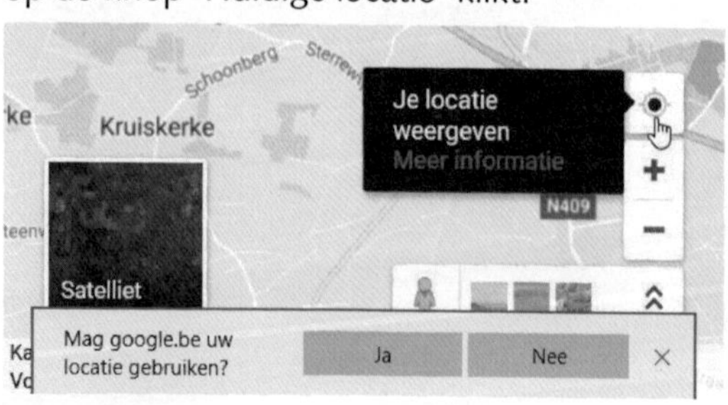

5 Mogelijk moet je vervolgens nog een derde keer toestemming geven, deze keer om Edge toegang te geven tot jouw locatie.

Huidige locatie weergeven

Van zodra de huidige locatie gekend is, kan je die centraal op je scherm plaatsen door op het knopje 'Huidige locatie' te klikken. Op laptops of tablet met gps geeft het blauwe bolletje jouw vermoedelijke locatie aan.

Navigeren door de kaarten

De meeste navigatiemogelijkheden werken via de muis. Dit zijn de mogelijkheden:

Aktie	Muisbeweging
inzoomen	Dubbelklikken op de kaart / bladerwieltje naar voor draaien
uitzoomen	Dubbelklikken op de kaart met de **rechter** muisknop / bladerwieltje naar achter draaien
verplaatsen	Slepen met de muis op de kaart.

Heb je een aanraakscherm, dan kan je via knijpbewegingen inzoomen en met je vinger de kaart verschuiven.

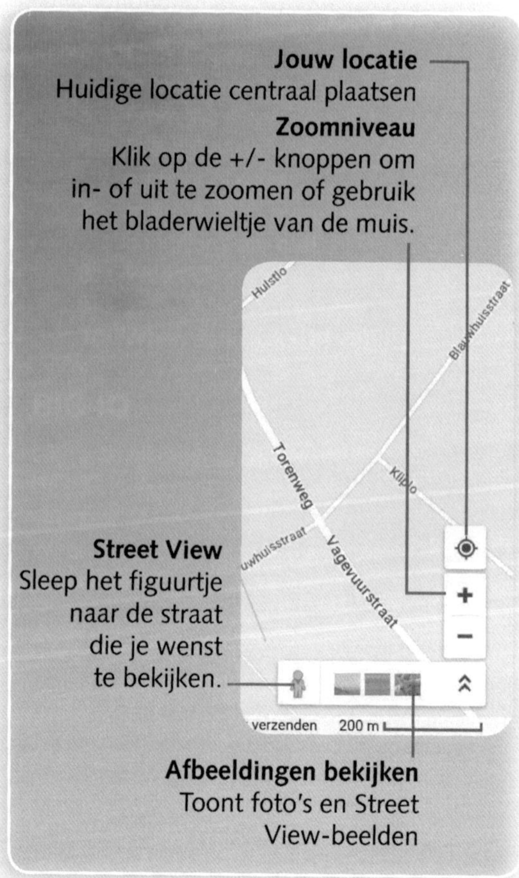

Kaartstijlen

Kaart

De standaardweergave is 'Kaart'. Wanneer je voldoende inzoomt, dan krijg je zelfs de kleinste straatjes te zien:

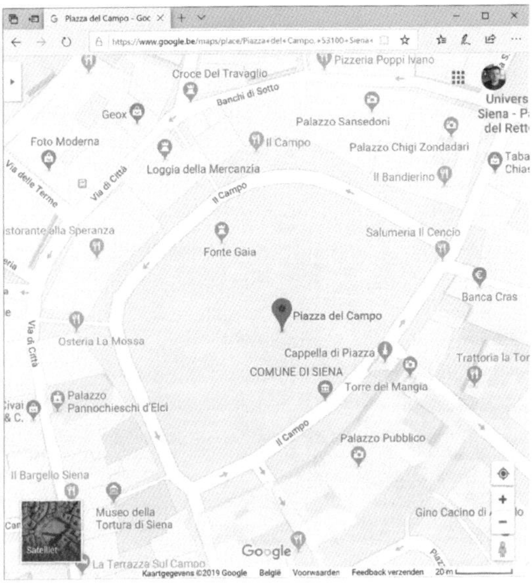

Satelliet

Klik op het vak Satelliet/Kaart (vierkante widget onderaan links) om te schakelen tussen deze twee kaartstijlen. In satellietweergave krijg je luchtfoto's met vermelding van straatnamen, handelszaken, bus- of tramhaltes enzovoort:

Wil je die 'labels' liever niet zijn en een zuiver satelietfoto, dan zet je de labels uit via het menu:

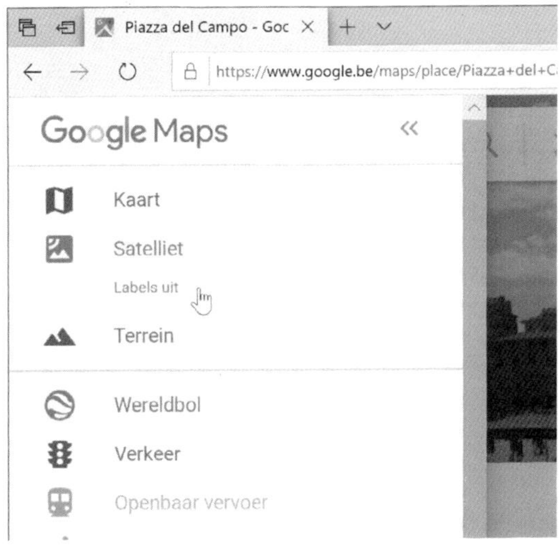

Earth (Wereldbol)

Heeft jouw computer een krachtige grafische kaart en gebruik je de juiste browser, zoals Edge of Chrome dan kan je sommige locaties bekijken in 3D Earth-weergave. Schakel daarvoor de optie Wereldbol aan in het menu. De Earth-weergave toont gebouwen in 3D. In eerste instantie bekijk je de kaart loodrecht, maar je kan met ingedrukt gehouden CTRL-toets slepen met de linkermuisknop om de 3D-gebouwen vanuit een schuine hoek te bekijken:

Daarna kan je de CTRL-toets loslaten. Je kan de gebouwen en de kaart ook draaien via de knoppen rond het kompas, rechts in beeld:

Zo kan je gebouwen vanuit de vier windrichtingen bekijken. Wil je terug een loodrecht zicht, klik dan op de knop 2D. 3D gebouwen zijn niet beschikbaar voor alle locaties. Bekende gebouwen zoals de Dom in Sienna (zie hierboven), het Atomium in Brussel of het Gravensteen in Gent worden met veel details weergegeven.

OEFENING 1

Typ in het zoekbalkje 'Charleroi Airport' en druk op Enter. Zoom voldoende in op de luchthaven. Zet de kaartweergave op Satelliet/Wereldbol indien beschikbaar en zet de Labels uit.

Lagen

Zowel in de stijl Kaart als in de stijl Satelliet kan je bovenop de kaart nog extra lagen aan- en uitzetten. Niet alle lagen zijn voor alle locaties beschikbaar en sommige lagen zijn enkel van toepassing op de kaartstijl Satelliet. Je schakelt de lagen aan of uit via het menu.

Verkeer

Kleuren tonen de drukte op de weg aan:

- Groen: vlot verkeer
- Oranje: druk verkeer
- Rood: vertragingen tot file, hoe donkerder de kleur, hoe trager het verkeer.
- Rode stippellijn: weg afgesloten voor het verkeer.

Met duidelijke symbolen worden ongevallen, wegwerkzaamheden, afgesloten wegen of andere incidenten gemarkeerd:

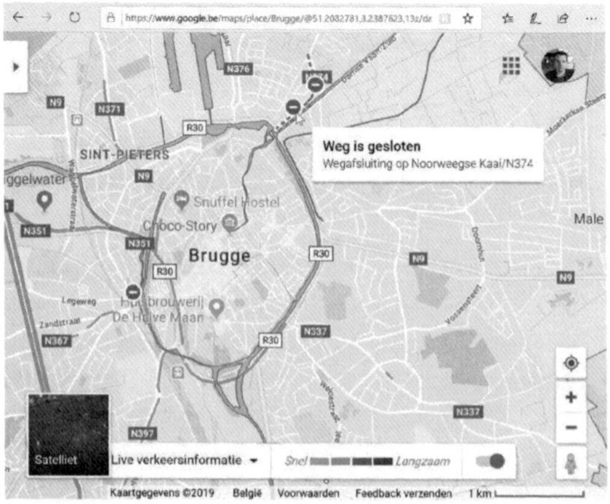

Fietsen

Kleuren tonen het type fietspad. De uitleg over de betekenis van de kleuren lees je in een balkje onderaan de kaart:

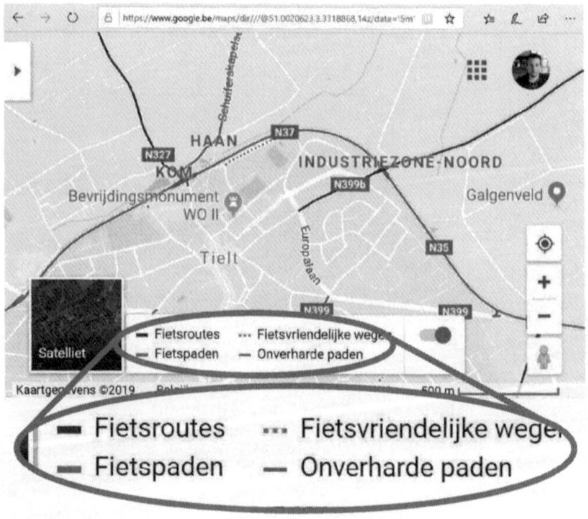

Terrein

Toont de 3D-verhoging van geografische elementen, zoals bergen en valleien.

OEFENING 2

Zoom in de weergave Kaart in op de ring van Brussel. Is er momenteel file op de ring? Waar is het het drukst?

Openbaar vervoer

Geeft het openbaar vervoersnetwerk van een stad weer: metro-, tram- en buslijnen. Op dit moment beschikbaar in grote internationale steden, zoals Amsterdam of Londen:

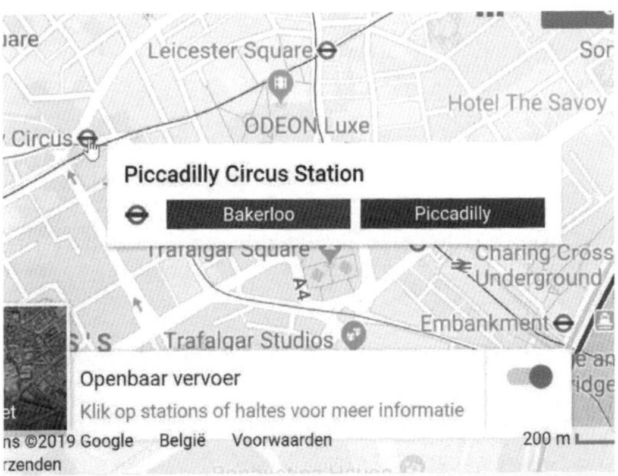

Street View

Google Street View is een bijzondere en beruchte weergave van locaties op straatniveau.

Privacy

De beschikbaarheid van hoge resolutiebeelden van straten en huizen op internet veroorzaakte in diverse landen opschudding. Men vreesde dat de beelden te veel informatie opleverden voor inbrekers. Google beweert dat jouw privacy en veiligheid belangrijk zijn en neemt een aantal voorzorgsmaatregelen:

- Gezichten worden vervaagd zodat ze onherkenbaar zijn.
- Nummerplaten van auto's worden onleesbaar gemaakt.
- Je kan steeds aan het Google Street View-team verzoeken om jouw huis, auto of private weg onherkenbaar te maken (zoek de afbeelding in Street View op en klik op de link 'Een probleem melden'.
- Er worden alleen maar publiek toegankelijke straten en wegen getoond.
- De beelden zijn uiteraard niet actueel, maar een paar maanden tot soms tien jaar oud.

Met deze Google Street View auto met panoramische 3D camera op het dak, worden 360° foto's gemaakt van straten en wegen.

Street View activeren

Street View wordt geactiveerd wanneer je het oranje figuurtje, de 'Pegman', vanuit de rechteronderhoek van de kaart naar een straat sleept:

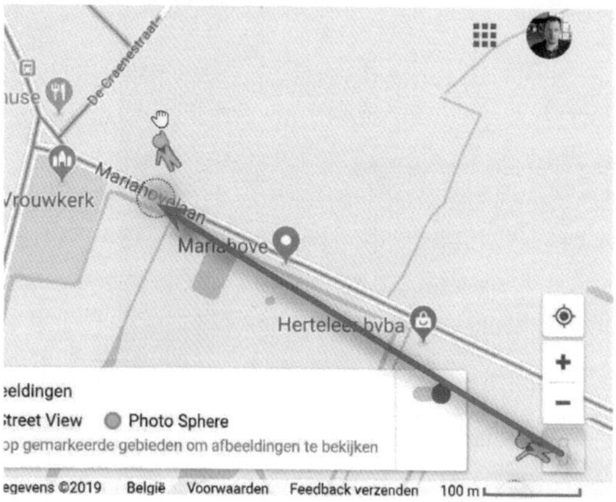

De blauwe lijnen op de kaart geven aan waar je de Pegman kan neerzetten. **Tip**: de initiële kijkrichting komt overeen met de muisbeweging.

Rondlopen op straat

Eens in Street View kan je op deze manieren rondlopen in de straten:

- Plaats de muisaanwijzer op een plek op een straat, er worden pijlen weergegeven in de richting waarin je je kan verplaatsen. Klik en de straat schuift op:

Tip: Je kan ook de pijltjestoetsen op je toetsenbord gebruiken

- Plaats de muisaanwijzer op een gevel, er verschijnt een rechthoekige vorm. Klik en de het zicht draait. Je kan ook draaien via de knopjes rond het kompas, rechts op de kaart.

Tip: Soms wordt een rechthoekige vorm een getoond, je kan dan inzoomen door op het beeld te klikken.

- Om rond te draaien kan je klikken en slepen met de muis of op de pijltjes naar links en naar rechts op jouw toetsenbord drukken. In de linkeronderhoek zie je in welke richting van de straat je momenteel aan het kijken bent:

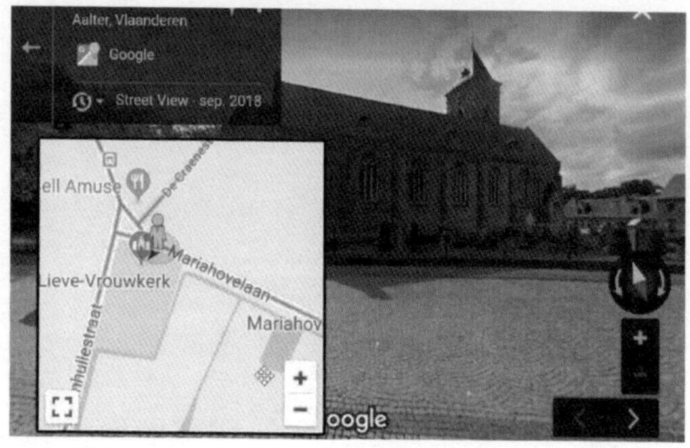

Geschiedenis

Op sommige locaties is Google meer dan één keer langsgeweest en kan je via het klokpictogram in de linkerbovenhoek, beelden uit het recente verleden bekijken:

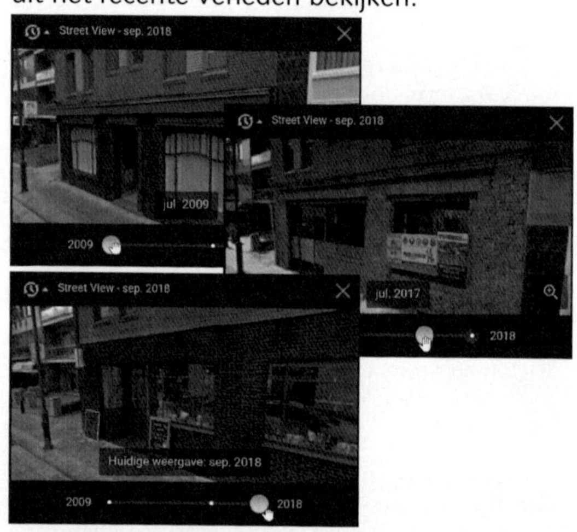

Street View sluiten

Wanneer je genoeg rondgelopen hebt, klik dan op het pijltje in de linkerbovenhoek of druk op Esc op je toetsenbord. Je keert dan terug in de weergave Kaart of Satelliet.

OEFENING 3

Met Google Street View kan je niet alleen dorpen en steden virtueel bezoeken, maar ook attractieparken zoals Bobejaanland in Kasterlee, Disneyland in Parijs, Tivoli in Kopenhagen of Legoland in Billund (Denemarken). Breng via Street View eens een virtueel bezoek aan uw favoriete pretpark.

Routebepaling

Één van de meest interessante mogelijkheden in Google Maps is zonder twijfel de routeberekening tussen twee locaties, eventueel zelfs met tussenstops.

Autoroute tussen twee locaties

Via enkele muiskliks kan je snel een routebeschrijving opvragen tussen twee locaties. In het volgende voorbeeld plannen we een route tussen Torhout en Oostende:

1 Open maps.google.be en zoek naar de startlocatie via de zoekbalk.

2 Klik met de **rechter**muisknop op de exacte locatie en klik op 'Route vanaf dit punt':

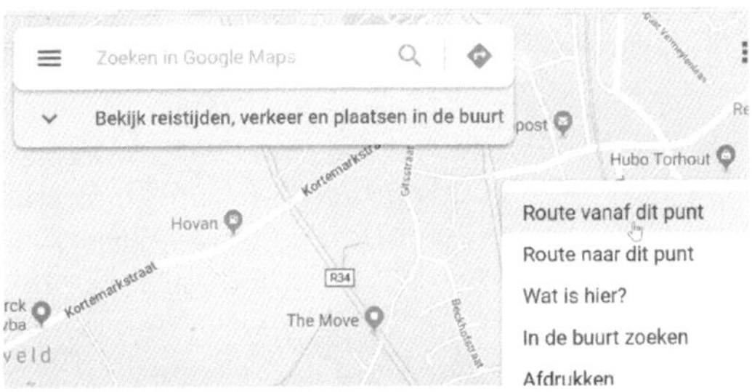

3 In het deelvenster verschijnen nu de opties voor een routebeschrijving. Het startpunt is alvast ingevuld.

4a Voor je eindbestemming gebruik je nu het zoekbalkje achter de bestemming...:

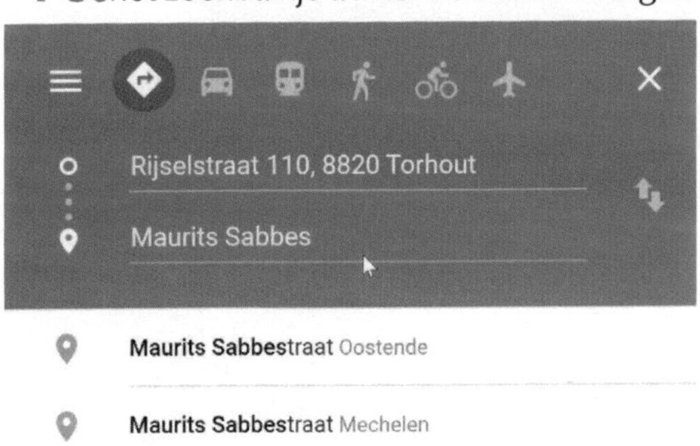

4b ... of je kan naar je eindbestemming navigeren op de kaart. Klik met de rechtermuisknop op de locatie en selecteer deze keer 'Route naar dit punt':

5 De bestemming wordt ingevuld als eindpunt. Je kan nu enkele opties voor de routeberekening bepalen. Klik daarvoor op de knop 'Opties' in het zijvenster.

6 Je krijgt waarschijnlijk meerdere routes voorgesteld, korte of lange en snelle of langzamere:

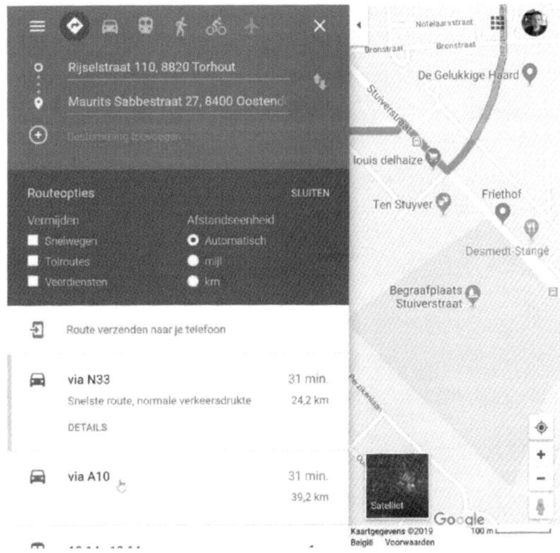

7 Klik op één van de voorgestelde routes en de rij-instructies verschijnen:

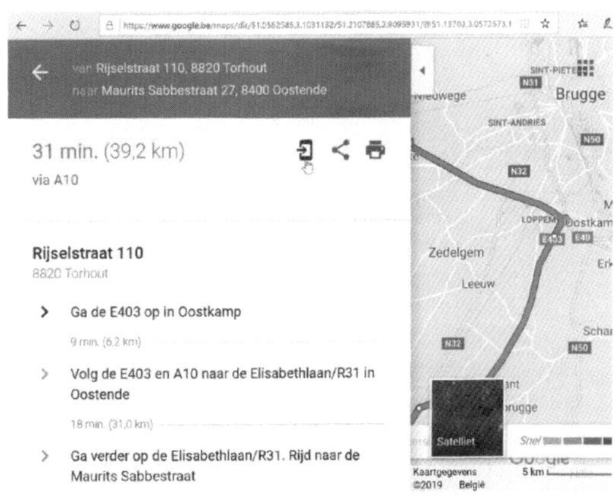

Bovenaan vind je knoppen om de routbeschrijving af te drukken en een link om de instructies te delen via Facebook of Twitter.

8 Ben je aangemeld met een Google account, dan kan je de route doorsturen naar je smartphone of tablet via e-mail of SMS:

Autoroute met tussenstops

In het volgende voorbeeld plannen we een route tussen onze huidige locatie (thuisadres) en Venetië, met een tussenstop in Augsburg (Duitsland):

1 Open maps.google.be en meld je aan met je Google account. Kies via Menu ▸ Mijn plaatsen jouw thuisadres:

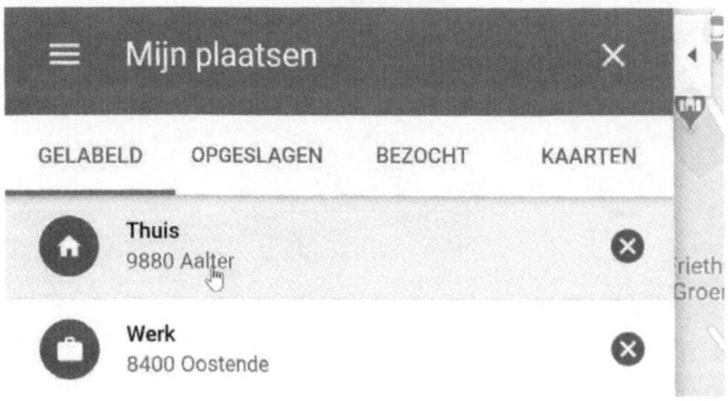

2 Klik vervolgens op de knop Route. De huidige locatie wordt ingevuld als eindpunt in plaats van beginpunt. Klik op de dubbele pijl en het eindpunt wordt beginpunt. Zoek, **via het zoekbalkje van het eindpunt** naar de naam of het adres van de tussenbestemming:

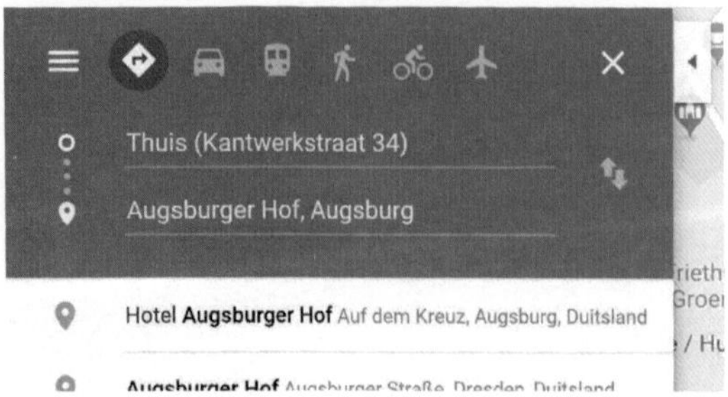

3 Klik nu op de knop met het plusteken 'Bestemming toevoegen' zodat een nieuw balkje toegevoegd wordt:

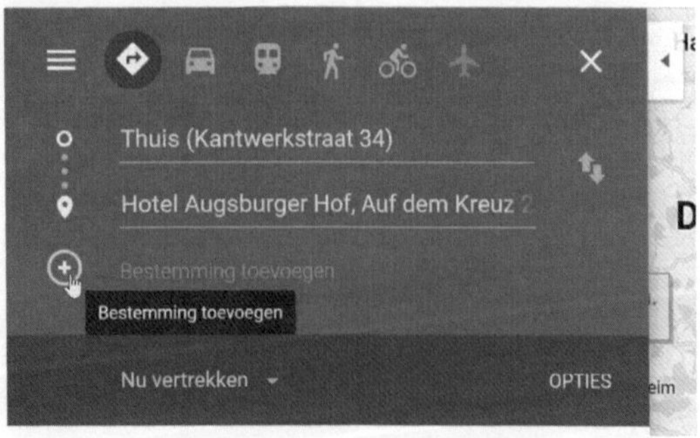

4 Zoek nu, **via het derde zoekbalkje**, naar de locatie van de eindbestemming.

5 Je krijgt misschien meerdere routes voorgesteld. Ook nu kan je enkele opties kiezen via de link 'Opties'. Selecteer één van de voorgestelde routes:

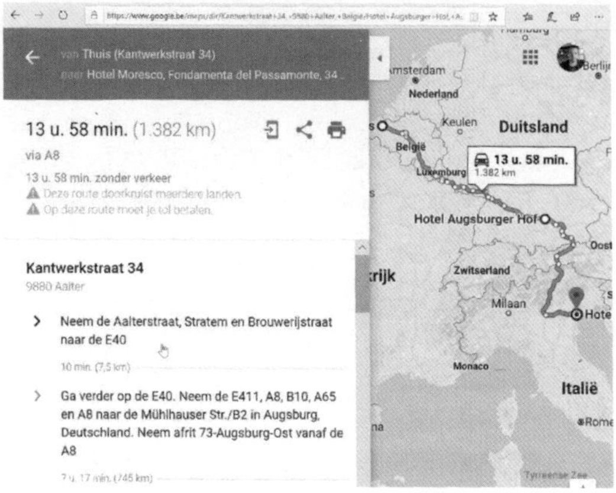

Openbaar vervoer plannen

Naast autoroutes kan je in enkele steden ook een reis plannen met het openbaar vervoer. Net als bij de autoroutes selecteer je een begin- en eindpunt. Voor het openbaar vervoer (trein, bus, metro, tram...) klik je bovenaan op het pictogram met de trein. Hieronder een voorbeeld voor een route vanaf een Parijs hotel naar de bekende begraafplaats Pére-Lachaise:

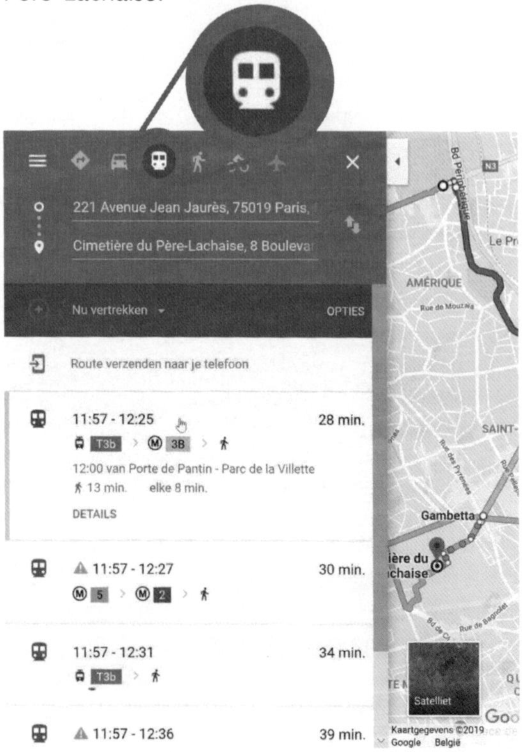

Tip: Voor de terugweg klik je op de dubbele pijltjes naast de begin- en eindpunt-balkjes.

Fiets- en wandelroutes

Voor de sportievelingen: je kan ook een fiets- of wandelroute plannen via Google Maps:

Routebeschrijving afdrukken

Google Maps is ook beschikbaar als app op je smartphone. Heb je geen slimme GSM, dan kan je de route op je computer afdrukken. Na de Routebeschrijving te hebben opgevraagd kan je via de knop Afdrukken bovenaan nog afdrukopties kiezen:

Je kan de rij-instructies laten voorafgaan door een overzichtskaart of enkel de instructies zelf afdrukken. Kies een optie. Je kan nog een lijn tekst invullen. Klik nogmaals op Afdrukken. Je krijgt nu een afdrukvoorbeeld en kan de pagina('s) afdrukken.

Tip: als printer kan je in Edge ook kiezen voor 'Microsoft Print to PDF'. Je maakt dan een pdf -document met je routebeschrijving.

Routebeschrijving doormailen

Een routebeschrijving kan je ook via een e-mailbericht doorsturen naar een vriend of collega die misschien niet zo behendig is met computers. Na het invullen van de begin- en eindbestemming en het tonen van de routebeschrijving klik je op de knop 'Delen'. Er verschijnt een Link naar de routebeschrijving op internet. Die link kan je gemakkelijk kopiëren naar het klembord via de knop 'Link kopiëren':

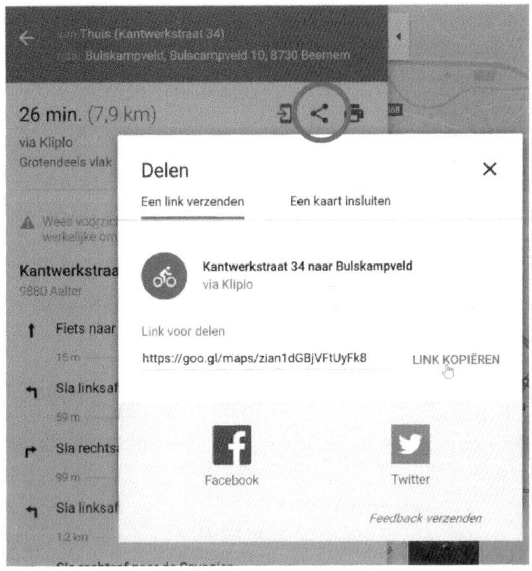

Open meteen daarna je E-mailprogramma (zie volgend thema) en plak de link in een bericht. De ontvanger van het bericht ziet, na een klik op de link, een uitgebreide routebeschrijving met kaart.

Afgedrukte routebeschrijving met overzichtskaart.

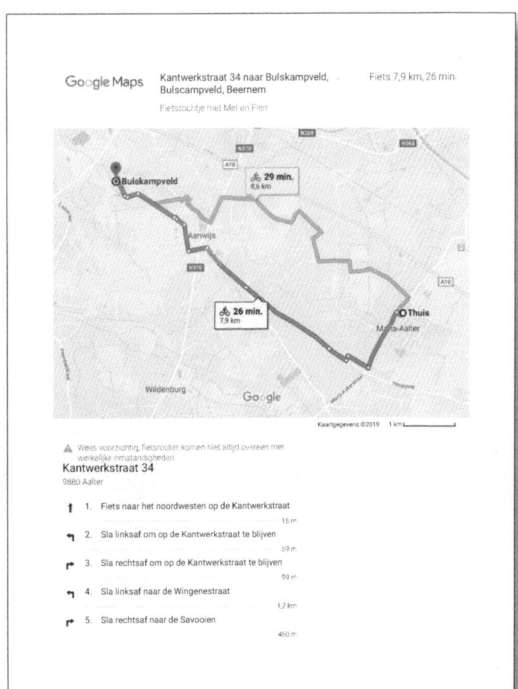

OEFENING 4

Laat Google Maps de volgende autoroute voor jou uitrekenen:

- Vertrekpunt: Vlamingstraat in Brugge
- Tussenstop 1: Anzegemseweg in Wortegem-Petegem
- Tussenstop 2: Rozebekeplein in Rozebeke (Zwalm)
- Eindpunt: Minderbroedersstraat in Oudenaarde (Bevere)

Wat is de totale lengte van de kortste route tussen deze bestemmingen?

_______________________ km

Hoe lang duurt het om de route af te leggen op dit moment?

__________ uur en __________ min

Druk de route met overzichtskaart af naar de printer "Microsoft Print to PDF "

OEFENING 5

Maak een wandelroute tussen deze Gentse locaties:

- Vertrekpunt: Limburgstraat
- Tussenstop: Korenmarkt
- Eindpunt: Sint Veerleplein

Leg de weg eens virtueel af en bewonder de historische gebouwen langs het parcours via 'Wereldbol'.

Database raadplegen

Naast straten en satellietbeelden bevat Google maps een enorme database met gegevens over handelszaken, restaurants en bezienswaardigheden.

Winkels, restaurants, attracties

Klik op een pictogram van een winkel of horecazaak en je krijgt in het zijvenster waarschijnlijk heel wat interessante informatie te zien, zoals adresgegevens, telefoon, website, openingsuren en meer:

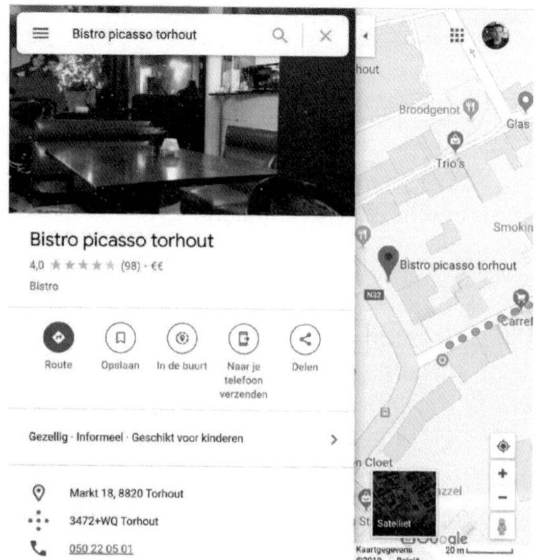

Onder de gegevens vind je meestal een link naar Street View en foto's van de zaak. Bij horecazaken verschijnen soms ook beoordelingen van klanten en je krijgt ook de mogelijkheid om zelf een beoordeling (review) of foto te plaatsen. Onder de hoofding van de zaak vind je deze knoppen:

- **Opslaan**: je kan het adres opslaan in één van deze lijsten: 'Favorieten', 'Wil ik heen' en 'Plaatsen met ster'. Opgeslagen adressen vind je terug via Menu ▶ Mijn plaatsen ▶ Opgeslagen ▶ Naam lijst:

Jouw locaties worden met het lijstsymbool op de kaart getoond. Voor deze optie moet je aangemeld zijn met je Google account.

- **In de buurt**: toont een lijst van restaurants, hotels, bars en pubs in de buurt van de zaak:

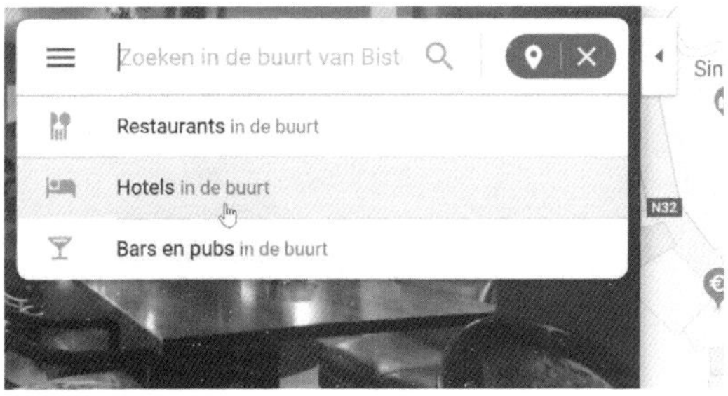

- **Naar je telefoon verzenden**: een link naar de zaak verzenden via e-mail of SMS.
- **Delen**: Kopieer een link naar de zaak (Een link verzenden) of genereer HTML-code om een kaartje met de locatie van de zaak te tonen op een website of blog (Een kaart insluiten).

Openbaar vervoer

Klik je op een pictogram van een tram- of bushalte of treinstation, dan informeert Google maps jou over de lijnen die hier stoppen:

Je kan op één van de lijnen of op de knop 'Bord met vertrektijd' klikken om te zien wanneer je welke bus vanaf deze stopplaats kan nemen:

Bij treinstations worden de eerstvolgende vertrekkende treinen getoond:

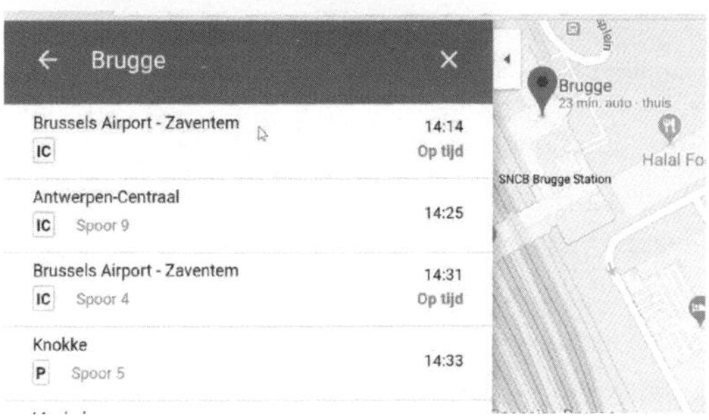

Hotels

Naast de gewone informatie zoals adres, telefoonnummer, website en e-mailadres, zal je bij hotels ook meteen de beschikbaarheid op een bepaalde datum kunnen controleren. Meteen na het invullen van de in- en uitcheckdatum krijg je kamerprijzen te zien bij verschillende bookingswebsites, zoals Booking.com:

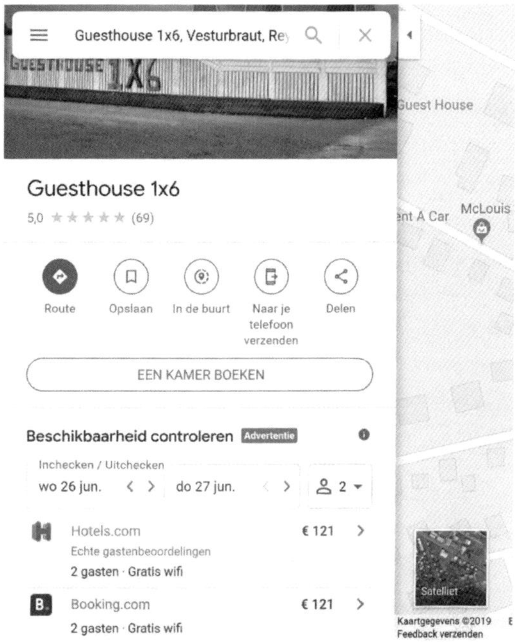

Klik op de naam van de hotelmarktplaats en je kan meteen een kamer boeken. ■

OEFENING 6

Zoek de bushalte in de buurt van het Talbothouse in Poperinge. Welke buslijnen stoppen hier?

____

Wanneer vertrekt de eerste bus naar Diksmuide vanaf deze halte?

____

Welk hotel, met een recensiescore van minstens 4,5, bevindt zich het dichtst in de buurt van het Talbothouse?

____

Video's bekijken

Naast informatie op webpagina's, afbeeldingen en kaarten kan je via Google ook specifiek zoeken naar video's via YouTube. Je kan zelfs lijsten samenstellen met muziekvideo's van je favoriete artiesten. Film je zelf ook? Dan kan je jouw eigen video's online zetten.

YouTube

De videowebsite YouTube (youtube.com) werd op Valentijnsdag in 2005 opgericht door drie voormalige werknemers van PayPal (zie thema 8). Het werd al snel immens populair omdat je er allerlei leuke video's op kon vinden, van de fratsen van iemands kat tot een aflevering van een feuilleton. Nog geen twee jaar na de oprichting werd YouTube overgekocht door Google.

Video zoeken

Het aantal video's dat je momenteel op YouTube kan vinden is gigantisch groot. Gelukkig kan je zoekqueries gebruiken, zoals bij de Google zoekmachine. Zo kan je via de zoekquery 'duncan laurence arcade' naar een videofragment zoeken waarin de Nederlandse zanger het winnende liedje van het Eurovisie Songfestival 2019 vertolkt. Daarnaast kan je nog extra filters opgeven, zoals de datum van opladen, de afspeelduur en de beeldkwaliteit. Tenslotte kan je de resultaten laten sorteren op verschillende criteria, waaronder de beoordeling door het publiek:

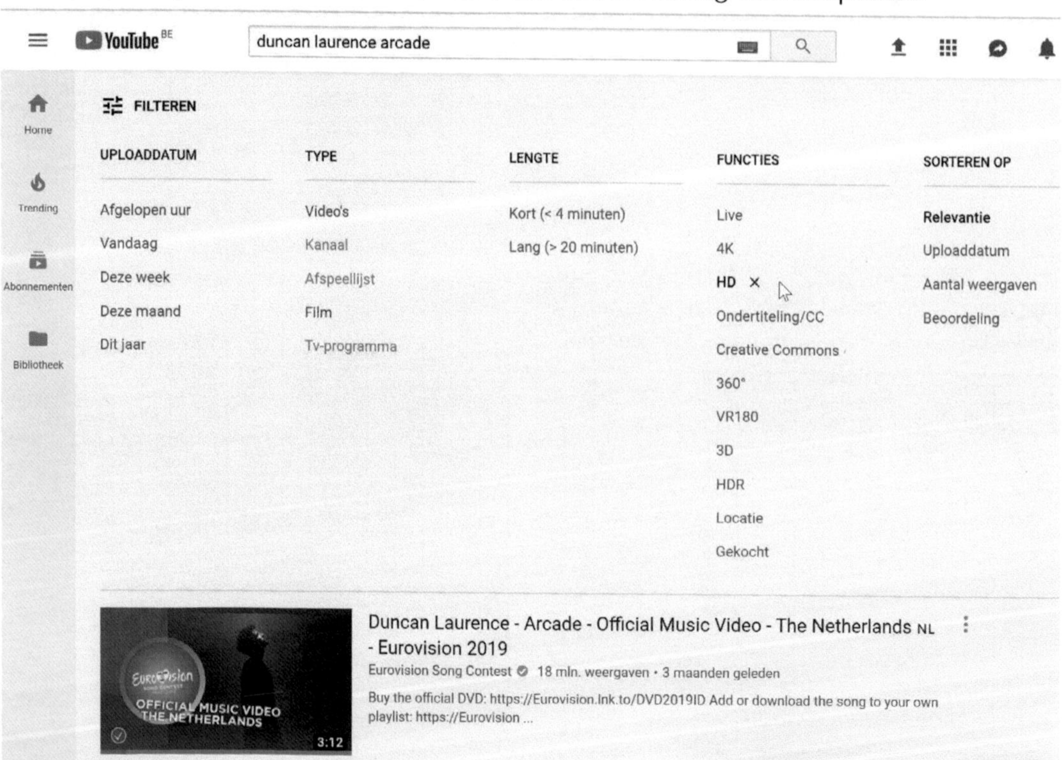

Meteen afspelen?

Klik op het miniatuur of de titel van een video in de zoekresultaten om het fragment af te spelen. Het is mogelijk dat je eerst een reclamefragment krijgt alvorens de eigenlijke video start. YouTube moet immers van ergens zijn inkomsten halen... Na enkele seconden kan je de advertentie 'wegklikken' via een vak rechts onderaan in het videobeeld.

Tijdens het afspelen van de video krijg je heel wat opties: uiteraard kan je pauzeren en weer verder spelen en kan je het audiovolume zachter of harder zetten of zelfs uitschakelen (dempen). Wanneer je met de muis over de tijdbalk zweeft, dan zie je een miniatuur van het videobeeld op dat tijdstip. Je kan doorspoelen naar een bepaalde scène door in de tijdbalk te klikken. Via de lichtgrijze balk zie je tot hoever het videobeeld al ingeladen is. Via het tandwielpictogram kan je de beeldkwaliteit kiezen. Bekijk je de video in een klein scherm, dan is 480p wel voldoende. Je kan de video ook in de mode volledig scherm afspelen. Dan kan je de kwaliteit, indien beschikbaar, best op HD of hoger zetten:

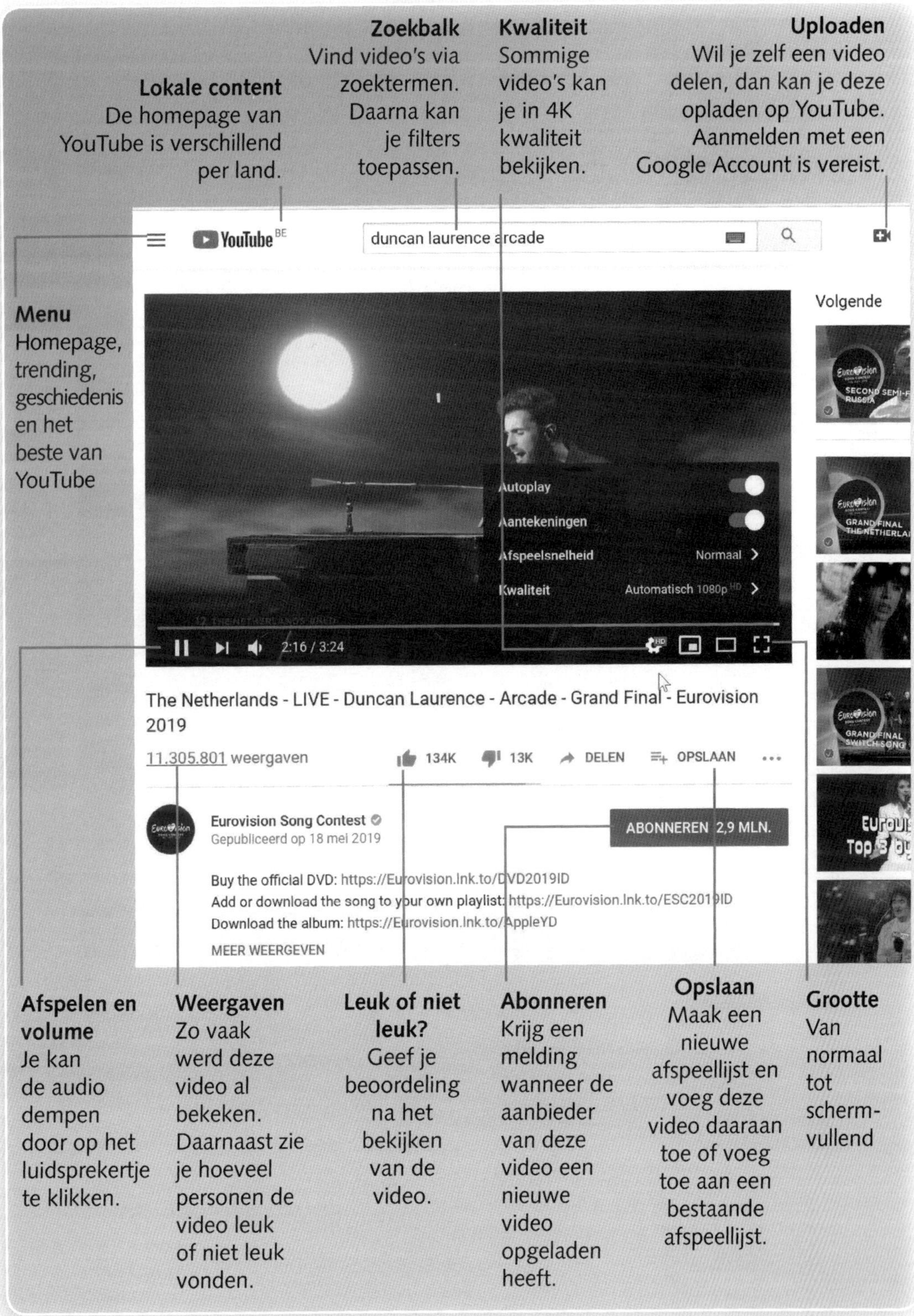

Wil je nog meer interessante dingen doen met YouTube video's, dan zal je je eerst moeten aanmelden met een Google account: surf naar YouTube.com en meld je aan met je Google account (klik op de knop Inloggen).

Mening geven

Na het afspelen van een videofragment kan je via de duimtjes meedelen of je de video leuk vond of niet:

Naast de duimpjes zie je trouwens hoeveel mensen de video leuk of niet leuk vonden.

Afspeellijsten

Je kan meerdere afspeellijsten met favoriete YouTube video's samenstellen. Die kan je op een later tijdstip nog eens opnieuw bekijken. De afspeellijst wordt op de server van Google bewaard. Je kan deze dus ook op een ander apparaat, zoals op een smart televisie, bekijken.

Later bekijken

Heb je geen tijd (meer) om een video uit te kijken, klik dan op de link '+ Opslaan' onder de video. In het menu plaats je een vinkje bij 'Later bekijken'. De video wordt toegevoegd in de afspeellijst 'Later bekijken':

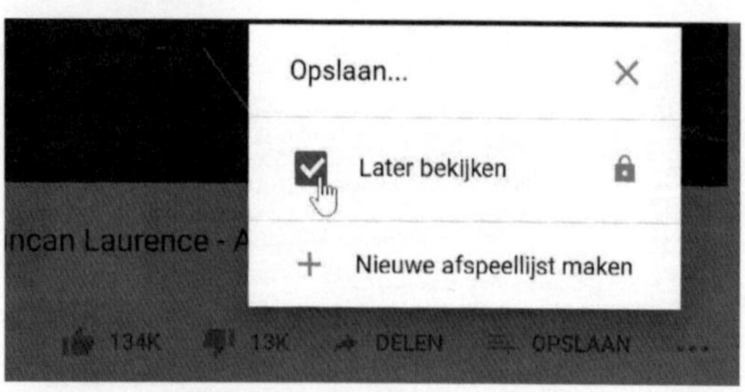

Eerste afspeellijst maken

1 Zoek naar de video die je wil toevoegen aan een afspeellijst. Klik onder de video op de link '+ Opslaan'. Je hebt nog geen afspeellijst? Klik dan op '+ Nieuwe afspeellijst maken'. Vul een passende naam in. **Let op**: de nieuwe lijst krijgt het kenmerk Openbaar mee. Wil je niet dat iedereen je afspeellijst kan bekijken, selecteer dan in het vak 'Privacy' de optie Privé:

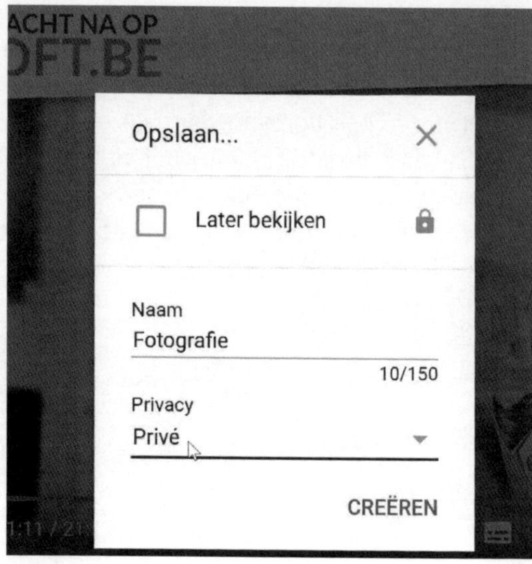

2 Klik op de knop Creëren. YouTube bevestigt dat de video in de nieuwe afspeellijst werd toegevoegd.

Afspeellijst vullen

3 Wil je een video toevoegen aan een bestaande afspeellijst, klik dan opnieuw op '+ Toevoegen aan' en plaats een vinkje voor de naam van de afspeellijst waaraan je de video wil toevoegen:

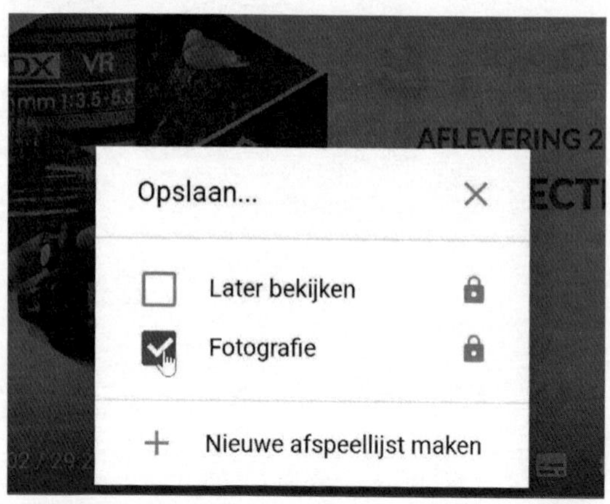

4 YouTube bevestigt meteen dat de video toegevoegd werd aan de gekozen afspeellijst.

Lijsten afspelen

De lijst 'Later bekijken' en de zelf aangemaakte afspeellijsten kan je als volgt afspelen:

1 Surf naar YouTube.com en meld je aan met je Google account.

2 Open het menu via het pictogram links bovenaan, voor het YouTube logo. In het

menu zie je een link naar de lijst 'Later bekijken' en een link naar je afspeellijsten.

3 Je kan nu één video opnieuw afspelen of op de knop 'Alles afspelen' klikken:

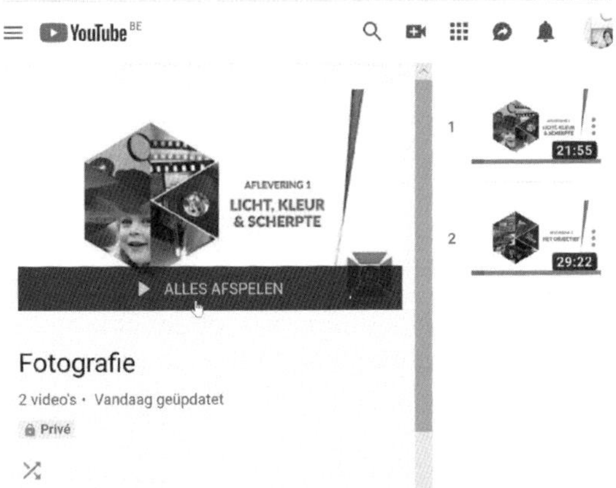

Voor elke video uit de lijst kan je enkele opties kiezen via de knop Meer:

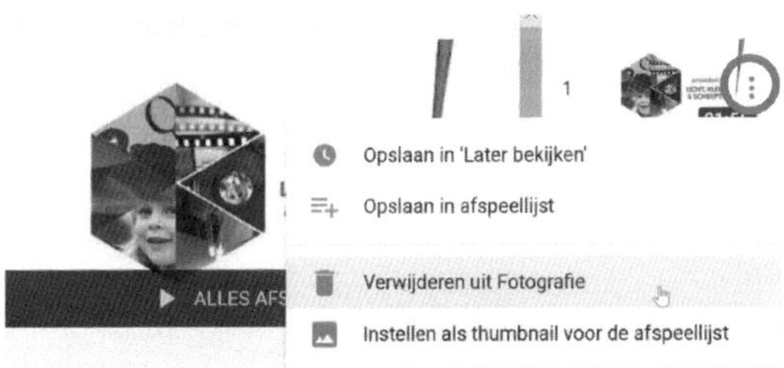

Klik je op 'Alles afspelen', dan krijg je opties zoals Herhalen en Shuffle en uiteraard kan je ook snel naar een vorige of volgende video overgaan:

Tip: Voor de afspeellijst 'Later bekijken' is via de knop 'Bewerken' een knop 'Bekeken verwijderen' voorzien die, zoals de naam aangeeft, alle reeds (gedeeltelijk) bekeken video's zal schrappen uit de lijst.

De afspeellijsten die je maakt via YouTube, kan je nadien op om het even welke computer, tablet of smartphone afspelen. Hier: op de iPad, via de gratis YouTube app.

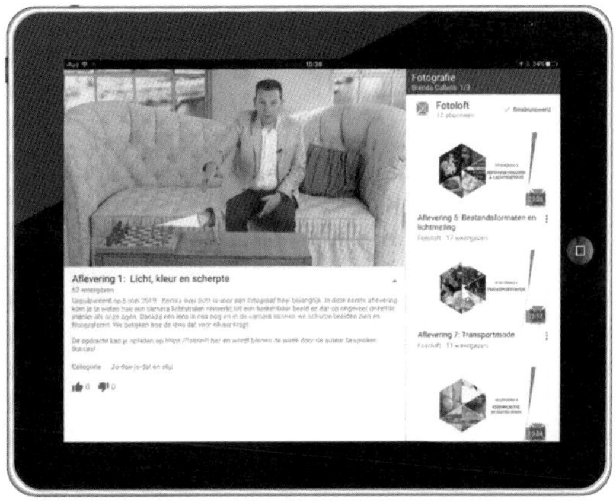

OEFENING

In 2019 overleed de in Oostende geboren muzikant Willy Willy.
Hij werd bekend als gitarist van o.a. deze nummers:

- Just a Friend of Mine (Vaya Con Dios)
- Crystal Eyes (The Scabs)
- Hard Times (The Scabs)
- Moeilijk (Bart Van den Bossche)
- Décoiffé (Arbeid Adelt!)

Probeer van minstens drie van deze voorbeelden videobeelden te vinden waarin Willy Willy meespeelt.
Maak ook een privé afspeellijst 'Willy Willy' met daarin drie videofragmenten.

Eigen video's opladen

Videomateriaal dat je zelf opgenomen hebt met je fototoestel of camcorder, kan je opladen naar YouTube. Zo kan je jouw vakantiefilmpje op YouTube plaatsen en je familie of vrienden laten meegenieten (of jaloers maken). Staat de video op je computer en is de afspeelduur korter dan 15 minuten, dan kan je het als volgt opladen naar jouw YouTube pagina's:

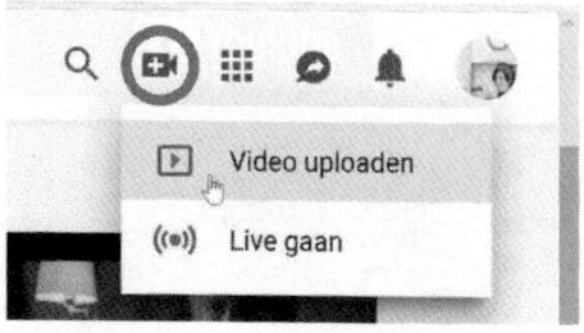

1 Meld je aan op YouTube.com en klik vervolgens bovenaan op de knop Uploaden ▸ Video uploaden.

2 Klik op het vak 'Bestanden selecteren om te uploaden' en blader naar de map op je harde schijf waarin jouw videobestand bewaard werd. Selecteer het en klik op Openen.

3 Het opladen start meteen. Je kan alvast enkele gegevens invullen voor je video. De privacyinstelling is zeer belangrijk: kies voor Verborgen indien niet iedereen, maar enkel jijzelf en je familieleden de video mogen zien. Je vult best een titel, een korte beschrijving en enkele trefwoorden, gescheiden met komma's in:

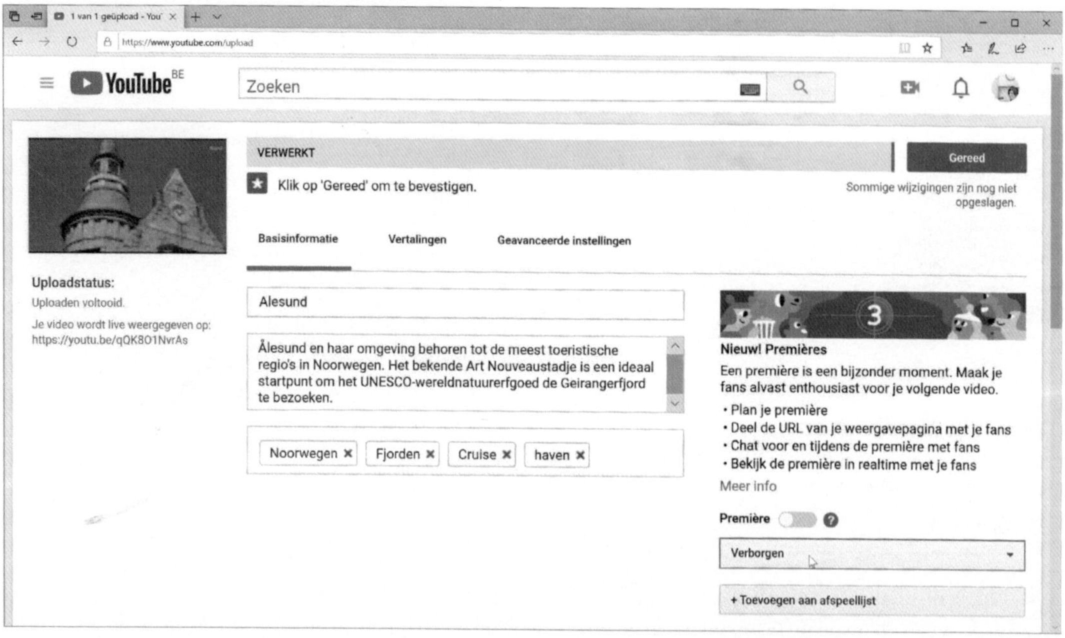

4 Klik op de knop Gereed. De link naar jouw video wordt vermeld. Deze link kan je meteen kopiëren en doormailen naar je familieleden en vrienden of delen via Facebook of Twitter.

5 Jouw opgeladen video's kan je bekijken, eventueel aanpassen of verwijderen van YouTube via: Profielfoto ▸ YouTube Studio ▸ Kanaal ▸ Video's. Daar kan je ook nakijken hoeveel keer jouw video werd bekeken en hoeveel personen deze leuk vonden. Klik op de knop 'Opties' (knop met drie puntjes) bij een video en je kan de gegevens van je video aanpassen, een link maken, downloaden of verwijderen. ■

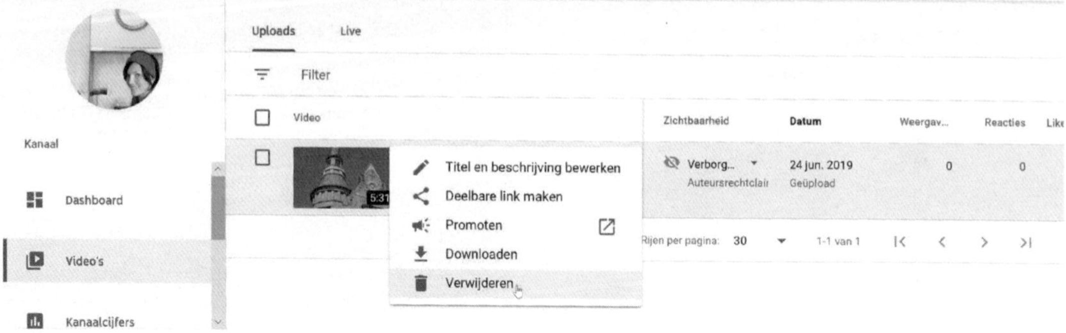

Nieuws

Alle belangrijke binnen- en buitenlandse kranten en tijdschriften hebben een online versie op het internet staan. Vandaag lees je belangrijke nieuwsfeiten het eerst online en pas de ochtend nadien in de krant.

Verzameld nieuws

Google heeft een automatische redactie. De selectie en plaatsing van nieuwsberichten wordt namelijk uitgevoerd door een computerprogramma. Dat volgt het nieuws op de verschillende websites. News.google.be biedt een zeer ruim, maar toch overzichtelijke blik op al het nieuws:

Rubrieken
Binnenland, buitenland, sport...

Personaliseren
Bepaal zelf welke thema's je het meest interesseren en welke bronnen je wil zien op de voorpagina.

Lokaal nieuws
Er is een aparte voorpagina voor elk land.

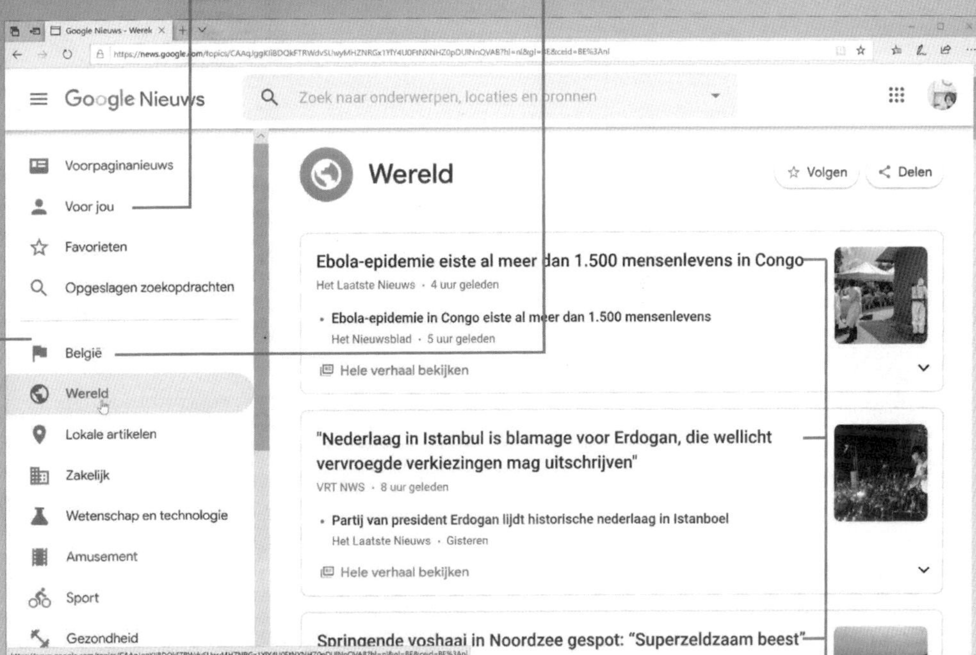

Belangrijke nieuwsfeiten
Elk vak toont één nieuwsfeit. Google lijst alle artikels van verschillende bronnen over dit nieuwsfeit op. Onder elke titel staat de bron vermeld en het tijdstip van publicatie. Via de pijl in de linker onderhoek van elk vak kan je over dit feit nog meer gerelateerde artikels laten verschijnen of verbergen.

Je mag de Nieuws van Google beschouwen als een uitgebreide, digitale krant met artikelen van honderden nieuwsbronnen. De voorpagina verandert dan ook zeer regelmatig. ■

Teksten vertalen

Ongeveer 55% van alle webpagina's zijn in het Engels geschreven. Gelukkig kan je met Google Translate webpagina's, documenten en tekstblokken laten vertalen in Nederlands.

Webpagina vertalen

Via de online vertaalservice van Google, te vinden op translate.google.be, kan je een webpagina in een voor jou vreemde taal laten vertalen naar het Nederlands. Gebruik hiervoor de webbrowser Chrome, daar kan dat het snelst. Zie vorig thema.

Document vertalen

Een document gemaakt in het Nederlands, maar je wil het snel vertaald zien in het Engels? Google Translate doet het in sneltempo:

1 Surf naar translate.google.be, kies boven de optie Documenten, klik op 'Browsen op je computer' en selecteer het document.

2 Selecteer de brontaal (Nederlands dus) en de doeltaal (Engels) en klik op 'Vertaal':

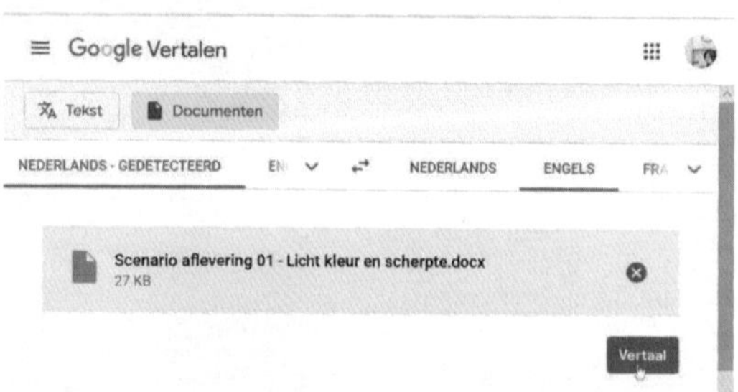

3 Het vertaalde document verschijnt als tekst met opmaak in het browservenster:

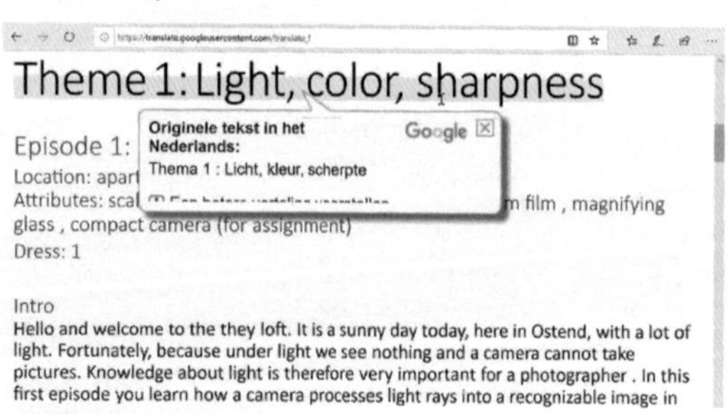

Tekst vertalen

Behalve een webpagina en een document kan je ook een stukje tekst, afkomstig van een webpagina of een ander document, laten vertalen. Selecteer de brontekst in de vreemde taal, surf naar translate.google.be en plak de tekst in het linkervak. Kies de bron- en doeltaal. De tekst wordt meteen vertaald. Hieronder een voorbeeld van een Duitstalige

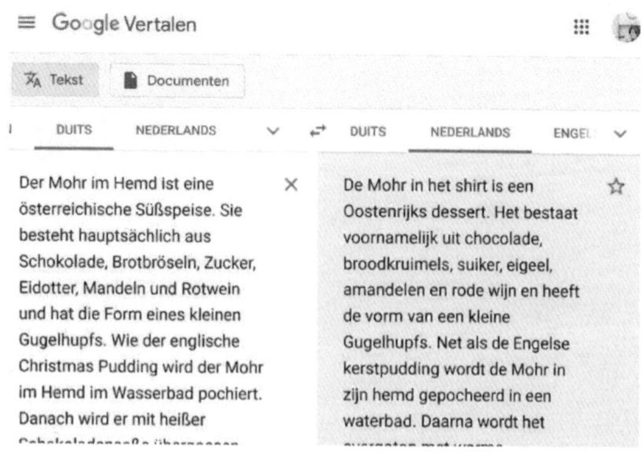

tekst, vertaald naar het Nederlands:

Tip 1: In de vertaling kan je woorden aanklikken en eventueel een betere vertaling selecteren of de vertaling zelf verbeteren.

Tip 2: Na de toegepaste correcties kan je via het knopje ⧉ onderaan het vak de volledige tekst selecteren en kopiëren naar het klembord.

Tip 3: Je kan zowel de originele als de vertaalde tekst laten uitspreken via het luidsprekerknopje 🔊 onder het tekstvak. ■

OEFENING

Vertaal het volgende zinnetje (laat Google raden naar de taal): "Una macho mazuri"

Gedetecteerde taal: ____________________

Vertaling: ____________________

Hoe vertaal je "Hoe gaat het?" in het Zweeds? Laat de vertaling ook uitspreken.

Vertaling: ____________________

Thema 7

E-mail

E-mail protocol

Mail app

Webgebaseerde e-maildiensten

Grote bijlagen verzenden

Netiquette

E-mail protocol

Meer dan 90% van de mensen met een internetverbinding gebruikt e-mail. Naast informatie zoeken op het internet is het over-en-weer sturen van berichten, met of zonder bijlagen, een populaire online bezigheid.

Over e-mail

Om e-mailberichten te kunnen sturen, heb je een browser of een speciaal e-mailprogramma nodig. Verder moet je ook over een eigen e-mailadres beschikken.

E-mailclient

Om te kunnen surfen heb je een webbrowser nodig en om de internet e-maildienst te kunnen gebruiken, heb je een e-mailclient nodig: een programma dat het e-mail protocol begrijpt en je berichten perfect ontvangt en verstuurt. Een voorbeeld van zo'n programma is Microsoft Outlook. Gratis e-mailclients zijn er ook. Het standaard e-mailprogramma in Windows 10 is de app Mail.

Webmail

E-maildiensten, zoals Gmail van Google of Outlook.com van Microsoft, werken op basis van HTML en kunnen via een browser zoals Edge of Chrome gebruikt worden. Je moet dan geen apart programma installeren en je kan overal aan je e-mailberichten.

E-mailadres

Zoals je een postadres nodig hebt om brieven te kunnen ontvangen, zo heb je een e-mailadres nodig om e-mail te kunnen ontvangen. Zo'n e-mailadres krijg je automatisch wanneer je een internetabonnement afsloot bij een internetprovider (Telenet, Proximus, Scarlet...). Met een beetje geluk kreeg je een duidelijk en gemakkelijk te onthouden e-mailadres. In tegenstelling tot internetadressen zijn e-mailadressen niet hoofdlettergevoelig. Brenda.Callens@Telenet.be is dus hetzelfde als brenda.callens@telenet.be. ■

E-MAILADRESSEN ONTLEDEN

Een e-mailadres vertelt iets over de eigenaar (persoon of organisatie) ervan. Het bestaat uit twee delen: het eerste deel is een zelf gekozen naam. Dat kan een persoonsnaam zijn of een naam die verwijst naar de functie van het e-mailadres. Het tweede deel is steeds een domeinnaam. Tussen beide delen staat een at-teken, wat zoveel betekent als 'bij' (niet het beestje maar het voorzetsel). Een voorbeeld van een persoonlijk e-mailadres is:

brenda.callens@telenet.be

persoonlijke naam | at | domeinnaam internetbedrijf

Dit e-mailadres vertelt ons dat Brenda Callens een internetabonnement heeft bij Telenet. Vermits de domeinnaam eindigt op .be, kunnen we aannemen dat Brenda in België woont.

Een voorbeeld van een 'zakelijk' e-mailadres is:

orders@handboeken.be

dienst | at | domeinnaam bedrijf

Deze keer zien we geen persoonlijke naam in het adres, maar wel de naam van een dienst (orders). Na het at-teken staat de domeinnaam van het bedrijf aan wie het e-mailadres toebehoort. In dit geval is dat Handboeken.be, een Belgisch bedrijf, vandaar de domeinnaamextensie .be.

IMAP OF POP?

Standaard protocols voor E-mail

Een e-mailprogramma kan verschillende e-mail protocols beheren, waaronder IMAP (Internet Message Access Protocol) en POP (Post Office Protocol). In feite kan je uit de naam al min-of-meer hun werking achterhalen.

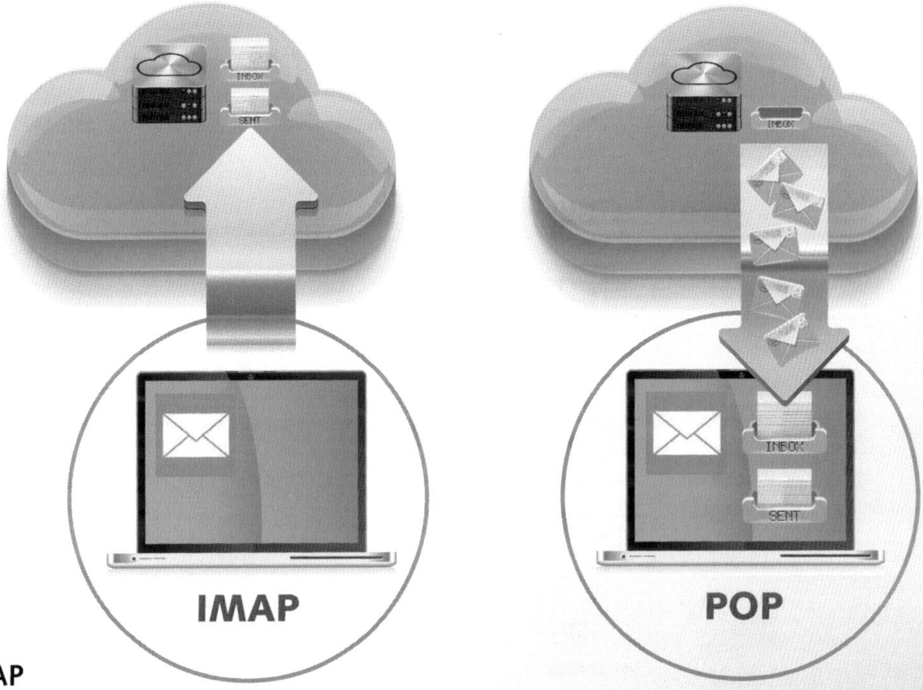

IMAP

Een IMAP account laat je toe om je e-mails te **bekijken**, de A in IMAP staat immers voor Access of 'Toegang'. De e-mailberichten **blijven op de server staan**, je kan ze dan ook overal bekijken, op je laptop, smartphone of tablet. Zolang je een e-mail niet definitief verwijdert (via de map Verwijderd), blijft deze bewaard op de server. Je kiest dus voor IMAP indien je vanaf meerdere toestellen toegang wil tot al je e-mails, zowel oude als nieuwe. De E-mail app van Windows 10 ondersteunt IMAP accounts.

POP

Een POP account is zoals een postkantoor (PO staat voor Post Office of 'Postkantoor'): je **downloadt** je e-mails, waarna ze **van de server verwijderd** worden. Wanneer je bijvoorbeeld op kantoor je e-mails leest, dan zijn ze niet meer beschikbaar op je tablet of smartphone. Je hebt ze enkel op je computer op kantoor staan. De E-mail app van Windows 10 ondersteunt ook POP accounts.

Wat kiezen?

Misschien kan je niet kiezen en is aan je e-mailadres slechts één van de twee protocols verbonden. Kan je wel kiezen, dan is het verstandig om te kiezen voor IMAP omdat je het volledige beheer van je e-mails op een centrale plaats, de IMAP server, uitvoert. Maak je bijvoorbeeld een submap, dan zie je dezelfde submap op al je toestellen. Tijdens een vakantieperiode kan je je e-mails laten beheren door een collega of vertrouwenspersoon. Er is natuurlijk ook een gevaar verbonden aan IMAP: indien iemand je gebruikersnaam en wachtwoord kan achterhalen, dan heeft die toegang tot al je e-mails. Bij POP is dat niet het geval, daar kunnen enkel de nieuwe e-mails onderschept worden. De reeds gedownloade e-mails staan immers enkel op jouw computer. Anderzijds houdt het gebruik van POP ook een risico in, namelijk dat je bij een crash van de harde schijf van je computer, al je e-mailberichten verliest, tenzij je dagelijks een degelijke back-up maakt.

Mail app

Een e-mailclient heeft als voordeel dat je niet online moet zijn om je reeds ontvangen e-mails na te lezen of te beantwoorden of om een nieuw e-mailbericht op te stellen. Om berichten te verzenden en nieuwe berichten te ontvangen moet je uiteraard wel online gaan.

Windows 10 app

De app Mail is een onderdeel van Windows 10. Je kan de tegel van de app vinden in het startmenu:

E-mailaccount instellen

Noodzakelijke gegevens

Voor je met e-mail in Mail aan de slag kan, moet het programma enkele gegevens krijgen, ondermeer:

- Uw naam (of alias) en e-mailadres.
- Het adres van de inkomende mailserver (POP3 of IMAP) en het poortnummer.
- Uw gebruikersnaam en wachtwoord voor de inkomende mailserver.
- Het adres en het poortnummer van de uitgaande mailserver (SMTP).
- Indien nodig ook uw gebruikersnaam en wachtwoord voor de SMTP-server.

De bovenstaande gegevens vraag je aan de netwerkbeheerder of heb je ontvangen van je internetprovider. Vind je deze niet, zoek ze dan op de supportpagina's op de website van je internetprovider of zoek ze via Google.

IMAP of POP3 account instellen

Zo voeg je jouw account toe in Mail:

1a Open je Mail voor de allereerste keer, dan kan je meteen op de knop '+ Account toevoegen' klikken:

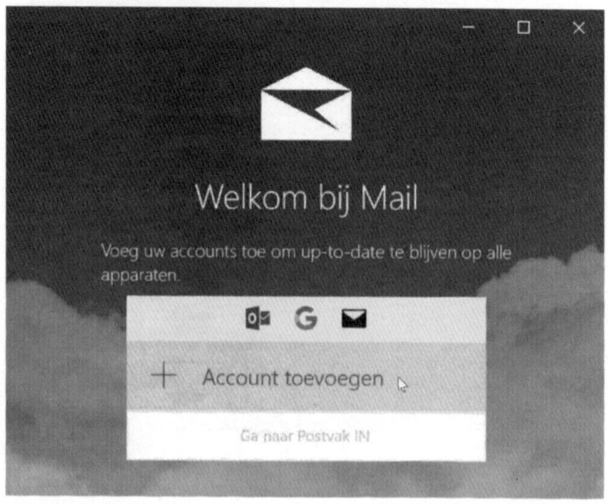

1b Verschijnt dit venster niet, klik dan op de knop Instellingen (tandwieltje) van de app Mail. Klik op Accounts beheren in de balk rechts en selecteer dan 'Account toevoegen':

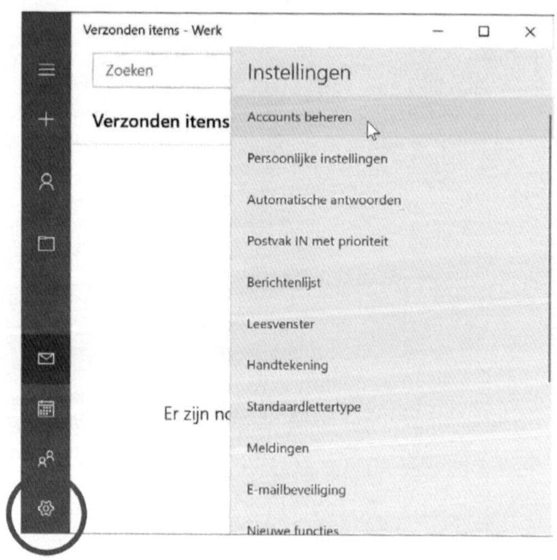

2 De volgende vraag is logisch, namelijk welk soort e-mailaccount wil je instellen. De keuze is groot:

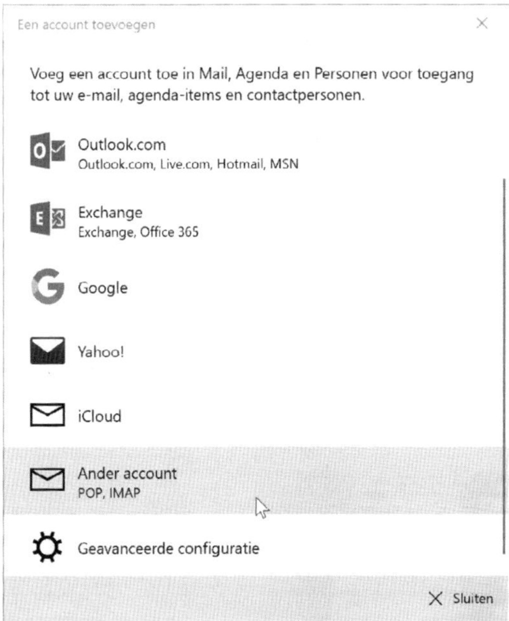

HTML e-maildiensten zoals Google, Yahoo en iCloud zijn het gemakkelijkst in te stellen: je hebt enkel de juiste aanmeldgegevens (login en wachtwoord) nodig. Wil je het e-mailaccount van jouw provider (Telenet, Proximus,...) instellen, kies dan voor 'Ander account'.

3a Voor HTML e-maildiensten: meld je aan op de gekozen dienst en geef Mail de toestemming om jouw e-mail te beheren:

3b Koos je voor 'Ander account', dan probeert Mail aan de hand van je e-mailadres alle instellingen te achterhalen. In principe hoef je dan enkel nog het wachtwoord dat bij het e-mailadres hoort in te vullen.

3c Lukt 'Ander account' niet, ga dan terug naar stap 3 en kies 'Geavanceerde configuratie' en vervolgens Internet-e-mail. Neem nu je e-mail-accountgegevens bij de hand en vul alle velden correct in:

Als alle noodzakelijke velden ingevuld zijn dan kan je op de knop Aanmelden klikken.

4 Indien alles correct ingevuld was, dan krijg je de melding dat het instellen van het account voltooid is en kan je op Gereed klikken:

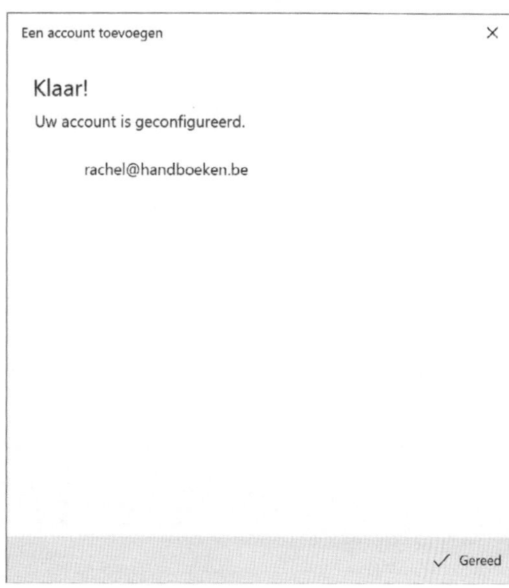

6 E-mailberichten kunnen vanaf nu verschijnen in Postvak IN...

MAIL WERKOMGEVING

Schakel over naar andere account
Zichtbaar indien meerdere accounts ingesteld

Selectiemode
gebruik deze knop om meerdere berichten te kunnen selecteren

Actieve account
klik op de map om alle mappen van de actieve account te zien

Synchroniseren
controleren op nieuwe berichten

Aantal ongelezen berichten

Nieuw bericht opstellen

Filteren en sorteren
alles/ongelezen/met vlag
sorteer op naam of op datum

Menu uit- of samenvouwen

Zoek bericht
in huidige map

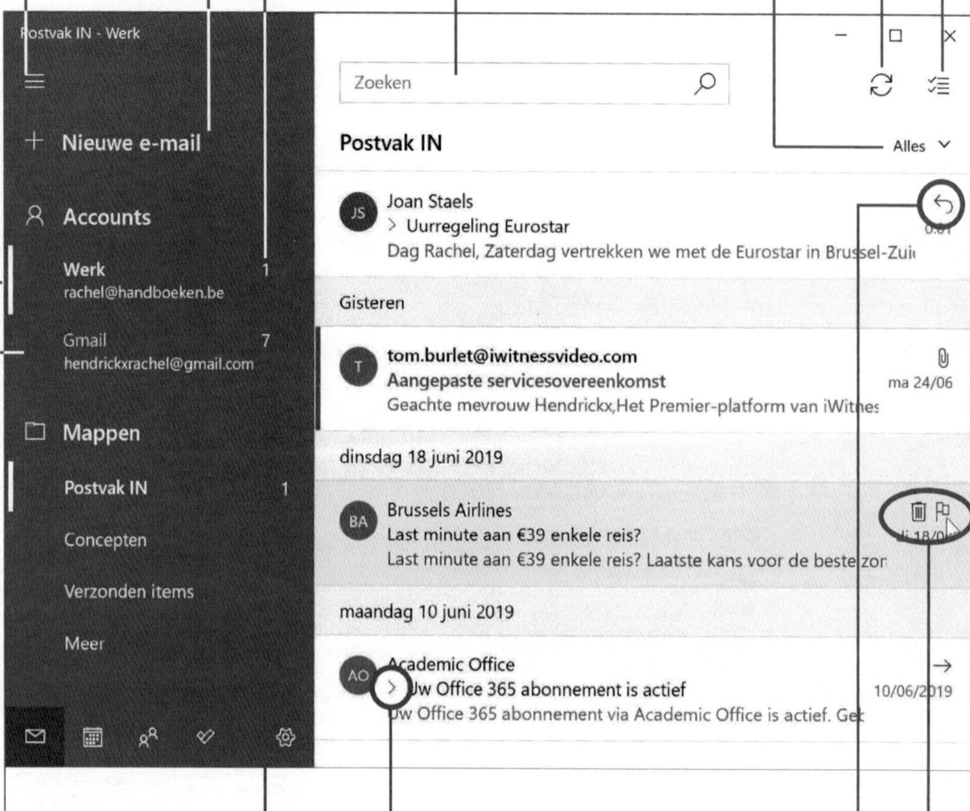

Agenda
schakel over naar de app Agenda

Conversatie
Groep berichten met hetzelfde onderwerp, klik op het pijltje om de conversatielijst uit te vouwen of weer samen te vouwen

Bericht werd beantwoord
enkele pijl: enkel de afzender werd beantwoord, dubbele pijl: afzender en ontvangers werden beantwoord

Personen
schakel over naar de app Personen

Instellingen
account toevoegen, synchronisatie, handtekening maken...

Meer mappen
minder gebruikte e-mailmappen zoals 'Verwijderde items' kan je hier vinden

Verwijderen/vlag instellen
verwijderde berichten komen in de map 'Verwijderde items' of 'Trash' terecht

Nieuw e-mailbericht opstellen

Het verzenden van een bericht bevat volgende stappen:

- Opstarten van een nieuw bericht
- Opgeven aan wie je een bericht verstuurt
- Onderwerp opgeven en het bericht opstellen
- Eventuele bijlagen toevoegen
- Verzendopties instellen
- Het bericht verzenden

Opstarten van een nieuw bericht

1 Om een nieuw bericht te maken klik je op de link '+ Nieuwe e-mail' in het menu van de app. **Tip**: Het nieuwe, nog niet verzonden bericht komt meteen in de map Concepten terecht. Van daaruit kan je nog niet verzonden berichten openen, aanpassen en alsnog verzenden.

Opgeven aan wie je een bericht verstuurt

2 In het vak 'Aan…' typ je het e-mailadres van de persoon aan wie je het bericht wil sturen. Je kan meerdere e-mailadressen invullen, maar plaats na elk adres een komma of puntkomma. **Tip**: heb je reeds contactpersonen aangemaakt, dan kan je via de knop met het figuurtje achter de tekst 'Aan:' de persoon uit de lijst selecteren, het e-mailadres van die persoon wordt dan automatisch ingevuld.

SNELTOETSEN

Nieuw e-mailbericht opstellen

Control N

3 Wil je naast het vak Aan ook nog de vakken CC en/of BCC zien, klik dan op de link CC en BCC. In het vak 'CC…' typ je het e-mailadres van de persoon aan wie je een kopie of 'Carbon Copy' wil sturen. Dit wordt door de ontvanger geïnterpreteerd als: 'Ik kreeg dit bericht ook, maar ik moet niet meteen actie ondernemen, dat moet de persoon die in het vak 'Aan' staat maar doen'. **Opgelet**: alle personen die in het vak 'Aan...' of in het vak 'CC...' staan, zien van elkaar dat ze hetzelfde bericht hebben gekregen! Gebruik het vak 'BCC...' indien meerdere geadresseerden van elkaar niet mogen of moeten zien dat ze dezelfde e-mail hebben gekregen. Dit kan bijvoorbeeld nuttig zijn om een groep sollicitanten te laten weten dat ze niet geselecteerd werden voor de job. Elke ontvanger ziet dan enkel dat het bericht naar hem gestuurd werd en **ziet niet** dat ook anderen hetzelfde bericht kregen, vandaar de benaming **Blind** carbon copy.

Venster voor het opstellen van een nieuw e-mailbericht. Je krijgt opmaakmogelijkheden en tekststijlen in het tabblad Opmaak. Voor het meesturen van een bijlage kan je in het tabblad Invoegen terecht. Berichten markeren met een hoge of lage prioriteit of een spellingscontrole uitvoeren doe je via de knoppen in het tabblad Opties.

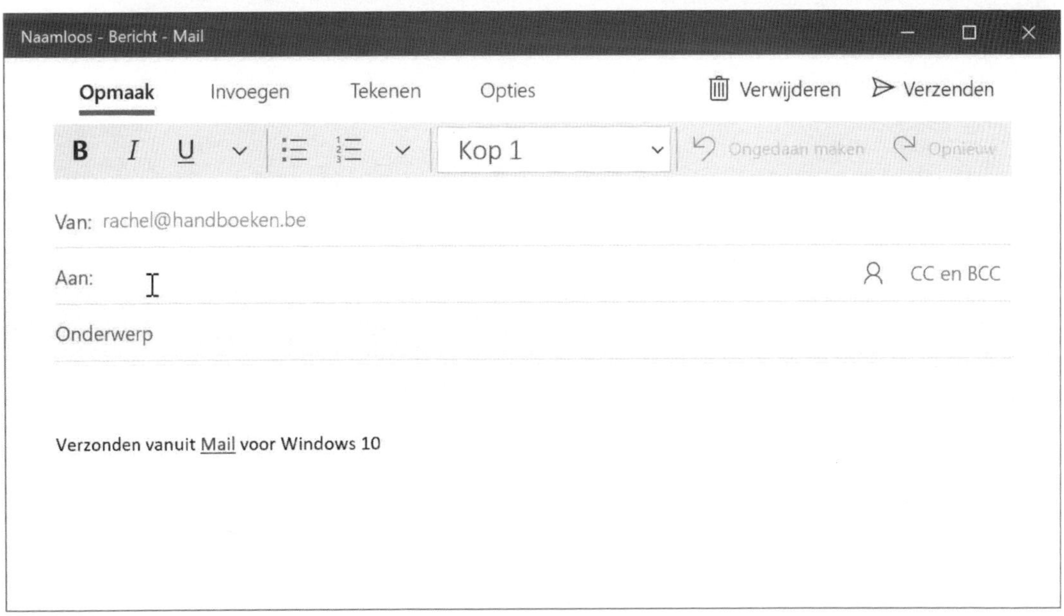

Onderwerp opgeven en het bericht opstellen

4 In het vak 'Onderwerp' typ je het onderwerp van het bericht. Je doet dit best altijd, want zo maak je het opzoeken van verzonden berichten een stuk makkelijker, zowel voor jezelf als voor de persoon die het bericht moet lezen.

5 In het tekstvak typ je de eigenlijke inhoud van het bericht. Hier kan je gebruik maken van opmaakmogelijkheden, zoals tekst vet of cursief zetten. Je kan ook stijlen kiezen via de keuzelijst bovenaan in de balk.

Eventuele bijlagen toevoegen

6 Om een bijlage (foto, document...) aan je bericht toe te voegen tik je bovenaan op het tabblad 'Invoegen'. Klik hier op Bestanden en selecteer een bestand op de schijf. Je kan met de Shift- of Control-toets meerdere bestanden aanduiden. De bestanden worden in een nieuw veld, onder het veld Onderwerp geplaatst. Bij elk bestand staat de bestandsgrootte genoteerd, bij foto's wordt een miniatuur getoond:

Tip: De maximumgrootte voor het e-mailbericht plus bijlagen is 20Mb bij provider Telenet en 16Mb bij Proximus. Het is echter aan te raden niet meer dan 5 à 10Mb per e-mailbericht te versturen. Verder in dit thema bekijken we de mogelijkheden om toch grotere bestanden te versturen via internet.

GEBLOKKEERDE BIJLAGEN

Veiligheidsmaatregel

De standaard beveiligingsopties in Mail blokkeren bij het ontvangen sommige bestandstypes om te voorkomen dat er virussen of kwalijke programma's via e-mail worden geactiveerd. Hieronder vind je een overzicht van de bestandsextensies die door Mail geblokkeerd worden:

- .ade Microsoft Access project extension
- .adp Microsoft Access project
- .asx Windows Media Audio / Video
- .bas Microsoft Visual Basic class module
- .bat Batch file
- .chm Compiled HTML Help file
- .cmd Microsoft Command script
- .com Microsoft MS-DOS program
- .cpl Control Panel extension
- .crt Security certificate
- .exe Program
- .hlp Help file
- .hta HTML program
- .inf Setup Information
- .ins Internet Naming Service
- .isp Internet Communication settings
- .js JScript file
- .jse Jscript Encoded Script file
- .lnk Shortcut
- .mdb Microsoft Access program
- .mde Microsoft Access MDE database
- .msc Microsoft Common Console document
- .msi Microsoft Windows Installer package
- .msp Microsoft Windows Installer patch
- .mst Microsoft Windows Installer transform;
- .pcd Photo CD image; MS Visual script
- .pif Shortcut to MS-DOS program
- .prf Microsoft Outlook profile settings
- .reg Registration entries
- .scf Windows Explorer command
- .scr Screen saver
- .sct Windows Script Component
- .shb Shell Scrap object
- .shs Shell Scrap object
- .url Internet shortcut
- .vb Visual Basic script

SNELTOETSEN

Bijlage (bestand) in bericht toevoegen

Alt | I

Opties

- **Urgentie**: Hoe belangrijk is het bericht? Normaal = geen markering, hoog = rood uitroepteken, laag = blauwe pijl omlaag. Gebruik de markering 'hoog' enkel wanneer jouw bericht zeer belangrijk is of dringend moet behandeld worden.
- **Spelling**: zijn alle woorden correct gespeld?

7 Het bericht een hoge of lage prioriteit toekennen doe je via de knoppen ! of ↓ in het tabblad Opties. Laat de spelling corrigeren via de gelijknamige knop in hetzelfde tabblad:

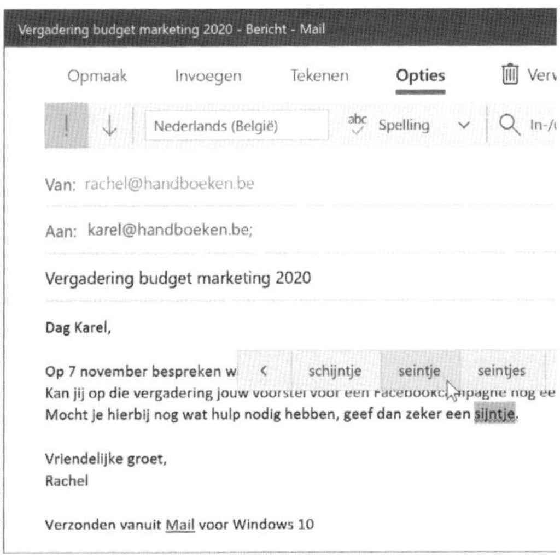

Verzenden

8 Om het bericht uiteindelijk te verzenden, klik je rechts bovenaan op de knop Verzenden:

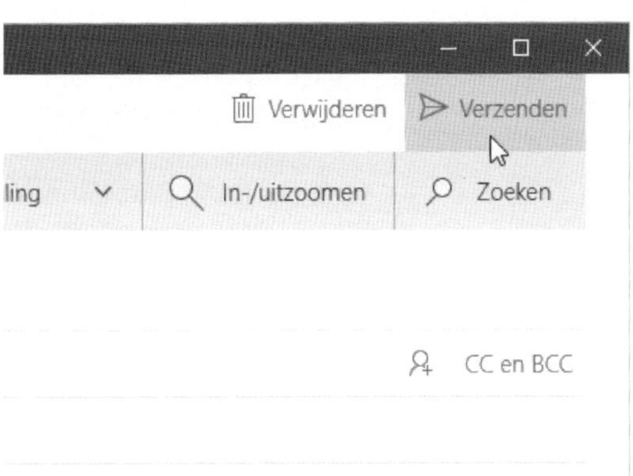

Het verzonden bericht zat in de map Concepten, nu zit het even in Postvak UIT en - indien er een actieve internetverbinding was - even later in de folder Verzonden items. Zit het bericht na enige tijd nog steeds in Postvak UIT, klik dan op de knop Synchroniseren (pictogram met de twee cirkelvormige pijlen).

OEFENINGEN 1

1 Om na te gaan of alles correct werd ingesteld, probeer je via Mail een eenvoudig bericht te verzenden naar jouw eigen e-mailadres. Vind je na het verzenden het bericht terug in de map 'Verzonden items'?

2 Zoek op jouw computer naar een Word-document en onthoud de naam van de map waarin dit document staat. Maak vervolgens een nieuw bericht en hang aan dit bericht het gekozen Word-document als bijlage. Geef het bericht als onderwerp: Bericht met bijlage. Verstuur ook dit bericht naar jouw eigen e-mailadres.

Berichten ontvangen

Nieuwe berichten

In 'Postvak IN' zie je alle binnengekomen berichten. Per map is er een aanduiding voorzien die weergeeft hoeveel ongelezen berichten er zijn. De ongelezen berichten hebben aan de linkerkant een blauw verticaal lijntje en ook het onderwerp is blauw gekleurd:

Van zodra je een nieuw bericht hebt aangeklikt om het te lezen, verdwijnen deze markeringen. **Tip**: Je kan een gelezen bericht opnieuw markeren als 'ongelezen' door er met de rechtermuisknop op te klikken en in het contextmenu de optie 'Markeren als ongelezen' te kiezen:

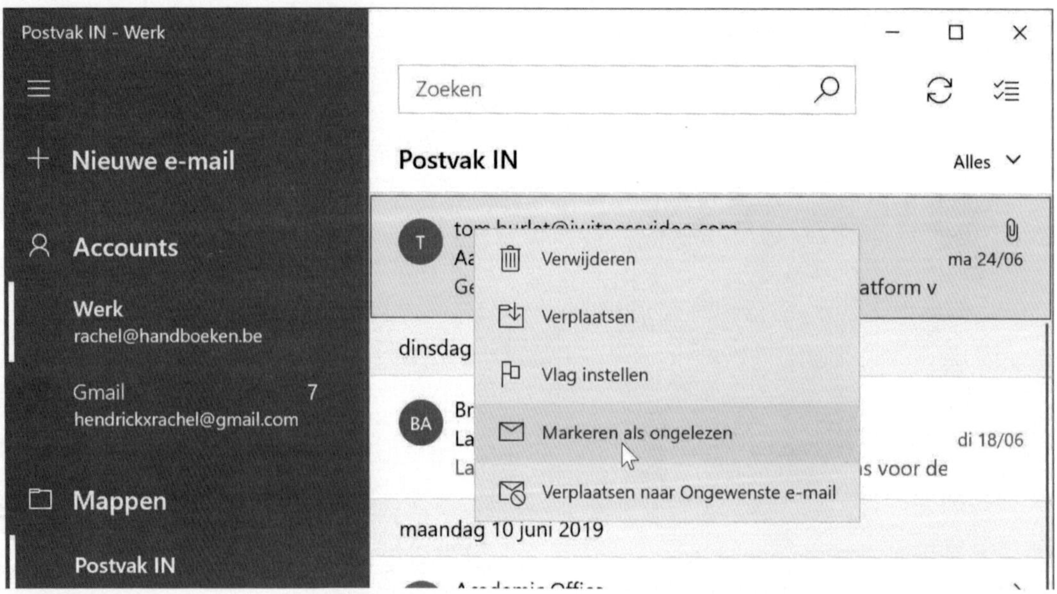

Nieuwe berichten automatisch ontvangen

Standaard is Mail zo ingesteld dat het meteen na het opstarten van het programma en daarna automatisch controleert of je nieuwe berichten hebt. Je kan dit aanpassen per account. Zie verder.

Nieuwe berichten meteen ontvangen

Verwacht je een dringend bericht, dan kan je via de knop Synchroniseren meteen controleren of er nieuwe berichten zijn.

Lezen van een bericht

Een bericht kan je lezen in een zijvenster van het hoofdvenster, indien dit breed genoeg is:

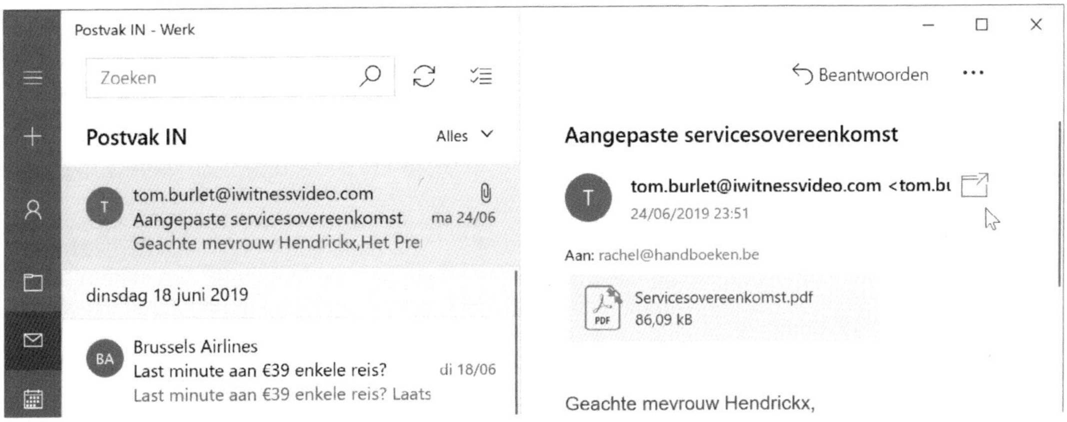

Via de knop ☐ in de rechterbovenhoek kan je het bericht in een apart venster openen.

Bijlagen bekijken

Een bericht met een bijlage heeft in de berichtenlijst een paperclip pictogram in de rechterbovenhoek, boven de datum. Voor bepaalde bijlagen ben je best voorzichtig: foto- en pdf-bestanden zijn meestal veilig en betrouwbaar, zeker als je de afzender kent en betrouwt.

Potentieel onveilige bijlagen

Wees uiterst voorzichtig met Word-bestanden, die kunnen schadelijke macro's bevatten. Macro's bevatten kleine commando's die bij het openen van het bestand uitgevoerd worden en mogelijk schade aan de computer toebrengen of zelfs een virus installeren! In het onderstaande voorbeeld werd door een onbekende afzender een Word-document als bijlage bij een bericht meegestuurd:

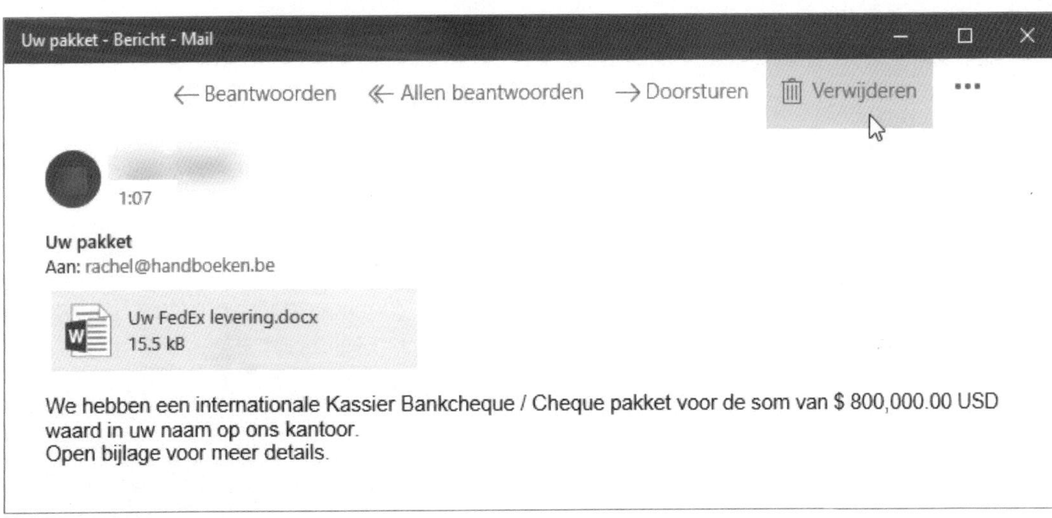

We kennen de afzender (een bekende koerierdienst), maar zijn geen klant van dit bedrijf. De inhoud van het bericht is vals en dus openen we in geen geval de bijlage. Meteen verwijderen is de enige goede optie! **Tip**: om het malafide bericht meteen te verwijderen, zonder dat het in de map Verwijderde items terechtkomt, selecteer je het bericht en druk je op Shift+Delete op je toetsenbord. Het is nu definitief gewist.

Ook met zip-bestanden (gecomprimeerde mappen) ben je uiterst voorzichtig. Die kunnen om het even wat bevatten. Webpagina's als bijlage (.html of .htm bestanden) zijn ook uiterst verdacht, ze kunnen een link bevatten naar een malafide website. Zie ook thema 8.

Veilige bijlagen

Is de bijlage een foto, dan wordt die meteen getoond in het leesvenster. Klik op de foto om die in een apart programma te openen:

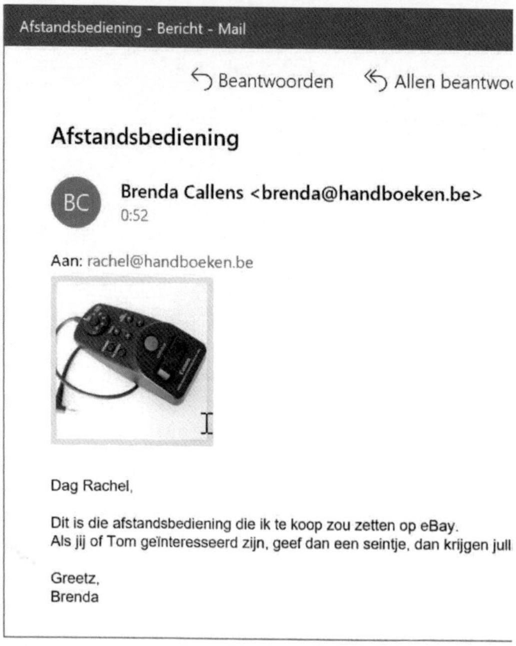

Ook andere bijlagen kunnen geopend worden door er op te klikken. Je kan de bijlage ook downloaden naar een map op je harde schijf (waar je eventueel nog eens een virusscanner op kan loslaten) door het aan te klikken met de rechtermuisknop:

Kies Opslaan. Je kan daarna bladeren naar een map op de harde schijf waar je de bijlage wenst te bewaren. De bijlage blijft daarna nog steeds in het e-mailbericht aanwezig.

Beantwoorden of doorsturen

Een ontvangen bericht kan je beantwoorden of doorsturen:

- ⮌ **Beantwoorden** (Reply): je wil een antwoord sturen naar de persoon die de mail verstuurd heeft. (enkel 'Aan')
- ⮌ **Allen beantwoorden** (Reply all): je wil een antwoord sturen naar iedereen die in de hoofding staat. (zowel 'Aan' als 'CC')
- → **Doorsturen** (Forward): je wenst het bericht door te sturen naar iemand anders. Hier moet je zelf een bestemmeling kiezen.

Tip: Wanneer er een bijlage aan het bericht hangt, dan wordt deze bij het **beantwoorden** van het bericht **niet** opnieuw meegestuurd. Er wordt enkel melding van gegeven dat het oorspronkelijke bericht een bijlage bevatte. Bij **doorsturen** worden de bijlagen echter **wel** opnieuw meegestuurd.

Open eerst het ontvangen bericht door het aan te klikken in Postvak IN. In de balk bovenaan kan je nu kiezen voor Beantwoorden, Allen beantwoorden of Doorsturen:

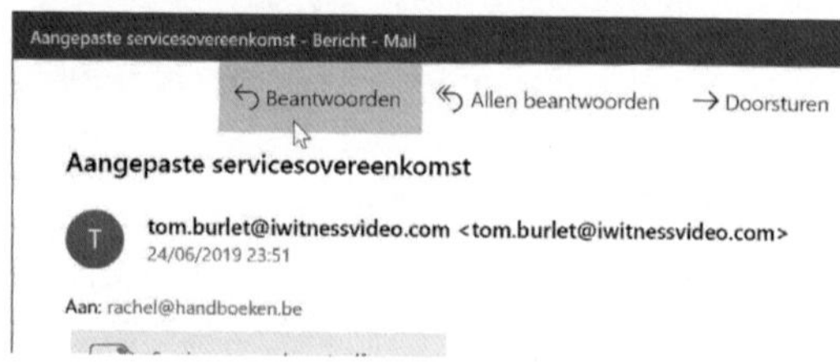

Kies één van de antwoordmogelijkheden en een venster, vergelijkbaar met het venster 'Nieuw bericht' verschijnt. Het bericht dat je beantwoordt, wordt automatisch ingevoegd. Het onderwerp wordt ook automatisch ingevuld. Vóór het onderwerp staat Re: (Reply) of Fw: (Forward):

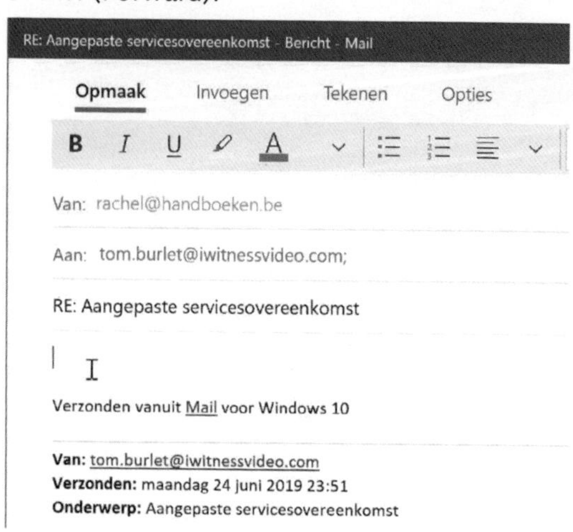

Berichten die je beantwoord hebt, krijgen een markering in de map Postvak IN, namelijk een symbool dat overeenstemt met het soort antwoord, dus ↩, ↩↩ of →:

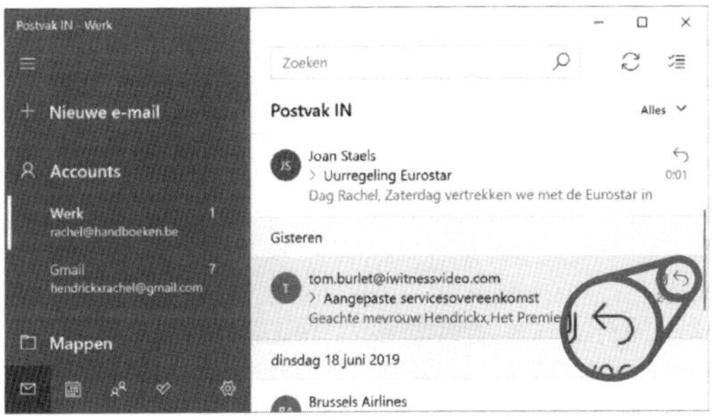

Berichten verwijderen

In Postvak IN (of andere e-mailmap)

Blader je door de inhoud van een e-mailmap, zoals Postvak IN, dan kan je een bericht selecteren waarna je in de rechterbovenhoek een prullenmandpictogram kan aanklikken om het bericht te verwijderen. Denk er aan dat het verwijderde bericht nog beschikbaar is in de map Verwijderde items (zie verder).

In het berichtvenster

Wil je een geopend bericht verwijderen, klik dan op de knop Verwijderen bovenaan, of eventueel via het menu Meer in de rechterbovenhoek van het berichtvenster:

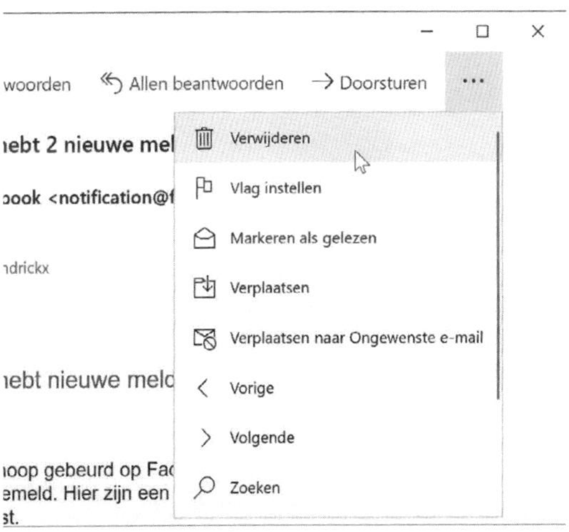

Op een aanraakscherm kan je op het bericht naar links vegen om het te verwijderen (zie ook accountopties verderop in dit onderwerp).

Meerdere berichten verwijderen

Via de knop Selectiemode rechtsbovenaan in het hoofdvenster kan je meerdere items selecteren. Die je kan je daarna allemaal samen verwijderen via het prullenbakpictogram:

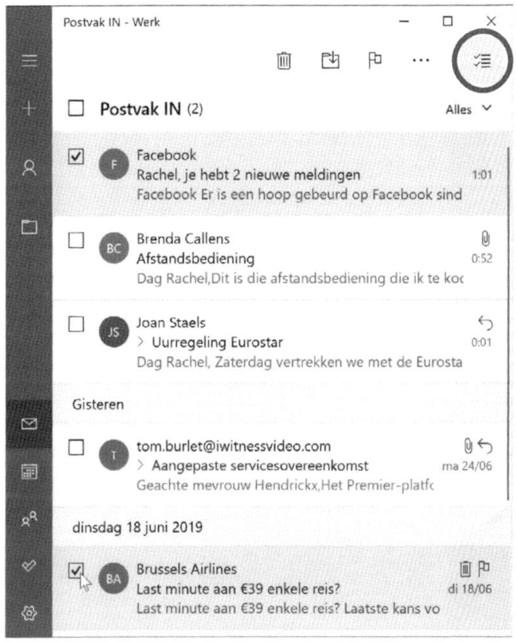

Een geselecteerd bericht, of meerdere geselecteerde berichten, kunnen ook verwijderd worden via de Delete-toets op je toetsenbord.

Tip: Je kan een bericht meteen definitief wissen door het bericht te selecteren en de toetsencombinatie Shift-Delete te gebruiken.

SNELTOETSEN

Geselecteerd bericht verwijderen

Delete

Geselecteerd bericht definitief verwijderen

Shift Delete

Verwijderde items bekijken

De map Verwijderde items is waarschijnlijk niet rechtstreeks opgenomen in het hoofdmenu van Mail. Klik onder Mappen op Meer. Je krijgt nu alle mappen te zien, ook Verwijderde items:

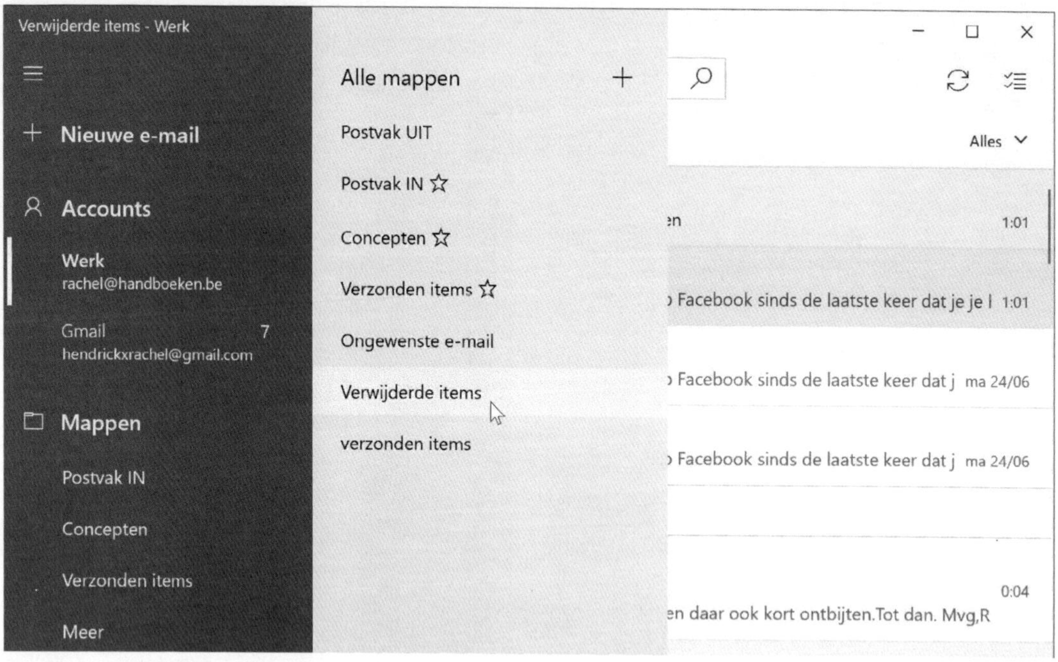

Tip: De mappen met een sterretje zijn rechtstreeks zichtbaar in het menu (hier: Postvak IN, Concepten en Verzonden items). Wil je ook Verwijderde items rechtstreeks in het menu zetten, klik dan met de rechtermuisknop op de naam van de map en selecteer 'Toevoegen aan Favorieten'.

Je kan een bericht uit Verwijderde items en terug in Postvak IN plaatsen door er met de rechtermuisknop op te klikken en vervolgens Verplaatsen te kiezen. Je kan nu de map opgeven naar waar je het bericht wil verplaatsen, bijvoorbeeld Postvak IN. Verwijder je een bericht in de map Verwijderde items, dan is het bericht definitief verwijderd.

Map Verwijderde items leegmaken

Wanneer je zeker bent dat je geen enkel bericht uit de map Verwijderde items nog nodig hebt, dan klik je met de rechtermuisknop op de naam van de map en selecteer je de optie 'Map leegmaken':

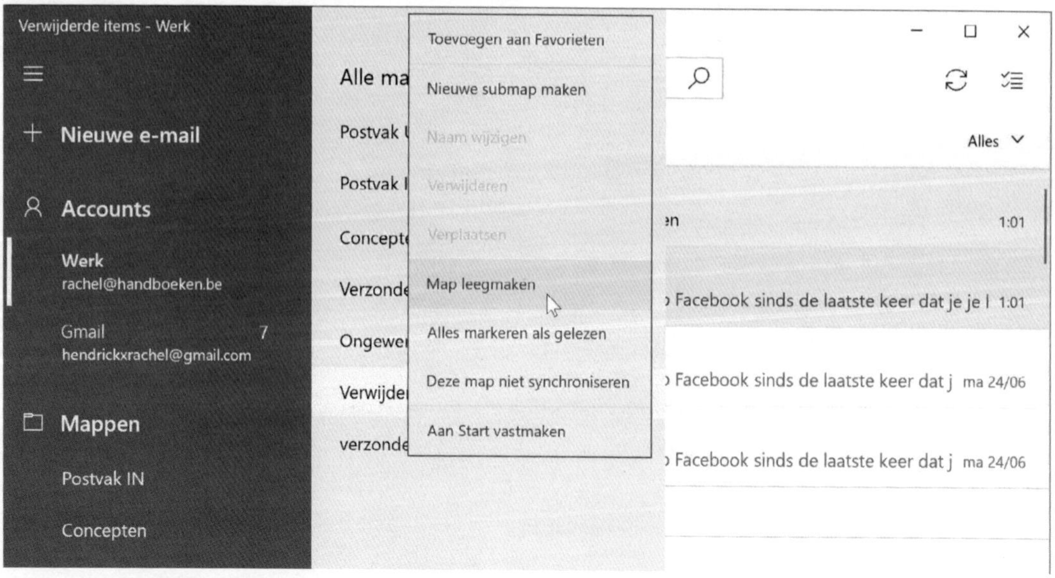

Berichten afdrukken

Het is niet goed voor het milieu, maar toch kan het af en toe nuttig zijn om een e-mailbericht af te drukken, bijvoorbeeld wanneer er een wegbeschrijving of een adres instaat waar je naartoe moet gaan voor een afspraak. Open het gewenste bericht. Kies in het menu Meer voor Afdrukken:

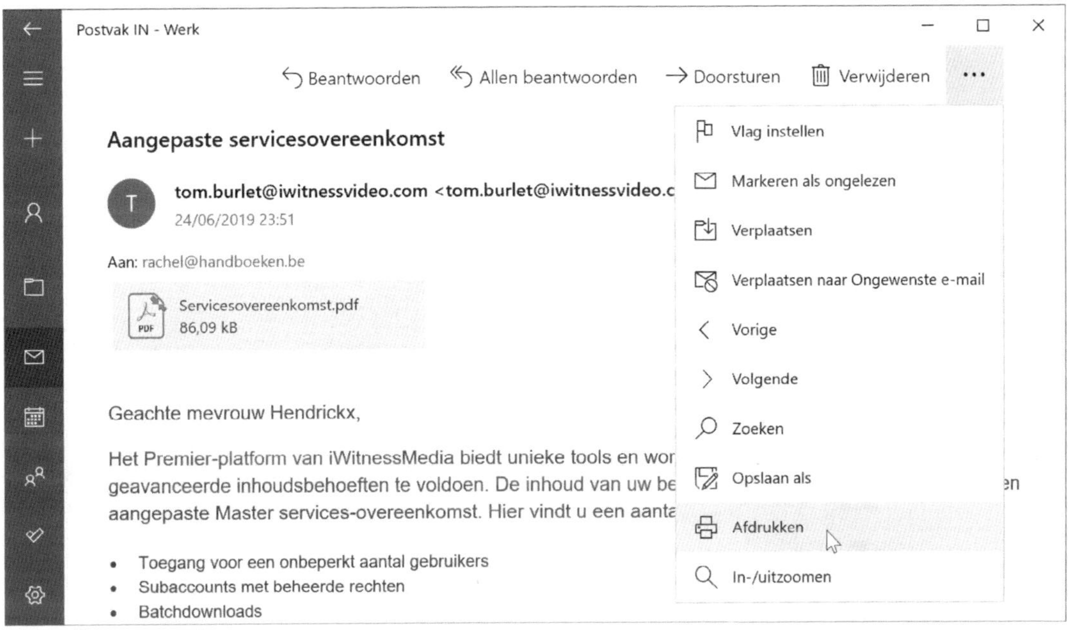

Het afdrukdialoogvenster verschijnt. Kies de gewenste printer en opties en klik op Afdrukken. **Tip**: Bij het afdrukken van een bericht met bijlagen, worden de bijlagen niet mee afgedrukt.

Berichten markeren

Berichten die je wil opvolgen, kan je markeren met een vlagje. Dat kan handig zijn, want In Postvak IN kan je nadien filteren op berichten mét een vlagje. Zweef met de muisaanwijzer boven het bericht. In de rechterbovenhoek zie je, naast het vuilbakje ook een vlagje. Klik hier op om het bericht te markeren:

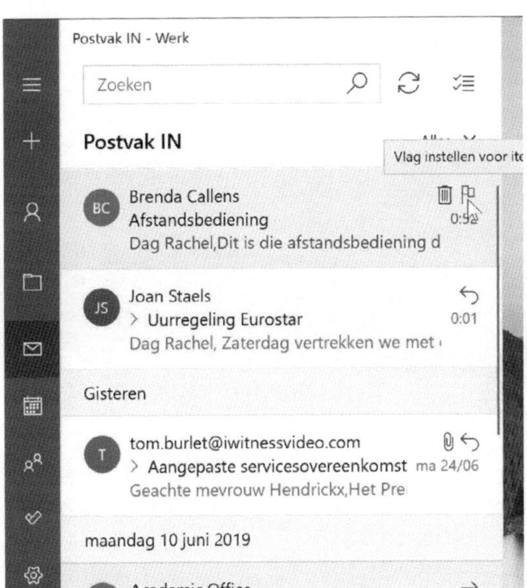

Op dezelfde manier kan je de markering later weer weghalen. Gemarkeerde berichten krijgen in Postvak IN een speciale kleur. Wil je alle gemarkeerde berichten samen oplijsten, stel dan de filter 'Met vlag' in:

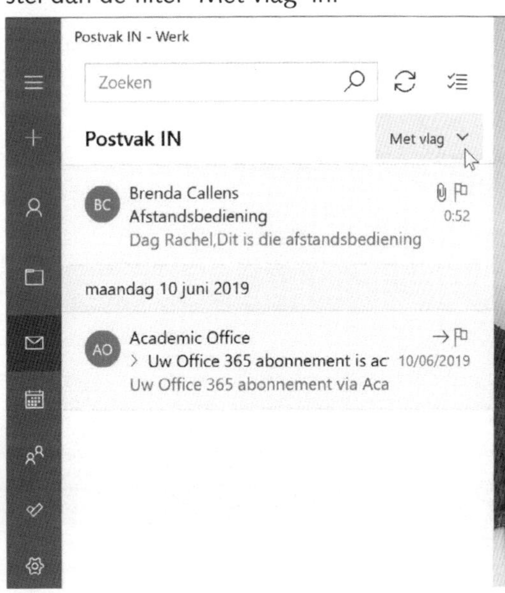

Tip: Op een aanraakscherm kan je op het bericht naar rechts vegen en vervolgens tikken om het bericht een markering te geven (of om het te wissen).

Handtekening

Wanneer je een zakelijke brief schrijft, dan zal je deze afsluiten met een aantal vaste regels en uw handtekening, bijvoorbeeld:

Met vriendelijke groet,

Jaak Heytens
Zaakvoerder Pulse N.V.

Dergelijke handtekening (Signature) kan je ook in e-mail berichten gebruiken. Met Mail kan je dit zelfs automatisch laten invoegen in elk nieuw bericht.

Kort en bondig

Een e-mail handtekening bevat best maar een aantal lijntjes, bijvoorbeeld:

- Afsluitende zin, b.v. 'Met vriendelijke groet'.
- Uw naam en functie.
- De naam van uw bedrijf of organisatie.
- Uw zakelijk telefoon- en faxnummer.
- Website en/of uw zakelijk adres.
- Eventueel de slogan van het bedrijf of een favoriete quote.

Handtekening instellen

1 Klik in het hoofdvenster van Mail op de knop Instellingen.

2 Onder Handtekening kan je het standaardzinnetje aanpassen:

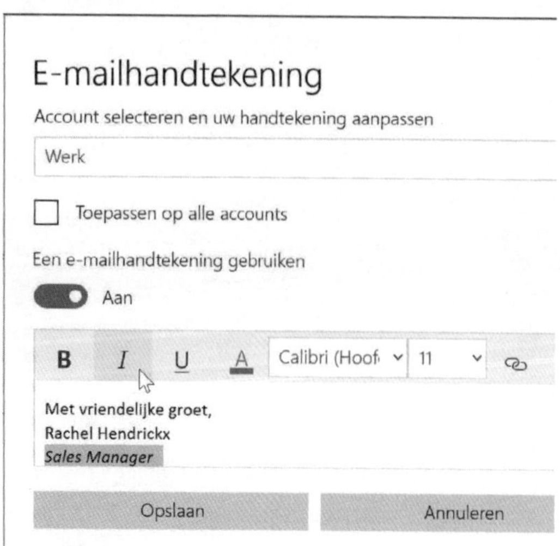

3 Test de handtekening uit door een nieuw e-mailbericht te starten.

OEFENINGEN 2

1 Controleer of je nieuwe berichten ontvangen hebt. Probeer in de e-mail met het Word-document in bijlage uit de vorige oefening, de bijlage op twee manieren te bekijken: zonder zelf Word eerst te starten en daarna door de bijlage op te slaan en ze via Word te openen.

2 Verstuur een bericht naar jezelf én twee collega cursisten waarvan er één in cc moet staan. Verzend dit bericht met hoge prioriteit.

3 Maak een nieuwe handtekening aan. Gebruik een paar lijnen tekst en eindig met uw persoonlijk motto (b.v. 'Pluk de dag'). Laat vanaf nu deze handtekening automatisch bij elk bericht toevoegen.

4 Controleer opnieuw of je nieuwe berichten ontvangen hebt. Markeer het bericht uit stap 2.

Mappen

In een dossierlade bewaar je informatie in hangmapjes, in Mail bewaar je berichten in mappen. Net zoals je in Windows Verkenner mappen en submappen kan aanmaken, zo kan je ook in Mail extra mappen maken. E-mailberichten kunnen dan verplaatst of gekopieerd worden van de ene map naar de andere. Zo kan je in Postvak IN een submap aanmaken om jouw persoonlijke e-mail in te bewaren. Of je kan een nieuwe map aanmaken voor de berichten van een belangrijke klant.

Standaardmappen

Voor elke e-mailaccount zijn er een aantal vaste mappen voorzien. Postvak IN is de hoofdmap. Daarin komen alle nieuwe berichten terecht. Daarnaast heb je meestal nog deze mappen ter beschikking:

- Concepten: deze map bevat berichten die je begonnen bent, maar die nog niet verzonden werden.
- Verzonden items of Sent: deze map bevat de door jou reeds verzonden e-mailberichten.

- Verwijderde items of Trash: is de prullenbak van Mail. Alle door jou verwijderde e-mailberichten zijn hier nog te recupereren.
- Ongewenste e-mail of Spam: hier komen berichten in die door de spamfilter van Mail als ongewenst worden beschouwd.

Tip: Meer informatie over spam lees je in het volgende thema.

Nieuwe submap maken

Ga als volgt te werk om een nieuwe submap aan te maken in één van de standaardmappen:

1 Klik in het menu, onder Mappen op Meer zodat je alle mappen ziet.

2 Klik met de **rechter**muisknop op een bestaande map, bijvoorbeeld Postvak IN en kies 'Nieuwe submap maken' in het snelmenu:

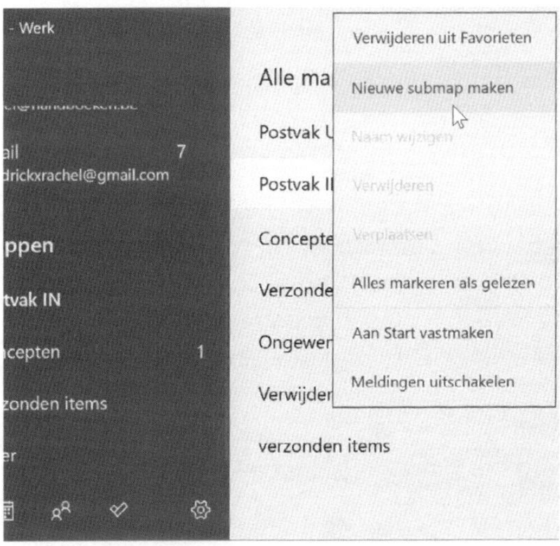

3 Geef een passende naam aan de map en druk op Enter:

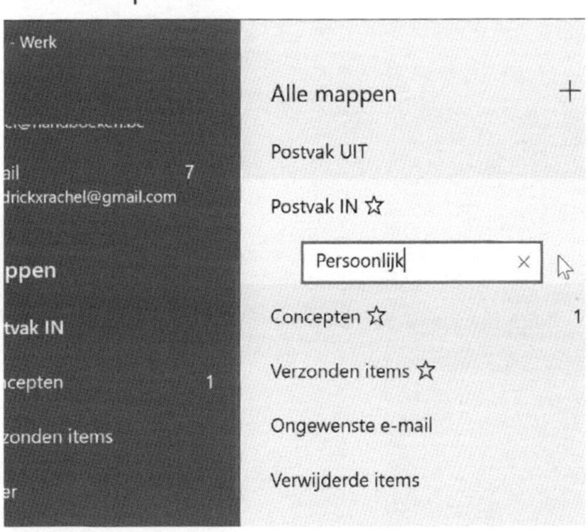

4 De nieuwe map werd aangemaakt.

Nieuwe hoofdmap maken

Naast submappen kan je ook een nieuwe map op het niveau van Postvak IN maken:

1 Klik in het menu, onder Mappen op Meer zodat je alle mappen ziet.

2 Klik bovenaan de lijst met alle mappen op de knop '+':

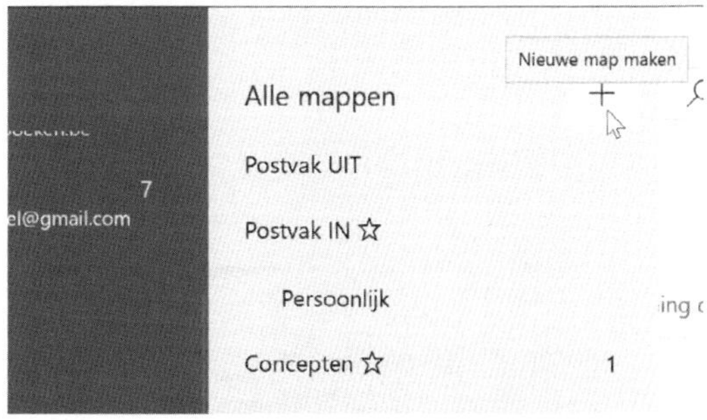

3 Geef een passende naam aan de map en druk op Enter:

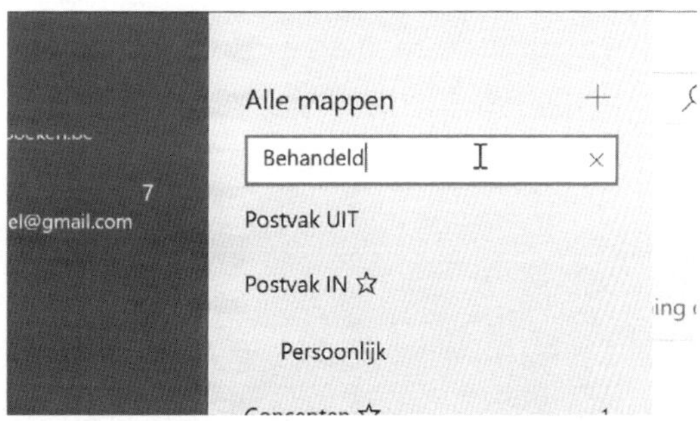

Mappen herschikken

E-mailmappen kunnen gemakkelijk verplaatst worden door ze in de mappenlijst te verslepen naar een nieuwe positie:

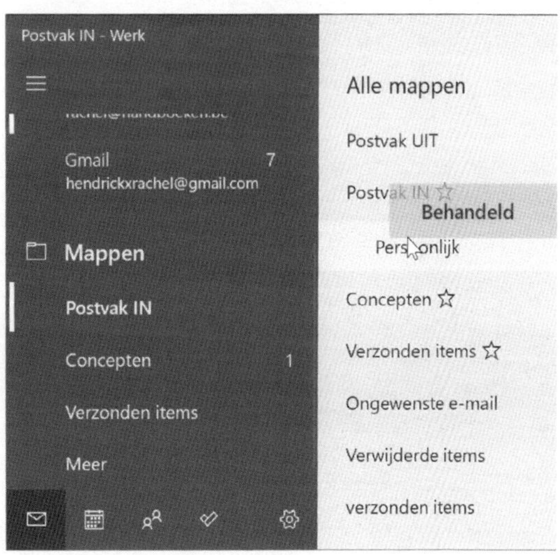

Map verwijderen

Een map verwijderen is heel eenvoudig, maar let op: de e-mails in de map worden ook definitief verwijderd! Kijk dus eerst na of er geen belangrijke berichten in een map zitten alvorens je deze verwijderd. Wil je de map echt verwijderen, klik er dan op met de rechtermuisknop en selecteer Verwijderen. Bevestig dat je de map én inhoud definitief wil wissen:

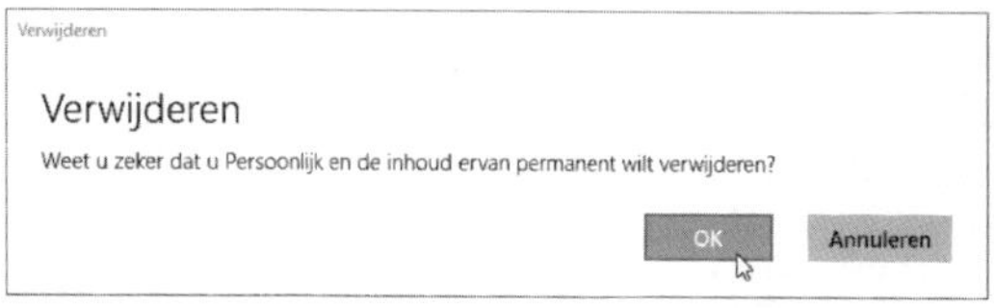

Berichten verplaatsen

E-mails kan je snel van de ene naar de andere map **verplaatsen** door ze te verslepen van de berichtenlijst naar de juiste map in de mappenlijst in het menu. Sleep het item over het pictogram mappen en Mail toont meteen alle E-mailmappen. Je kan nu het item loslaten boven de gewenste map:

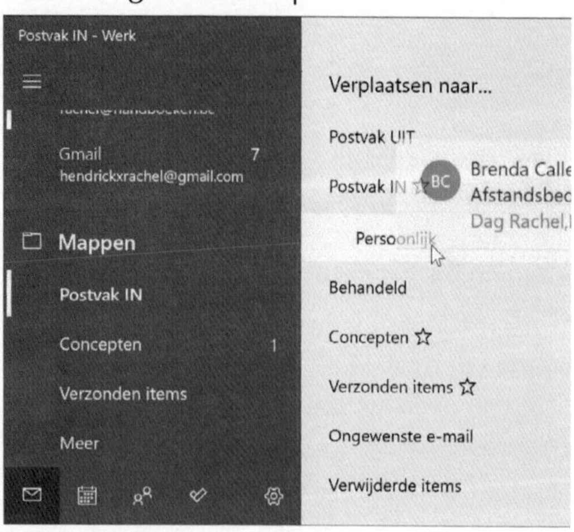

Tip: Vind je slepen met de muis te moeilijk, klik dan met de rechtermuisknop op het te verplaatsen bericht, selecteer Verplaatsen en kies de gewenste doelmap:

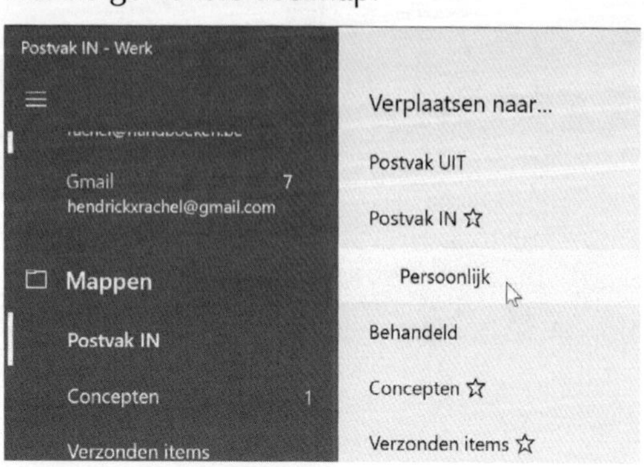

OEFENINGEN 3

1 Maak in Postvak IN een nieuwe map 'Oefeningen' aan.

2 Verplaats het e-mailbericht met de Word-bijlage naar de map 'Oefeningen' door het te verslepen met de muis.

3 Verplaats het e-mailbericht met de hoge prioriteit uit stap 2 van de vorige oefeningenreeks naar de map 'Oefeningen' zonder te slepen met de muis.

4 Verwijder het bericht met de hoge prioriteit uit Postvak IN.

5 Vind je bericht dat je net gewist hebt terug in de map 'Verwijderde items'?

6 Verwijder het bericht in de map 'Verwijderde items'.

Kleuren en achtergrondafbeelding

Gebruik je de app Mail dagelijks, dan kan het leuk zijn om het venster te personaliseren. Je kan een kleurmodus (licht of donker), een accentkleur en een achtergrondfoto kiezen via Instellingen ▸ Persoonlijke instellingen:

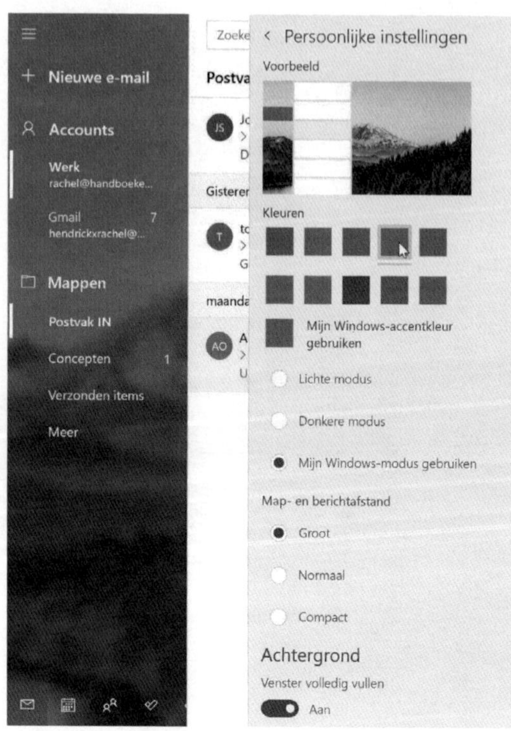

Accountopties

Tijdens het ingeven van een nieuwe account heb je nog niet alle instellingen kunnen meegeven. Meer opties kies je als volgt:

Wachtwoord en gebruikersnaam

1 Klik op de knop Instellingen in de menubalk van Mail. Klik verder op Accounts beheren.

2 Klik op de account waarvoor je opties wil bekijken of aanpassen. Je ziet nu jouw gebruikersnaam en het vak voor het wachtwoord:

Je gebruikersnaam kan je niet veranderen, die is namelijk gekoppeld aan een account. Het wachtwoord kan je veranderen, bijvoorbeeld indien je om veiligheidsredenen van je netwerkbeheerder een nieuw wachtwoord hebt gekregen of indien je zelf een nieuw wachtwoord gekozen hebt via jouw internetprovider of e-maildienst.

Synchronisatie-instellingen

3 Klik op 'Synchronisatie-instellingen voor postvak wijzigen'.

4 Je kan hier bepalen hoe vaak er gecontroleerd moet worden op nieuwe berichten en tot hoe ver terug in de tijd moet gekeken worden (standaard: drie maanden):

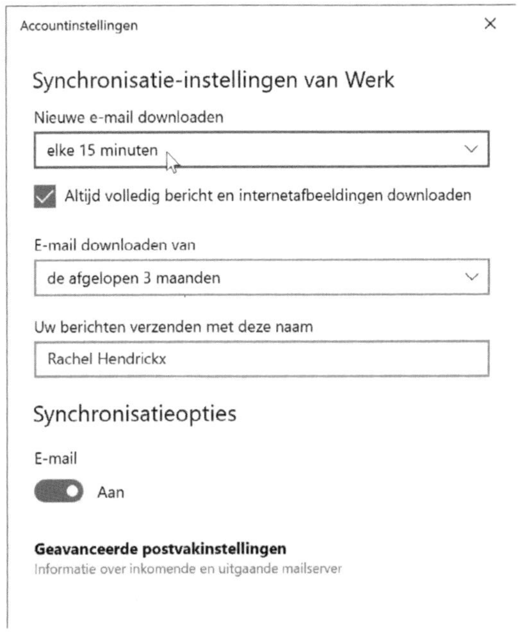

Serverinstellingen

5 Heb je een POP3- of IMAP-account, dan kan je helemaal onderaan in het dialoogvenster, onder 'Geavanceerde postvakinstellingen' de mailservers controleren of aanpassen:

6 De adressen van de inkomende en uitgaande server worden nu getoond:

In principe wijzigen de namen van deze servers zelden of niet. ■

Webgebaseerde e-maildiensten

E-mail clients, zoals Mail, bieden veel mogelijkheden, maar je hebt ze op één computer geïnstalleerd. Ben je zeer mobiel, dan kan een webgebaseerde e-maildienst voor jou interessant zijn.

E-mailaccount online beheren

Iedereen met een internetverbinding thuis heeft een e-mailaccount bij de provider. Bijna alle providers laten toe je e-mail via hun webpagina's te raadplegen. Zo kan je ook op vakantie of op een andere locatie, waar ook ter wereld, je e-mailberichten nakijken. Je hebt dan slechts deze gegevens nodig:

- Het adres van de webmailpagina op de website van jouw provider. Bijvoorbeeld mail.telenet.be voor Telenetklanten of webmail.proximus.be voor Proximusklanten.
- Je eigen e-mailadres.
- Het wachtwoord voor e-mail.

Tijdens het aanmelden op de website van je provider zullen deze laatste twee gegevens voldoende zijn om toegang te krijgen, zoals hier bij Proximus:

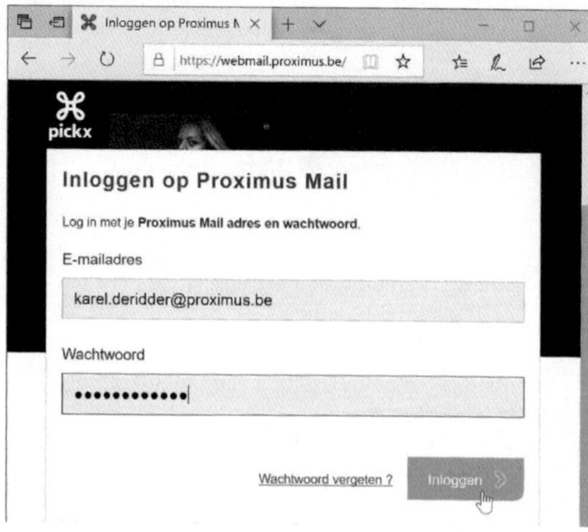

Webmail van Telenet. Je kan e-mails bekijken en beantwoorden. Gebruik je IMAP, dan zal je de hier verzonden e-mailberichten later ook in je e-mailclient terugvinden.

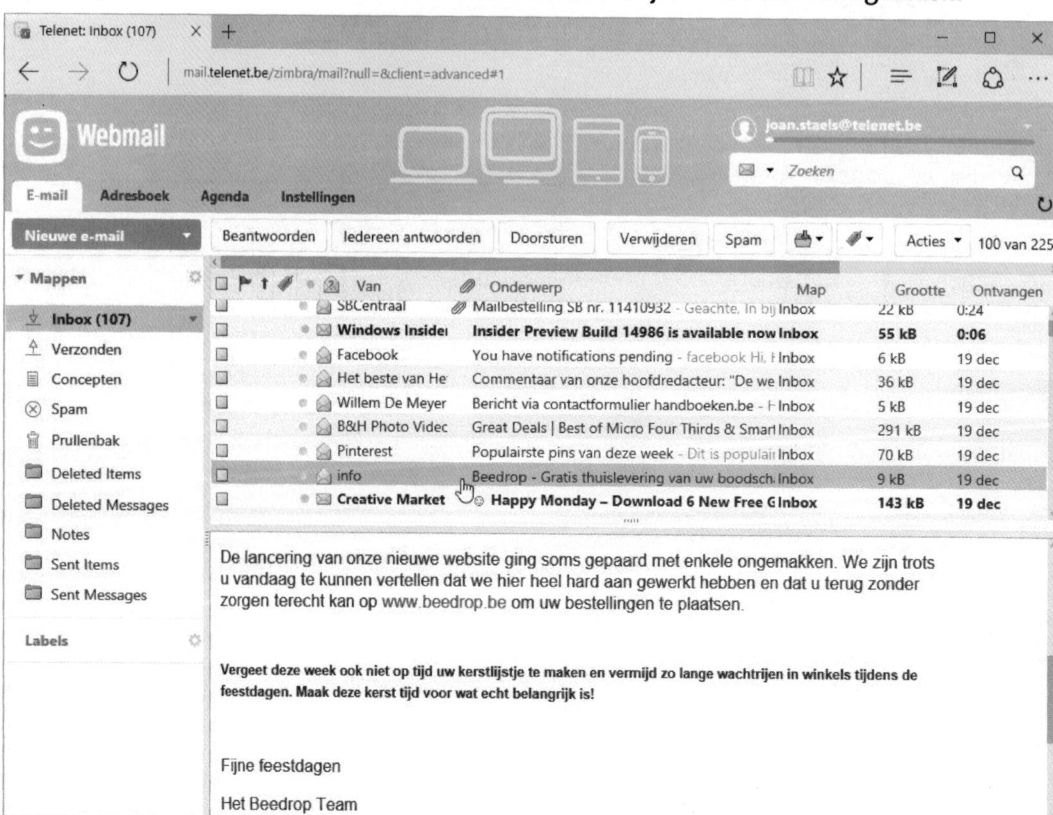

Webgebaseerde e-mailaccounts

Webgebaseerde e-maildiensten zijn interessant voor wie helemaal nog geen e-mailadres heeft of voor wie een gratis tweede (of derde) e-mailadres wil gebruiken. Om spam en reclameberichten te vermijden in je eerste e-mailaccount, is het een goed idee om het tweede e-mailadres te gebruiken wanneer je deelneemt aan online wedstrijden of wanneer je om andere redenen verplicht bent een e-mailadres in te vullen terwijl je dit eigenlijk niet wil. Er is intussen een ruime keuze aan webgebaseerde e-maildiensten. Ze zijn gratis, maar ze tonen reclameberichten op hun webpagina's.

HTTP en HTML

Webgebaseerde e-maildiensten werken via het HTTP-protocol en met HTML-pagina's. Dus kan je via een internetbrowser vanaf eender welke computer, tablet of smartphone met internetverbinding jouw e-mails raadplegen en nieuwe e-mails versturen. Je hebt enkel je e-mailadres en het wachtwoord nodig om aan te melden. Zo kan je op het werk of op vakantie zonder probleem je e-mails ontvangen en versturen. Net zoals bij POP3 en IMAP kan je ook hier bijlagen verzenden en ontvangen, berichten beantwoorden of doorsturen.

Niet lokaal

Bij een POP3 e-mailaccount staan de verzonden en ontvangen berichten enkel op de lokale computer. Bij IMAP staan de berichten zowel op de online mailserver van de dienstverlener als op de lokale computer (tenminste, wanneer je gebruik maakt van een e-mailclient zoals Mail). De ontvangen en verzonden e-mailberichten van een webgebaseerde e-maildienst staan echter enkel op de server van de aanbieder. Zonder internetverbinding kan je dus je reeds ontvangen berichten niet lezen! Dat is een mogelijk nadeel. Sommige e-mailclients, waaronder Mail, kunnen ook webgebaseerde e-mail (ook bekend als HTTP e-mail) beheren. Zo kan je dus toch je reeds ontvangen berichten lezen, ook al heb je op dat moment geen actieve internetverbinding.

Gmail

Gmail is de webgebaseerde e-maildienst van internetgigant Google.

Account aanmaken

Wanneer je in de vorige thema's een Google account aanmaakte, dan heb je misschien al een Gmail e-mailadres. Indien niet, dan maak je er als volgt één gratis aan:

1 Browse rechtstreeks naar de website van Gmail: mail.google.com.

2 Klik op de link 'Account maken ▸ Voor mezelf'. Eventueel zal je eerst op de link 'Een ander account gebruiken' moeten klikken.

3 Vul je naam en voornaam in en kies zelf jouw @gmail.com e-mailadres, bestaande uit letters, cijfers en punten. De kans is groot dat iemand met dezelfde naam als jij, het meest voor de hand liggend e-mailadres al ingenomen heeft. Google stelt je dan een aantal alternatieve adressen voor:

Je kan ook zelf een ander alternatief proberen.

4 Vul het formulier verder in. Klik op Volgende stap.

5 Lees en aanvaard de service- en privacyvoorwaarden.

6 Google wil weten of je echt bestaat en zal een verificatiecode via sms sturen naar je GSM-nummer. Dat nummer vul je in de volgende stap in.

7 Je nieuwe e-mailaccount is ingesteld en je kan meteen doorgaan naar Gmail.

Opslagruimte en bijlagen

Omdat je e-mailberichten op de server blijven staan, kan je maar beter voldoende opslagruimte krijgen. Gmail biedt je op dit moment (september 2019) 15 Gb aan gratis opslagruimte, wat uiteraard veel, maar niet onbeperkt is. Bijlagen bij een e-mailbericht kunnen maximaal 25Mb groot zijn. Dat is vrij veel en waarschijnlijk meer dan bij jouw internetprovider.

Inbox

In dit kader tonen we de belangrijkste onderdelen van Inbox, het Postvak IN van Gmail:

Meer
Actie toepassen op geselecteerde berichten.

Instellingen
Selecteer een layout of configureer jouw Gmail account.

Titel
Toont het actieve onderdeel van het venster, hier: E-mail met Inbox geopend.

Vernieuwen
Controleren op nieuwe berichten.

Sociaal
Berichten van Facebook, YouTube of andere sociale media, worden hier ondergebracht

Zoeken
Zoek via trefwoorden naar ontvangen e-mailberichten

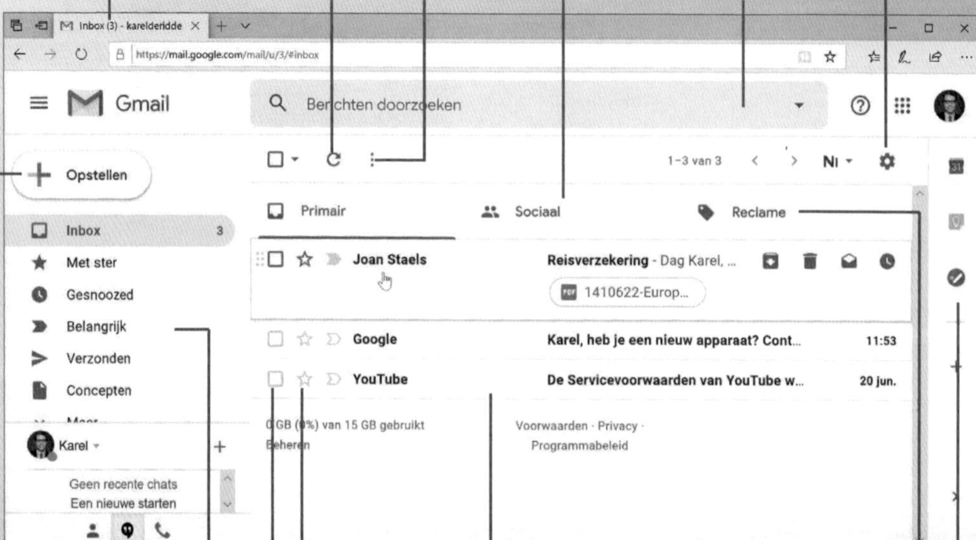

Opstellen
Klik hier om een nieuw e-mailbericht te versturen.

Berichtenlijst
Toont alle berichten uit een gekozen map (hier: Inbox). Berichten die bij elkaar horen, worden gegroepeerd. Klik op een bericht en lees het in de nieuwe pagina.

Reclame (spam)
Gmail detecteert wanneer een bericht een reclameboodschap bevat en plaatst deze in de rubriek Reclame.

Mappenlijst
Naast virtuele mappen (bevatten berichten met een bepaald label, zoals Belangrijk) staan hier ook de mappen met verzonden, nog niet verzonden (Concepten) en verwijderde (Prullenbak) berichten.

Markeren
Berichten kan je een ster geven of het label 'Belangrijk' meegeven. Gmail leert waarom dit bericht belangrijk is en past het kenmerk 'Belangrijk' op gelijkaardige nieuwe berichten dan automatisch toe. Handig!

Zijvenster
Koppelingen naar: Agenda, Keep, Taken en eventueel Add-ons (plug-ins).

Selectievakjes
Selecteer één of meerdere berichten die je samen wil verplaatsen, verwijderen of wil toekennen aan een label.

Berichten lezen

Klik op de knop Vernieuwen om te controleren of je nieuwe e-mailberichten hebt ontvangen. Die verschijnen dan in de berichtenlijst. Klik op een ontvangen bericht om het volledig te lezen, te beantwoorden of door te sturen. Zie kader hieronder:

Rapporteer als spam
Het bericht wordt verplaatst naar de map Spam.

Verwijderen
Het bericht wordt verplaatst naar de map 'Prullenbak'.

Markeer als ongelezen
Herstel de status 'Gelezen' naar 'Ongelezen'.

Archiveren
Haalt het bericht uit Inbox en plaatst het in de map 'Alle berichten'. Zo houd je de Inbox overzichtelijk.

Snoozen
Bericht korte tijd uit Inbox halen

Verplaatsen
Bepaal naar welke map je het bericht wil verplaatsen.

Labels
Geef het bericht een bestaand label of maak een nieuw label.

Terug
naar Inbox

Meer
Bericht markeren en andere taken.

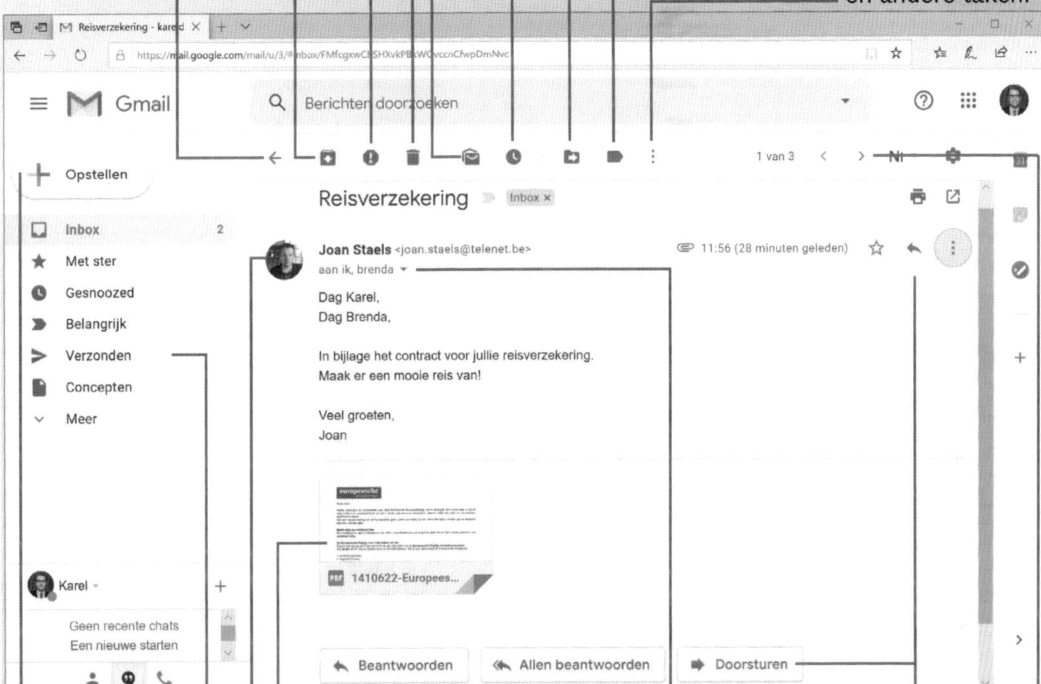

Opstellen
Klik hier om een nieuw e-mailbericht te versturen.

Mappenlijst
Blijft open staan zodat je snel berichten kan bekijken in andere mappen.

Bijlagen kan je meteen openen of eerst downloaden.

Bestemmeling(en) Behalve aan jou kan het bericht ook nog aan andere personen gestuurd zijn.

Afzender
Zweef met de muisaanwijzer over de foto of naam en je kan acties kiezen zoals een videogesprek starten, een e-mail sturen of toevoegen als contactpersoon. Sommige van deze acties kan je ook kiezen in de rechterkolom.

Beantwoorden
Klik op het gekrulde pijltje om de afzender van het bericht te beantwoorden. Andere opties, zoals Doorsturen en Allen beantwoorden zie je in het keuzemenu achter deze knop of in het vak onder het bericht.

Bladeren
naar het vorige of volgende bericht in Inbox

Handtekening

Net zoals bij de app Mail kan je ook in Gmail een handtekening samenstellen, die daarna toegevoegd zal worden aan alle nieuwe berichten:

1 Klik op de knop Instellingen (knop met het tandwielpictogram) en selecteer Instellingen:

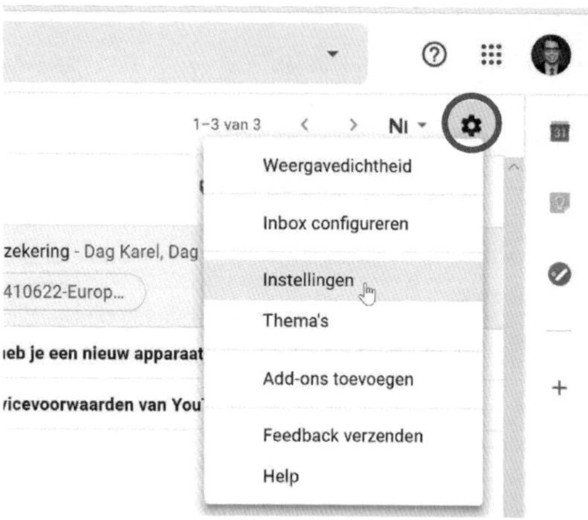

2 Typ in het venster onderaan de pagina, naast de optie Handtekening, de tekst in:

Tip: In tegenstelling tot bij Mail krijg je hier wel opmaakmogelijkheden en via het pictogram 'Afbeelding invoegen' kan je zelfs een afbeelding (logo, foto,...) toevoegen.

3 Klik helemaal onderaan op de pagina op de knop 'Wijzigingen opslaan':

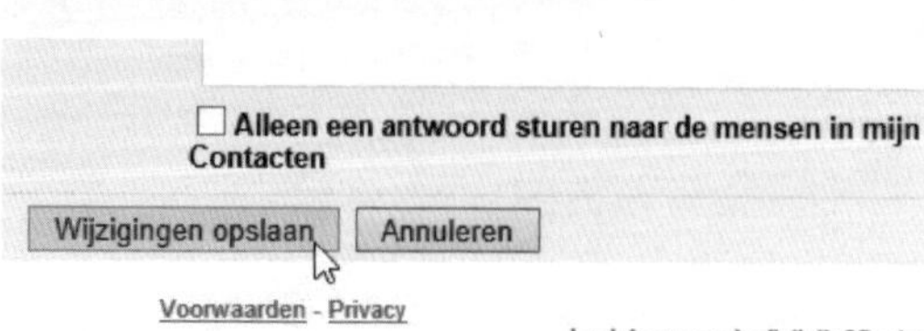

E-mailbericht versturen

Het maken en versturen van een e-mailbericht via Gmail verloopt op zeer gelijkaardige manier als bij Mail:

1 Meld je aan op mail.google.com met je Gmail account. Wacht tot Inbox verschijnt.

2 Klik op de knop Opstellen in de linker bovenhoek van de webpagina.

3 Vul het e-mailadres van de bestemmeling in, het onderwerp en het bericht zelf. Je kan ook namen opgeven in CC of BCC velden.

4 Daarnaast kan je via de knoppen onderaan (zie kader) bijlagen, foto's, hyperlinks (URL's) of smileys toevoegen.

5 Klik onderaan links in het venster op de knop Verzenden.

Uitgesteld verzenden

Heb je nieuwtje dat je pas na een bepaald moment wil of kan meedelen? Of wil je dit jaar iemand niet meer vergeten te feliciteren met zijn of haar verjaardag? Stel dan nu al het e-mailbericht op, maar laat het door Gmail pas verzenden op het juiste moment:

1 Maak het e-mailbericht alvast op via de knop '+Opstellen'.

2 Klik niet op de volle knop Verzenden, maar op het driehoekje in de knop. In het menu kies je de optie 'Verzenden plannen':

3 Kies een voorstel van Gmail (morgen of volgende week) of selecteer de optie 'Kies datum en tijd' en bepaal zelf het moment:

4 Klik op 'Verzenden plannen'. Gmail bevestigt de actie. Je vindt het bericht terug in de map 'Gepland'. Van daaruit kan je het nog altijd aanpassen of verwijderen.

Outlook.com

Voor Windows-gebruikers is Outlook.com een interessante webmaildienst van Microsoft.

Microsoft-account

Bij de installatie van Windows 10 kreeg je de kans aan te melden met een Microsoft-account. Heb je toen een Microsoft-account aangemaakt, dan heb je ook automatisch een Outlook.com account. Dit geldt ook voor iedereen die Skype gebruikt of een account heeft op XBOX Live.

Aanmelden

Weet je niet zeker of je al een Outlook.com account hebt, probeer dan aan te melden op de website outlook.com of outlook.be met je Microsoft, Skype of OneDrive account:

Heb je nog geen Microsoft-account, dan kan je er één gratis aanmaken via de webpagina outlook.com, waar je klikt op de link 'Geen account? Maak er een'. Vul het formulier in. **Tip**: bij Outlook.com kan je tussen verschillende e-mail domeinnamen kiezen, zoals outlook.be:

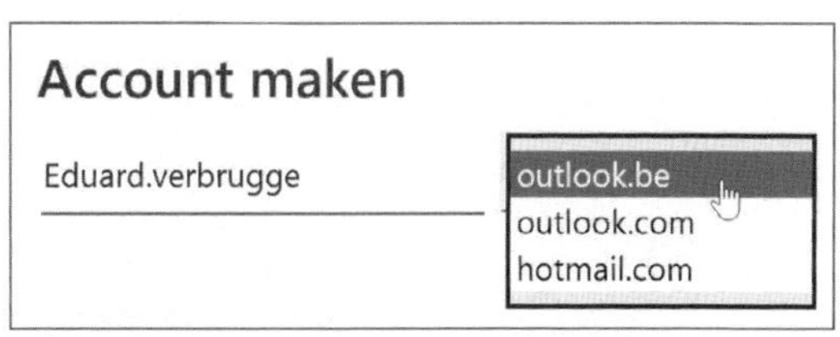

Volg nu de aanwijzingen op je scherm.

Opslagruimte en bijlagen

Net zoals bij Gmail krijg je ook bij Outlook.com 15Gb aan opslagruimte voor e-mails. Bijlagen bij een e-mailbericht kunnen maximaal 34Mb groot zijn.

Werkomgeving met Postvak IN én leesvenster

Meteen na het aanmelden (of meteen na de registratie) kom je terecht in Postvak IN. Die is opvallend sober in vergelijking met Gmail. Één van de voordelen van Outlook.com is de mogelijkheid om tegelijkertijd de inhoud van Postvak IN én een bericht op één scherm te plaatsen. Is het leesvenster, verborgen, zet het dan aan via de knop Instellingen (knop met het tandwiel) in de rechter bovenhoek van het venster. De werkruimte ziet er dan uit zoals in het kader:

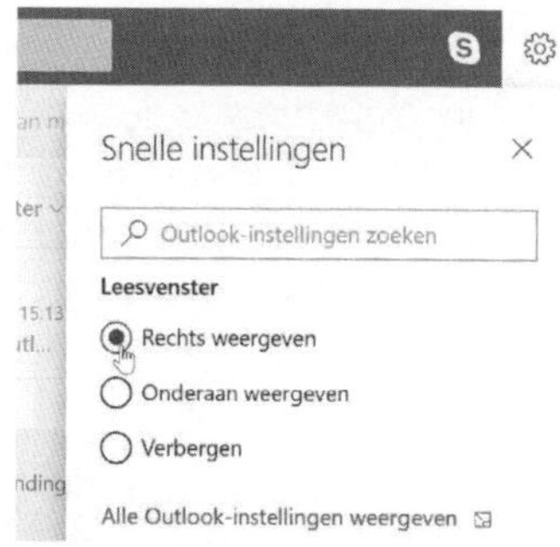

Toepassingen Koppelingen naar: Personen, Agenda, OneDrive,...

Zoeken Zoek via trefwoorden naar ontvangen e-mailberichten.

Instellingen Selecteer een kleurenschema, bepaal de positie van het leesvenster, controleer op nieuwe berichten, wijzig de e-mailinstellingen...

Account Aan-/afmelden of account aanpassen

Nieuw Klik hier om een nieuw e-mailbericht te versturen.

Berichten Chat via Skype

Opdrachten Kies hier wat je met een bericht wil doen.

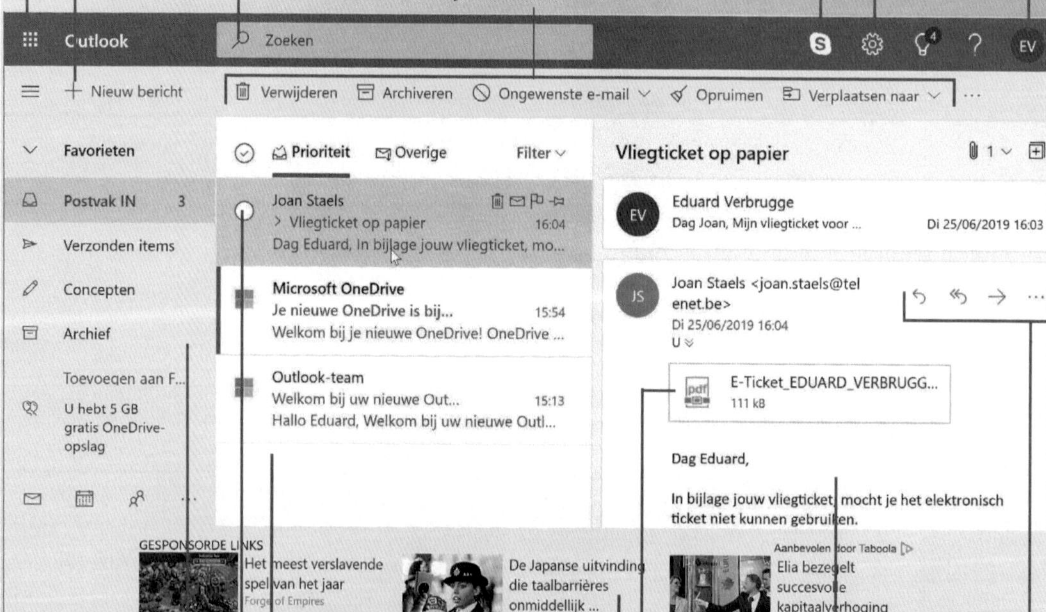

Mappenlijst Hier vind je de mappen voor o.a. verzonden, nog niet verzonden (Concepten), verwijderde berichten en spam (Ongewenste e-mail).

Berichtenlijst Toont alle berichten uit een gekozen map (hier: Postvak IN). Klik op een bericht en lees het in het leesvenster, dubbelklik en lees het in een nieuw venster.

Leesvenster Kan rechts of onder de berichtenlijst getoond worden.

(Allen) Beantwoorden, Doorsturen ... Nog meer opties, vind je in het keuzemenu Acties (...).

Advertenties Bij Microsoft ontsnap je niet aan reclame-blokken!

Bijlagen kan je soms online weergeven (foto, video, pdf...). Je kan ze ook downloaden of naar een OneDrive mappen kopiëren.

Selectierondjes Selecteer één of meerdere berichten die je samen wil verplaatsen, verwijderen of archiveren.

Handtekening

Net zoals bij de app Mail en Gmail kan je ook in Outlook.com een handtekening samenstellen:

1 Klik op de knop Instellingen en selecteer 'Alle Outlook-instellingen weergeven'.

2 Kies, in de rubriek E-mail, 'Opstellen en beantwoorden' ▸ E-mailhandtekening.

3 Vul jouw handtekening in het tekstvak in en vink de eerste optie onder het vak aan:

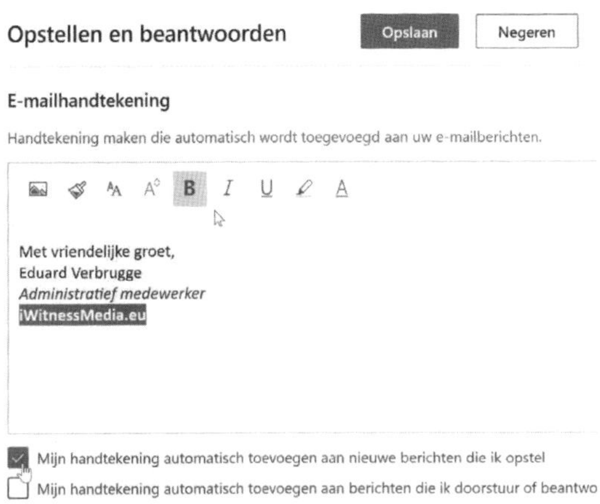

4 Klik daarna bovenaan op Opslaan. Sluit daarna het venster Instellingen.

Tip: In tegenstelling tot bij de app Mail krijg je hier wel opmaakmogelijkheden.

E-mailbericht versturen

Het maken en versturen van een e-mailbericht via Outlook.com verloopt op zeer gelijkaardige manier als bij Mail en Gmail:

1 Meld je aan op Outlook.com met je Microsoft-account. Postvak IN verschijnt.

2 Klik op de knop +Nieuw, bovenaan op de webpagina.

3 Vul het e-mailadres van de bestemmeling in, het onderwerp en het bericht zelf. Je kan ook namen opgeven in CC of BCC velden.

4 Via de knoppen onder het onderwerp (zie kader) kan je de opmaak en de uitlijning bepalen, afbeeldingen of smileys toevoegen.

5 Klik onderaan of bovenaan op de knop Verzenden om het bericht te versturen. ■

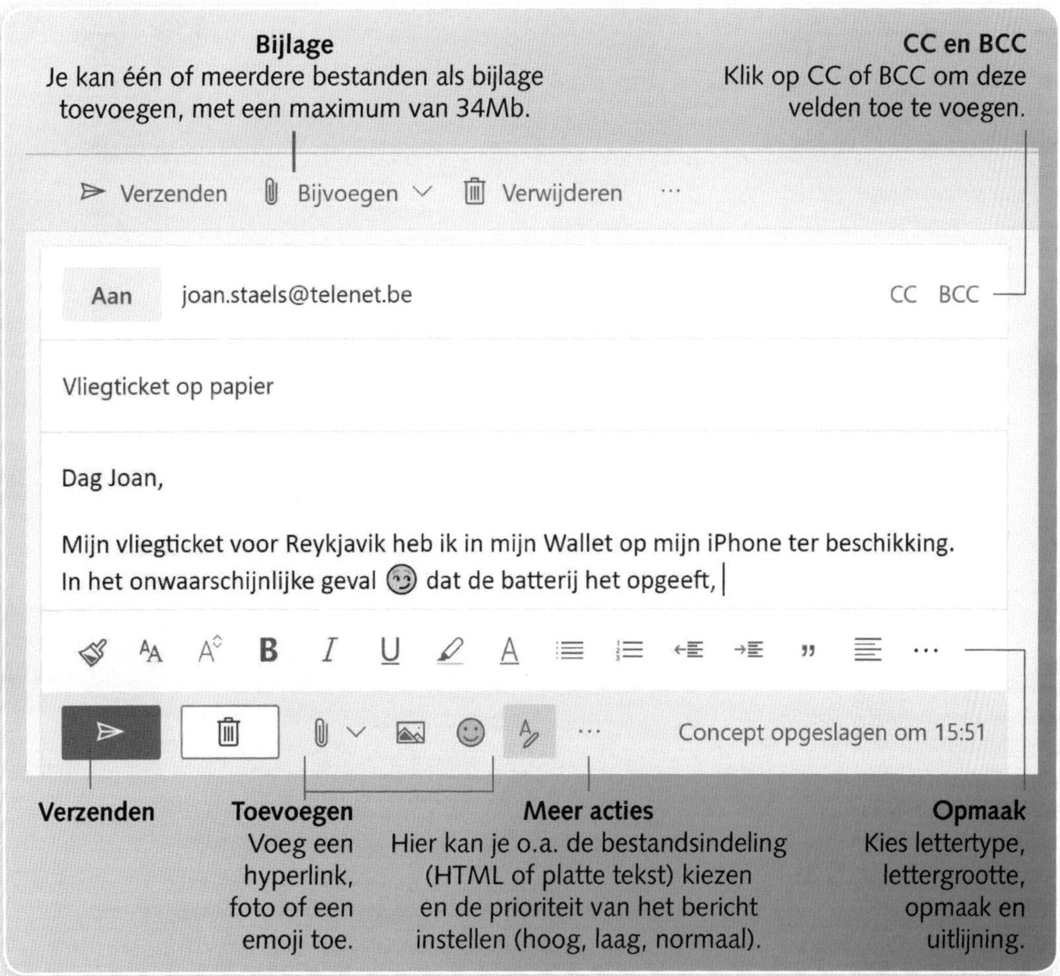

Grote bijlagen verzenden

Je kan via Gmail tot 25Mb aan bestanden meesturen met een e-mailbericht en bij Outlook.com is dat zelfs nog meer. Helaas kan niet iedereen zo'n grote bijlagen ontvangen! Je maakt daarom beter gebruik van speciale diensten voor het verzenden van grote bestanden.

Upload- en downloaddiensten

Nu bijna iedereen in Vlaanderen en Nederland over een snelle breedbandinternetverbinding beschikt, is het technisch mogelijk om volledige foto-albums, muziekbestanden en zelfs videoreportages naar elkaar door te sturen. Volgens de regels van de Netiquette, stuur je best niet ongevraagd grote bijlagen door via e-mail. In het slechtste geval kan dat iemands Postvak IN blokkeren zodat er geen nieuwe berichten meer ontvangen kunnen worden. Voor bestanden groter dan pakweg 10 Mb maak je beter gebruik van een upload- en downloaddienst.

Verzenden

1 Via een webformulier selecteer je één of meerdere bestanden op jouw harde schijf. Daarnaast vul je de e-mailadressen in van één of meerdere bestemmelingen, de personen naar wie je de bestanden wil sturen dus. Je vult ook je eigen e-mailadres in. Vervolgens klik je op verzenden.

2 De dienst laadt jouw bestanden over naar hun server. Daar worden ze gedurende een beperkte tijd op bewaard.

3 De dienst stuurt automatisch een e-mailbericht met een downloadlink naar de bestemmelingen.

Ontvangen

4 De bestemmeling klikt op de link in het e-mailbericht en start met het downloaden van de bestanden via de server van de dienst.

5 De verzender krijgt een e-mailbericht met de boodschap dat één van de bestemmelingen bestanden heeft gedownload.

6 Na verloop van tijd worden de bestanden op de server automatisch verwijderd.

WeTransfer

De op dit moment meest populaire upload- en downloaddienst is zonder twijfel het Nederlandse WeTransfer.com. Dit zijn de belangrijkste mogelijkheden:

- Gratis te gebruiken
- Geen registratie nodig
- Nederlandstalig
- Maximum 2Gb per upload

Verzenden

In het volgende voorbeeld versturen we een videoreportage van onze cruisevakantie naar enkele geïnteresseerde collega's. Het bestand is meer dan 400Mb groot en dus te groot om via e-mail te versturen, zelfs via Outlook.com!

1 Surf naar wetransfer.com. Aanmelden of registreren is niet nodig!

2 De webpagina bestaat uit een grote advertentie met links een klein formulier:

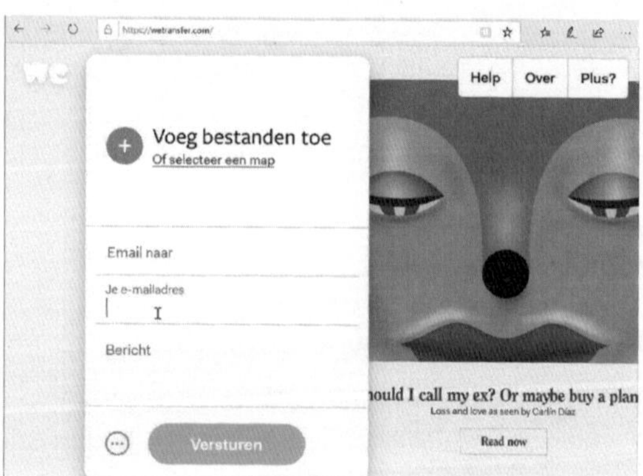

Tip: Klikken op de advertentie onderbreekt het upload- of downloadproces niet.

WeTransfer haalt inkomsten uit dergelijke advertenties en met WeTransfer Plus, een betaalde dienst die o.a. 20 Gb per upload biedt, je bestanden via een wachtwoord extra laat beveiligen en reclame achterwege laat.

3 Klik eerst op de knop 'Voeg bestanden toe':

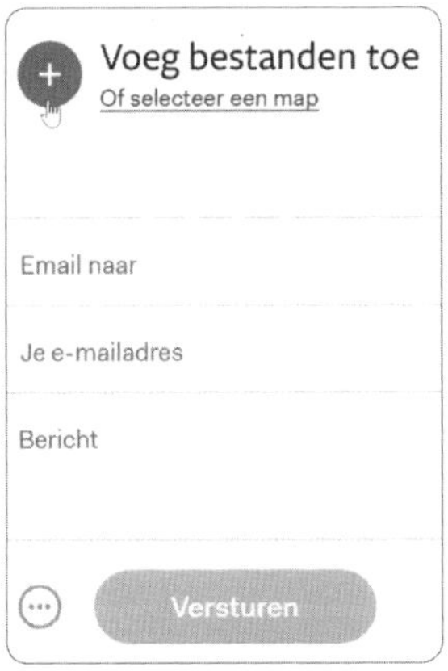

4 Blader naar de map met het bestand en selecteer het (je kan ook meerdere bestanden tegelijk selecteren, met een maximum van 2Gb):

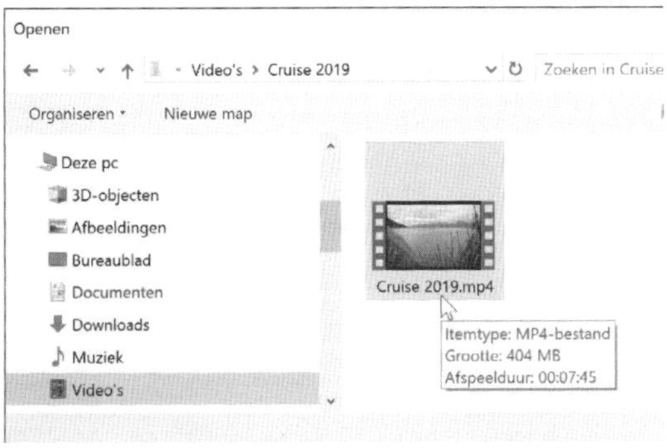

Klik op Openen.

5 De bestandsnaam verschijnt in het formulier. Je leest nu hoeveel Mb je eventueel nog meer kan versturen.

6 Klik in het vak 'E-mail naar' en vul het e-mailadres van de eerste bestemmeling in. Klik daarna opnieuw in het vak voor de volgende bestemmelingen (maximum 20).

7 Vul je eigen e-mailadres in en typ eventueel ook een bericht voor de bestemmelingen.

8 Kijk alles goed na en klik dan op de knop Versturen:

9 Tijdens het verzenden mag je de pagina niet verlaten of de browser afsluiten! Van zodra het bestand (of bestanden) op de server staat (staan), ontvang je een e-mailbericht.

Ontvangen

De bestemmeling krijgt een e-mailbericht met daarin de boodschap dat iemand enkele bestanden heeft doorgestuurd. In het bericht staan de grootte en de inhoud van de download en daaronder een downloadknop 'Get your files':

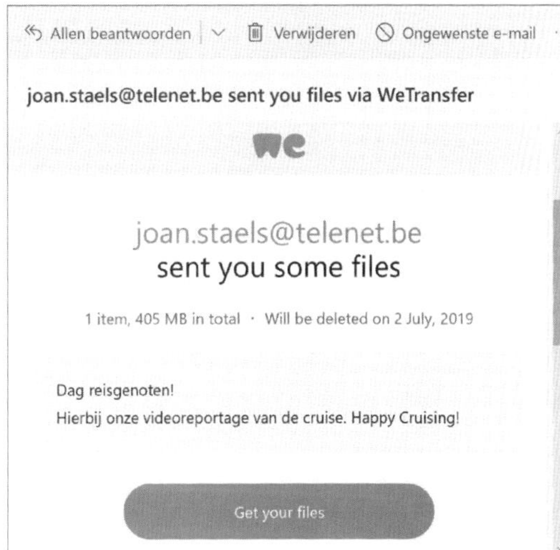

Na een klik op de downloadknop wordt de bestemmeling naar de website van WeTransfer gebracht om het bestand te downloaden:

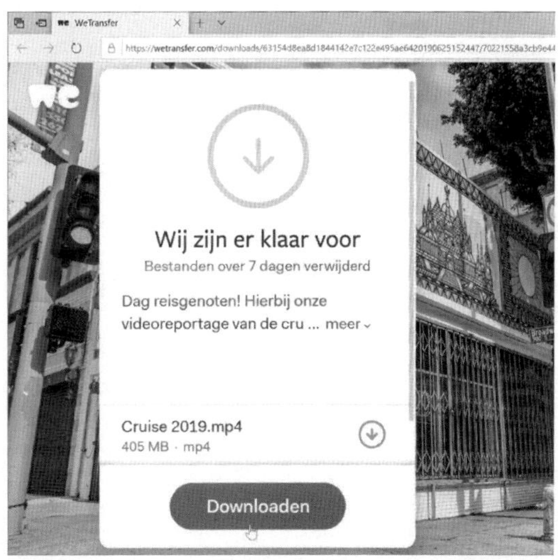

Ook daar moet op een downloadknop geklikt worden, waarna de download bewaard wordt, bijvoorbeeld in de standaard downloadmap op de harde schijf. Na het succesvol downloaden zal de afzender een e-mailbericht ontvangen waarin vermeld staat dat de bestemmeling de bestanden gedownload heeft, inclusief datum en tijdstip. ■

Netiquette

Netiquette is de afkorting van 'network etiquette', de gedragsregels voor netwerken en het internet. Veel van de gedragsregels zijn gebaseerd op gezond verstand en normaal fatsoen.

Gedragregels

De netiquette gedragsregels zijn min of meer vanzelf ontstaan. Sommige van de regels hebben betrekking op het zo efficiënt mogelijk gebruik maken van de mogelijkheden van het internet. Vooral toen de onderlinge verbindingen minder capaciteit hadden en de snelheden aanzienlijk lager waren, werd het 'verspillen van bandbreedte' als een doodzonde beschouwd.

Adviezen

E-mail en andere vormen van elektronische communicatie mogen het menselijk contact niet vervangen of veranderen. Wees daarom in berichten even vriendelijk en hoffelijk als in het normale leven, wanneer de persoon voor jou zou staan.

Denk goed na voor je gevoelige berichten verstuurd via e-mail. In tegenstelling tot een goed gesprek kunnen e-mails ook doorgestuurd naar of (ongemerkt) meegelezen worden door anderen.

Berichten die voor jou persoonlijk zijn bedoeld stuur je niet zomaar door naar derden.

Wees uiterst voorzichtig met humor of sarcasme. Gebruik smileys zoals :-) of ;-) om aan te duiden dat een opmerking grappig bedoeld was en niet letterlijk dient geïnterpreteerd te worden.

Veel e-mailberichten worden oppervlakkig gelezen. Beperk je best tot één onderwerp of één vraag of verzoek per bericht. Communiceer duidelijk wat je verwacht van de persoon.

Stuur je een bericht naar iemand die je niet persoonlijk kent, begin het bericht dan formeel en eindig het met een handtekening (zie eerder in dit thema).

Gebruik de optie 'Hoge prioriteit' enkel als het bericht zowel belangrijk als tijdskritisch is.

Gebruik geen hoofdletters in je e-mailbericht, tenzij voor titels. Typen van hoofdletters wordt geinterpreteerd als LUIDOP ROEPEN!

Gebruik ook geen acroniemen of afkortingen die jouw correspondent misschien niet kent. Misschien weet jij wel dat BTW 'By the way' en FYI 'For your information' betekent, maar misschien verstaat de ontvanger ze verkeerd of helemaal niet.

Beantwoord nooit e-mail kettingbrieven. Een ziek kindje wordt helemaal niet beter als je een bericht naar 50 mensen doorstuurt. Denk ook niet dat je rijk kan worden door een bericht naar al je contactpersonen door te sturen. ■

Legitieme organisaties vragen nooit om een bericht naar zoveel mogelijk mensen door te sturen. Een dergelijke kettingbrief word in het jargon een HOAX genoemd, wat 'vals gerucht' betekent.

From: katja vd nieuwenhuizen
Sent: Saturday, February 12, 2011 4:43 PM
To: jillvanoudheusden@hotmail.nl ; patrick_191280@hotmail.com ; anitaenmart@hotmail.com ; sandranieuwenhuizen@hotmail.com ; kimmetjelove@live.nl ; patrick.van.den.nieuwenhuizen@live.nl ; me_tally@hotmail.com ; me_kimmetje@hotmail.com ; alexdekinderen@hotmail.com ; passie88@hotmail.com ; larissavankollenburg@live.nl ; cool-boy-jochem@live.nl ; nino_priester@live.nl ; miss_girl_vallie@live.nl ; mellissa62@live.nl ; isabelle.verbiesen@hotmail.com ; puckw._1997@hotmail.nl ; roy_van_beers@hotmail.com ; nikki@minutes.tv ; fbi_djano_boy@hotmail.com ; bderoij@hotmail.com ; ladev1998@hotmail.com ; jessevalentino@hotmail.com ; badgirl99@live.nl ; lvlems@hotmail.com ; macyvandervoorn@msn.com ; jayvromans@hotmail.com ; chiarapinas@hotmail.com ; ronaldo_ibrahim@hotmail.com ; junior-lucas9@hotmail.com ; barbiegirljody@msn.com ; prinsesz_lisan@hotmail.com ; s.ikvoetbal@hotmail.com ; george-chill@hotmail.com ; broodje_tilburger@hotmail.com ; sparklingnails@hotmail.com ; rickvanopheusden@hotmail.com ; daniquebekkers@hotmail.com ; daalmeijer@hotmail.com
Subject: FW: Je wordt verwijdert door msn als je NIET doorstuurt (ECHT WAAR!!!!!!!) IS VAN HOTMAIL ZELF!!!!!!!!!!

Belangrijk!

Belangerijk! Stuur door!

Hallo iedereen die Hotmail gebruikt! dit is gewoon een test om te zien wie zijn e-mail account wel gebruikt en om al de niet actieve gebruikers te verwijderen. Dit zal Hotmail veel makelijker en sneller te gebruiken maken voor alle wel actieve gebruikers. Nu wat je met deze e-mail moet doen, Alles wat je hoeft te doen is deze e-mail door te sturen naar minstens 15 contactpersonen. als je deze e-mail niet doorstuurt 48 uur nadat je hem hebt gelezen, dan word je account defenitief verwijderd.

Van Meneer Jhon Henerd

Hotmail Admin. Dept.

Thema 8

Online veiligheid

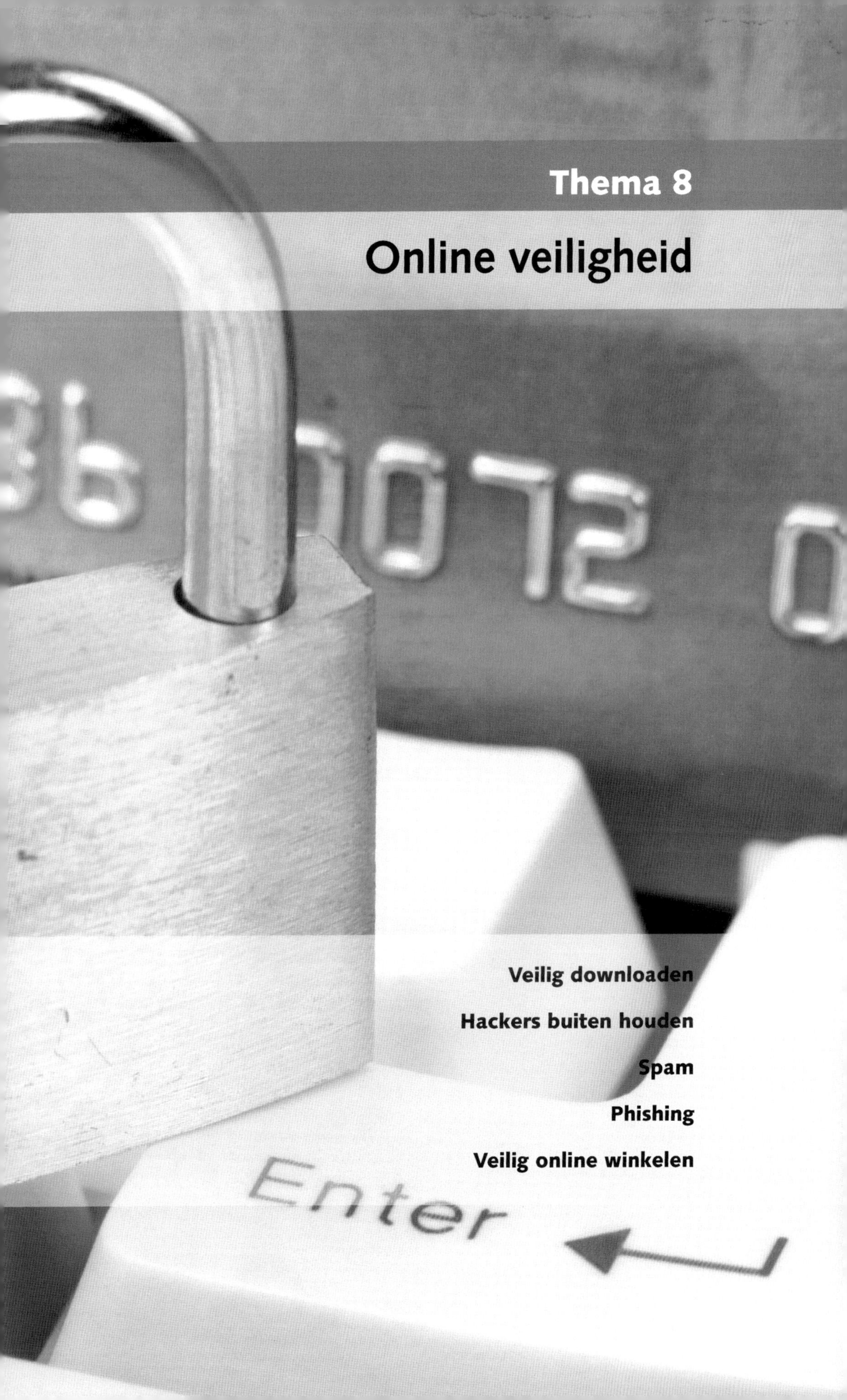

Veilig downloaden

Hackers buiten houden

Spam

Phishing

Veilig online winkelen

Veilig downloaden

In het vorige thema waarschuwden we reeds voor malware of kwaadwillige software die via malafide websites op jouw computer kan terechtkomen. Je kan maar beter enkele goede voorzorgsmaatregelen treffen.

Virusscanner

Een computer mét internetverbinding kan niet zonder een goede beveiliging tegen foute en kwaadwillige software. Een goede virusscanner is dan ook een must. Dit is software die permanent op je computer actief is en elk bestand dat je downloadt, controleert. Staat een programma gekend als malware, dan wordt het in quarantaine geplaatst of zelfs verwijderd zodat het geen schade kan aanrichten. Een virusscanner zal bestanden ook scannen op de aanwezigheid van virussen of andere kwaadwillige fenomenen zoals Trojaanse paarden, wormen en dergelijke (zie kaderstuk). Het scannen gebeurt op de achtergrond en je hebt er eigenlijk geen last van. Die extra controle vertraagt de werking van je computer weliswaar een beetje, maar op een snelle machine merk je daar niets van. Er zijn betalende virusscanners zoals Bullguard Antivirus, McAfee Antivirus of Bitdefender Antivirus. Deze programma's bieden bescherming tegen virussen, malware, spam en phishing en kosten ongeveer €30 per jaar.

Microsoft Security Essentials

Werk je nog met Windows 7, dan raden we het gratis anti-virusprogramma van Microsoft aan. Je kan het programma nog tot 14 januari 2020 downloaden op windows.microsoft.com. Na de installatie zal het programma automatisch opstarten bij de start van Windows en je computer beschermen.

Windows-beveiliging

Windows 10 gebruikers hoeven niets te doen, het besturingssysteem is standaard uitgerust met Windows-beveiliging, dat dezelfde mogelijkheden biedt als Security Essentials. Via het systeemvak controleer je of Windows-beveiliging actief is en je computer beschermt:

OVER PAARDEN EN WORMEN

Computervirus

Een computervirus is een computerprogramma dat zichzelf kan vermenigvuldigen en verspreiden van de ene computer naar de andere. De meeste virussen zijn schadelijk tot zeer schadelijk doordat ze belangrijke systeembestanden corrupt maken en jouw computer niet meer laten opstarten! Hoe meer het virus verspreid wordt en hoe groter de aangerichte schade, hoe meer faam het oplevert aan de uiteraard anonieme programmeur ervan.

Trojaans paard

Een gratis programma dat een nuttige functie vervult, bijvoorbeeld het omzetten van een muziekbestand van het ene formaat naar een ander, kan ongemerkt ook foute handelingen verrichten. Het programma bevat dan een zogenaamd Trojaans paard. De naam verwijst uiteraard naar de Griekse mythologie: je lijkt een mooi geschenk te krijgen, maar binnenin zit iets gevaarlijks! Trojaanse paarden kunnen belangrijke informatie op de computer stelen of het computersysteem beschadigen. In tegenstelling tot een virus zal het Trojaans paard zichzelf niet vermenigvuldigen.

Worm

Een computerworm lijkt op een virus (het verspreid zichzelf) maar heeft meestal geen kwade bedoelingen, anders dan zich zoveel mogelijk te verspreiden en daardoor het (bedrijfs) netwerk te overbelasten of vertragen. Wormen maken gebruik van programmeerfouten en veiligheidslekken in het besturingssysteem of de internetbrowser. Vandaar het belang om je browser en je besturingssysteem automatisch te laten updaten via Windows Update.

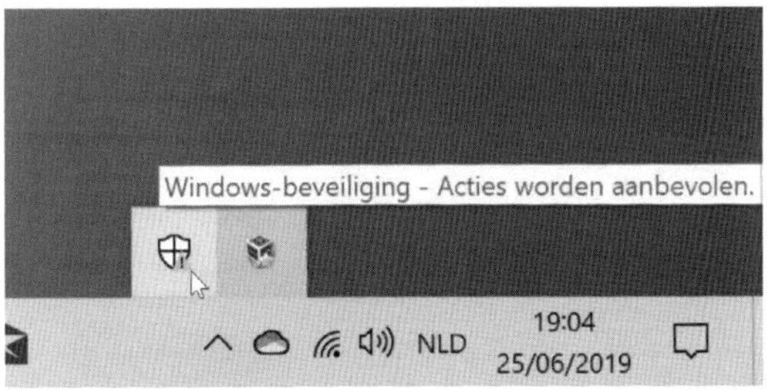

Tip: Heb je een andere antivirus-app geïnstalleerd, dan wordt Windows-beveiliging automatisch uitgeschakeld.

Virusdefinities

Regelmatig duiken nieuwe virussen en andere malware op. Het is dan ook belangrijk dat je virusscanner op geregelde tijdstippen, wekelijks bijvoorbeeld, informatie over nieuwe virussen (virusdefinities) gaat downloaden. In Windows-beveiliging krijg je in 'Virus- en bedreigingsbeveiliging' te zien wanneer er voor het laatst gezocht werd naar definities:

Is dat al te lang geleden, dan kan je zelf op de link 'Controleren op updates' klikken.

Scannen

Handmatig scannen na downloaden

Twijfel je aan de reputatie van de website waar je net een bestand van gedownload hebt? Dan is het een goed idee om het bestand of de map waarin het bestand zich na het downloaden bevindt, te scannen op virussenen malware. Dat gaat gemakkelijk en snel als volgt: Klik met de rechtermuisknop op het bestand of de map en kies 'Scannen met Windows Defender...':

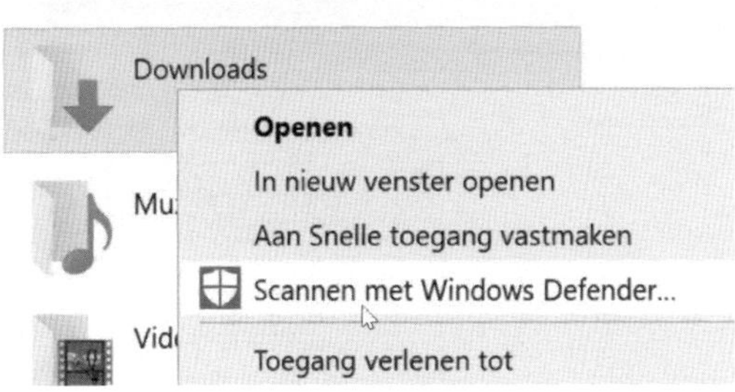

De kans is klein dat er iets gevonden werd, omdat Windows automatisch downloads scant.

Automatisch scannen

Van zodra een bestand waarin kwaadaardige computercode verscholen zit, wordt gevonden, zal het virusprogramma je hierop attent maken. Bij sommige antivirusprogramma's is dat discreet via het pictogram in het systeemvak. Bij Windows-beveiliging krijg je een duidelijke melding op je scherm:

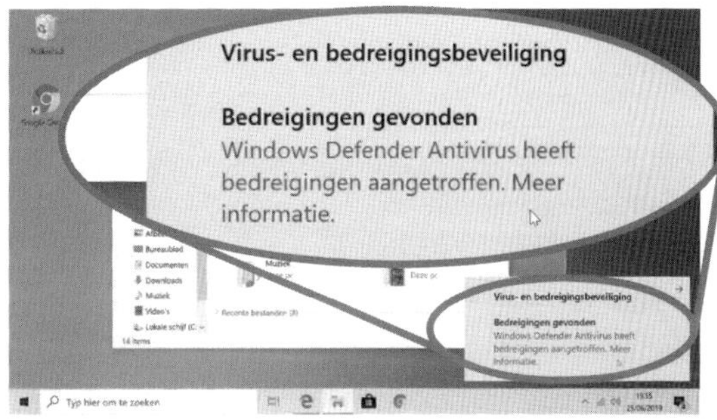

Klik op deze melding en Windows-beveiliging vertelt je wat er gevonden werd via onderwerp Beschermingsgeschiedenis:

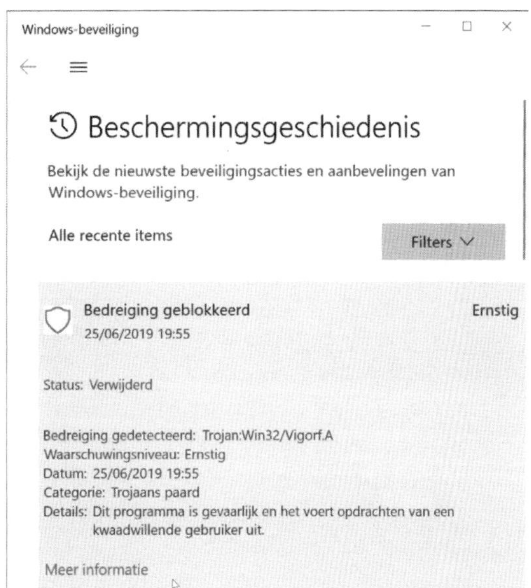

Elk gevonden item heeft een bepaald waarschuwingsniveau. Dat varieert van Ernstig tot Laag. Het is zeker aangeraden om items met niveau Ernstig en Hoog meteen te verwijderen en ze zeker niet terug te zetten op de computer. Dat gebeurt in principe automatisch: de bestanden worden in quarantaine geplaatst en daarna automatisch definitief verwijderd. ■

Hackers buiten houden

Vreemde personen met kwade bedoelingen wil je uiteraard niet in huis halen. Software of personen met kwade bedoelingen wil je liever geen toegang bieden tot je computer.

Firewall

Niemand binnenlaten!

Zoals sommige huizen interessante voorwerpen bevatten voor dieven, zo bevatten sommige computers interessante gegevens voor hackers (zie kaderstuk). Computers van bankinstellingen zijn uiteraard zeer interessant voor criminelen, maar ook die van overheidsinstanties, belangrijke organisaties, grote (online)winkels en universiteiten bevatten interessante gegevens voor wie slechte bedoelingen heeft. Een bedrijfsleider zou, althans in gedachten, wel eens willen inbreken in het klantenbestand van zijn grootste concurrent. Kortom: belangrijke computers moeten veilig afgeschermd worden van de buitenwereld, zeker als die computers verbonden zijn met het internet.

HACKERS

Indringers

Een hacker is iemand die zonder toestemming of medeweten van de eigenaar zichzelf toegang verleent tot iemands computer, bijvoorbeeld via het internet. Elke computer die verbonden is met een netwerk of met het internet kan in principe ongewenst bezoek krijgen. Een hacker is dus een soort inbreker.

Waarom hackers inbreken

Sommige hackers etaleren hun computerkennis door toegang te forceren tot een belangrijke computer. Het kunnen inbreken geeft hen op zich al voldoening. Andere hackers hebben wel degelijk slechte bedoelingen. Criminelen willen bijvoorbeeld de computer van een internetwinkel hacken om zo toegang te krijgen tot kredietkaartgegevens. En misschien wil een leerling inbreken in de computer van een school om zo zijn of haar resultaten aan te passen.

Computer bewaken

Om je huis te bewaken kan je een hond aankopen of een alarmsysteem installeren. Van zodra iemand van buitenuit je huis binnendringt, detecteert de hond of het alarmsysteem onraad en wordt je tijdig verwittigd.

Om je computer te bewaken kan je een firewall installeren. Dat is een software- of hardware-gebaseerd beveiligingssysteem dat het inkomende en uitgaande netwerkverkeer analyseert. De firewall, die tussen het bedrijfs- of thuisnetwerk en het internet wordt geplaatst, bepaalt wat doorgelaten mag worden en wat niet.

Windows Firewall

In Windows zit een ingebouwde firewall. Die blokkeert standaard de toegang tot het internet voor alle programma's. Wanneer een programma toegang wil krijgen tot het internet, dan zal de firewall dit detecteren. Windows vraagt dan aan jou of het programma toegang mag krijgen tot het internet. Betrouw je het programma, dan kan je toestemming geven:

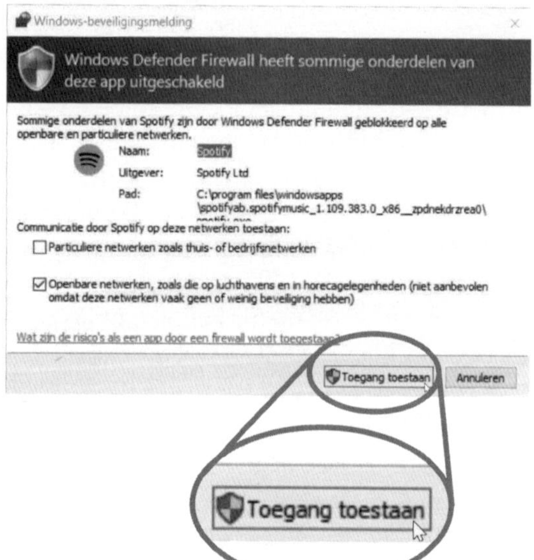

De configuratie van Windows Firewall is complex en valt buiten het bereik van dit boek, maar de basisinstellingen zijn voor de meeste thuisgebruikers voldoende. Voor grote bedrijven, instellingen en scholen is dit uiterst belangrijk en het werk van de netwerkbeheerder of externe beveiligingsfirma.

Controleren of firewall aan staat

Sommige kwaadwillige programma's slagen er in om de firewall én zelfs de virusscanner uit te schakelen. Je kan steeds controleren of Windows Firewall aangeschakeld staat:

1 Open Windows-beveiliging via het startmenu, in de alfabetische lijst met apps:

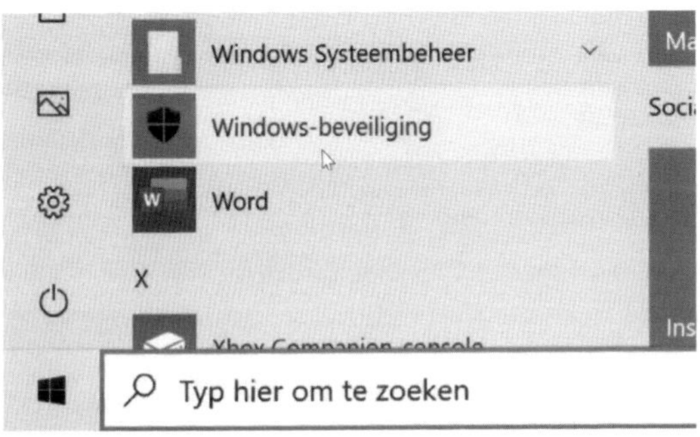

2 In het hoofdmenu zie je al of er problemen zijn met de Firewall, of niet:

3 Klik in het hoofdmenu door op 'Firewall- en netwerkbeveiliging.

4 Het wordt aanbevolen de firewall voor alle types netwerken in te schakelen:

Staat, voor een bepaald type netwerk, de firewall toch uitgeschakeld. Dan kan je deze, na doorklikken, terug inschakelen: ■

OEFENING

Controleer de beveiliging van jouw computer:

Is er een virusscanner actief?

____

Staat de firewall voor alle netwerktypes aan?

____

Spam

SPAM was oorspronkelijk een merknaam voor ingeblikt vlees en stond voor SPiced hAM. Vandaag betekent spam: e-mailberichten die ongevraagd worden verzonden en meestal reclame-inhoud bevatten.

Spam of niet?

Niet alle reclameboodschappen in je Postvak IN zijn strikt genomen spamberichten. Spam herken je aan volgende eigenschappen:

- De afzender is jou compleet onbekend of heeft een bijzonder vreemd e-mailadres.
- Het bericht is in gebrekkig Nederlands of Engels geschreven. Sommige woorden zijn zelfs bewust fout gespeld of bestaan gedeeltelijk uit leestekens om spamfilters te misleiden (b.v. Str()n9 in plaats van Strong).
- Het bericht heeft geen of een zeer amateuristische vormgeving.
- Vaak wordt reclame gemaakt voor bedenkelijke of zelfs illegale producten zoals medicijnen (viagra).

Ken je de afzender wel, je hebt er bijvoorbeeld ooit producten gekocht, dan is het mogelijk geen spam, maar gewoon reclamemail. De meeste bedrijven willen absoluut niet als spammers beschouwd worden en zullen dan ook op het einde van zo'n e-mail een link voorzien om je uit te schrijven op hun mailinglijst, zij het dan in zeer kleine letters:

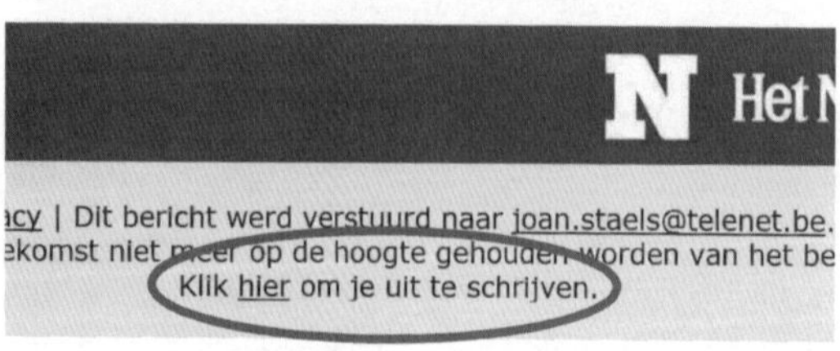

Spam voorkomen

Spammers komen via verschillende manieren aan jouw e-mailadres. Ze kunnen ook willekeurige combinaties van namen en voornamen bij elkaar plaatsen en zo per toeval een bestaand e-mailadres bereiken. Veel kans dat het e-mailadres karel.deridder@telenet.be bestaat. Vermits spammers duizenden e-mails per keer versturen, zullen er honderden succesvol afgeleverd kunnen worden. Heb je een 'normale' voor- en familienaam, dan kan je tegen deze techniek niet veel ondernemen. Je zou natuurlijk een moeilijker e-mailadres kunnen maken, zoals k.a.r.e.l.de.ridder.7r8t@telenet.be bijvoorbeeld, maar dat is niet handig, niet voor jou en zeker niet voor je contactpersonen.

Spammers hebben programma's die constant op forums en andere websites naar e-mailadressen van bezoekers zoeken. Het is dan ook een goed idee om nooit jouw e-mailadres te plaatsen op websites die voor het grote publiek toegankelijk zijn.

De beste manier om spam te vermijden is het aanmaken van een tweede e-mailadres, bijvoorbeeld op Gmail of Outlook.com. Dat e-mailadres gebruik je wanneer je jouw e-mailadres moet ingeven op een website die je niet of minder betrouwt. Bijvoorbeeld wanneer je aan een wedstrijd wil deelnemen of software wil downloaden, maar eerst verplicht een e-mailadres moet opgeven. Je eerste e-mailadres gebruik je zo voorzichtig mogelijk en geef je enkel aan familie en (betrouwbare) vrienden. Het tweede e-mailadres gebruik je voor andere doeleinden. Krijg je na verloop van maanden erg veel spam op dat tweede adres, verwijder dan de account en maak een nieuw e-mailadres aan.

E-mailclients zoals Outlook, maar ook Gmail en Outlook.com bieden de mogelijkheid om berichten te markeren als spam:

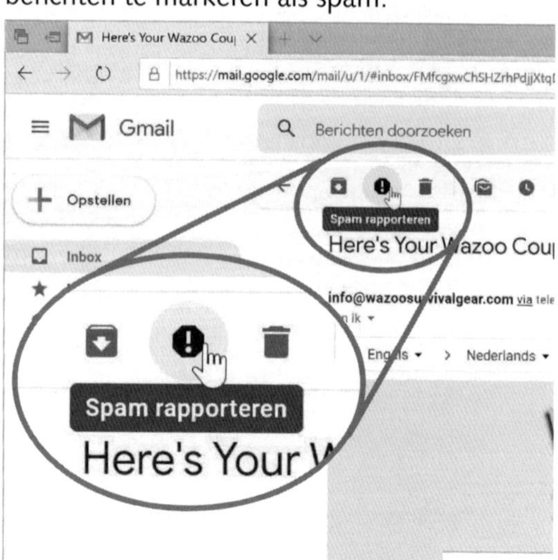

Wanneer voldoende mensen hetzelfde bericht als spam markeren, dan zal het bericht beter onderschept kunnen worden door de spamfilters van de vermelde e-maildiensten. Je helpt er anderen mee en je kan er ook zelf door geholpen worden!

Spam verwijderen

Spamfilter bij provider

Internetproviders filteren de meeste spamberichten op hun mailserver. Dat is natuurlijk handig, want zo komt die nooit in jouw mailbox terecht. Staat de filter te streng ingesteld, dan kunnen af en toe gewenste berichten toch geblokkeerd worden zonder dat je daar iets over verneemt. Je kan meestal zelf de instellingen van de spamfilter beheren. Zo kan je bij Telenet kiezen tussen alle spam verwijderen of toch ontvangen met vermelding [SPAM] in het onderwerp. Voor deze en andere mogelijkheden met betrekking tot spam verwijzen we naar de supportpagina's van je internetprovider.

Spamfilter in Mail?

Naast de provider kan ook je e-mailprogramma spam filteren en automatisch verwijderen of in een aparte map 'Spam', 'Junk mail' of 'Ongewenste mail' verplaatsen. Mail heeft (nog) geen spamfilter. Wel kan je op een bericht met de rechtermuisknop klikken en het verplaatsen naar de map Ongewenste e-mail:

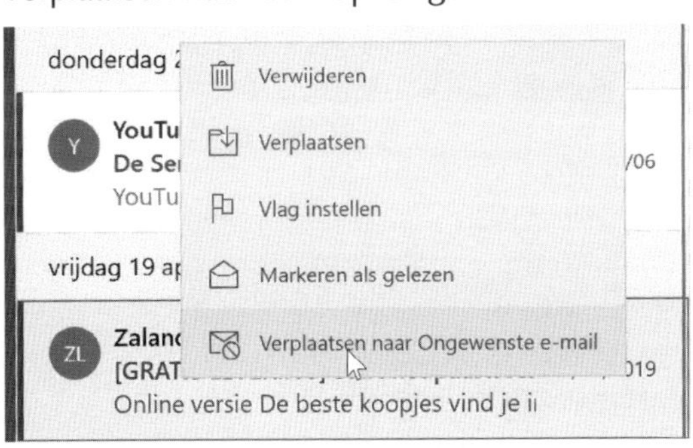

Spamfilter bij Gmail

Zowel Gmail als Outlook.com hebben een ingebouwde spamfilter. Bij Gmail kan je spam markeren via een knop bovenaan (zie vorige pagina).

Verder werkt de spamfilter van Gmail volledig automatisch: van spam verdachte e-mails worden automatisch naar de map Spam verplaatst. Daar worden ze na 30 dagen automatisch verwijderd.

Spamfilter bij Outlook.com

Via de knop Ongewenste e-mail bovenaan in de knoppenbalk van Outlook.com, kan je een geopend bericht markeren als spam:

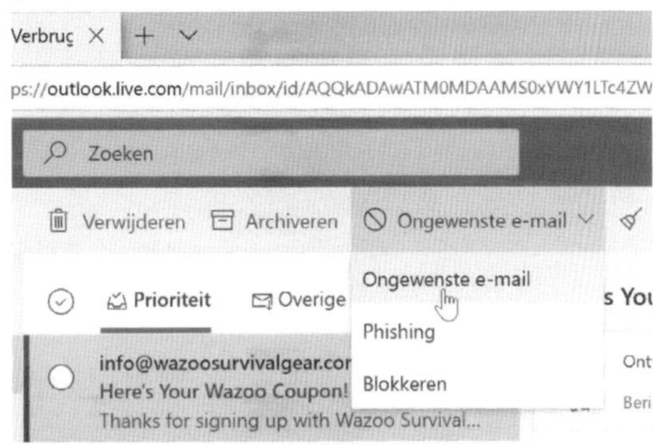

De ingebouwde spamfilter verplaatst spamberichten naar de map Ongewenste e-mail, waar ze na 30 dagen automatisch verwijderd worden.

Tip: Via de knop Instellingen ▸ Alle Outlook-instellingen weergeven ▸ Ongewenste e-mail kan je een aantal opties in verband met spam aanpassen: ■

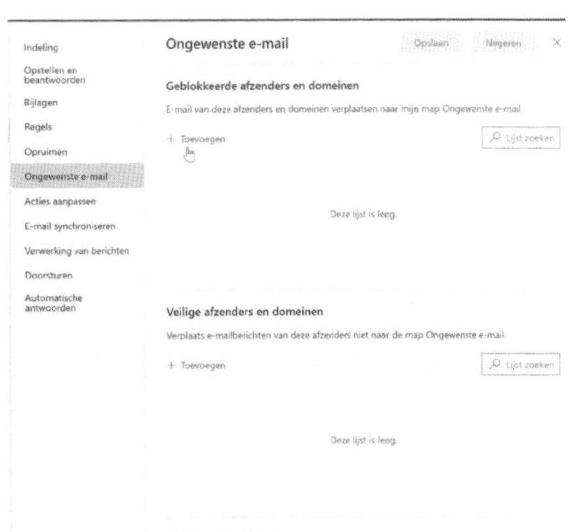

Phishing

Spam is hinderlijk, maar niet gevaarlijk. Phishing is van een andere orde, het is een regelrechte criminele poging tot diefstal van gegevens of van geld op jouw bankrekening!

Diefstal van gegevens

Phishing (zoals fishing, maar dan met ph, het verwijst naar 'vissen naar gegevens') in het informaticajargon betekent een poging om informatie zoals gebruikersnamen, wachtwoorden en kredietkaartgegevens (en soms ook, indirect, geld) te verwerven door zich voor te doen als een betrouwbare instantie zoals een bank, internetprovider of overheidsinstelling.

Malware

Phishing e-mailberichten bevatten soms links naar websites die zijn geïnfecteerd met malware. Sommige malware (kort voor malicious software of kwaadaardige software) kan alles wat je typt op je toetsenbord (zoals gebruikersnaam, wachtwoord, e-mailadres, pincode, kredietkaartnummer...) ongemerkt doorsluisen naar de server van een criminele organisatie. Die kunnen dan met jouw gegevens goederen bestellen of zelfs geld van jouw bankrekening halen.

Website vervalsing

Andere phishingberichten vragen de ontvanger om gegevens in te vullen op een valse website waarvan het uitzicht vrijwel identiek is aan de echte website. Op de valse website wordt de bezoeker gevraagd zijn of haar bankrekeningnummer in te vullen en alle codes die er bij horen om aan te melden, zogezegd om veiligheidsredenen. In werkelijkheid wordt een proces opgestart waarbij de argeloze bezoeker ongemerkt grote sommen geld overmaakt op de bankrekening van de criminele bende (of hun tussenpersonen) die het phishingbericht verstuurde.

Phishing herkennen

Over het algemeen is het relatief eenvoudig om een phishingbericht te herkennen:

- De afzender lijkt legitiem omdat het e-mailadres vertrouwd klinkt. Helaas biedt het e-mailadres van de afzender geen enkele garantie omdat iedereen zich kan voordoen als iemand anders.
- Het bericht bevat taalfouten. Een ernstige organisatie, zoals een bankinstelling, maakt zelden of nooit grove taalfouten in zijn berichtgeving.
- Er wordt een dringende actie van de geadresseerde verwacht, meestal door te klikken op een link in het e-mailbericht. Opgelet: die link kan er op het eerste zicht betrouwbaar uitzien, maar het echte adres is niet hetzelfde als wat de link doet uitschijnen. In het voorbeeld hieronder lijkt de link te verwijzen naar een pagina op de website van de bank, maar in werkelijkheid wordt je naar een totaal andere webpagina gebracht. Controleer dit door met de muisaanwijzer over de link te zweven:

- Het e-mailadres waar het bericht naar verstuurd werd, is misschien niet het e-mailadres die de bank van jou heeft.
- Jouw volledige naam of andere identiteitsgegevens waarover de bank zou moeten beschikken, worden nergens genoemd. In de plaats staat er gewoon 'Geachte klant...'.

Verwijderen

Phishingberichten hoor je meteen te verwijderen. Klik zeker niet op de link uit het bericht!

Automatisch verwijderen

Phishingberichten vallen ook onder spam en worden in principe door de spamfilter van de provider of van je e-mailprogramma verwijderd. Omdat de afzender moeilijk kan gecontroleerd worden, komen veel phishingberichten toch nog in je Postvak IN terecht. ■

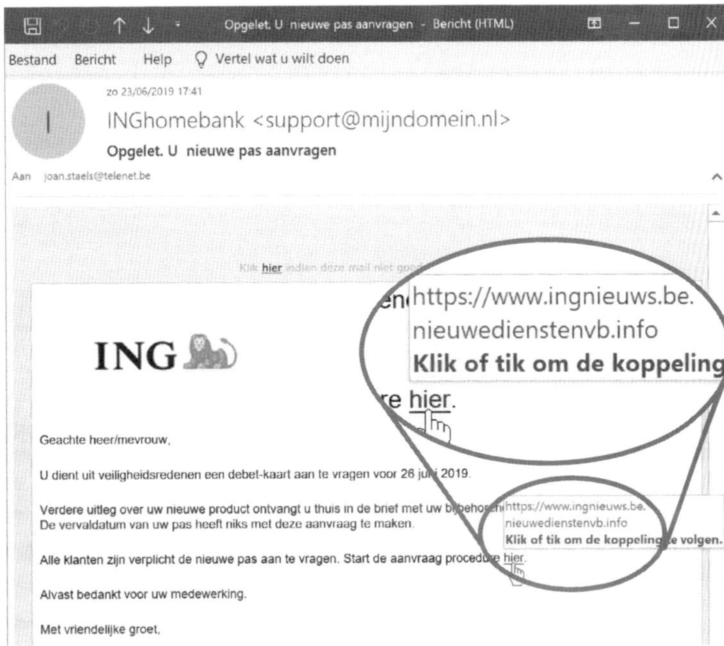

Een duidelijk geval van phishing. Binnen de drie dagen moeten we zogezegd een nieuwe bankkaart aanvragen. De mail lijkt van ING te komen, maar is het niet. Er staat al een taalfout in het onderwerp. De link in het bericht leidt **niet** naar de website van ING, maar naar een vervalste website. Markeer dit soort berichten als spam/phishing, zodat minder ervaren internetgebruikers hetzelfde bericht niet meer kunnen ontvangen.

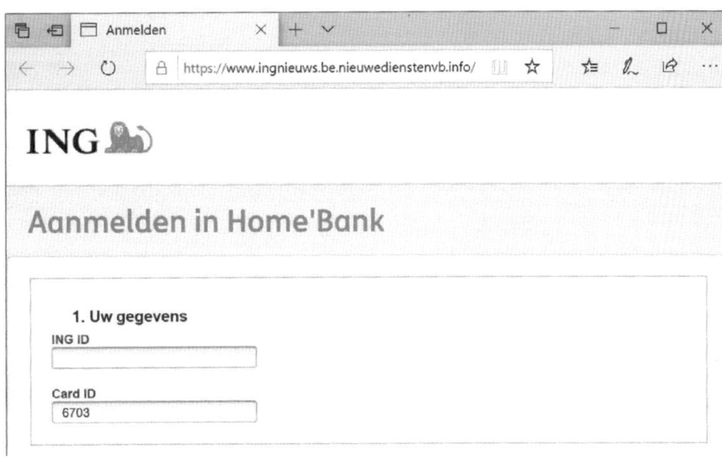

Deze valse website lijkt wel erg goed op de echte. De adresbalk verraadt dat het niet om de website van de bank gaat: de domeinnaam is **nieuwedienstenvb.info**. De aanwezigheid van een hangslotje wijst weliswaar op een beveiligde webpagina, maar het is slechts een basisbeveiliging.

Dit is de echte website van de bank, met een domeinnaam die bij de bank hoort: **ing.be**. De aanwezigheid van een groen hangslotje in de balk wijst op een sterker beveiligde webpagina.

Veilig online winkelen

Software, elektronica, kleding, reiskoffers, huishoudapparaten, je kan tegenwoordig zowat alles online kopen. Maar is dat wel veilig? Hoe zit het met de betalingsmogelijkheden, garantie en retourrecht?

Betrouwbare webwinkels

Het is goed om achterdochtig te zijn, wanneer je op een website een product of dienst wil kopen. Stel jezelf de volgende vragen, dan kan je snel concluderen of een webshop legitiem is:

- Ziet de website er **professioneel** uit, met een mooie opmaak en zonder taalfouten?
- Is de webshop in het bezit van een **kwaliteitslabel** zoals BeCommerce, SafeShops.be, Thuiswinkel Waarborg of TrustedShops? Zo'n kwaliteitslabel is een garantie dat het bedrijf jouw privacy respecteert, dat de wettelijke bedenktijden worden gehandhaafd, dat de handelaar gekend is en het bedrijf correct wordt voorgesteld op de website. Omdat het aanvragen van zo'n label minstens €700,00 kost, zullen veel kleinere webshops hier niet over beschikken.
- Biedt de webwinkel **verschillende betalingswijzen** aan? De winkel is betrouwbaarder indien je uit meerdere betaalmogelijkheden (kredietkaart, Bancontact, PayPal, overschrijving, onder rembours...) kan kiezen.
- Start, op de betaalpagina, of op pagina's waarin je persoonlijke gegevens invult, de URL met **https** in plaats van http? Dat is een elektronisch beveiligde verbinding en enkel dan is het veilig om kredietkaartgegevens door te geven.

Twijfel je nog steeds, informeer dan in je vriendenkring of zoek op internet of er mensen zijn die ervaring hebben met die webshop. Je kan de naam van de webshop samen met woordje 'review' ook eens googelen. Heeft de webshop een kwaliteitslabel, controleer dan op de website van het label of de webshop effectief over dat label beschikt.

Betaalpagina bij Coolblue.be. De webshop werd in 2019 door Tweakers.com verkozen tot Beste Webwinkel van Nederland en België. De website is mooi en gebruiksvriendelijk, beschikt over een kwaliteitslabel, biedt verschillende betaalwijzen aan en gebruikt een beveiligde verbinding.

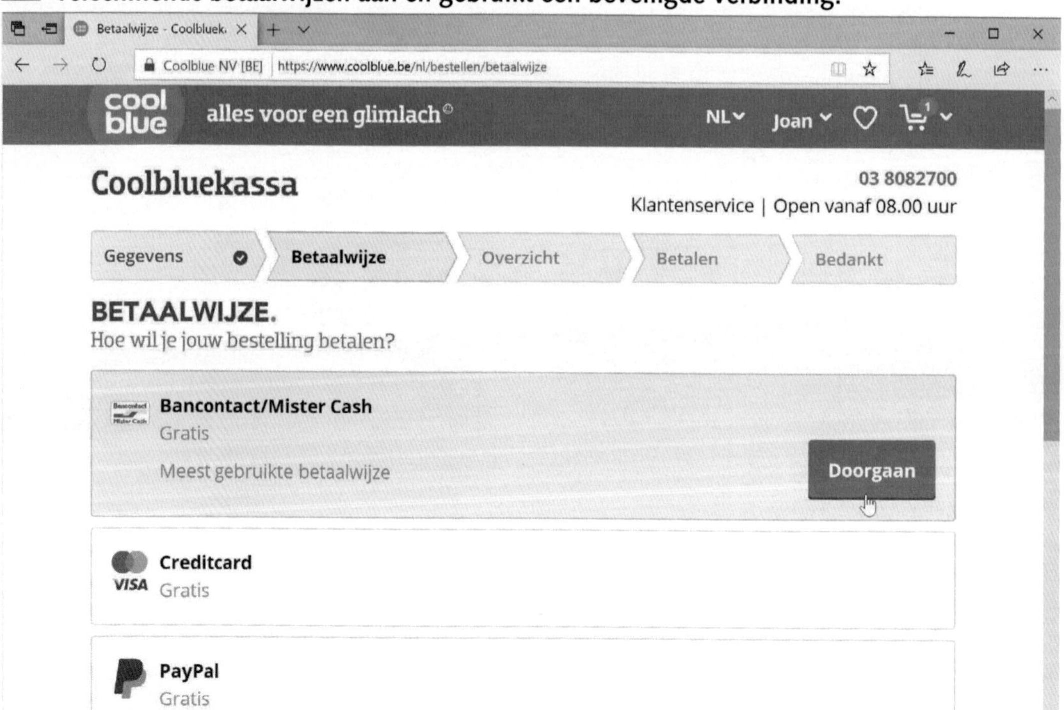

Betalingsmogelijkheden

De meeste webwinkels eisen een betaling voorafgaand aan de levering van de producten. Dat is begrijpelijk, er zijn immers ook malafide klanten! Om de betaling veilig te laten uitvoeren, betrouwen webshops op een zogenaamde payment service provider (PSP). Zij voorzien webwinkeliers van meerdere betaalmogelijkheden, zoals kredietkaart, Bancontact, elektronische overschrijving bij verschillende banken en zelfs betaling per mobiele telefoon. Ook bieden ze extra diensten aan, zoals geïntegreerde facturatie, fraudecontrole en incassering van achterstallige betalingen. De kosten voor de winkelier bestaan meestal uit transactiekosten, eenmalige aansluitkosten en maandelijkse abonnementskosten.

Kredietkaart

Met een kredietkaart, zoals MasterCard en Visa, kunnen aankopen worden gedaan waarbij je op het einde van de maand moet betalen via een gekoppelde bankrekening. Oorspronkelijk was voor een betaling op internet het kaartnummer, de naam van de houder, de vervaldatum en de zogenaamde CVC (Card Verification Code) code, die op de achterkant van de kaart staat, nodig. Voor een fraudeur volstond het om een (foto) kopie te bemachtigen van jouw kredietkaart om met de gegevens online bestellingen uit te voeren. Vandaag wordt voor betaling via kredietkaart een extra veiligheidstap toegevoegd: je zal de pincode die bij jouw kaart hoort moeten invullen via de kaartlezer die je van jouw bank gekregen hebt. Wanneer je jouw pincode geheim houdt en die nergens noteert, dan is betalen via kredietkaart zeer veilig. Intussen maken de meeste webshops gebruik van deze extra controle, zodat niet alleen de consument, maar ook de winkelier beschermd is. In geval van fraude kan jij, als consument, de foute betaling aanvechten bij de kredietkaartuitgever. Jij krijgt je geld terug, maar de handelaar is wel zijn goederen kwijt!

Paypal

Betalingen via kredietkaart kan je versnellen door gebruik te maken van PayPal (zie volgende pagina).

Bancontact (Mister Cash)

Online betalen via een gewone bankkaart is eveneens mogelijk. Net als bij een kredietkaart vul je op de website van de handelaar eerst jouw naam, kaartnummer en vervaldatum in. Daarna wordt je in verbinding gesteld met jouw bank om, met de hulp van jouw bankkaart en kaartlezer, de verificatie uit te voeren: je drukt op BUY, dan vul je een controlegetal in opgegeven door de bank, daarna het totaalbedrag (afgerond, zonder de eurocenten) en tenslotte jouw pincode:

Jouw kaartlezer genereert een unieke, éénmalige code die je in het online formulier dient in te vullen:

Betalen via Bancontact is dus ook veilig!

Onder rembours

Betrouw je online betalen toch niet helemaal of twijfel je aan de betrouwbaarheid van de webshop, kijk dan of de optie 'Onder rembours' mogelijk is. Je betaalt dan bij de levering aan huis aan de postbode of koerier. De extra kosten die de winkelier hier voor maakt, worden doorgerekend aan de klant. ■

BETALEN VIA PAYPAL

Betalingen tussen particulieren

PayPal is een internetdienst waarmee je als particulier online geld kunt overmaken naar familie, vrienden, webwinkels en veilingswebsites zoals eBay. Je kan gratis een PayPal-rekening openen en via een bankoverschrijving geld overmaken. Je kan dan, zonder een commissie te betalen, geld overmaken naar een vriend of familielid in het buitenland. Het e-mailadres van de ontvanger is voldoende: heeft de ontvanger al een PayPal-rekening, dan wordt het meteen daarop gestort. Indien niet, dan wordt een gratis PayPal-rekening aangemaakt. Het geld kan vervolgens worden overgemaakt op een bankrekening of worden gebruikt om een betaling te verrichten. Dit soort transacties zijn volledig gratis.

Betalen op webshops

Heb je al een PayPal-rekening met voldoende saldo, dan kan je via PayPal op sommige webshops een betaling uitvoeren. Heb je geen of onvoldoende saldo, dan kan je via een kredietkaart toch een betaling via PayPal uitvoeren. Van zodra jouw kredietkaartgegevens bekend zijn bij PayPal volstaat het om jouw e-mailadres en wachtwoord in te vullen.

Boven: Bij de eerste betaling via PayPal geef je de gegevens van je kredietkaart via een beveiligde verbinding in. Onder: voor de volgende betalingen via PayPal volstaat jouw e-mailadres en wachtwoord.

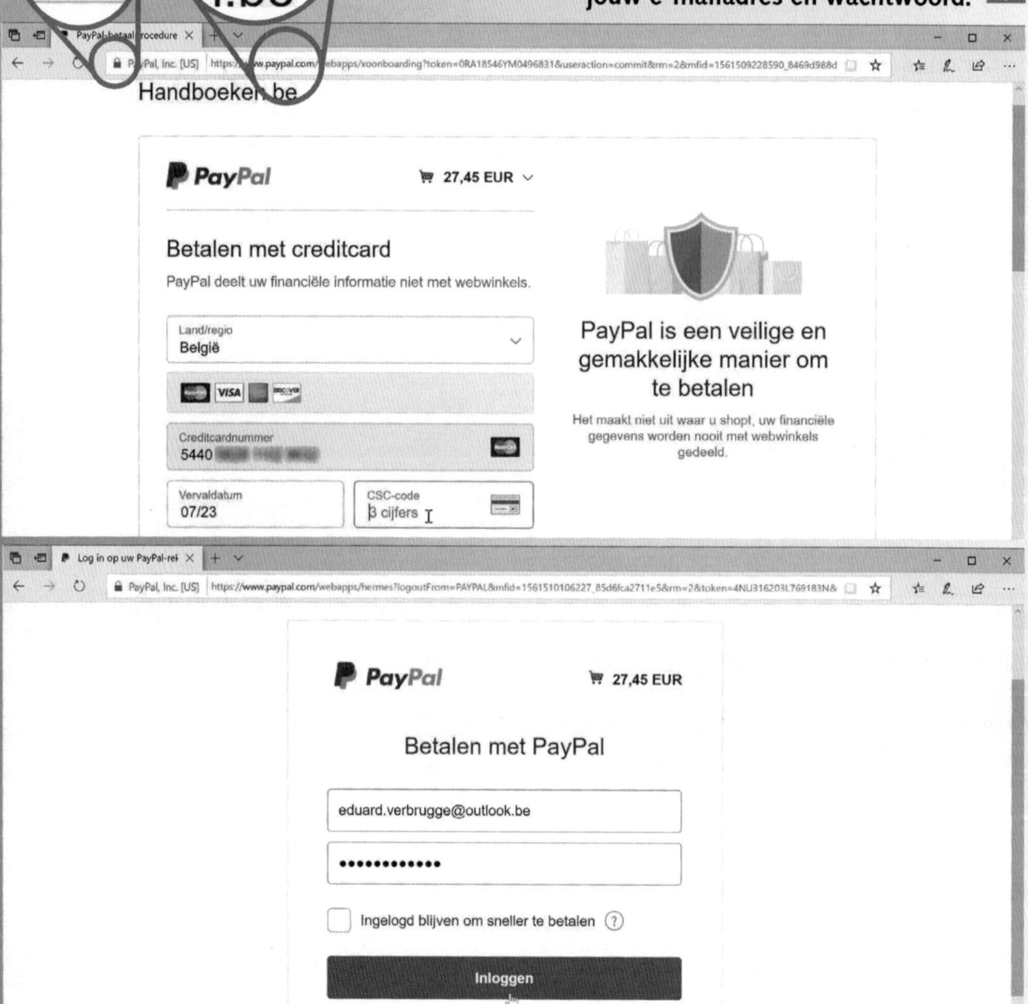

Thema 9
Cloud-computing

Bestanden in de cloud

Bestanden delen

Werken in de cloud

Muziek en films streamen

Bestanden in de cloud

De laatste jaren zijn we mobielere computergebruikers geworden. We willen toegang tot onze bestanden thuis, op het werk, op de trein en misschien zelfs op vakantie. Dankzij Cloud-computing kunnen we vanaf nu overal en op verschillende apparaten aan onze bestanden.

Data op servers

Bij webgebaseerde e-maildiensten zoals Gmail en Outlook.com worden e-mailberichten niet lokaal bewaard: de berichten staan enkel op de servers van Google of Microsoft. Wanneer we dit ook willen voor documenten, foto's, muziek- en videobestanden, dan hebben we een opslagdienst nodig zoals Google Drive, OneDrive (Microsoft) of iCloud (Apple). We bewaren bestanden niet langer lokaal, maar online op servers. We spreken dan over Cloud-computing.

CLOUD COMPUTING

Bestanden en media in jouw persoonlijke wolk

Hetzelfde document, fotoalbum, muziek- of videobestand op meer dan één toestel kunnen benaderen, is alleen maar mogelijk indien er één centraal punt is waar deze bestanden bewaard, aangepast en verwijderd kunnen worden. Dat centraal punt is de Cloud, letterlijk de 'wolk'. Een denkbeeldige wolk met data die permanent boven ons hangt en die we via verschillende toestellen (computer, tablet, smartphone) kunnen raadplegen, ongeacht het besturingssysteem waarmee ze werken. Je plaatst thuis, via je laptop, documenten, muziek, foto's en video's naar je persoonlijke wolk. Wanneer je een collega op het werk één van jouw foto's wil laten zien, dan volstaat het om je smartphone te nemen, in te loggen op je wolk en je foto is beschikbaar. Op vakantie kan je op je tablet, via WiFi van het hotel, naar een videofilm kijken die je thuis had opgeladen naar je wolk:

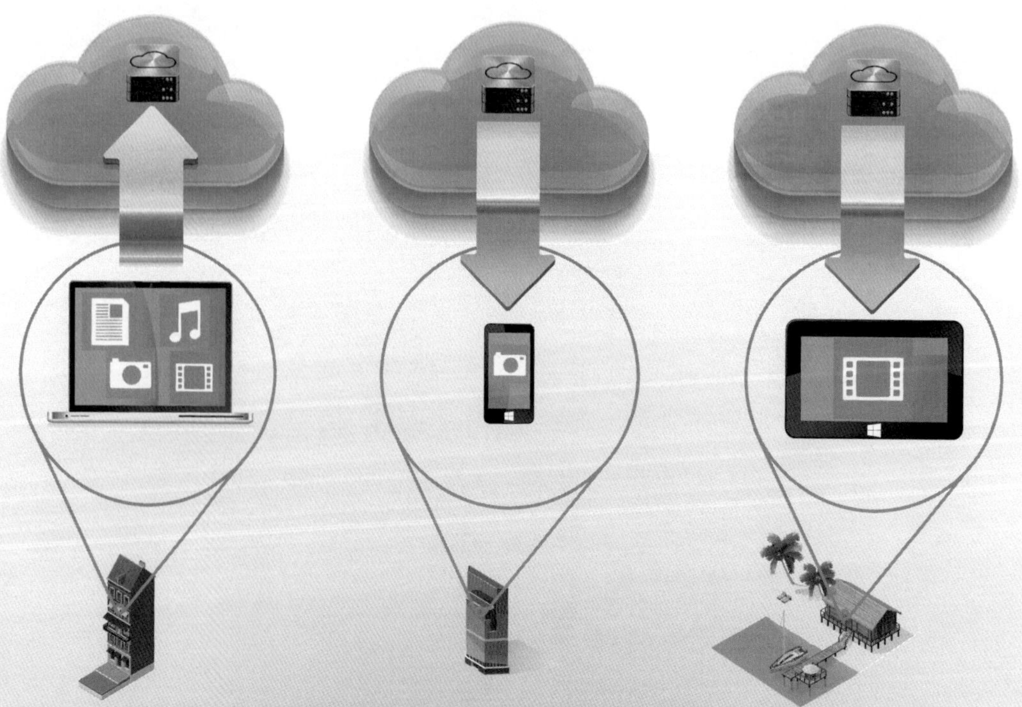

Privacy?

Gegevens toevertrouwen aan een derde partij: het zal ongetwijfeld enkele mensen afschrikken. In de serviceovereenkomst van OneDrive lezen we bijvoorbeeld dit: '*Op het moment dat u inhoud uploadt naar de services, stemt u ermee in dat uw inhoud kan worden gebruikt, gewijzigd, aangepast, opgeslagen, gereproduceerd, gedistribueerd en weergegeven voor zover dat nodig is om producten en services van Microsoft aan te bieden, te beveiligen en te verbeteren.*' en ook dit: '*Microsoft behoudt zich het recht voor om inhoud te bekijken om de naleving van deze overeenkomst af te dwingen.*'. De inhoud van jouw bestanden wordt dus bekeken door de computers van Microsoft, maar ze worden niet ter beschikking gesteld van andere bedrijven of personen, tenzij jij daar zelf voor gekozen hebt (zie verder in dit onderwerp) of in het kader van een gerechtelijk onderzoek.

Snelle internetverbinding vereist

Natuurlijk kan je maar iets in de cloud opladen, downloaden of afspelen indien je over een snelle internetverbinding beschikt. Op vakantie kan je dus best een hotel boeken met gratis WiFi om je video's of muziekbestanden vlot te kunnen afspelen. Het voordeel van gegevens online te bewaren is dat je ze niet kwijt kan spelen door bijvoorbeeld een kapotte of gestolen laptop.

Tip: Over vakantie gesproken: het is een goed idee om je identiteitskaart, internationale reispas en je reisdocumenten (vlieg- of treintickets, hotelvoucher...) in te scannen en in een beveiligde map in de cloud te bewaren. Wanneer je de echte documenten op reis kwijtraakt, dan kan je via om het even welke computer met internetverbinding tenminste de digitale versie raadplegen.

Opslagdiensten

De belangrijkste eigenschappen van een online opslagdienst zijn:

- Aantal Gb gratis opslagcapaciteit en de kostprijs voor bijkomende opslagcapaciteit.
- De maximale grootte van één bestand (belangrijk voor wie films in HD kwaliteit wil opslaan).
- De mogelijkheid om bestanden met anderen te delen.
- De beschikbaarheid op verschillende besturingssystemen (Windows, OSX, Unix...).
- Ondersteuning van tablets en smartphones.(iOS, Android, Windows Phone,...).

Overzicht online opslagdiensten

In onderstaande tabel vergelijken we Google Drive, Microsoft OneDrive en Apple iCloud:

	Google Drive	Microsoft OneDrive	Apple iCloud
Gratis opslag	15 Gb (voor Gmail, Google Drive en Google Foto's samen)	5 Gb	5 Gb
Extra opslag	100 Gb: € 1,99 per maand of €19,99 per jaar.	50 Gb: €2,00 per maand (Met Office 365: 1Tb voor €7,00 per maand)	50 Gb: €0,99 per maand
Max. opslag	30 Tb: € 299,99 per maand	1 Tb met Office 365	2 Tb: €9,99 per maand
Max. bestandsgrootte	5 Tb (geen typefout!), 50Mb voor documenten, 100Mb voor spreadsheets.	15 Gb	50 Gb
Delen	Ja	Ja	Ja, via privélink
Beschikbaar voor	Alle besturingssystemen via drive.google.com	Windows 7 en hoger Mac OSX 10.12 en hoger Andere besturingssystemen via onedrive.com	Windows 7 of Windows 10 Mac OSX 10.12 en hoger Andere besturingssystemen via website iCloud.com
Apps voor	iOS (iPhone, iPad,...) Android	iOS (iPhone, iPad,...) Android	iOS (iPhone, iPad,...)

Bestandsdeling

Met Google Drive en Microsoft OneDrive kan je niet alleen bestanden opslaan en downloaden, ze ondersteunen beide ook bestandsdeling. Dat wil zeggen dat je een bestand of een map kan delen met vrienden of familie of zelfs met iedereen.

Google Drive

Google account

Dankzij je Google account krijg je automatisch toegang tot Google Drive en heb je meteen 15Gb bestandsruimte ter beschikking. Die moet je wel delen met je Gmail account. Zolang je op beide diensten niet meer dan 15Gb gebruikt, kan je verder bestanden opladen en e-mails ontvangen.

Backup and Sync

Je kan via de webinterface op drive.google.com bestanden opladen en downloaden. Het is echter handiger en efficiënter om dat vanuit een computerprogramma te doen. Zo kan je op je computer een map maken en alles wat in die map terechtkomt automatisch ook online laten bewaren. Dit heet 'Backup and Sync' of bestandssynchronisatie. De toepassing 'Backup and Sync' kan je gratis downloaden:

1 Surf naar drive.google.com en meld je aan via je Google account.

2 Klik op de webpagina op de knop Instellingen (tandwielpictogram) en kies 'Backup and Sync voor Windows installeren':

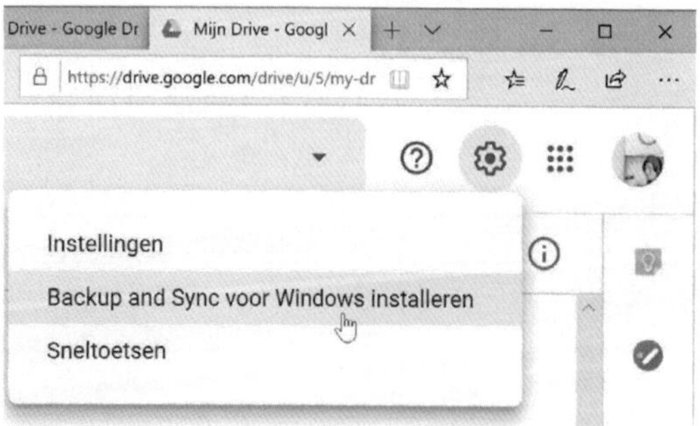

3 In de nieuwe pagina zoek en klik je de knop 'Downloaden'. Accepteer de servicevoorwaarden.

4 Bevestig in je browser dat je het bestand wil opslaan. Na het downloaden en de beveiligingsscan, klik je op Uitvoeren. Bevestig dat je het programma wenst te installeren en volg de installatie-instructies.

5 Na de installatie start het programma op. Klik op de knop 'Aan de slag', vul je Google accountgegevens in en klik op Inloggen.

6 Tijdens de installatie kies je welke lokale mappen je wenst te synchroniseren naar Google (van offline naar online). Standaard zijn dat de mappen Afbeeldingen, Bureaublad en Documenten:

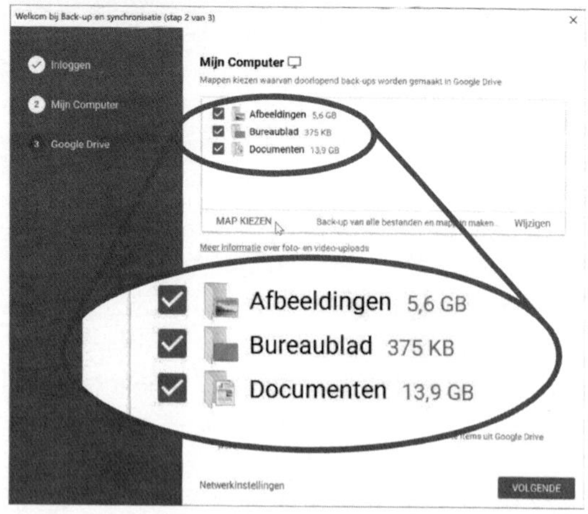

Vink de mappen uit die je niet wil synchroniseren. Via 'Map kiezen' kan je andere mappen toevoegen aan de lijst. De inhoud van de gekozen mappen zal automatisch opgeladen worden naar Google Drive en kunnen benaderd worden via drive.google.com/drive/computers.

7 Klik op Volgende en daarna op OK. In de laatste stap bepaal je of bestanden die via drive.google.com werden opgeladen ook naar een map op de computer moeten gedownload worden (van online naar offline dus). De locatie van de Google Drive map op jouw computer kan je kiezen. Indien je niets wijzigt, dan zal de map C:\Users\[Gebruikersnaam]\Google Drive gemaakt worden. Die map vind je in Windows Verkenner terug, o.a. onder Snelle toegang:

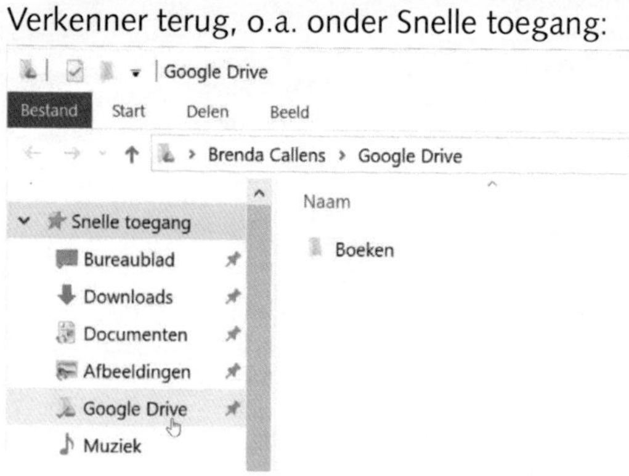

Synchronisatie via Google Drive map

Alle bestanden en mappen die je via Windows Verkenner in je lokale 'Google Drive' map deponeert, worden na korte tijd ook online geplaatst. Maak je lokaal aanpassingen aan een bestand, dan worden die bij het opslaan ook doorgevoerd in de online map. Verwijder je een bestand uit de map, dan wordt die ook online verwijderd. Kortom: de bestanden in je lokale en in je online Google Drive map worden automatisch gesynchroniseerd. Installeer je 'Backup and Sync' op een tweede computer, bijvoorbeeld een laptop, dan worden de bestanden op de twee computers via je online Drive map met elkaar gesynchroniseerd:

Dankzij deze mogelijkheid hoef je dus niet langer bestanden op een USB-geheugenstick te plaatsen om ze op een andere computer opnieuw te kopiëren naar de harde schijf. Plaats de bestanden gewoon in je lokale 'Google Drive' map op één computer en ze zullen ook op de andere computer beschikbaar komen. Uiteraard moeten beide computers een actieve internetverbinding hebben. In het volgende voorbeeld hebben we een submap en een document in de lokale Google Drive map gekopieerd. Windows Verkenner geeft korte tijd later aan dat deze gesynchroniseerd werden met de online Google Drive map. De pictogrammen van de bestanden of mappen bevatten dan een groen vinkje:

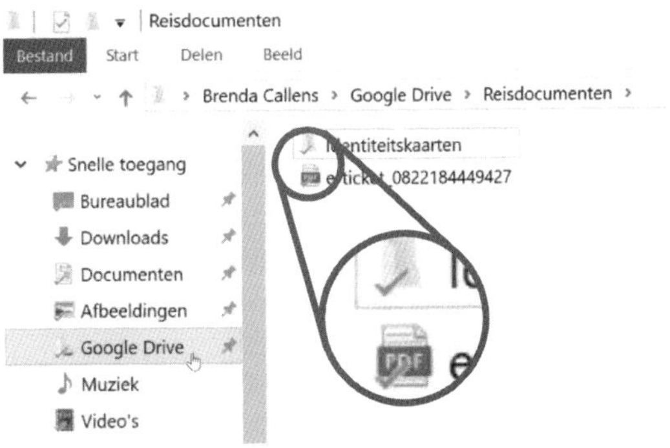

Zoals je merkt worden zowel bestanden als volledige mappen gesynchroniseerd.

Bestanden online bekijken of downloaden

Op locatie kan je jouw bestanden bekijken of downloaden door aan te melden op drive.google.com. Klik in de linkerkolom op 'Mijn Drive' en je ziet jouw gesynchroniseerde bestanden en mappen:

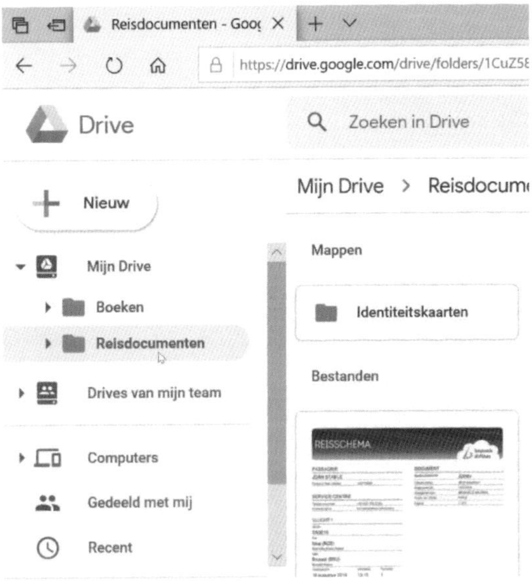

Mappen kan je openen om de inhoud weer te geven. Bestanden kan je downloaden. Sommige bestanden, zoals pdf-documenten, kan je rechtstreeks bekijken in de browser:

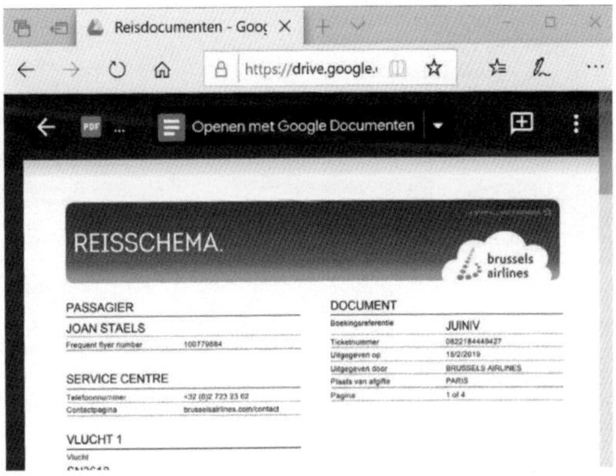

Bestanden online opladen

Via de Google Drive webpagina's kan je bestanden, bijvoorbeeld vakantiefoto's, ook opladen. Bij thuiskomst zal je de foto's dan automatisch in je lokale Drive map terugvinden. In het volgende voorbeeld maken we online een map 'Foto's Spitsbergen' en daarna plaatsen we enkele foto's in die nieuwe map:

1 Meld je aan op drive.google.com met je Google account.

2 Om een nieuwe map te maken klik je met de rechtermuisknop op de knop 'Mijn Drive ▾' en selecteer je 'Nieuwe map':

3 Geef een naam aan de map en klik op Maken.

4 Open de nieuwe map door op de naam te dubbelklikken.

5 Om de bestanden op te laden klik je op de knop Nieuw en selecteer je 'Bestanden uploaden...':

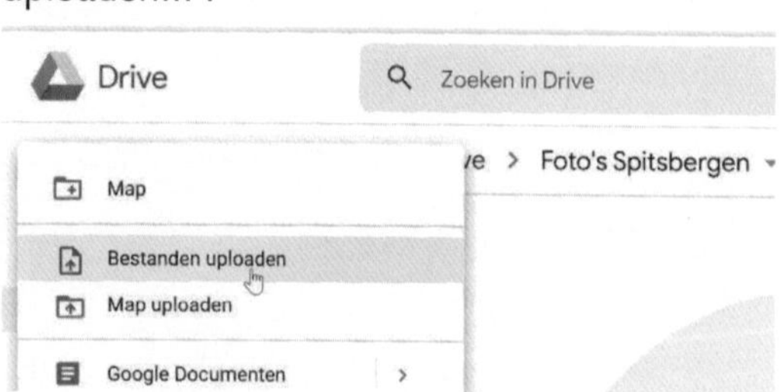

6 Selecteer de bestanden op de harde schijf van de lokale computer en klik op Openen.

7 De bestanden worden één na één opgeladen. Sluit het venster niet!

Google Drive app

Met een smartphone of tablet en de juiste app kan je nu werkelijk overal waar een internetverbinding voorhanden is, aan je bestanden. Er is een Google Drive app voor iPhone/iPad/iPod Touch en één voor Android. We bekijken hierna de mogelijkheden van de iPhone app.

De app kan je gratis downloaden via de AppStore van Apple. Typ gewoon Google Drive in als zoekterm en de eerste app die verschijnt is deze van Google zelf. Voor Android ga je naar Google Play om de app te zoeken.

De eerste keer dat je de app opstart zal je, na de instructieschermen, moeten aanmelden. Daarna verschijnt het overzichtsscherm. Klik daar op Bestanden en de inhoud van jouw Google Drive map verschijnt:

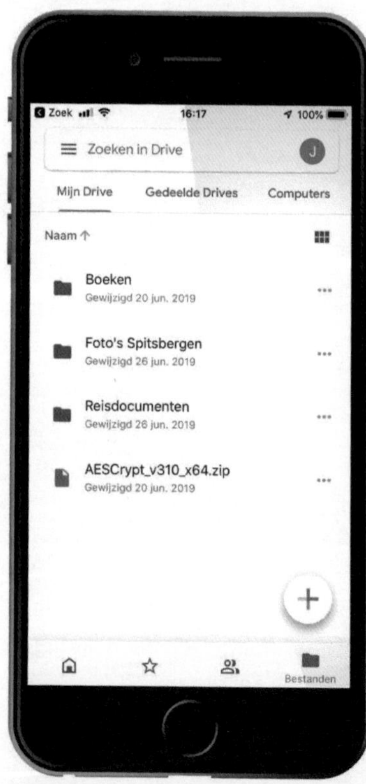

Via de app kan je niet alleen bestanden, zoals foto's, video's en pdf-documenten bekijken, je kan ook foto's en video's opladen via je iPhone Fotoalbum. Tik daarvoor op het pluspictogram in 'Mijn Drive' of in één van de submappen. In het menu kies je voor 'Uploaden'. Je kan zelfs, met de ingebouwde camera, een nieuwe foto of video maken en daarna meteen opladen. Via het plusje kan je trouwens ook een nieuwe submap maken.

OneDrive

Installatie

In Windows 10 werd OneDrive al geïnstalleerd. Heb je Windows 7, dan zal je OneDrive nog moeten downloaden. Voor OneDrive is een gratis Microsoft account nodig. Je krijgt dan 5 Gb bestandsruimte ter beschikking.

OneDrive integratie

OneDrive is reeds geïntegreerd in Windows Verkenner. Je vindt de map terug tussen Snelle toegang en Deze pc:

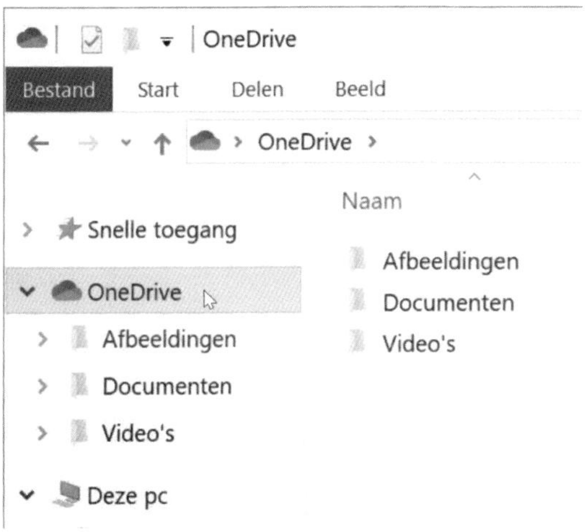

(De werkelijke locatie van de hoofdmap is C:\Users\[Gebruikersnaam]\OneDrive).

Je kan via Windows Verkenner bestanden opladen en downloaden naar je online OneDrive map. OneDrive is ook elders geïntegreerd in Windows:

- De app Foto's toont, naast de foto's op de harde schijf, ook foto's die je op OneDrive bewaarde.
- In Office-programma's kan je nieuwe bestanden rechtstreeks bewaren in een map op OneDrive.

Je ziet hier waarschijnlijk drie mappen: Afbeeldingen, Documenten en Video's. Elk van deze mappen kan je hernoemen of verwijderen. Uiteraard kan je ook nieuwe mappen bijmaken. Alles wat via Windows Verkenner in de mappen terechtkomt, zal automatisch gesynchroniseerd worden op de server van Microsoft en op andere computers waar je OneDrive op installeerde en je aanmeldt met dezelfde Microsoft-account.

Bestanden online bekijken of downloaden

Vermits OneDrive een online service is van Microsoft, kan je vanaf eender welke computer met een internetverbinding je OneDrive bestanden bekijken, bijvoorbeeld via onedrive.com. Even aanmelden met je Microsoft-account en je krijgt toegang tot jouw gesynchroniseerde bestanden en mappen:

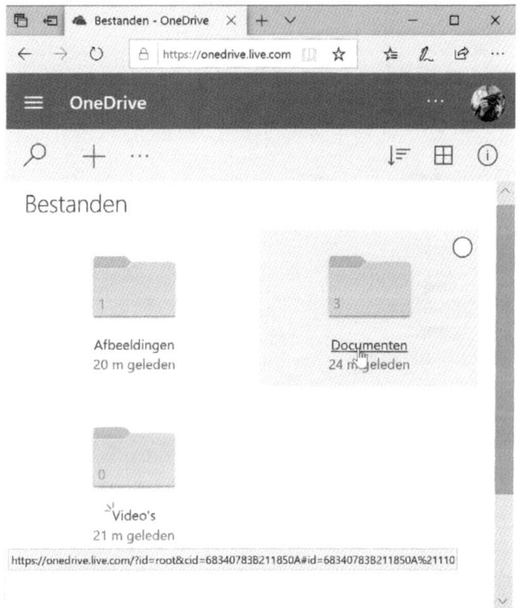

Mappen kan je openen om de inhoud weer te geven. Foto's en sommige video's kan je rechtstreeks bekijken. Word- en pdf-documenten kan je downloaden of bekijken via een online Word-app:

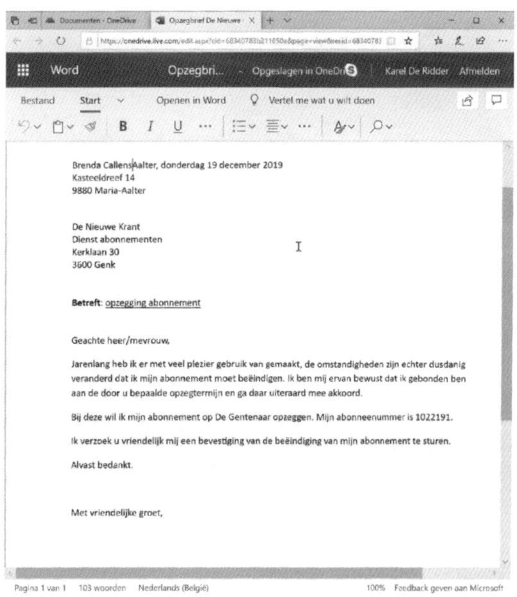

Bestanden online opladen

Vanuit de OneDrive webpagina's kan je mappen maken, bestanden verwijderen en nieuwe bestanden opladen. In het volgende voorbeeld maken we online in de map Afbeeldingen een submap 'Gdansk' waarin we enkele foto's zullen plaatsen.

1 Meld je aan op OneDrive.com met je Microsoft account.

2 Open de map Afbeeldingen. Om daarin een nieuwe submap te maken klik je boven op de knop '+ Nieuw' en selecteer je Map:

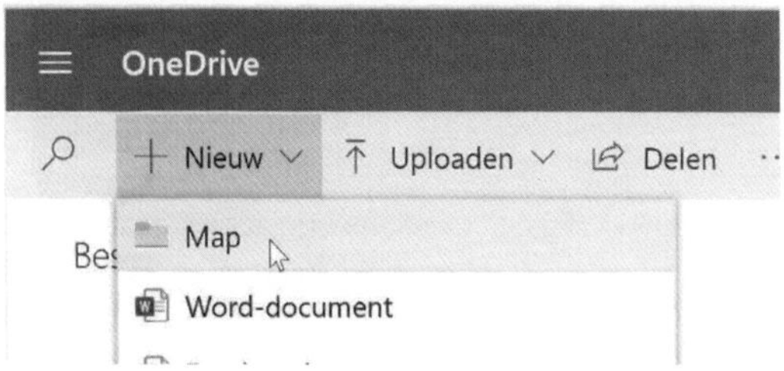

3 Geef een naam aan de map en klik op Maken.

4 Open de nieuwe map door op de tegel te klikken.

5 Om bestanden op te laden klik je vervolgens op knop Uploaden ▾ Bestanden:

6 Selecteer de bestanden op de harde schijf van de lokale computer en klik op Openen.

7 De bestanden worden één na één opgeladen. Sluit het venster niet!

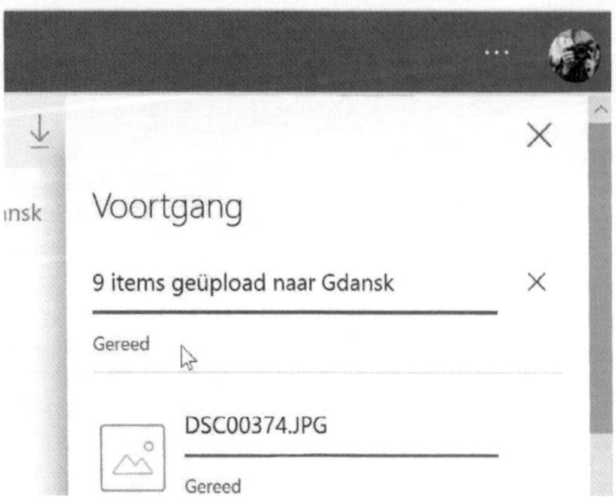

OneDrive app

Er is een OneDrive app voor iPhone/iPad/iPod Touch en één voor Android. We bekijken hierna de mogelijkheden van de iPhone app.

De app kan je gratis downloaden via de AppStore van Apple. Typ gewoon OneDrive in als zoekterm en de eerste app die verschijnt is waarschijnlijk deze van Microsoft.

De eerste keer dat je de app opstart zal je moeten aanmelden. Daarna verschijnt de inhoud van jouw OneDrive map:

Via de app kan je niet alleen bestanden zoals foto's, video's en pdf-documenten bekijken, je kan ook foto's en video's opladen vanuit je iPhone Fotoalbum. Tik daarvoor op het pluspictogram in de rechter bovenhoek in één van de submappen. In het menu selecteer je Uploaden en vervolgens 'Foto's en video's'. Je komt dan terecht in Foto's waar je een bestaande foto of video kan selecteren om op te laden. Koos je voor 'Foto of video maken', dan kan je met de ingebouwde camera een nieuwe foto of video maken en meteen opladen. Via de optie 'Map maken' kan je een nieuwe submap maken. ■

Bestanden delen

Je eigen teksten, foto's en video's mag je niet alleen online zetten voor jezelf, je mag ze ook delen met vrienden en familie. Wees uiterst voorzichtig met het online delen van software en media waar een auteursrecht op rust!

Privé

Zowel Google als Microsoft garanderen (min of meer) jouw privacy. De bestanden die je op Google Drive of OneDrive plaatst, hebben de status Privé. Dat wil zeggen dat enkel jijzelf de bestanden online kan bekijken of downloaden. De bestanden kunnen niet geïndexeerd worden door zoekmachines en dus kunnen andere internetgebruikers onmogelijk jouw bestanden vinden.

Delen via een link

Één van de voordelen van Cloud-computing is de mogelijkheid om media en documenten te delen met anderen. Je kan één bestand of een volledige map delen via een link (url). Enkel wie de link kent, kan aan de bestanden. De link zelf ziet er vrij complex uit en verstuur je via e-mail of post je op jouw Facebookpagina (zie volgend thema). Deel je een map, dan kan je instellen dat andere personen de inhoud van de map en de bestanden enkel mogen bekijken. Je kan ook instellen dat anderen bestanden uit de map mogen aanpassen en verwijderen en nieuwe bestanden in de map mogen plaatsen. Dat laatste is handig indien je met meerdere personen aan een project werkt.

Openbaar maken

Je kan een map op je Google Drive ook volledig openbaar maken. Alles wat je in een openbare map plaatst, zal op termijn geïndexeerd worden door zoekmachines en kan daardoor in principe door iedereen bekeken worden, bijvoorbeeld door te zoeken via een zoekmachine!

Delen via Google Drive

Delen van bestanden en mappen doe je best online, via drive.google.com.

Map of bestanden delen

In het volgende voorbeeld delen we een map met foto's van een feestje met enkele personen:

1 Meld je aan op drive.google.com met je Google account.

2 Selecteer de map via 'Mijn Drive'. Je kan ook een bestand of meerdere bestanden tegelijk selecteren (met Ctrl- of Shift-toets).

3a Klik bovenaan op de knop Delen (knop met silhouet als afbeelding) indien de personen ook Google Drive gebruiken:

4a Vul de e-mailadressen in van alle personen met wie je de bestanden wil delen. Geef ook aan of deze personen de bestanden mogen bewerken. Tenslotte vul je een begeleidend bericht in:

3b Gebruikt niet iedereen met wie je de map wil delen Google Drive, dan klik je beter op 'Deelbare link maken':

Zet de schakelaar aan en klik even door op 'Instellingen voor delen'.

4b Ook nu bepaal je of de personen de inhoud mogen bewerken of niet:

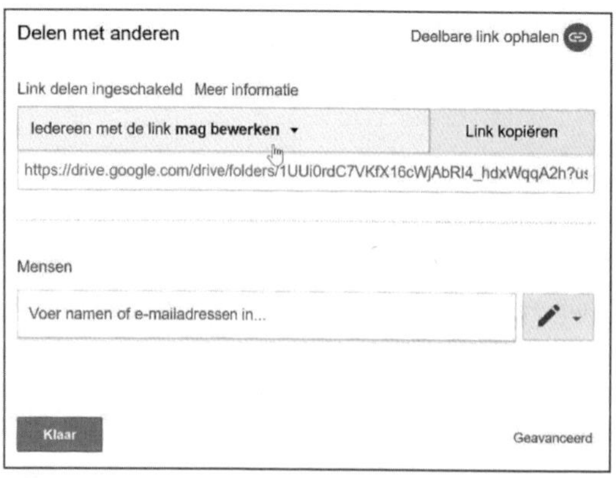

Kopieer de link via de knop 'Link kopiëren'. De link kan je plakken in een e-mailbericht of posten op Facebook.

5a Klik op verzenden om de personen uit te nodigen.

5b Klik op Klaar om de status van de map aan te passen als 'gedeeld'.

6a De e-mails worden verstuurd indien je stap 4a koos.

6b Koos je stap 4b, dan open je een e-mailprogramma en plak je de link in een bericht om de map te delen met anderen.

7 De map staat nu gemarkeerd als 'Gedeeld':

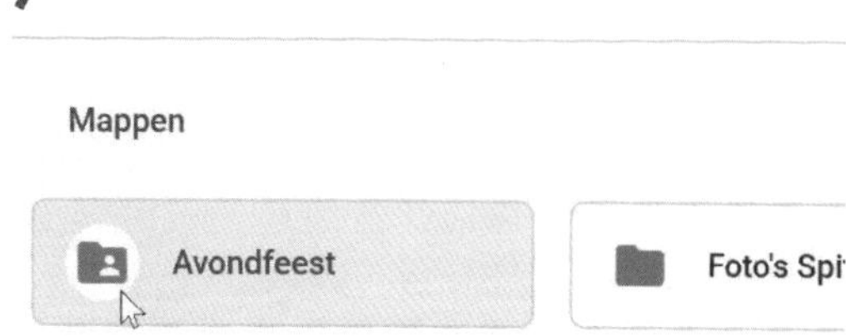

Delen met één persoon beëindigen

8a Het delen van de map kan je op elk moment beëindigen door deze te selecteren en daarna op de knop Delen te klikken. Klik op de link 'Geavanceerd'. Je kan nu de bewerkingsopties aanpassen of het delen met de persoon beëindigen door het kruisje naast de naam aan te klikken:

Gedeelde link beëindigen

Is de gedeelde link in de verkeerde handen gevallen, dan kan je deze deactiveren zodat ze niet meer werkt:

8b Selecteer de gedeelde map en klik bovenaan opnieuw op 'Deelbare link ophalen'. In het dialoogvenster kan je de schakelaar 'Link delen ingeschakeld' uitzetten:

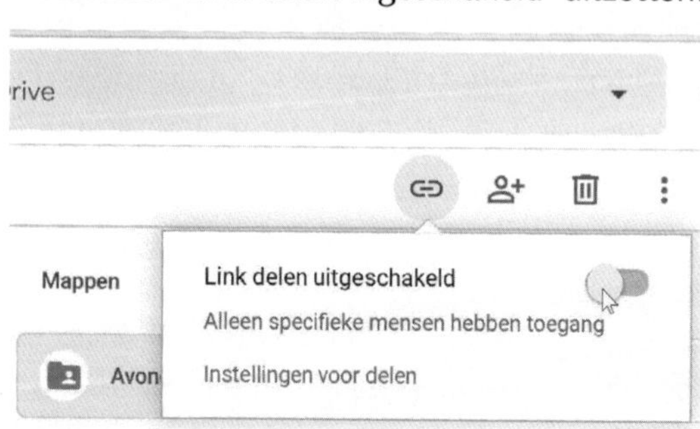

Gedeelde mappen bekijken

Heeft iemand bestanden of mappen op een Google Drive met jou gedeeld, dan zal je dit ongetwijfeld via een e-mailbericht vernemen:

Voor je op de link klikt, controleer je best of je de afzender kent en vertrouwt. Heb je op de link geklikt, dan zijn er twee mogelijkheden:

- Werden de bestanden gedeeld via de optie 'Delen met anderen' (stap 4a), dan zal je moeten aanmelden op drive.google.com. Pas daarna verschijnt de inhoud van de gedeelde map in de rubriek 'Gedeeld met mij':

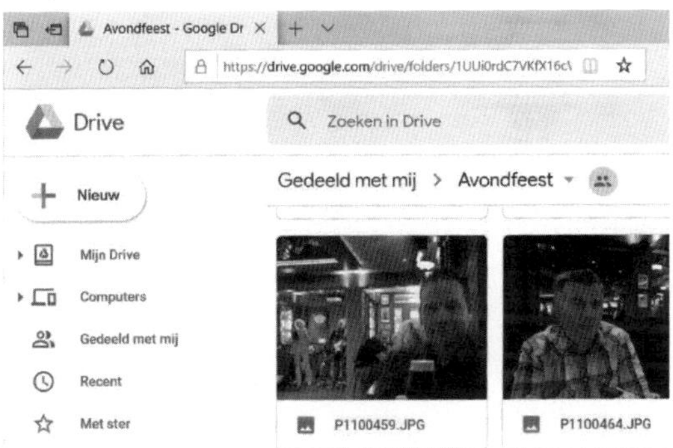

Tip: In het keuzemenu van de map vind je een optie 'Toevoegen aan Mijn Drive':

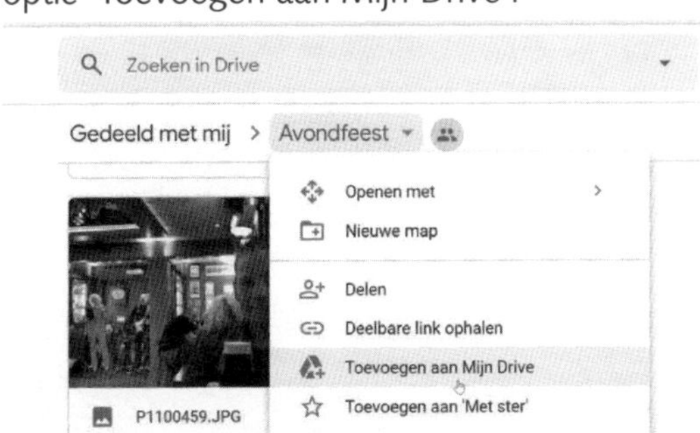

Die optie zorgt er voor dat de map in jouw Google Drive mappenlijst wordt opgenomen, met andere woorden: de map en de inhoud wordt gekopieerd naar 'Mijn Drive'. De map is sowieso zichtbaar in de mappenlijst, onder 'Gedeeld met mij'.

Heb je van de eigenaar de optie 'Mag bewerken' gekregen, dan kan je de bestanden in de map bewerken, delen met anderen (tenzij de eigenaar de optie 'alleen de eigenaar mag de rechten wijzigen' heeft gebruikt bij de geavanceerde opties) en verwijderen.

- Indien de bestanden de status 'Iedereen met de link' hebben, dan krijg je meteen de inhoud van de map te zien. De map zal niet verschijnen in jouw Google Drive map.

Delen via app

Via de app op je smartphone kan je eveneens mappen delen en extra personen toegang geven tot een reeds gedeelde map:

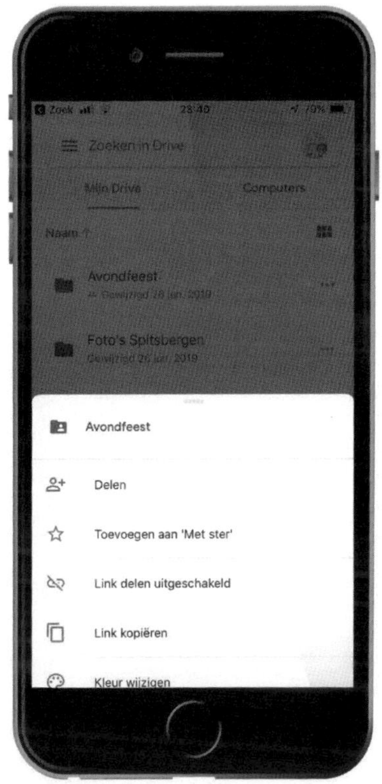

Uiteraard kan je via de app ook de inhoud van met jou gedeelde mappen en bestanden bekijken:

Delen via OneDrive

Delen van bestanden en mappen op je OneDrive kan je online of vanuit Windows Verkenner starten. Als voorbeeld delen we een map met pdf-documenten met enkele personen.

Link naar gedeelde map maken

1 Start Windows Verkenner en klik de te delen map aan met de **rechter**muisknop. In het snelmenu kies je voor OneDrive-koppeling delen:

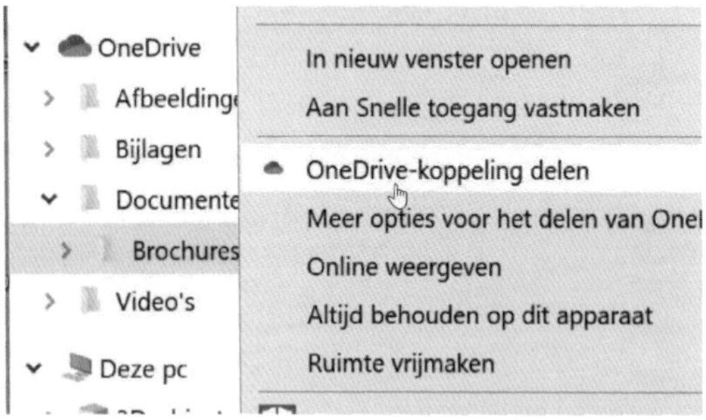

2 Er verschijnt een melding op je scherm dat de koppeling gemaakt werd en op het klembord gekopieerd werd:

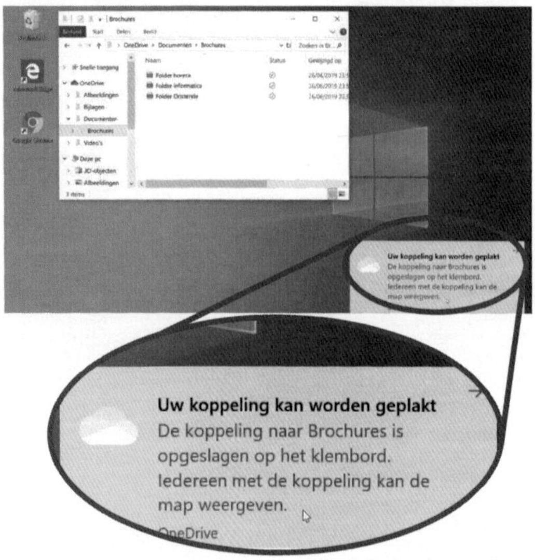

3 Open jouw e-mailprogramma en plak de link in een bericht om de map te delen met anderen.

4 In de map staat een pictogram dat aangeeft dat de map gedeeld werd.

Map of bestanden delen met personen

Wil je niet dat iedereen de inhoud van de map kan zien, bijvoorbeeld doordat de link verspreid werd naar anderen, dan kan je ook delen met één of enkele personen:

1 Ga naar Windows Verkenner en klik de te delen map aan met de **rechter**muisknop. In het snelmenu kies je deze keer voor Meer opties voor het delen van OneDrive:

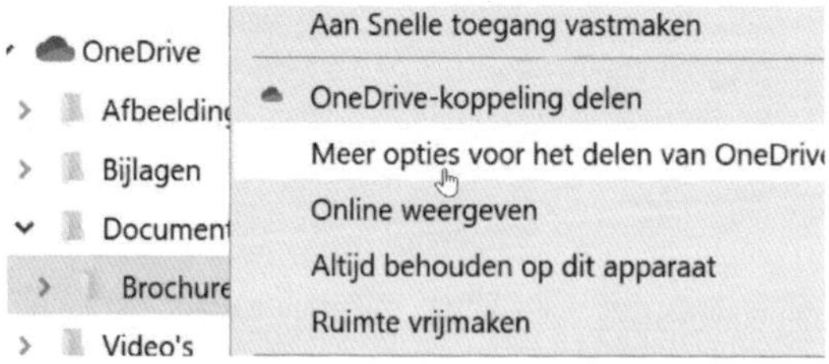

2 De OneDrive website opent. Was je nog niet aangemeld, dan zal je nu moeten aanmelden.

3 De map wordt getoond. Klik bovenaan op de knop Delen:

4 Vul eerst de e-mailadressen in van de personen met wie je de map wil delen:

In het vak daaronder kan je nog extra uitleg bij het bericht plaatsen. Bovenaan bepaal je de rechten: bekijken of ook bewerken. Alles ingevuld? Klik dan op 'Verzenden'.

5 De e-mails worden verstuurd. Hebben de personen met wie je de map deelde ook een OneDrive-account, dan verschijnt een melding op hun scherm dat jij met hen iets gedeeld hebt (zie verder).

6 Wil je opties kiezen, open dan het infopaneel via de i-knop bovenaan:

In het deelvenster verschijnen de personen met wie je de map of bestanden gedeeld hebt. **Tip**: je kan hier ook een bijkomende persoon toevoegen waarmee je het item wil delen.

7 Via de link 'Toegang beheren' kan je voor elke persoon apart de optie 'Kan bewerken' aan- of uitzetten of het delen meteen beëindigen:

8 In het venster van OneDrive staat de map nu gemarkeerd als 'Gedeeld':

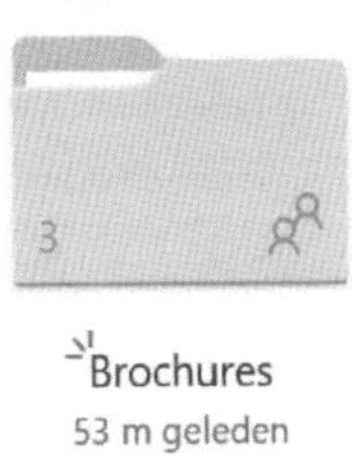

Gedeelde mappen bekijken

Heeft iemand bestanden of mappen op OneDrive met jou gedeeld, dan zal je dit via een melding op je scherm of via een e-mailbericht vernemen:

Tip: Voor je op de link in een e-mailbericht klikt, controleer je best of je de afzender kent en vertrouwt!

Heb je op de link geklikt, dan verschijnt de inhoud van de gedeelde map in de OneDrive website:

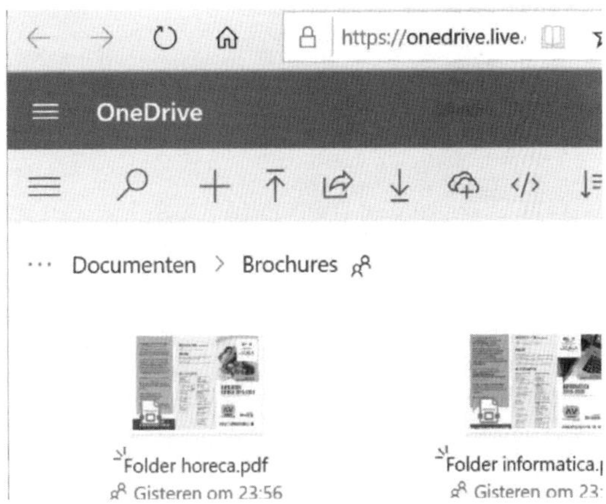

Heb je van de eigenaar de optie 'Kan bewerken' gekregen, dan kan je de bestanden in de map bewerken en zelfs verwijderen:

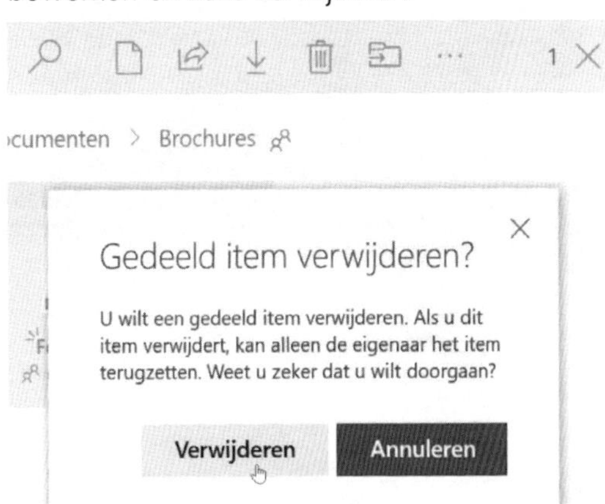

Verder zal je dan ook nieuwe bestanden naar de map kunnen opladen, maar dan heb je wel zelf ook een OneDrive account nodig. Heb je een OneDrive account, dan zal de gedeelde map ook verschijnen in het onderdeel Gedeeld.

Tip: Met jou gedeelde mappen verschijnen niet in Windows Verkenner. Wens je dit wel, dan kan je via de optie 'Toevoegen aan mijn OneDrive' de map kopiëren naar jouw OneDrive:

Delen via app

Via de OneDrive app op je smartphone kan je eveneens mappen delen of personen toegang geven tot gedeelde items:

1 Blader naar het item, bestand of map, dat je wenst te delen.

2 Houd je vinger drie seconden ingedrukt op het item. Er verschijnt een optiebalk. Tik hier niet op delen maar op de knop Meer :

3 Kies in het menu voor 'Details'.

4 Werd het item nog niet gedeeld, dan kan je personen toevoegen via de +-knop. Was het item al gedeeld, dan kan je op de naam van de persoon tikken en instellingen in verband met delen aanpassen:

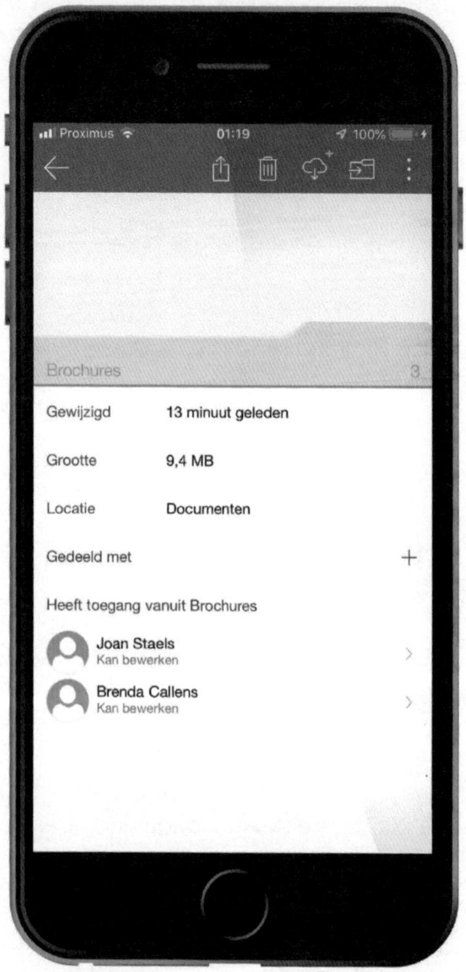

Uiteraard kan je via de app ook de inhoud van met jou gedeelde mappen en bestanden bekijken. ■

Werken in de cloud

Je kan allerlei bestanden bewaren in de cloud, ook Word-documenten of Excel-werkbladen. Dankzij cloud-computing kan je deze bestanden niet alleen online bewaren, maar ook online aanmaken en bewerken, zonder dat je Word of Excel op jouw harde schijf hebt staan!

Microsoft Office programma's

Office 365

Je kent vast wel de Officeprogramma's zoals Word, Excel en PowerPoint. Een Office 365 licentie voor thuisgebruik, met o.a. deze bureaubladprogamma's, kost vanaf €69,00 per maand en kan je op slechts één computer installeren. Je krijgt bovendien 1Tb (1024 Gb) opslagruimte op OneDrive en 60 Skype minuten per maand (zie thema 11).

Office web apps op OneDrive

Wanneer je maar af en toe een kort briefje typt met eenvoudige opmaak, dan moet je zeker eens de cloudversie van de Officeprogramma's uitproberen, de Office Web Apps. Ze zijn gratis beschikbaar via OneDrive. Je kan er bestaande documenten die je opgeladen hebt naar een OneDrive map mee openen en je kan er volledig nieuwe documenten mee maken. Er zijn gratis web apps beschikbaar van Word, Excel, PowerPoint en OneNote. Wanneer je een bestand online maakt of bewerkt met software die vanaf de server draait, dan 'werk je in de cloud'.

Samenwerken

Één van de voordelen om documenten in de cloud te bewaren en te bewerken, is de mogelijkheid om met meerdere personen aan één document te werken. Wanneer je het document deelt met een persoon en je de optie 'Kan bewerken' instelde, dan kunnen jullie allebei datzelfde document aanpassen. Dit biedt mogelijkheden voor wie samen met een klasgenoot een opstel moet maken in Word of een presentatie in PowerPoint. Binnen het gezin kunnen twee partners samen aan één boodschappenlijst of verlanglijst werken...

Een nieuw document maken

In het volgende voorbeeld tonen we in een aantal stappen hoe je een document maakt in de gratis web app van Word op OneDrive.

1 Meld je aan op OneDrive.com met je Microsoft account.

2 Open de map waarin je het document wil maken. Klik bovenaan op de knop +Nieuw en selecteer Word-document:

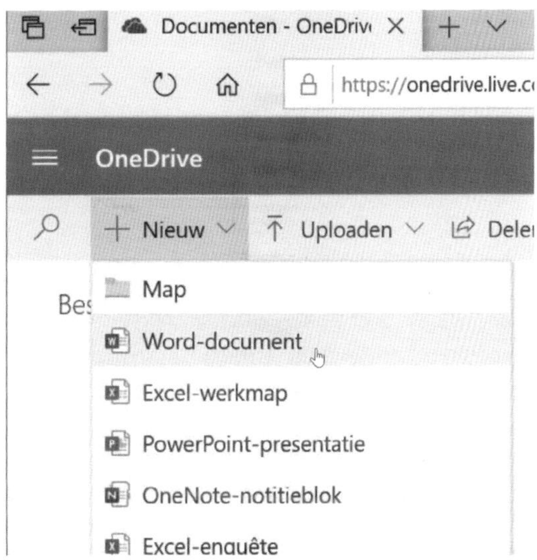

3 Een nieuw, leeg Word-document werd gemaakt met als naam Document1. Dit document kan je meteen bewerken via de Word online app die in een apart tabblad werd geopend. De werkomgeving van de app ziet er ongeveer hetzelfde uit als bij het bureaubladprogramma Word: een menu Bestand en een lint met tabbladen waarin je alle functies terug kan vinden. Natuurlijk heb je minder mogelijkheden in de web app: de tabbladen Ontwerpen en Verzendlijsten ontbreken en de tabbladen Verwijzingen en Controleren bevatten minder functies. Je kan ook geen linialen weergeven, om maar een paar beperkingen te noemen. De basisopties zijn wel voorzien: je kan tekens en alinea's

opmaken, je kan afbeeldingen en tabellen toevoegen en ook spellingscontrole in het Nederlands is voorzien (maar geen grammaticacontrole):

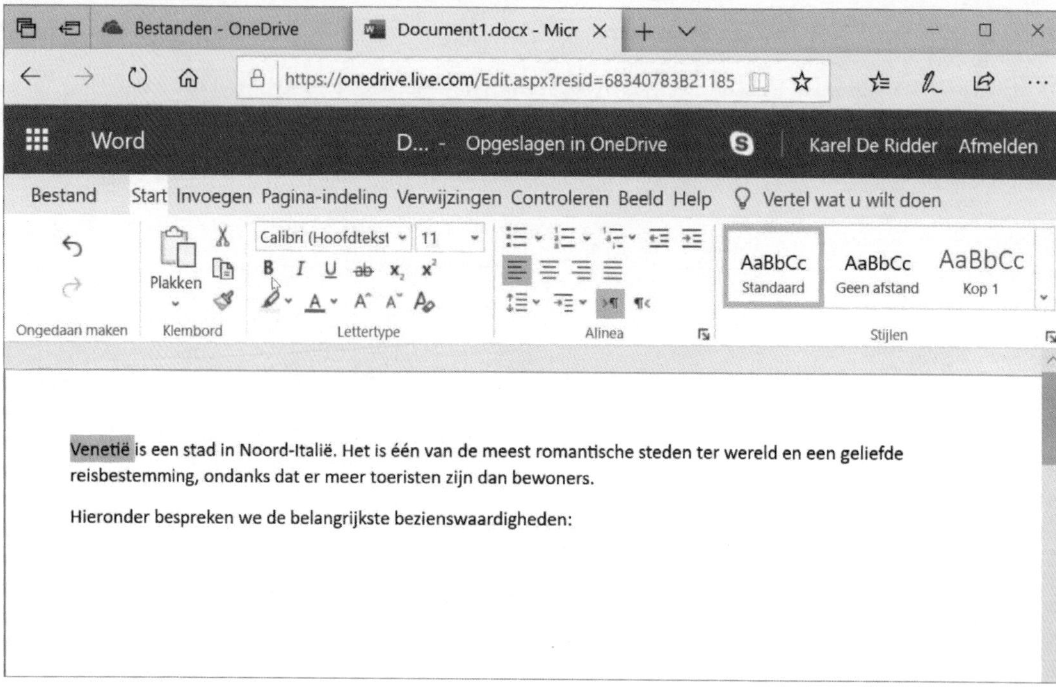

Kortom: wie al kon werken met Word en na verloop van tijd bekend raakt met de beperkingen van de Word app, zal snel vertrouwd raken met de mogelijkheden van de app en eenvoudige documenten kunnen maken.

4 Het document wordt automatisch bewaard. Je hoeft de gemaakte wijzigingen niet zelf op te slaan. Wil je het document hernoemen of opslaan onder een andere naam, dan kan dat via de optie Opslaan als in het tabblad Bestand:

5 Na het bewerken kan je gerust het venster met de Word app afsluiten.

Een document bekijken of bewerken

Wanneer je een bestaand Word-, Excel- of PowerPoint-document opent via je online OneDrive map, dan kan je het document meteen bewerken. Wil je document enkel lezen, kies dan in het tabblad Beeld voor Leesweergave:

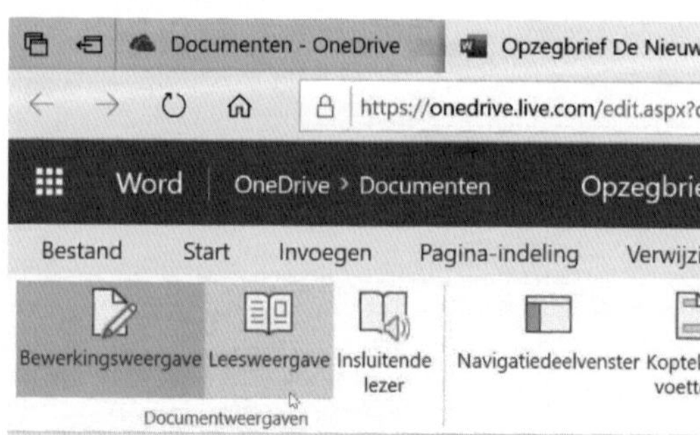

Wil je toch opnieuw bewerken, klik dan op de knop 'Document bewerken ▾ ' en je kan het document bewerken in de web app of, indien je Office op de harde schijf hebt staan, in de bureaubladversie van het Office-programma:

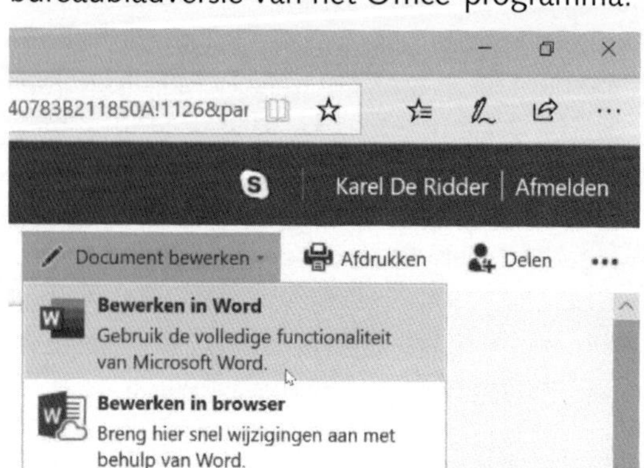

Een document samen bewerken

Van zodra je een document deelt met rechten om het te bewerken, wordt samenwerking mogelijk. Het document staat online en wordt online bewerkt, dus kan OneDrive vaststellen wie wat aan het aanpassen is. Zo kan je op exact hetzelfde tijdstip met meerdere personen aan hetzelfde document werken. OneDrive geeft aan welke personen er momenteel aan het document aan het werken zijn en wie welk deel van het document aan het aanpassen is:

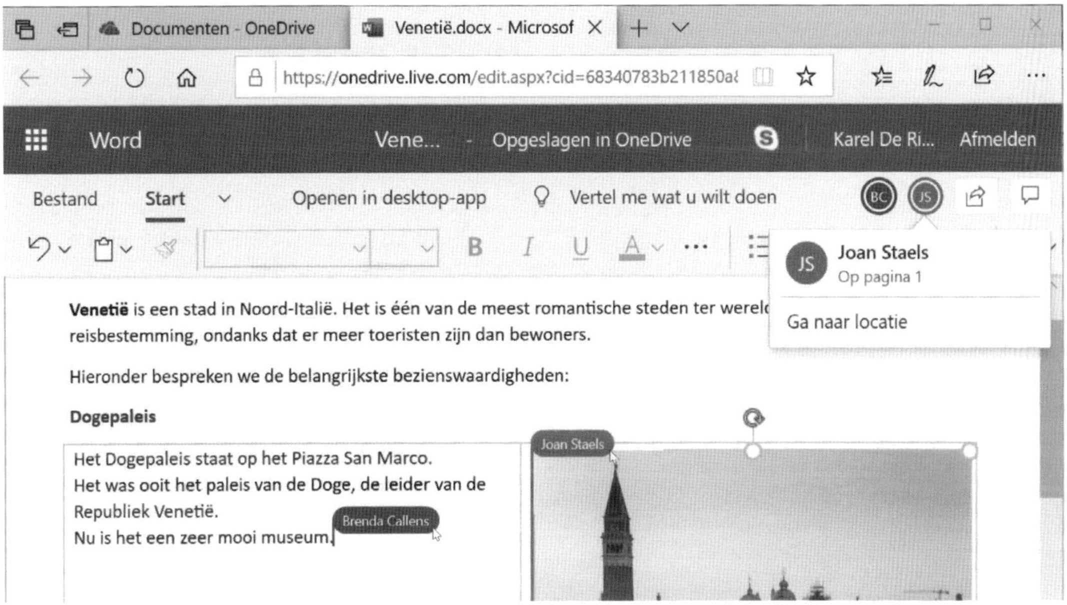

Web apps op smartphone of tablet?

Office-documenten op je OneDrive kan je niet enkel bewerken op een computer, ook op een smartphone of tablet kan je de documenten bekijken en bewerken. De online apps zoals Word moet je wel eerst installeren, bijvoorbeeld via de AppStore (iOS) of Google Play (Android). Eens geïnstalleerd kan je een document vanuit de OneDrive app doorgeven aan de Office app. Hier zie je een Word-document geopend in OneDrive...:

...via de knop met het Word-pictogram kan je het document bewerken in de Word app: ■

Muziek in de cloud

Lp's of cd's kopen en zelfs muziek downloaden is ouderwets geworden. Vandaag koop of download je geen muziek meer, je streamt het via internet. Ook muziek zit in de cloud!

Abonnement op muziek

Het zal je verbazen, maar je kan het laatste album van je favoriete artiest gratis online beluisteren via muziekdiensten zoals Spotify of Deezer. Bij de gratis abonnementen krijg je tussen de nummers door reclame te verwerken. Uiteraard heb je een goede internetverbinding nodig om naar muziek te kunnen luisteren. Bij de betalende formules zal je geen reclame te horen krijgen en kan je nummers ook lokaal opslaan, zodat je ook zonder internet naar muziek kan luisteren.

Spotify

De muziekdienst Spotify (www.spotify.com) is sinds eind 2011 in België beschikbaar. Met een database van miljoenen nummers, biedt het een ruim aanbod aan muziekgenres en artiesten, waaronder Belgische en Nederlandse.

- Free is het gratis abonnement. Af en toe zal je reclame horen.
- Premium kost € 9,99 per maand. Je krijgt een betere geluidskwaliteit en je kan muziek offline beluisteren.
- Family kost € 14,99 per maand. Je kan tot zes gezinsleden een Premium account geven.

Registreren op Spotify

Je kan registreren met je Facebook-account (zie volgend thema), maar dat is niet verplicht. Surf naar spotify.com en zoek naar een link aanmelden. Vul het formulier in en na enkele minuten kan je al luisteren naar muziek.

Web player

Via de web player (zie onderaan) blader je door de gigantische catalogus van Spotify. Je kan zoeken op titel, album of artiest.

Bureaubladprogramma

Met een gratis of betalend abonnement kan je het bureaubladprogramma downloaden. Je kan er onder andere afspeellijsten mee samenstellen en muziek in favorieten indelen.

App

Via de Spotify app kan je ook mobiel naar muziek luisteren. De afspeellijsten die je via het bureaublad-programma of Web player had gemaakt, zal je ook op je mobiel toestel terugvinden. Je kan deze lijsten ook downloaden om offline naar muziek te beluisteren (met een Premium abonnement). ■

Web player van Spotify op play.spotify.com. Hier kan je duizenden liedjes gratis beluisteren, van Bach tot Ed Sheeran. Af een toe zal je reclame moeten aanhoren.

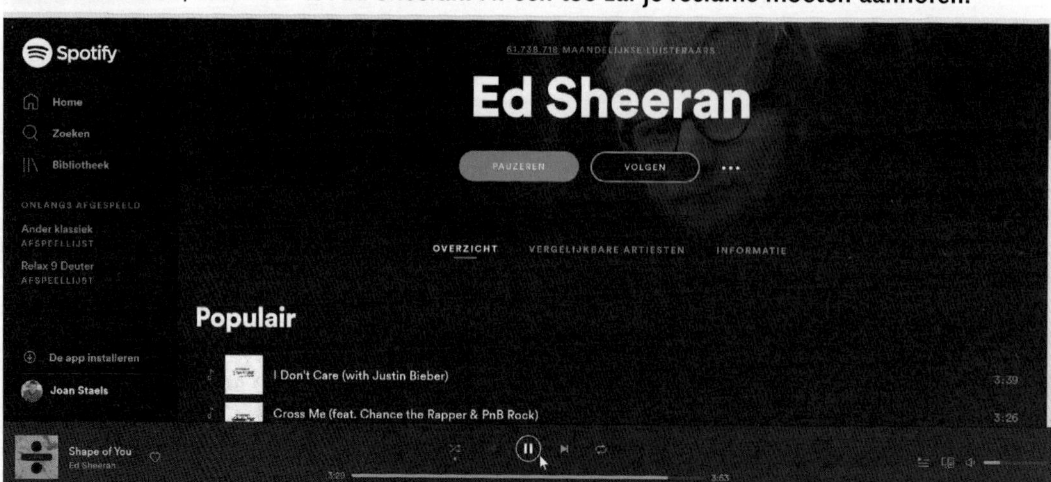

Thema 10

Sociale Media

Wat zijn sociale media?

Facebook

Twitter

Wat zijn sociale media?

Het internet heeft de wereld kleiner gemaakt. Informatie ligt overal binnen handbereik op computers en mobiele apparaten. Dankzij sociale netwerken hebben we meer toegang tot nieuwsfeiten, beelden en opinies dan ooit tevoren.

Doel

Sociale media zijn online middelen om te communiceren, samen te werken en informatie of gevoelens uit te wisselen. Bedrijven gebruiken sociale media om hun producten en diensten onder de aandacht te brengen van hun klanten en het grote publiek. Particulieren gebruiken het om hun mening te geven, ervaringen uit te wisselen, foto's en video's te delen en te babbelen met vrienden, familie of vreemden.

Sociale mediasites

Voor velen is het een dagelijkse bezigheid om iets mee te delen via Facebook of om foto's van vrienden te bekijken via Instagram. Ze willen weten en zien wat hun vrienden op restaurant gegeten hebben en wat ze vonden van een aflevering van een soap op televisie.

Netwerksites

Sociale netwerksites, zoals Facebook, bieden de mogelijkheid in contact te komen met je oude klasgenoten en ex-collega's of met je huidige vrienden en familieleden. Je kan ook nieuwe online vriendschappen aangaan met mensen die dezelfde interesses delen. Zakelijke netwerksites, zoals LinkedIn, bieden de mogelijkheid om een netwerk van (ex-) collega's en andere zakelijke contacten te creëren om zo in contact te komen met nieuwe bedrijven en personen en misschien zelfs een nieuwe baan te vinden.

Microblog

Microbloggen is het publiceren van korte teksten op het internet. Je kan ook foto's meesturen met een bericht. De berichten zelf worden verstuurd naar iedereen die zich er op abonneerde. Facebook biedt een zekere vorm van microblogging aan, maar Twitter is dé bekendste microbloggingdienst.

Privacy

Er is een groeiende bezorgdheid onder de gebruikers van sociale netwerksites over de gevaren van het geven van te veel persoonlijke informatie. De netwerksites halen hun inkomsten uit het aanbieden van gerichte advertenties. Hoe meer persoonlijke gegevens je meedeelt, hoe meer de advertenties gericht kunnen zijn op jouw interesses en voorkeuren en dus hoe groter de kans dat je op een advertentie klikt en hoe meer winst het bedrijf kan maken.

Openbaar of enkel voor (goede) vrienden?

Berichten of foto's die je op Facebook of Instagram plaatst kan je steeds afschermen voor het grote publiek. Zo kan je een bericht of foto enkel voor jezelf online zetten, of enkel voor een select groepje vrienden. Je kan ook een foto of bericht (per ongeluk) openbaar plaatsen, waardoor de hele wereld het bericht of de foto kan zien! ■

Geschat aantal actieve gebruikers op enkele populaire sociale netwerksites in België in januari 2019. Facebook is immens populair. Meer dan 65% van de Belgen gebruiken Sociale Media.

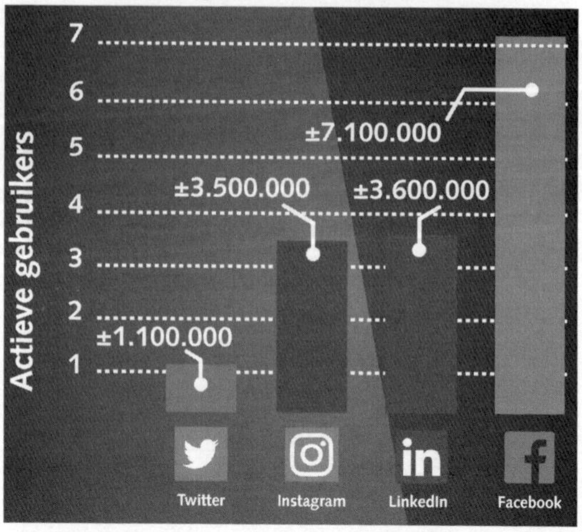

Facebook

Facebook is dé sociale netwerksite van dit moment. De naam komt voort uit de informele naam voor het boek dat bij het begin van het studiejaar door sommige universiteiten in de Verenigde Staten gegeven wordt aan studenten om elkaar beter te leren kennen.

Deel uitmaken van Facebook

Facebook heeft miljoenen actieve gebruikers in België en wereldwijd zijn er bijna twee miljard Facebookgebruikers die samen miljarden berichten per maand posten. De kans is dan ook groot dat jouw voormalige studiegenoten, oude vrienden of ex-collega's ook op Facebook zitten en er verhalen over hun kinderen of kleinkinderen, huisdieren, reizen, favoriete restaurantjes en andere ervaringen vertellen of simpelweg leuke weetjes en tips meedelen. Kortom, Facebook is leuk en nuttig omdat er zoveel mensen en zo veel informatie op te vinden is. En in een paar korte stappen, kan jij er ook bijzijn:

- Je eerste stap is het creëren van je **profiel**.
- Daarna kan je beginnen met het zoeken naar **vrienden**.
- Eens alles ingesteld, kan je jouw status regelmatig bijwerken, informatie delen, berichten plaatsen op het **prikbord** van uw vrienden, foto's en video's opladen en nog veel meer.

Facebookprofiel aanmaken

De eerste stap is het registreren op Facebook als nieuwe gebruiker en het invullen van relevante gegevens over jezelf, zoals je studies en werkervaring. Dit is belangrijk omdat Facebook op die manier je oude klasgenoten en collega's automatisch kan vinden zodat jij eventueel met enkele van hen contact kan opnemen. Geen paniek: indien je geen contact wil met die pestkop uit het laatste jaar of met die irritante ex-collega of een voormalige werkgever, dan zal dat ook niet gebeuren. Jij alleen bepaalt met wie je in contact wil komen. Uiteraard moet ook de gecontacteerde akkoord gaan om 'vrienden' te worden via Facebook.

Hieronder geven we stap voor stap aan hoe je een profiel aanmaakt in Facebook.

FACEBOOK TERMEN

Profiel (Profile)

Dit is jouw persoonlijk stukje van Facebook. Bedrijven gebruiken openbare profielen. Als particulier kies je best voor een privé profiel.

Vriend (Friend)

Iemand waarmee je contact maakt en informatie uitwisselt. Je kan mensen uitnodigen om met jou Facebookvrienden te worden, zodat je hun berichten kan lezen en hun foto's kan bekijken.

Bericht (Message)

Net zoals bij e-mail kan je ook in Facebook berichten sturen naar vrienden.

Tijdlijn (Timeline)

De tijdlijn bevat al jouw berichten en activiteiten in omgekeerd chronologische volgorde.

Tag (Tag)

Een etiket dat aan een foto kan gehangen worden. Zo kun je een foto taggen om aan te geven wie op de foto staat , bijvoorbeeld jijzelf.

Vind ik leuk (Like)

Als je onder iets wat door een vriend op Facebook is geplaatst op de knop 'Vind ik leuk' klikt, laat je op een simpele manier weten dat je het item leuk vindt.

Prikbord (Wall)

Onderdeel van je profiel waar jouw vrienden rechtstreeks berichten op kunnen plaatsen.

Groep (Group)

Besloten ruimte waarin een aantal personen over gedeelde interesses kunnen communiceren.

Registreren

Het enige wat echt nodig is om te kunnen registreren op Facebook, is behalve jouw geboortedatum, naam en geslacht, een e-mailadres en een door jou zelf te kiezen wachtwoord. Andere gegevens zijn niet verplicht in te vullen, maar wel nuttig. Jij bepaalt hoeveel informatie je toevertrouwt aan Facebook.

Ga eerst naar www.facebook.com. Vul de gegevens aan de rechterkant van het scherm in en klik op de groene knop 'Registreren':

Na de registratie is je pagina op Facebook al aangemaakt. Voor je verder gaat is het een goed idee om je mailbox te controleren. Facebook zal je een bericht gestuurd hebben met de vraag jouw registratie te bevestigen.

Profiel instellen

In het eerste scherm na de registratie suggereert Facebook volgende vier stappen:

1 Heb je een vaak voorkomende familienaam en/of voornaam, dan heb je vast ook naamgenoten op Facebook. Wil je dat jouw vrienden je herkennen, laad dan een duidelijke profielfoto op. Die foto krijgt niet alleen een prominente plaats op jouw Facebookpagina, het wordt in miniatuurformaat ook bij elk bericht gevoegd dat je via Facebook verstuurt. Je kan een foto opladen die op je harde schijf staat of je kan een foto via je webcam maken en deze doorsturen:

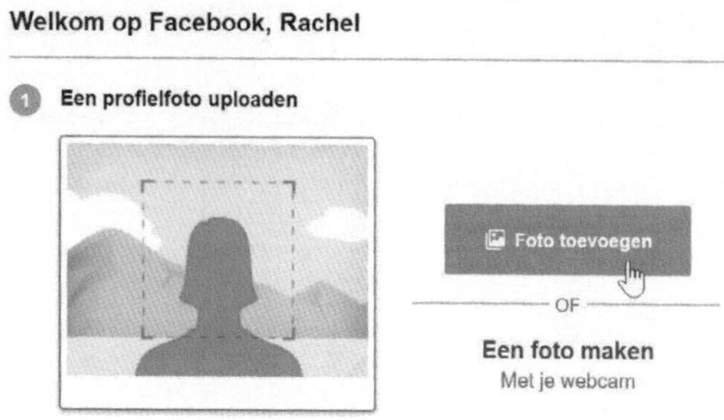

2 De tweede suggestie is het zoeken naar vrienden, familieleden, (ex-)collega's met wie je via Facebook in contact wil komen. Je kan zoeken via namen of e-mailadressen:

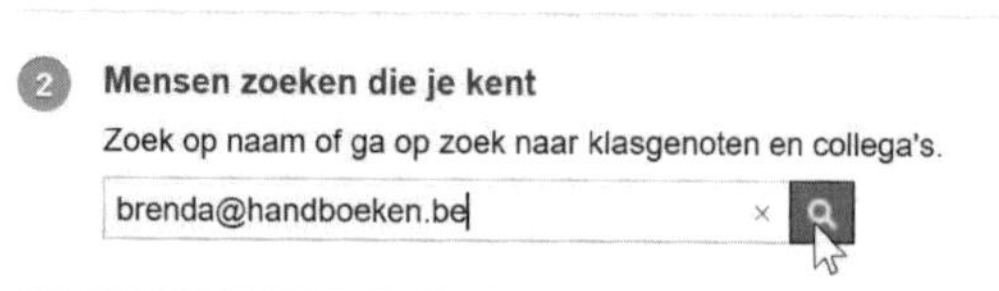

Heb je een bekende gevonden en wens je die te contacteren, klik dan op de knop 'Toevoegen':

Facebook reageert met 'Vriendschapsverzoek is verzonden':

Aanvaardt deze persoon jouw verzoek, dan zijn jullie Facebookvrienden geworden.

3 Een derde, zeer belangrijke suggestie, is het nakijken van de privacyinstellingen:

Klik op de link en blader door de enkele schermen met informatie over hoe je berichten met jezelf, jouw vrienden of met iedereen op internet deelt.

Profielpagina

Klik nu op jouw voornaam bovenaan de pagina. Je krijgt jouw voorlopige profielpagina te zien, dit is de pagina die iedereen op internet te zien krijgt. Zie hieronder.

FACEBOOK PROFIELPAGINA - TIJDLIJN

Profielfoto
Een goede, herkenbare foto van jezelf

Omslagfoto
Hier nog niet gekozen. Net zoals de profielfoto is deze foto openbaar, dus voor iedereen zichtbaar!

Meldingen

Instellingen/ Afmelden...

Vriendschapsverzoeken
Knop licht op als iemand jou als vriend wil toevoegen

Profielpagina
Opent deze pagina

Account wisselen

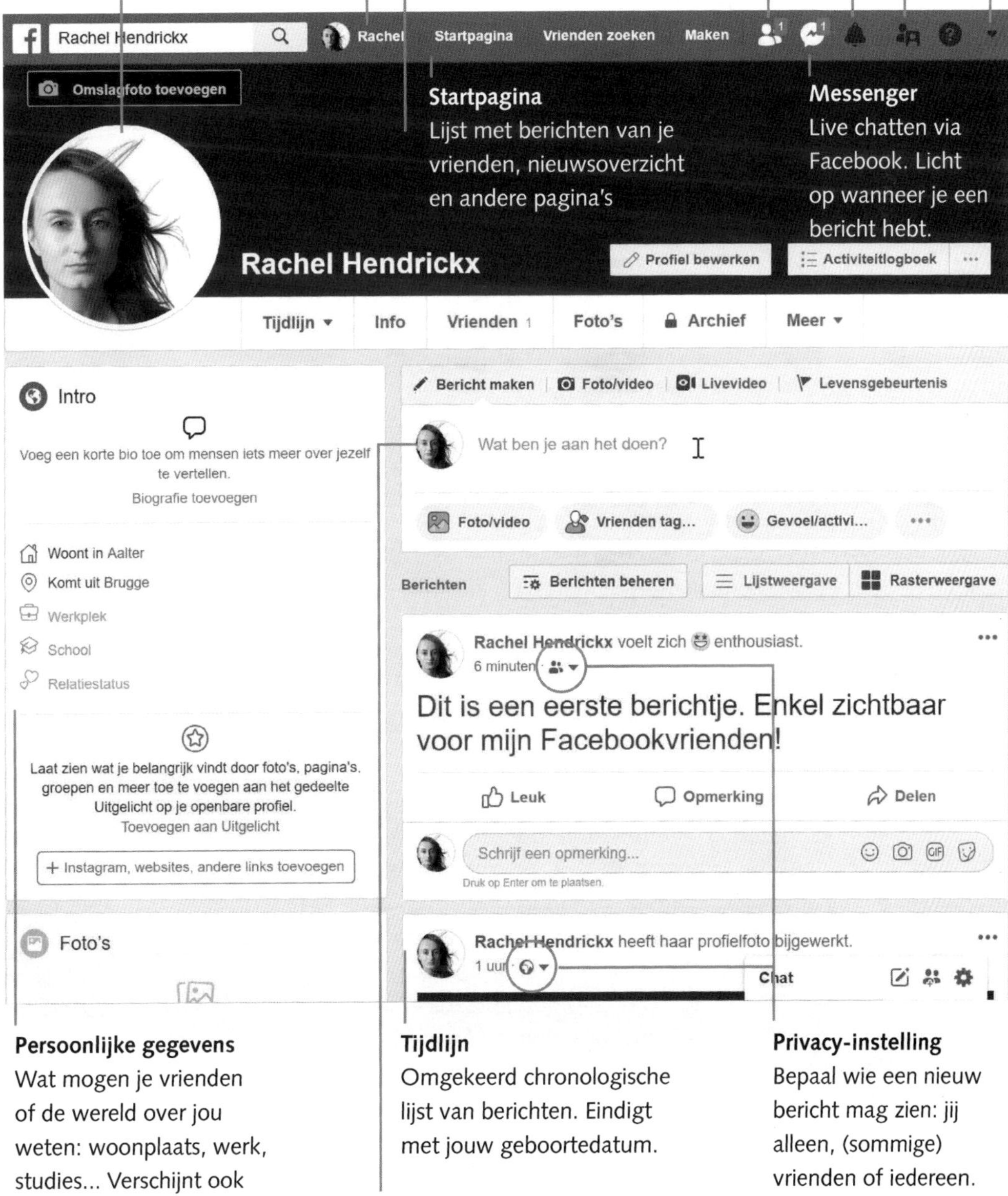

Startpagina
Lijst met berichten van je vrienden, nieuwsoverzicht en andere pagina's

Messenger
Live chatten via Facebook. Licht op wanneer je een bericht hebt.

Persoonlijke gegevens
Wat mogen je vrienden of de wereld over jou weten: woonplaats, werk, studies... Verschijnt ook in het onderdeel Info.

Tijdlijn
Omgekeerd chronologische lijst van berichten. Eindigt met jouw geboortedatum.

Privacy-instelling
Bepaal wie een nieuw bericht mag zien: jij alleen, (sommige) vrienden of iedereen.

Nieuw bericht opstellen
Deel aan vrienden of de wereld mee wat je aan het doen bent

Profiel verder aanvullen

Persoonlijke gegevens

Je kan nu via jouw profielpagina, in het onderdeel Tijdlijn of het onderdeel Info, jouw studies, werkgever(s) en woonplaatsen invullen, opnieuw met de bedoeling vrienden te vinden. Van zodra je enkele letters in de vakjes typt, zullen suggesties verschijnen waar je op kan klikken ter bevestiging, zodat je niet alles hoeft te typen:

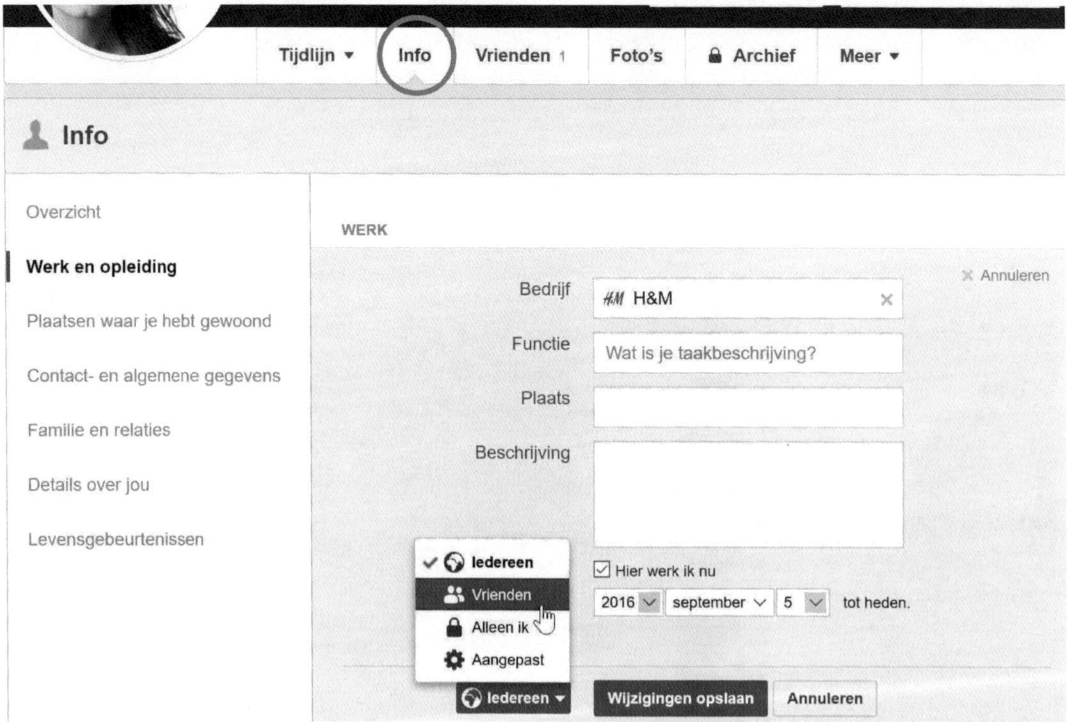

De gegevens die je hier invult, zullen deel uitmaken van jouw profiel. Wil je dat enkele van die gegevens niet openbaar zichtbaar zijn, dan klik je op het knopje onder het vak en selecteer je 'Vrienden' of 'Alleen ik'. Klik daarna op 'Wijzigingen opslaan' om te bevestigen. Vrienden kunnen jou terugvinden via jouw naam, e-mailadres én de informatie uit het blok Info (werkgever, studies, woonplaats).

Profielpagina aanpassen

Je profielpagina met de tijdlijn is de eerste pagina die jouw vrienden op Facebook te zien krijgen. Je kan de pagina aanvullen met een omslagfoto en informatie over jezelf. De omslagfoto heeft een vaste grootte (851 x 315 pixels op een pc). Als je een afbeelding oplaadt die kleiner is dan deze afmetingen dan wordt deze uitgestrekt tot de grote afmeting. De afbeelding die je oplaadt moet minstens 399 pixels breed zijn. Om een omslagfoto toe te voegen, klik je in het grote vlak op de knop 'Omslagfoto toevoegen'. Kies voor 'Foto uploaden...' en blader op de harde schijf naar een geschikte foto. Het is leuk indien je profielfoto en je omslagfoto in dezelfde stijl gemaakt werden. Indien de foto te hoog was, dan kan je de foto verschuiven in de beschikbare ruimte. Staat de foto goed, klik dan op 'Wijzigingen opslaan'. Merk op dat je de privacy-instelling niet kan veranderen, omslagfoto's zijn steeds Openbaar. Om een bestaande omslagfoto te veranderen, zweef je met de muisaanwijzer boven de huidige foto en klik je op 'Omslagfoto bijwerken'.

Vrienden toevoegen

Het belangrijkste doel van Facebook is berichten en media uitwisselen met vrienden. Tijdens de registratieprocedure heb je misschien al enkele vrienden gevonden en vriendschapsverzoeken verstuurd. Je kan op de volgende manieren nog extra vrienden toevoegen:

Facebooksuggesties

Facebook zal, via de link 'Vrienden zoeken' of via de knop 'Vriendschapsverzoeken', regelmatig personen voorstellen waarvan het vermoedt dat je die kent. Hoe meer vrienden je toevoegt, hoe meer suggesties er zullen verschijnen, want vrienden van vrienden zijn misschien ook jouw vrienden... Indien je een voorgestelde persoon effectief tot vriend wil maken, dan klik je best eerst op de profielfoto om de Facebookpagina van die persoon te zien. Is het de juiste persoon, klik dan op de knop 'Toevoegen':

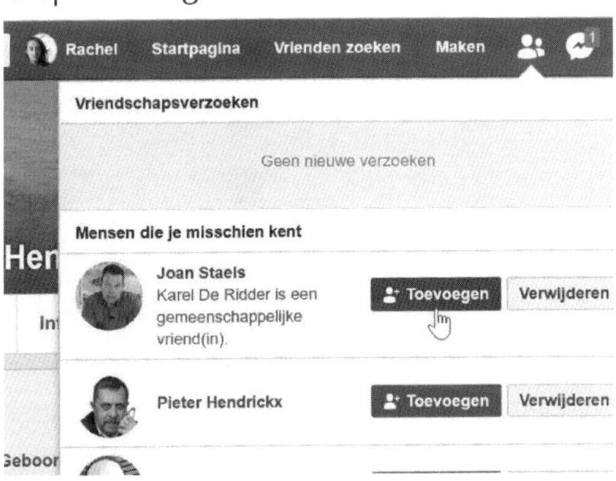

Facebook stuurt dan een e-mailbericht of een melding naar de persoon, met het verzoek om Vriend met jou te worden. De persoon kan dat verzoek toestaan of negeren:

Vrienden zoeken

Je kan ook actief op zoek gaan naar vrienden:

1 Typ in het vak 'Zoeken' linksboven (een deel van) de naam van de gezochte persoon en druk op Enter.

2 Geef in de heldere balk bovenaan aan dat je op zoek bent naar Personen:

3 Heb je de juiste persoon gevonden, dan kan je bij die persoon op de knop 'Toevoegen' klikken om een vriendschapsverzoek te versturen. Het verzoek wordt meteen, dus zonder extra bevestiging, verstuurd!

Vriendschapsverzoeken

Beperken

Vriendschapsverzoeken kan je niet uitschakelen. Standaard kan iedereen jou een vriendschapsverzoek sturen. Wil je dat enkel vrienden van jouw Facebookvrienden jou een verzoek kunnen sturen, dan kan dat als volgt ingesteld worden:

1 Klik op de knop Vriendschapsverzoeken bovenaan in het venster en klik in het openvallend menu op Instellingen:

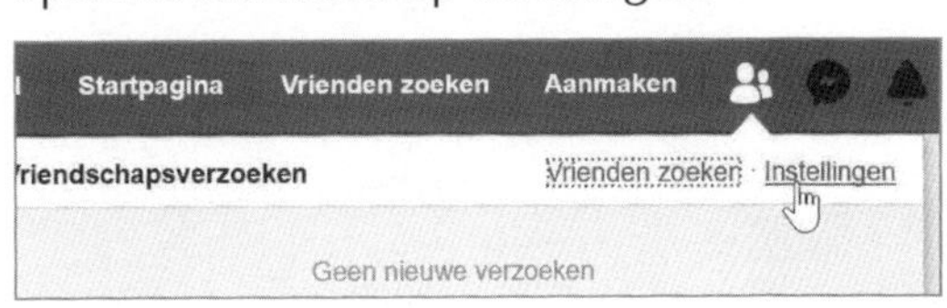

2 Wijzig de optie van 'Iedereen' naar 'Vrienden van vrienden':

Verzoek aanvaarden of verwijderen

Wanneer je een tijdje op Facebook actief bent, dan kunnen andere personen jou vinden. Dus kan je af en toe ook zelf een vriendschapsverzoek op je Facebookpagina zien verschijnen. Vertrouw je de persoon, dan kan je veilig op 'Bevestigen' klikken. De nieuwe vriend zal dan meteen verschijnen in de rubriek Vrienden:

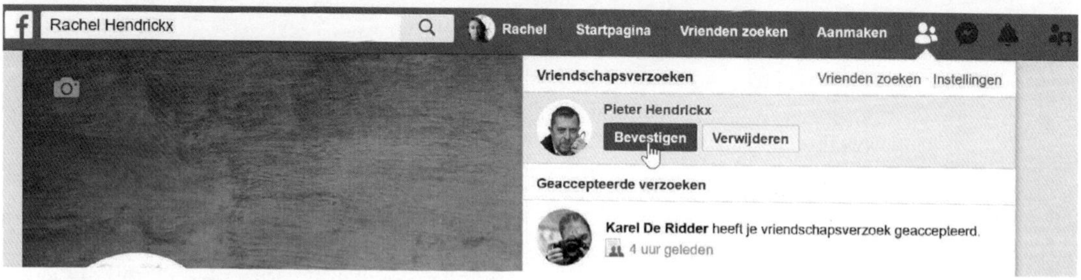

De bevestiging wordt ook doorgegeven aan de persoon met wie je net bevriend bent. Wens je de persoon niet toe te voegen als vriend, klik dan op de knop Verwijderen. De persoon komt niet te weten dat je zijn of haar vriendschapsverzoek verwijderd hebt.

Vrienden indelen in lijsten

In het echte leven heb je kennissen, vrienden, goede vrienden en familie. Sommige personen mogen meer over jou weten dan andere. En niet alle informatie is voor iedereen interessant. Wil je de foto's van het doopfeest van je (klein)kind echt delen met vrienden en collega's of alleen maar met goede vrienden en familieleden? Facebook voorziet dan ook de mogelijkheid om je Facebookvrienden in te delen in een aantal voorgedefinieerde lijsten zoals Goede vrienden en Familie:

1 Ga naar het onderdeel Vrienden. In het vak van de persoon die je in een lijst wil onderbrengen klik je op de knop Vrienden.

2a In het contextmenu kies je één van de voorziene lijsten, bijvoorbeeld 'Hechte vrienden' of 'Kennissen':

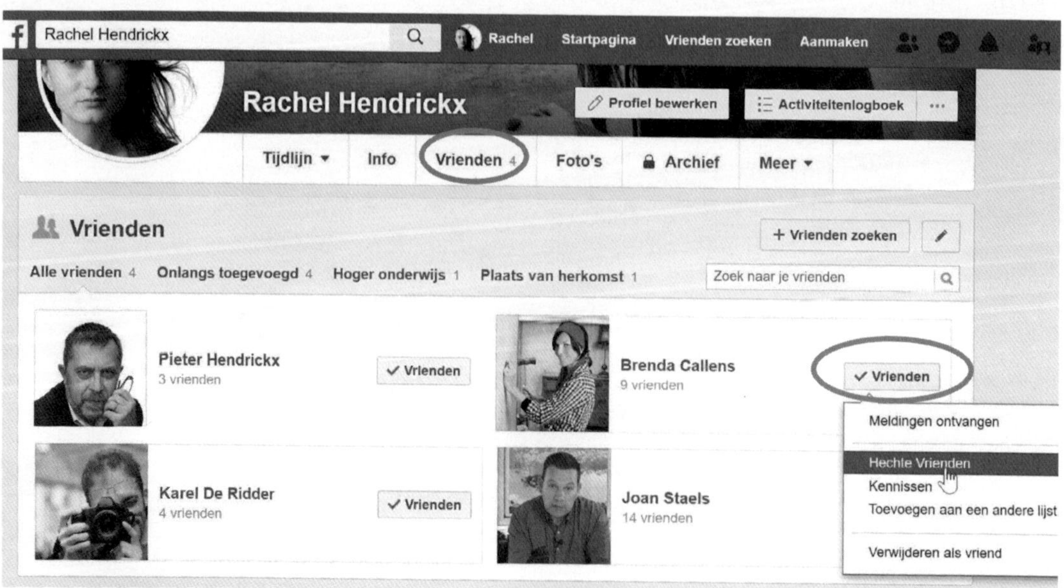

2b Staat de lijst er niet tussen, b.v. Familie, kies dan voor 'Toevoegen aan een andere lijst...' en selecteer daarna de juiste lijst. Staat de gewenste er nog niet tussen, dan kan je meteen een nieuwe lijst maken:

3a Een icoontje in de knop Vrienden verandert naargelang de lijst waarin de persoon ondergebracht werd. 'Hechte vrienden' krijgen een ster als symbool.

3b Koos je voor Familie, lees dan de melding die verschijnt en bevestig dat je de persoon onder Familie wil onderbrengen:

Tip 1: Je kan een persoon in twee of meer lijsten tegelijk onderbrengen.

Tip 2: De personen komen niet te weten in welke lijst(en) je ze hebt ondergebracht.

Privacy-instellingen

Vóór je berichten gaat plaatsen, is het een goed idee om je privacy-instellingen na te kijken. Je zou er versteld van staan hoeveel berichten en foto's er op Facebook gedeeld worden met de hele wereld, zonder dat de gebruiker dit beseft! Dit zal jou niet overkomen als je de privacy-instellingen nakijkt en daarna bij elk nieuw bericht, opgeladen foto of video opnieuw controleert wie het item kan zien.

Facebook is standaard zo ingesteld dat nieuwe berichten de status 'Vrienden' meekrijgen en dus enkel zichtbaar zijn jouw Facebookvrienden. Dat kan je als volgt controleren:

1 Klik op het pictogram met het pijltje in de rechterbovenhoek van jouw profielpagina en selecteer Instellingen.

2 In het menu links klik je op 'Privacy'. De eerste optie is de belangrijkste: 'Wie kan mijn toekomstige berichten zien?'. Hier staat dus best 'Vrienden'. Is dat niet zo, dan kan je het aanpassen via de link Bewerken. Kijk ook rustig de andere privacy-instellingen na. Wil je jouw vriendenlijst niet met iedereen delen, dan kan je dit hier ook aanpassen:

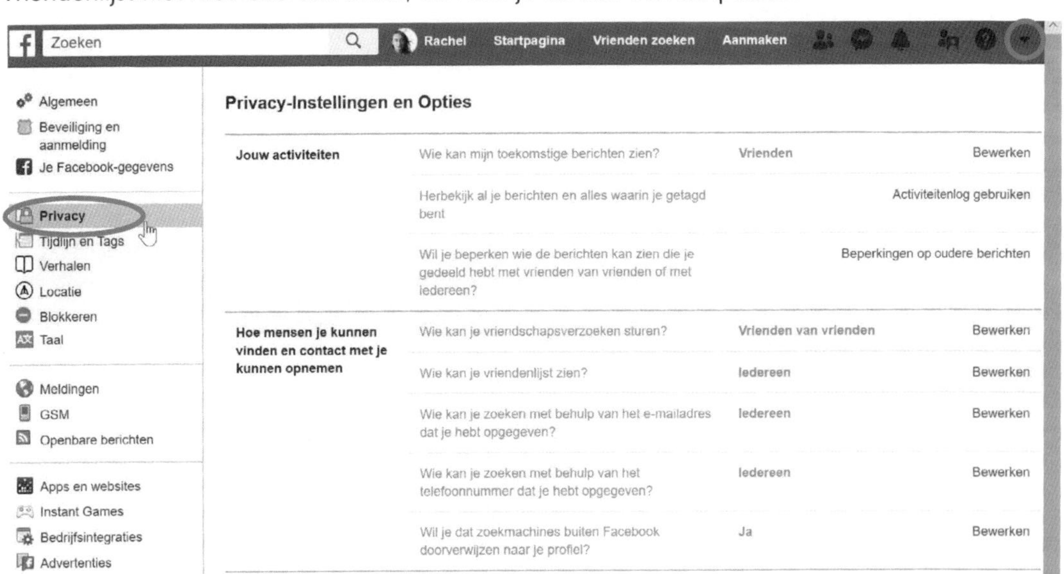

Berichten plaatsen

Bericht op tijdlijn plaatsen

Facebook heeft zijn eigen cultuur en daarin wordt verwacht dat je af en toe je status bijwerkt met recente gebeurtenissen in je leven, grappige kwinkslagen, gedachten over een nieuwsfeit of over het leven in het algemeen, liedjesteksten of citaten, informatie over jouw (klein)kinderen of huisdieren, of nog iets totaal anders misschien?

Het plaatsen van een bericht is simpel:

1 Het vak voor het opstellen van een nieuw bericht staat al klaar op jouw profielpagina.

2 Je kan meteen een tekst typen in de ruimte die vraagt "War denk je aan?'.

3 Onder het tekstvak krijg je nog veel extras. Zie kaderstuk onderaan. Zo kan je met 'Gevoel/activiteit', 'Vrienden taggen' en 'Inchecken', opgeven wat je aan het doen bent, met wie van je Facebookvrienden en waar. Het volstaat om enkele letters te typen, daarna kan je de naam uit te lijst aanklikken:

FACEBOOK BERICHT OPSTELLEN

Tags
Bouw een zinnetje op via tags: met **Wie** was je **Wat** aan het doen, **Waar** en **Wanneer**? De tags zijn aanklikbaar en openen nieuwe Facebookpagina's

Bericht
De basis is een korte tekst

Livevideo
Met de webcam of andere camera live uitzenden op internet

Levensgebeurtenis
Belangrijke momenten zoals een nieuwe liefde of het verwijderen van een beugel, kan je als een bijzonder bericht opgeven

Smiley toevoegen
Ook symbolen en kleine afbeeldingen zijn hier beschikbaar

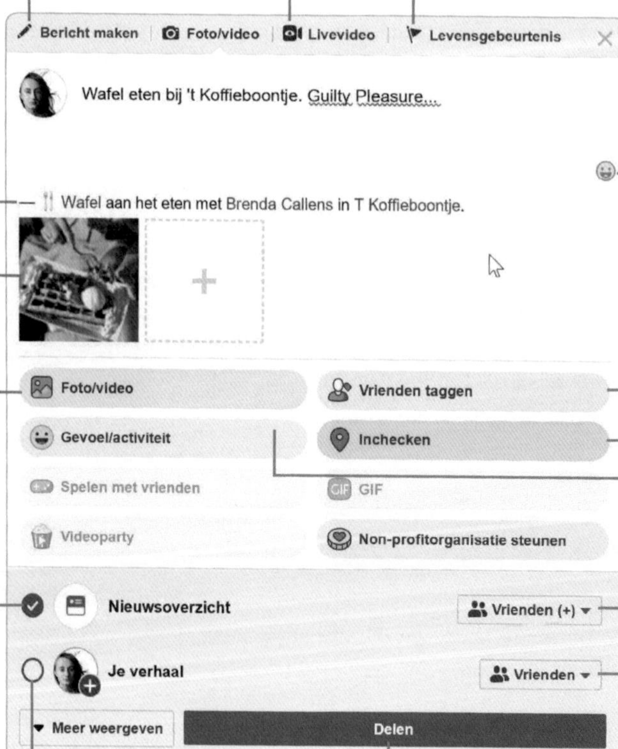

Tags
Bouw via tags of kernwoorden op wat je aan het doen bent/was

Foto/Video
Verrijk je bericht met één of meerdere foto's (max. 10) of videoclips

Tijdlijnbericht
Wordt op jouw tijdlijn geplaatst tot zolang je wil

Privacy
Voor wie is het bericht bestemd? Voor iedereen (Openbaar), voor vrienden of enkel voor jezelf?

Bericht voor 'Verhaal'
Wordt maximum 24 uur geplaatst in 'Je verhaal', daarna wordt het automatisch verwijderd

Bericht plaatsen
Lees je bericht nog eens goed na en klik op deze knop om het te publiceren

Voor de locatie zoek je naar de Facebookpagina van het restaurant, hotel of bezienswaardigheid waar je nu bent, via de knop 'Inchecken':

4 Met de knop 'Foto/video' kan je samen met het bericht ook één of meerdere foto's of videoclips plaatsen, met een maximum van 10. Klik op 'Foto/video' onder het tekstvak, en selecteer de foto. De foto wordt opgeladen en verschijnt onder het bericht:

In het fotovak krijg je drie opties: je kan de foto bewerken (filtereffect toevoegen, tekst of een sticker op plaatsen of bijsnijden), zichtbare personen taggen of de foto wissen.

5 Onder het bericht vink je aan waar het moet geplaatst worden: in de tijdlijn (Nieuwsoverzicht), in 'Je verhaal' of in beide.

6 Klik nog niet op de knop 'Delen', maar bepaal eerst voor wie het bericht bedoeld is via de privacyknoppen.

Tip: Heb je een persoon toegevoegd via de knop 'Vrienden taggen', dan is het bericht ook zichtbaar voor de vrienden van deze persoon.

7 Klik nu op 'Delen' en het bericht wordt meteen getoond in de tijdlijn of in Verhaal. Het zal binnen enkele seconden ook zichtbaar zijn op de pagina's van de geselecteerde Vrienden, onder de rubriek Vrienden op hun startpagina:

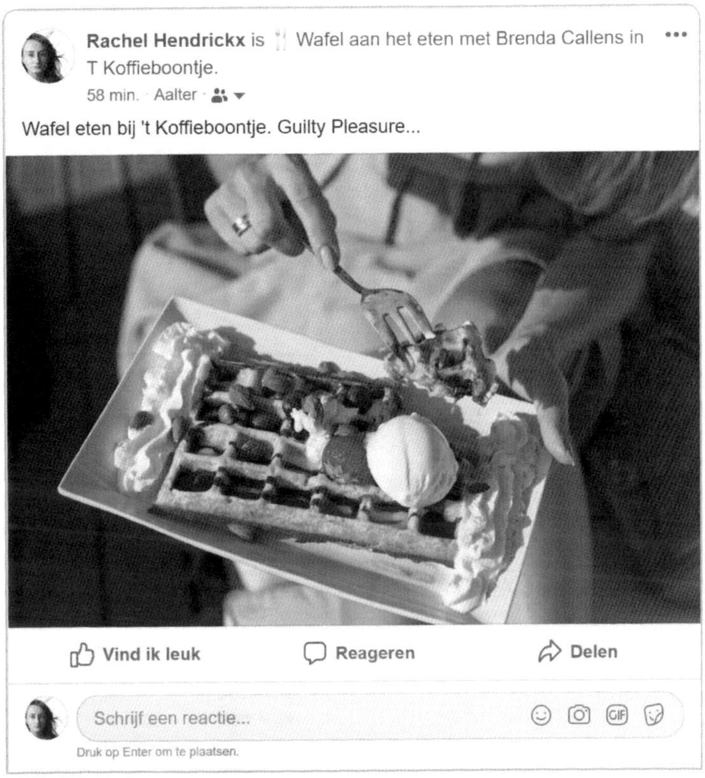

Personen die toegang tot het bericht hebben, kunnen nu reacties plaatsen: van een eenvoudige 'Vind ik leuk' tot een tekstbericht met foto's. Zie verder in dit thema.

Tip 1: Heb je een foto in een bericht toegevoegd, dan wordt deze ook in de rubriek Foto's geplaatst:

Tip 2: Heb je een locatie opgezocht via de knop Inchecken, dan wordt die locatie ook opgenomen in de rubriek Meer ▼ Checkins (indien dit onderdeel opgenomen werd in de lijst).

Bericht aanpassen

Ontdek je een typfoutje of een andere vergissing in één van jouw eigen berichten, dan kan je dat snel rechtzetten:

1 Kies de optie 'Bericht bewerken' via het menu achter de drie puntjes in de rechter bovenhoek van het bericht:

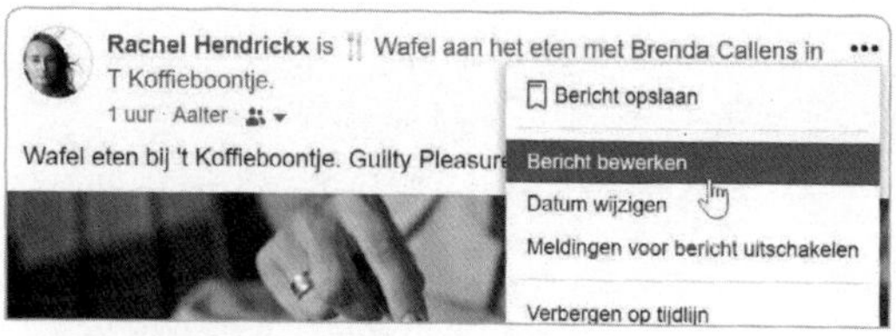

2 Je kan de tekst aanpassen en foto's, tags en de privacy-instelling wijzigen:

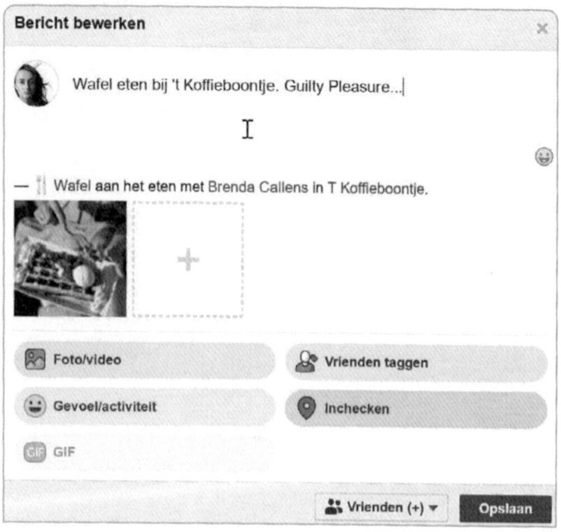

3 Bewaar de aanpassingen door op de knop Opslaan te klikken.

Bericht verwijderen

Heb je spijt van een bericht of maakte iemand van je Vrienden er bezwaar tegen, dan kan je beslissen om het bericht te verwijderen door in het menu achter de drie puntjes in de rechter bovenhoek van het bericht 'Verwijderen...' te kiezen.

Meldingen uitschakelen

Wanneer je bericht geplaatst is, dan kunnen personen die je bericht mogen zien, ook reageren via likes of commentaar. Daarvan kan je telkens een melding krijgen. Wil je de stroom meldingen van Facebook inperken, dan kies je in het menu met de drie puntjes de optie 'Meldingen voor bericht uitschakelen'.

Foto's en video's delen

Na de berichten zijn de foto-albums een geliefd onderdeel van beginnende Facebookgebruikers. Je kan een collectie vakantiefoto's tonen aan je vrienden of de foto's van het kerstfeestje delen met je familie. In vorige thema's hebben we gezien dat je met Google Drive en OneDrive ook die mogelijkheid had. Maar er zijn nu eenmaal veel Facebookgebruikers, zodat je misschien eerder Facebook zal overwegen als platform om je foto's te delen. Jouw foto's kunnen door vrienden of familieleden beoordeeld worden via de optie 'Vind ik leuk' of van commentaar voorzien worden via de optie 'Reageren'.

Één foto of enkele foto's

Één of enkele foto's samen kan je publiceren via een bericht. Zie vorige pagina's.

Album

Een groep foto's die één geheel vormen, bijvoorbeeld alle foto's van een recente citytrip, groepeer je best in een album. Zo'n album stel je als volgt samen:

1 Ga, in jouw profielpagina naar Foto's en klik daar, in het vak Foto's, op de knop '+ Album maken':

2 Meteen springt een Verkennervenster open met de vraag bestanden te selecteren die je wil opladen in het nieuwe album. Je kan nu de foto's vanaf je harde schijf selecteren. Je kan uiteraard meerdere foto's tegelijkertijd selecteren. Klik daarna op de knop Openen:

Tip: je kan enkel JPG-foto's opladen, RAW-foto's worden niet ondersteund.

3 De foto's zullen nu één na één verschijnen in een nieuw venster. Klik in het vak 'Albumnaam' om een titel in te geven, daaronder, geef je een beschrijving van je foto's. Je kan in het vak Locatie een stad of land aanduiden. Tenslotte kan je bij elke foto een beschrijving invullen, opgeven wie er op de foto staat, wanneer en waar de foto genomen werd:

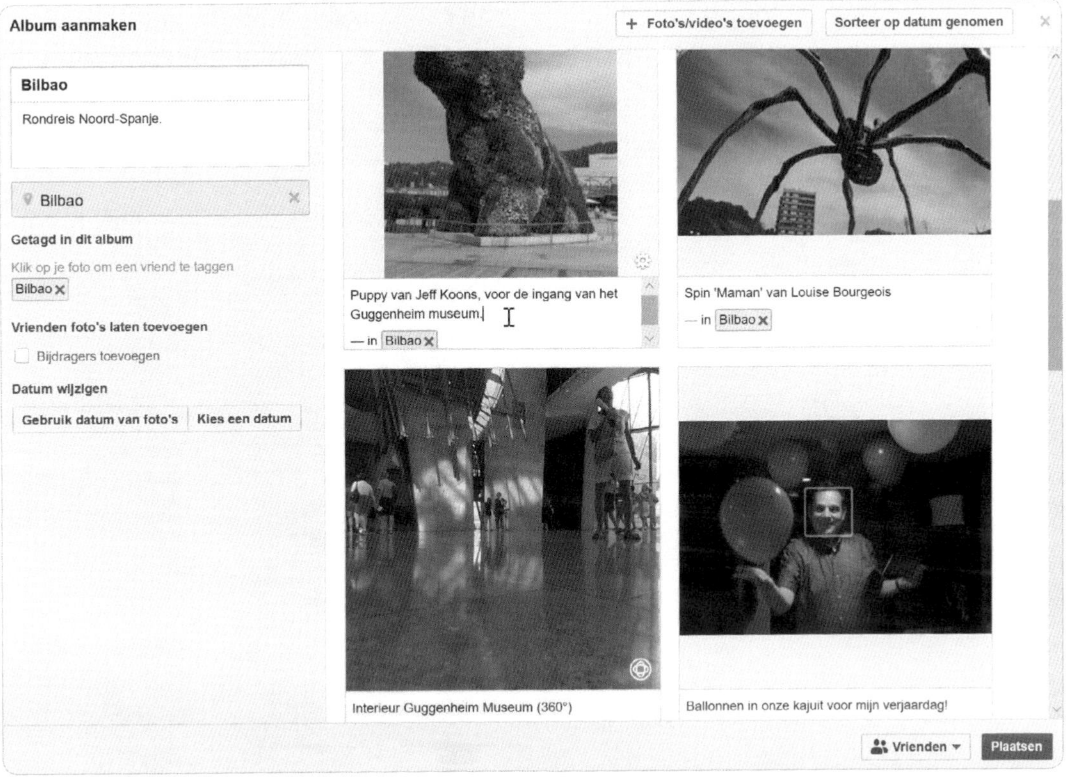

Tip: Je kan de foto's in een bepaalde volgorde schikken door ze te verslepen met de muis.

4 Facebook zal (ongevraagd) jouw foto's afzoeken naar gezichten. Je kunt dan eventueel personen op de foto's taggen. Dat wil zeggen aangeven wie op de foto staat. Je kan enkel personen taggen die een profielpagina hebben op Facebook.

Tip: Wanneer je iemand tagt, dan wordt deze persoon hiervan op de hoogte gesteld. Je bent niet verplicht om te taggen.

5 Selecteer onderaan rechts in het privacyvak wie het album mag zien en klik tenslotte op de knop Plaatsen.

6 Je album is klaar en verschijnt op jouw tijdlijn. Binnen een paar minuten zullen de personen met wie je het album gedeeld hebt, de foto's ook kunnen bekijken. Je kan nu of later foto's uit het album verwijderen of andere acties kiezen via de knop Bewerken.

Video

Naast foto's kan je ook videobestanden opladen. Facebook raadt aan om MP4- of MOV-bestanden te gebruiken. De hoogte-breedteverhouding van de video moet tussen 9x16 en 16x9 zijn en de video mag maximum **4Gb** groot en **120 minuten** lang zijn, wat zeer genereus is, zodat je HD-en zelfs UltraHD (4K) video's kan opladen. Omdat videobestanden (veel) groter zijn dan fotobestanden kan het opladen lang duren. Sluit tijdens het opladen de webpagina niet af! Van zodra de video opgeladen is, zal je een melding krijgen.

FACEBOOK VIDEO

Kwaliteit
Op Facebook kan je video's opladen in UltraHD (4K) kwaliteit. Of ze ook in die kwaliteit afgespeeld kunnen worden, hangt af van de computer en de internetsnelheid van de kijker.

Pop-up venster
Video afspelen in een klein venster, zodat je nog verder op Facebook kan grasduinen.

Schermvullend
Video afspelen in volledig scherm.

360° foto

Ben je de gelukkige bezitter van een 360° fototoestel, dan zal je blij zijn te vernemen dat Facebook 360° panoramafoto's automatisch herkend en toelaat ze interactief te bekijken. In een album worden dergelijke foto's aangeduid met een sferisch symbooltje in de rechteronderhoek:

Klik je op zo'n foto, dan kan je interactief, via klik-en-sleep muisbewegingen, de foto in alle richtingen bekijken en met het bladerwieltje kan je in- of uitzoomen:

Tip: Ook 360° video's worden door Facebook ondersteund.

Privacycontrole

Je hebt intussen misschien al enkele berichten en foto's gepubliceerd. Om zeker te zijn dat niet iedereen jouw berichten en foto's kan zien, kan je best af en toe jouw Facebookpagina's bekijken alsof je een niet-Facebookvriend van jezelf was.

Weergeven als

Je kan als volgt jouw Tijdlijn bekijken door de ogen van een vreemde persoon:

1 Blijf aangemeld op facebook.com of meld je opnieuw aan. Bekijk je profielpagina.

2 Klik onder je omslagfoto, in het vak Activiteitenlogboek op de knop met de drie puntjes en kies Weergeven als:

3 Bovenaan verschijnt een zwarte balk met de melding dat de pagina wordt weergegeven alsof het bekeken werd door iemand die geen Vriend is (Openbaar). In ons voorbeeld (zie hieronder) is geen enkel bericht zichtbaar voor niet-Vrienden. Wel zichtbaar zijn de profiel- en omslagfoto (dat kan je niet verhinderen) en het blok Info met informatie over studies, werkgever en woonplaats. Info kan je, net als Vrienden, indien gewenst, ook verstoppen voor niet-Vrienden (zie verder):

4 Klik op het kruisje in de linker bovenhoek om de pagina weer te zien als jezelf.

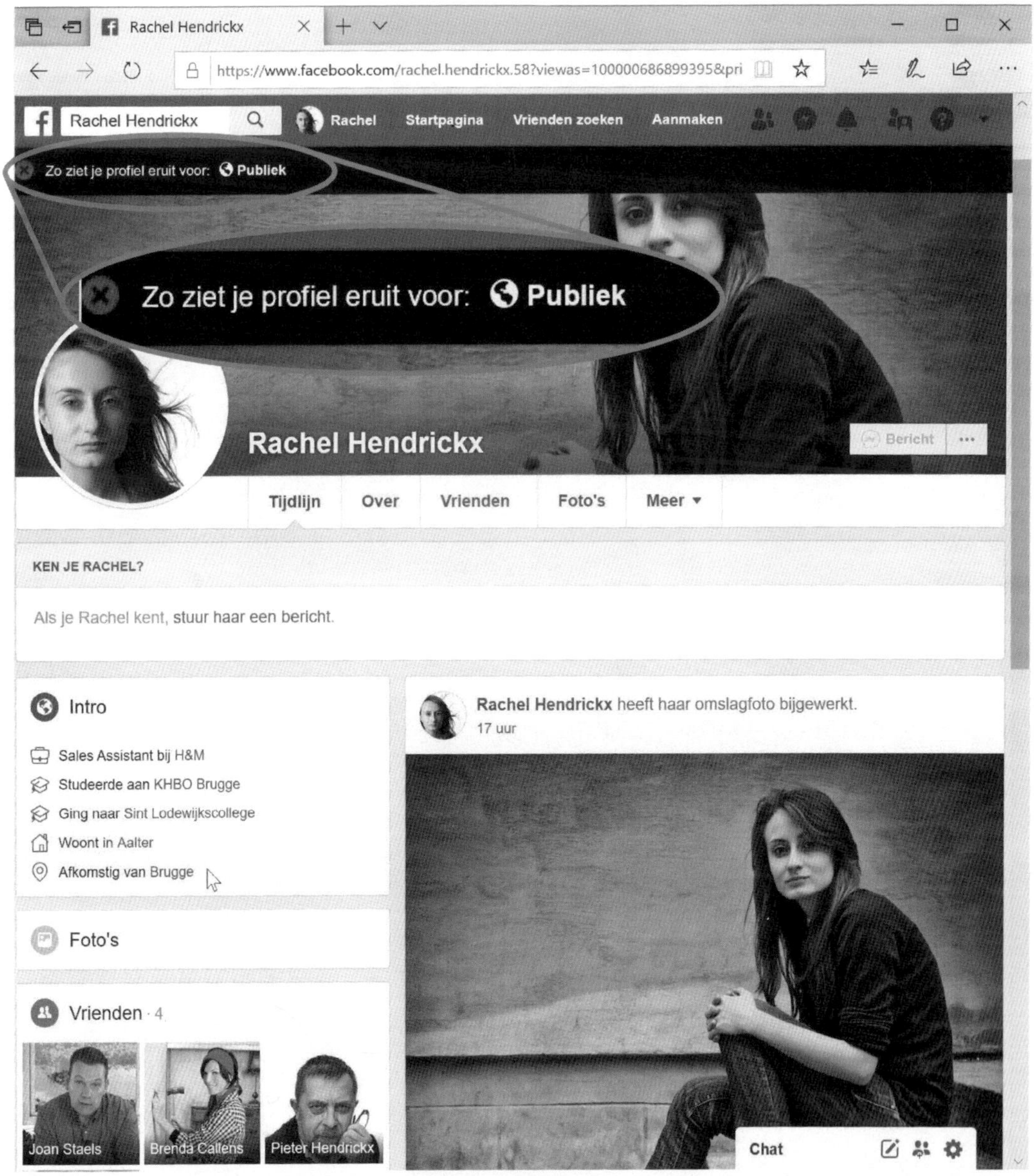

Persoonlijke informatie verbergen

De inhoud van bepaalde onderdelen van je Facebookprofiel kan je verbergen voor iedereen die niet tot jouw Vrienden behoort. Mag de hele wereld weten hoe oud je bent, waar je woont, wat je studeerde en voor wie je werkt? Indien niet, lees dan verder:

1 Ga, op je profielpagina, naar het onderdeel Info. In de rubriek Overzicht kan je de privacysettings per veld aanpassen. Klik telkens eerst op de link 'Je ... bewerken':

2 Zweef met de muis over het vak dat je wenst aan te passen en kies Opties ▸ Bewerken.

3 Via de Privacyknop bepaal je wie het blok informatie mag zien:

4 Herhaal stap 2 en 3 voor alle info die je wenst te verbergen voor niet-Vrienden.

5 Controleer de aanpassingen via de optie 'Weergeven als' (zie vorige pagina).

Afmelden

Je kan je afmelden uit Facebook via het menu met het pijltje in de rechterbovenhoek. Kies daar optie Afmelden. Eens afgemeld heb je voor Facebook de status Openbaar. Je kan nu je eigen Facebookpagina opzoeken en controleren wat je als niet-Vriend of niet-Facebookgebruiker te zien krijgt.

Meldingen

De standaardinstellingen van Facebook zorgen er voor dat je over heel wat activiteiten van je vrienden op de hoogte wordt gehouden en niet alleen op Facebook zelf, maar ook via e-mail. Je kunt meldingen helaas niet helemaal uitschakelen, maar je kunt wel instellen hoe en waarvan je op de hoogte wordt gesteld.

Meldingen bekijken

Nieuwe meldingen zitten achter het klokpictogram bovenaan rechts op een Facebookpagina. Een rood cijfer geeft aan hoeveel nieuwe meldingen er zijn:

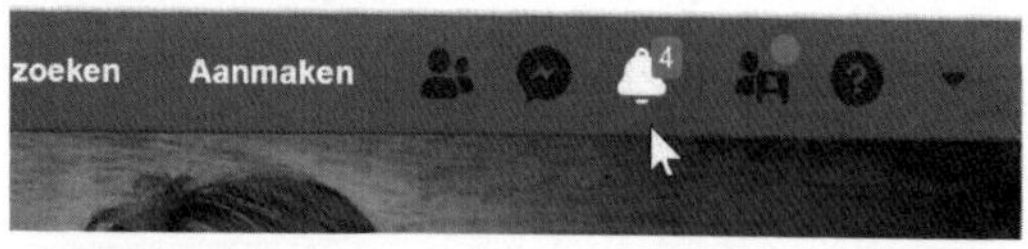

Klik om de lijst met meldingen te doorbladeren.

E-mailmeldingen filteren

Heb je genoeg aan die stortvloed van zogenaamde Meldingen, niet alleen op je Facebookpagina maar ook via e-mail, dan kan je best een aantal filters toepassen:

1 Klik op het menu met het pijltje rechtsboven op een Facebook-pagina en kies Instellingen.

2 Klik in het menu links op Meldingen en klik b.v. in het vak E-mail op de link Bewerken.

3 Kies of je 'Alle meldingen', 'Belangrijke meldingen' of 'Enkel meldingen over jouw account' wilt ontvangen:

Reageren

Nu je al wat vrienden hebt toegevoegd, kan je door je Nieuwsoverzicht bladeren om te zien welke berichten en activiteiten ze onlangs op Facebook gemeld hebben. Dit is uiteraard een geweldige manier om te zien waar jouw vrienden en familieleden zoal mee bezig zijn. Heeft je schoonbroer eindelijk een nieuwe baan? Was het diner van jouw collega alweer een 'megasucces'? Je komt het te weten én je kan op hun berichten reageren als volgt:

1 Wil je de berichten van al je Vrienden bekijken, ga dan naar Startpagina en klik in de linkerkolom op Nieuwsoverzicht.

2 Bekijk de berichten. Voel je de noodzaak om op een bericht te reageren, klik dan onderaan het bericht op de link Reageren of klik meteen in het balkje 'Schrijf een reactie':

3 Typ nu een berichtje. Voor je op Enter drukt om het bericht te bevestigen, moet je goed beseffen wie jouw antwoord te zien krijgt. Niet alleen diegene die het originele bericht plaatste, maar ook alle Vrienden met wie het bericht gedeeld werd! Wees sowieso beleefd en voorzichtig in je reacties zodat je niemand per ongeluk kwetst!

Tip: je kan bij de reactie ook een foto plaatsen of een figuurtje (sticker)

4 Net zoals berichten kan je reacties achteraf aanpassen en zelfs verwijderen (b.v. omdat iemand jouw reactie niet apprecieerde). Klik op de knop Meer (...) in de rechter bovenhoek van je reactie en kies de juiste actie:

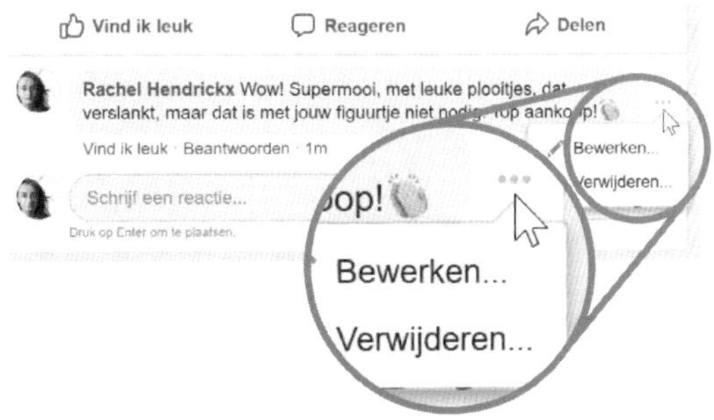

Leuk

Berichten leuk, geweldig, grappig... vinden

Je kan een bericht ook simpelweg leuk vinden, zonder verder commentaar te geven. Dat gaat zeer snel, namelijk door onder het bericht op de link 'Vind ik leuk' te klikken:

Tip: Naast 'Leuk' kan je ook kiezen voor Geweldig, Grappig, Verbluft, Verdrietig of Boos.

Meteen verschijnt de melding dat je dit item leuk vindt. Vind je later het bericht toch niet zo leuk meer, dan kan je nog eens op 'Leuk' klikken. Onder het bericht kunnen een duimpje of één van de andere vijf pictogrammen verschijnen met daarachter het aantal mensen die het bericht als leuk bestempelden. Het is dus een beperkte graadmeter voor berichten, want een link 'Vind ik niet leuk' ontbreekt.

Tip: Alle items die je leuk vond, kan je terugvinden via je Activiteitenlog. Die bekijk je via de knop met dezelfde naam op je omslagfoto.

Webpagina leuk vinden

Je zal ze vast al tegengekomen zijn tijdens het surfen op het web: de kleine Facebookpictogrammen met de tekst 'Vind ik leuk' of 'Aanbevelen'. Hier een voorbeeld op handboeken.be:

Het cijfer 32 naast het label geeft aan dat 32 personen (niet noodzakelijk jouw Facebookvrienden!) dit item al leuk vonden.

Klik je op de link, dan vind je het item leuk. Om valsspelen te voorkomen kan je maar één keer stemmen en moet je aangemeld zijn op Facebook. Heb je 'gestemd', dan wordt de teller met één verhoogd en wordt een vinkje geplaatst:

Webpagina of artikel delen

Via de Facebookknoppen 'Vind ik leuk'/'Like' of 'Aanbevelen' kan je items op webpagina's (producten, nieuwsbericht, ...) in je Activiteitenlogboek plaatsen. Ze worden niet getoond op de Facebookpagina van je Vrienden. Ben je enthousiast over een bepaald item op een webpagina en wil je dat delen met je vrienden, dan heb je een knop of link 'Delen met Facebook' nodig. Die zie je vaak op website staan. Klik je op zo'n link, dan kan je een voorbereid Bericht plaatsen en eventueel extra commentaar bij voorzien. Een voorbeeld vind je op fotoloft.be:

1 Zorg er voor dat je aangemeld bent op Facebook. Open eventueel een nieuw tabblad in je browser en meld je aan.

2 Klik op de Facebookknop of -link Delen bij het item:

3 Bovenaan kan je jouw commentaar kwijt. Kijk opnieuw goed na met wie je dit bericht wil delen en waar je het wil plaatsen (Tijdlijn of Verhalen). Klik dan pas op de knop 'Op Facebook plaatsen' onderaan: ■

Twitter

Twitter is een sociaalnetwerksite waarin je berichten van maximum 140 tekens over wat er gaande is in jouw leven kunt sturen, samen met links naar webpagina's waarvan je denkt dat ze interessant, grappig of nuttig zijn voor jouw volgelingen.

Zender of ontvanger

Tweeter

Je kan Twitter een beetje vergelijken met een radiozender. Op de radio heb je nieuwslezers en presentatoren die informatie brengen. Met Twitter kan je informatie via korte berichten versturen. Je bent nu een Tweeter en je berichten zijn Tweets.

Volger

Een radio heeft ook luisteraars. Met Twitter kan je de berichten, Tweets dus, van mensen, bedrijven of organisaties die jij interessant vindt, lezen. Je bent dan een Volger.

Registreren op Twitter

Voor je Tweeters kan volgen en Tweets kan lezen, moet je je registreren op Twitter.com:

1 Surf naar twitter.com en klik op de knop Registreren.

2 Vul het registratieformulier in (naam, e-mailadres of telefoonnummer) en klik op 'Registreren'.

3 In het volgende scherm vul je het registratieformulier verder aan. Vul in en klik op 'Volgende'.

4 Ga akkoord met de algemene voorwaarden en het privacybeleid en klik op Registreer.

5 Twitter stuurt een beveiligingscode naar je e-mailadres of telefoonnummer ter controle van je gegevens. Vul deze code op de webpagina in en klik op Verifiëren.

6 Nu dien je nog een wachtwoord te kiezen. In de volgende stap kan je een profielfoto opladen, daarna volgen nog een reeks vensters waarin je jouw bio kan invullen, interesses kan opgeven...

TWITTER TERMEN

Tweet

Een bericht van maximum 140 tekens. Het kan hyperlinks, een foto of een locatie bevatten.

Tweeter

Persoon of organisatie die een Tweet verstuurt.

Retweet

Een Tweet die opnieuw getweet werd.

Hashtag (#)

Het teken # wordt gebruikt om trefwoorden of onderwerpen in Tweets te markeren om ze eenvoudiger vindbaar te maken in zoekopdrachten.

@

Het teken @ wordt voor de gebruikersnaam van een Tweeter geplaatst. Het maakt de gebruikersnaam aanklikbaar in Tweets. Bijvoorbeeld: @JLO betekent 'Jennifer Lopez'.

Volgen (Follow)

Automatisch de Tweets van een persoon of bedrijf ontvangen.

Ontvolgen (De-follow)

Tweets van een persoon niet langer volgen.

Tweeple

Alle personen die Tweeten (TWEEt peaPLE).

Mistweet

Een Tweet die verzonden werd naar de verkeerde persoon.

Tijdlijn (Timeline)

Tweets van personen die je volgt gerangschikt in omgekeerd chronologische volgorde.

Personen of organisaties volgen

Tijdens registratie

In de laatste stap van de registratie worden enkele personen of organisaties om te volgen gesuggereerd. Je kan iedereen die zich geregistreerd heeft op Twitter volgen, tenzij de account als privé werd ingesteld. Internationale beroemdheden zoals Reese Witherspoon of Tom Hanks, wereldleiders zoals de Paus of de president van de VS en bedrijfsleiders zoals Tim Cook van Apple of Larry Page van Google. Uiteraard kan je ook lokale politici of mediafiguren volgen. In het volgende voorbeeld volgen we twee internationale figuren (Jennifer Lopez (JLo) en de Paus (@Pontifex), één bedrijf (Google) en twee lokale persoonlijkheden (Marc Coucke (@CouckeMarc) en Rik Torfs (@torfsrik)).

Typ de naam van de persoon of organisatie die je zoekt in de zoekbalk en klik op het vergrootglasje. Je krijgt nu een lijst met namen te zien. Personen met een blauwe verificatiebadge zijn geverifieerd door Twitter, dat geeft een extra zekerheid dat de account echt is, zoals hier bij Marc Coucke:

Niet alle echte accounts hebben zo'n vinkje, maar valse accounts hebben ze zeker niet! Het is dus een extra garantie op echtheid, tenslotte kan iedereen zich uitgeven voor Marc Coucke. Bouw je lijst met Tweeters op. Klik daarna op de knop 'x volgen en doorgaan'.

Twitter wordt nu voor jou ingesteld.

Na de registratie

Meteen na de registratie krijg je jouw startpagina op Twitter te zien. De recente Tweets van alle personen die je volgt verschijnen in de tijdlijn. De andere onderdelen van jouw Twitterpagina hebben we op de volgende pagina aangeduid. Je kan in de rubriek 'Wie te volgen' in de startpagina, op de link 'Volgen' bij een persoon klikken om deze meteen te volgen:

Meteen na het aanklikken verdwijnt de persoon uit deze lijst en komen er nieuwe suggesties in de plaats.

Op andere websites

Net zoals de 'Vind ik leuk' of 'Aanbevelen' knoppen van Facebook, kunnen webbeheerders ook hun Twitteraccount integreren in hun websites. Het twitterpictogram zal je af en toe zien opduiken op websites, zoals hier bij televisiezender één:

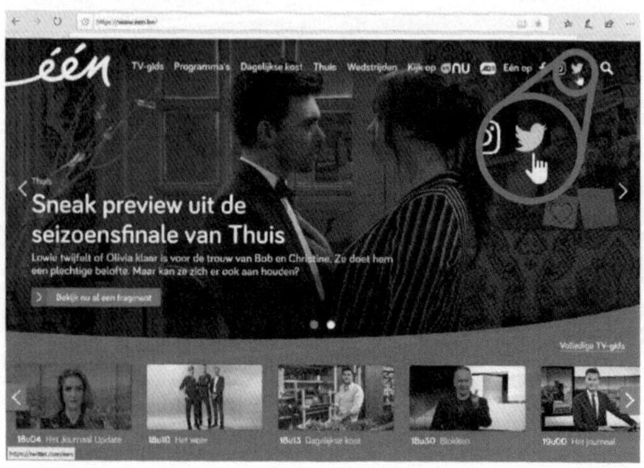

Het pictogram bevat een link die leidt naar de twitterpagina van één, waar je op de knop Volgen kan klikken om de zender toe te voegen aan jouw lijst.

Startpagina
Toont jouw tijdlijn.

Twitter bird
Het twittervogeltje kreeg oorspronkelijk de naam Larry mee.

Trends
Populaire berichten en artikels

Tijdlijn
Chronologische volgorde (recentste bovenaan) van berichten van jezelf en van personen of organisaties die je volgt.

Trends
Onderwerpen die op dit moment veel besproken worden. Trends worden bepaald door een algoritme en worden op maat gemaakt, op basis van jouw locatie en van wie je volgt.

Nieuwe Tweet
Typ hier een nieuw bericht en klik op Tweeten om het te verzenden.

Zoekbalk
Zoeken naar Tweeters en Hashtags.

Meldingen
Bekijk wie jouw Tweets geretweet heeft of wie jou onlangs gevolgd heeft...

Suggesties
Misschien zie je hier een interessante persoon die je ook wenst te volgen.

Profielpagina
Bekijk wie jij volgt en door wie je gevolgd wordt.

Tweet
Tekstbericht, eventueel aangevuld met een foto of emoji figuurtjes. Klik op trefwoorden met hashtags (#) om alle tweets over het desbetreffende onderwerp te zien.

Instellingen
Profiel aanpassen, afmelden...

Nieuwe Tweet
Opent venster waarin je een nieuw bericht kan opstellen en versturen (Tweeten).

Berichten
Stuur een privébericht naar iemand die jou volgt.

Ontvolgen

Twittert één van de personen die je volgt te veel, of zijn de Tweets niet interessant, dan kan je besluiten om de persoon niet langer te volgen, te Ontvolgen in het Twitter-jargon. Meld je aan op Twitter.com en kies in de startpagina op jouw profielfoto in de linkerkolom. Je krijgt nu de lijst te zien van de personen (of organisaties) die je volgt. Zweef met de muisaanwijzer over de knop 'Volgend' en de knop wordt rood en toont nu 'Ontvolgen' als tekst. Klik op de knop om de persoon of organisatie niet langer te volgen. Die verdwijnt dan uit je lijst:

Volgers beheren

Van zodra je bekend bent op Twitter, kunnen niet alleen je familieleden en vrienden jou volgen, maar ook onbekenden.

Wie volgt mij?

Wil je weten wie jou volgt, klik dan op jouw profielpagina op de link 'x Volgers'. Zie je een bekende tussen jouw Volgers staan, dan kan je meteen ook die Persoon volgen:

Personen blokkeren

Heb je een goede reden om een Volger jou niet te laten volgen, klik dan door op het vak van deze persoon. In de detailpagina klik je op de knop met drie puntjes pictogram in het vak van de volger en kies je '@[...] blokkeren':

De persoon kan jou niet meer volgen en ziet geen Tweets meer van jou. Gaat deze naar jouw profielpagina, dan ziet hij dat jij hem geblokkeerd hebt!

Tweets versturen

Het versturen van berichten, Tweets dus, wordt Twitteren genoemd. To twitter betekent in het Engels tsjilpen of kwetteren, vandaar ook het blauwe vogeltje als symbool voor Twitter.

Openbaar of afgeschermd?

Net als Facebook is ook Twitter standaard zo ingesteld dat iedereen, ook diegene die jou niet volgen of die zelfs geen Twitter-account hebben, jouw Tweets kunnen lezen. Dat is overigens het opzet van Twitter: jou een platform aanbieden waarop je ongecensureerd (binnen bepaalde grenzen) jouw mening, gevoelens, enzovoort mag laten weten aan de hele wereld. Een openbare Tweet verstuur je zolang je de account-instelling 'Tweets afschermen' niet hebt aangevinkt. Je vindt deze optie via Instellingen ▸ Instellingen en privacy ▸ Privacy en veiligheid. In dit boek gaan we er van uit dat je deze optie niet gebruikt.

Zinvol?

Het versturen van Tweets is zinvol voor bedrijven met klanten of organisaties met leden, voor bekende opiniemakers, mensen met een achterban (politici) of met een publiek (artiesten). Het kan natuurlijk ook interessant zijn binnen organisaties waar de CEO of bedrijfsleider niet alleen met klanten, maar ook met werknemers korte berichten wil uitwisselen. Heeft het dan geen zin om als nobele onbekende Tweets te versturen. Misschien wel, indien je bijvoorbeeld belangrijke nieuwsfeiten wil melden. Door handig gebruik te maken van Hashtags kunnen jouw berichten misschien toch opgevangen worden, ook al heb je geen Volgers. Verder is het reageren op Tweets vaak wel zinvol, misschien kan je iemand met een 'foute' mening dankzij jouw reactie toch op andere gedachten brengen...

Tweet opstellen via Twitter.com

Je kan een Tweet versturen via Twitter.com, op de startpagina, of via de blauwe knop 'Tweeten' in de menubalk. Een Tweet kan maximaal 140 karakters lang zijn. Je kan dat verdubbelen door twee Tweets tegelijk te versturen. Zie kaderstuk hieronder.

TWEET VERSTUREN

Versturen
Goed nagelezen en goed nagedacht? Dan klik je hier om de Tweet te verzenden.

Bericht
De basis is een korte tekst van maximum 140 karakters.

Hashtags
Gebruik een #-teken gevolgd door een kernwoord. Deze worden aanklikbaar.

URL
Website-adressen worden automatisch herkend en worden aanklikbaar gemaakt.

Emoji toevoegen
Met een smiley of een andere figuurtje (hier applaus en hartjes) vrolijk je het bericht op.

Foto toevoegen
Je kan een eigen foto meesturen met het bericht. Staat een tweeter op de foto, dan kan je dat opgeven.

Resterende tekens
Deze meter geeft aan hoeveel karakters, url's en hashtags inbegrepen, je nog mag typen.

Tweede Tweet
Te veel tekst voor één Tweet? Maak dan meteen een tweede aan.

Peiling
Vraag de mening van je volgers. De stemming is geheim. Het resultaat verschijnt in de Tweet.

GIF (video/animatie) toevoegen
Als visuele ondersteuning bij een Tweet kan je één van de vele korte animaties of videofragmenten toevoegen.

Internetadressen

URL's in je bericht worden automatisch herkend en aanklikbaar gemaakt.

Foto toevoegen

Via de eerste knop onderaan het tekstvak kan je één tot maximum vier foto's toevoegen. Foto's mogen niet groter zijn dan 5Mb.

GIF-animatie

Via de knop 'GIF' plaats je één van de vele animaties in je bericht. Je kan hiermee een bepaald gevoel of emotie (blij, boos, verdriet,...) in de verf zetten:

Tip: je kan geen GIF toevoegen indien je al een foto had ingevoegd.

Peiling

Om een mening te kunnen vragen van jouw publiek, voorziet Twitter in de mogelijkheid een poll of peiling toe te voegen. De vraag stel je in het bericht zelf, de antwoordmogelijkheden (minstens twee en maximum vier) voeg je toe via de knop Peiling toevoegen:

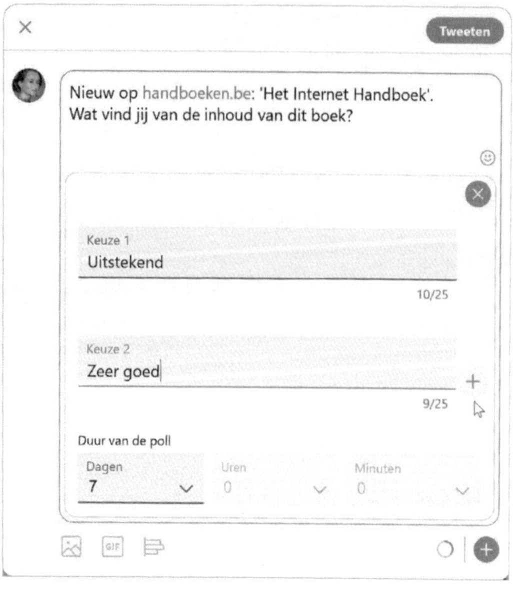

Geef aan hoe lang de peiling actief is: minstens 5 minuten en maximum 7 dagen. Twitter-gebruikers klikken op een optie:

Ze kunnen maar één keer stemmen en de stemming is geheim. De Tweeter komt dus niet te weten wie welke optie gekozen had. De Tweeter krijgt, net als de volgers, meteen het resultaat te zien van de peiling:

Tweeters vermelden

Wanneer je personen, organisaties of bedrijven vermeld in je Tweet, dan kun je overwegen om dat te doen met hun Twitter-gebruikersnaam (voorafgegaan door het teken @). De gebruikersnaam in de Tweet wordt aanklikbaar en kan meer ogen op je bericht vestigen. En misschien zullen de vermelde personen reageren op jouw Tweet! Je ziet hun eventuele antwoord op het tabblad Vermeldingen in de pagina Meldingen op Twitter.com. Van zodra je in een Tweet een @ teken typt en enkele letters van de gebruikersnaam, zal Twitter suggesties tonen:

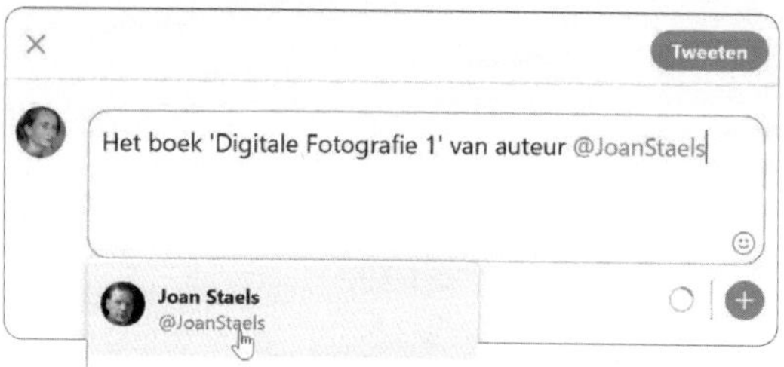

Komt één van de suggesties overeen met de persoon of organisatie die je bedoelde, dan volstaat het om deze aan te klikken. De vermelding wordt ingevoegd en is aanklikbaar.

Hashtags

Je kan overwegen om een hashtag # vóór een relevant trefwoord (geen spaties) in een Tweet te plaatsen. Hierdoor kan iedereen die naar hetzelfde trefwoord zoekt via de zoekbalk op Twitter jouw Tweet vinden en er eventueel op reageren. Het wordt aanbevolen niet meer dan 2 hashtags per Tweet te gebruiken. Het trefwoord moet ook relevant zijn voor jouw Tweet. Bijvoorbeeld: "Door #Wegenwerken tussen Beernem en Nevele op de #E40 moet je op zondagavond rekenen op een vertraging van ongeveer 20 minuten.".

Reageren op Tweets

Beantwoorden

Je kan Tweets van andere personen beantwoorden om je eigen mening bij te dragen en misschien een gesprek te starten:

1 Zweef met de muisaanwijzer over een Tweet. Onder het bericht zie je opties. Klik op de knop Beantwoorden (tekstballon):

2 Er verschijnt een tekstvak waarin je jouw antwoord of reactie kan schrijven. Ook een reactie mag maximum 140 karakters tellen:

Denk eraan dat niet alleen de oorspronkelijke Tweeter jouw antwoord kan lezen, maar de hele wereld! Lees jouw antwoord goed na en klik dan pas op de knop Beantwoorden.

3 Jouw antwoord verschijnt automatisch onder de oorspronkelijke Tweet. Anderen kunnen nu antwoorden op jouw reactie.

Antwoorden bekijken

Om de antwoorden van anderen op een Tweet te zien, klik je simpelweg op het bericht. Een nieuwe pagina opent met daarin het bericht en de lijst met reacties:

Retweet

Je kan berichten die je leuk of interessant vindt, doorsturen naar jouw volgers, dit wordt een Retweet genoemd (een beetje zoals bij het doorsturen of forwarden van een e-mailbericht):

1 Zweef met de muisaanwijzer over een Tweet. Je krijgt nu onder het bericht een aantal opties. Klik op de knop Retweeten (twee rechthoekige pijlen):

2 In het contextmenu moet je bevestigen dat je de Tweet wil Retweeten:

Tip 1: Via Retweeten met reactie kan je extra tekst meegeven aan je volgers.

Tip 2: Als nieuwe Twittergebruiker heb je een grotere kans dat anderen jouw berichten zien als het retweets of reacties zijn.

Persoonlijke Tweet versturen

Een Tweet is in principe openbaar. Iedereen kan jouw bericht zien en er op reageren. Wil je een Tweet naar één of slechts enkele personen richten, dan kan dat door je bericht te beginnen met de twitternaam of -namen van de bestemmelingen. Bijvoorbeeld:

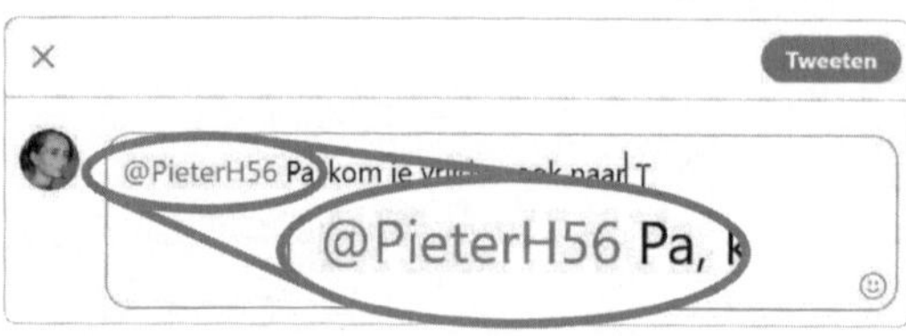

Dit bericht komt dan in de rubriek Meldingen terecht van jouw bestemmeling. Volgt de bestemmeling jou, dan komt het bericht ook terecht in zijn of haar tijdlijn.

Opmerking: een persoonlijke Tweet is niet hetzelfde als de optie 'Een privébericht verzenden' dat een soort chatsessie start (zie volgend thema).

Afmelden

Je kan je afmelden uit Twitter via het menu Instellingen (pictogram met drie puntjes) in de knoppenbalk. Kies daar optie Uitloggen.

Twitter app

Veel Twitteraars versturen Tweets vanaf hun smartphone. Je kan Tweets bekijken en een nieuwe Tweet versturen via de gratis Twitter app op een tablet of smartphone:

■

Thema 11

Chatten

Over chatten

Skype

Chatten via Facebook

Chatten via Twitter

Over chatten

Chatten, in reële tijd communiceren via tekst, spraak of video, is niet alleen bij jonge mensen populair. Om contact te houden met kinderen en kleinkinderen die ver weg zijn, nemen ook ouders en grootouders plaats achter de computer.

Wat is chatten?

Chatten betekent letterlijk 'kletsen'. Het is een vorm van internetcommunicatie tussen twee of meer personen. Anders dan bij e-mail gebeurt deze communicatie in reële tijd, net zoals bij een echt gesprek. Van zodra er via een chatprogramma en een chatserver een verbinding tot stand komt tussen twee personen, kan elke persoon via het toetsenbord een tekst typen die meteen zichtbaar is op het beeldscherm van de andere persoon.

Chatprogramma

Skype

Het meest bekende chatprogramma met uitgebreide spraak- en videomogelijkheden is Skype. Je kan er niet alleen tekstberichten mee uitwisselen, je kan er ook mee 'telefoneren' en zelfs videoconferencing (videobellen) is mogelijk. Skype is beschikbaar voor de meeste Windowsversies, voor OSX op Mac en op diverse types tablet- en smartphone-modellen. De chatmogelijkheden van Skype zullen we hierna uitgebreid bespreken.

Facebook

In het vorige thema hebben we de meeste mogelijkheden van Facebook besproken. Via Facebook kan je ook chatten, zowel via computer als via de Facebook app op je smartphone of tablet.

Twitter

Ook via Twitter kan je een chatbericht starten, maar enkel met andere Twitteraars. De mogelijkheden zijn eerder beperkt. Live video en audio uitzenden is met de Twitter app op een smartphone of tablet mogelijk: Veeg naar links vanaf de tijdlijn en tik op 'Live' onderaan in beeld. Als je live wilt gaan met audio maar niet met video, tik je rechtsboven op de microfoon. Hiermee wordt de video uitgeschakeld en wordt je door kijkers gehoord, maar niet gezien.

Chatten met spraak

Vind je chatten via tekstberichten maar saai of wil je de stem van je geliefden die ver weg verblijven, horen dan kan je een chatdienst met spraak gebruiken. Uiteraard is een goede microfoon nodig én een redelijk snelle internetverbinding. De meeste laptops en tablets en uiteraard alle smartphones hebben een ingebouwde microfoon. Toch is het zinvol om te investeren in een externe microfoon of beter nog een headset (hoofdtelefoon met microfoon). Dankzij de mousse rond de microfoon zullen de gesprekken veel zachter en warmer klinken.

Chatten met video

De ultieme vorm van chatten is videobellen. Je kan tegelijkertijd communiceren met tekst, spraak én beeld. Lichaamstaal, de houding, gebaren, mimiek en blik van je gesprekspartner vertellen soms meer dan woorden. Voor videochat is een snelle internetverbinding nodig, bij beide partijen! Uiteraard heb je een kleine videocamera, zoals een webcam, nodig. Sommige laptops en de meeste tablets en smartphones hebben een ingebouwde camera. Ook sommige beeldschermen voor bureaucomputers zijn uitgerust met een camera (en microfoon). Is dat bij jou niet het geval, of vind je de kwaliteit van die ingebouwde camera's niet goed genoeg, dan kan je een externe webcam aankopen. Die is klein, licht en niet zo duur. ■

De meeste laptops zijn voorzien van een geïntegreerde camera, bovenaan het scherm. Bovendien hebben ze vaak ook een stereomicrofoon. Zo wordt chatten nog een kwestie van de juiste software te kiezen.

Voor bureaucomputers vind je al een uitstekende webcamera voor €50,00. Vaak zijn ze lichtsterker en scherper dan ingebouwde webcams.

EMOTICONS

Uitdrukking van gevoelens

Emoticons zijn samengesteld uit leestekens, cijfers en letters. Ze stellen gelaatsuitdrukkingen voor die, door het ontbreken van lichaamstaal en intonatie, dienen om de aandacht van de ontvanger te vestigen op de teneur of humeur van de afzender:

:-) :) :o) :^)	'Smiley': Blij
:-D 8-D	Lachen
:-(:(:-< :-[	Niet blij, verdrietig
:'-)	Tranen van geluk
:'-(	Huilen
:-O >:O	Verbazing
;-) *-) ;-] ;^)	Knipoog
:-P	Tong uitsteken
*<|:-)	De kerstman

Acroniemen en afkortingen

In SMS-berichten worden vaak afkortingen of acroniemen gebruikt om de tekst korter te maken. Sommige van die afkortingen zijn intussen zo bekend, dat ze ook in chatberichten of zelfs in e-mails opduiken. Hieronder een lijstje van de meest gebruikte in chatberichten:

bew	ben er weer
bje?	ben jij er?
cv?	ça va? / gaat het?
ff	effen / even
g1 id	geen idee
gvd	godverdomme
hoest / hoeist	hoe gaat het?
hvj	ik hou van jou
idd	inderdaad
iig	in ieder geval
l8	lacht
lama	laat maar zitten
lkkr	lekker
mss	misschien
nx / nix	niets
omg	oh mijn God
vlekjes	veel liefs en kusjes
w8 (17)	wacht (eens even)
wss	waarschijnlijk

Skype

Instant messaging via Skype is een alternatief voor het praten met je vrienden. Selecteer gewoon een contactpersoon, typ jouw bericht, stuur het en ontvang direct een reactie.

Over Skype

Skype werd in 2003 ontwikkeld in Estland. Tegen het eind van 2010 waren er al meer dan 600 miljoen geregistreerde gebruikers. De dienst stelt gebruikers in staat om te communiceren via het internet, met tekst, met spraak (met behulp van een microfoon) en via video (met behulp van een webcam). Telefoongesprekken kunnen niet alleen via internet, maar ook via de traditionele telefoonnetwerken worden gevoerd. Gesprekken met andere gebruikers binnen Skype zijn gratis, maar gesprekken naar vaste telefoons en mobiele telefoons niet, daar is een debet-betaalsysteem voor nodig. Skype is ook populair geworden vanwege de extra functies, zoals een upload- en downloaddienst, groepchats, conferentiegesprekken en videoconferencing.

Skype installeren

Je kan Skype via een website gebruiken, maar via een app of programma gaat het gemakkelijker. Heb je de laatste editie van Windows 10, dan is Skype al aanwezig op je computer. Is dat toch niet het geval, dan installeer je het snel via de Windows Store:

1 Open de Windows Store app via het pictogram op de taakbalk.

2 Zoek met trefwoord Skype. Bij de resultaten klik je op de tegel van Skype:

3 Klik, op de pagina van Skype, op de knop Installeren of klik eerst op Downloaden en een scherm later op Installeren. De app is gratis en wordt meteen na het downloaden geïnstalleerd:

App starten

Na installatie kan je Skype starten via het pictogram in het startmenu:

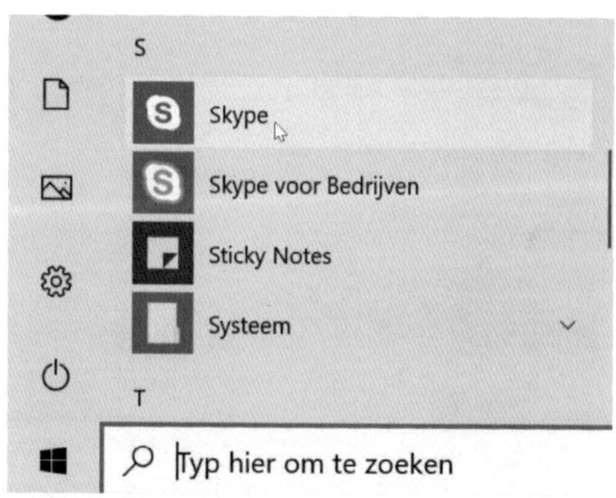

Aanmelden

Ben je in Windows aangemeld met een Microsoft-account, dan wordt je automatisch aangemeld in Skype en kan je meteen starten met chatten. Is dat niet het geval, dan dien je aan te melden via een Microsoft-account. Vermoedelijk heb je al een Microsoft-account, bijvoorbeeld om Outlook.com (zie thema 7) of OneDrive (zie thema 9) te kunnen gebruiken. Omdat Skype eigendom is van Microsoft, kan je aanmelden met jouw Microsoft-account.

Configureren

De eerste keer dat je de app gaat gebruiken, moet er nog één en ander geconfigureerd worden. Doorloop het stappenplan dat automatisch verschijnt. Dit zijn de belangrijkste stappen:

1 Skype vraagt toegang tot jouw contactpersonen zodat je snel met iemand kan chatten:

2 Voor een verbinding tot stand komt, zien jouw mogelijke gesprekspartners een profielafbeelding. Die heb je al, maar kan je eventueel aanpassen voor Skype:

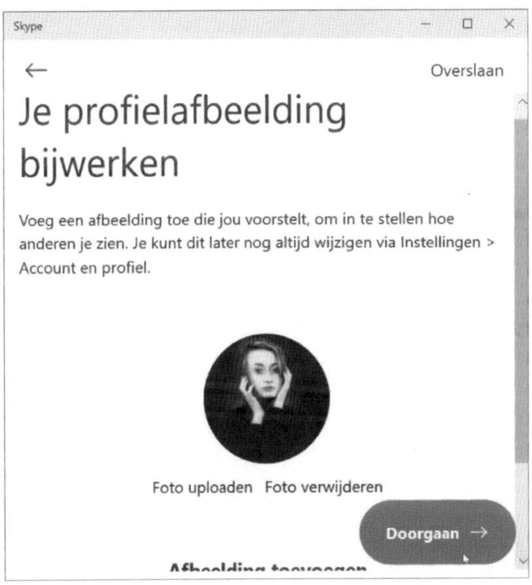

3 De nodige hardware moet nu getest en ingesteld worden. Te beginnen met de microfoon:

Geef Skype de toegang tot jouw microfoon, zodat je in de volgende stap de juiste microfoon kan kiezen en de audiovolumes kan testen:

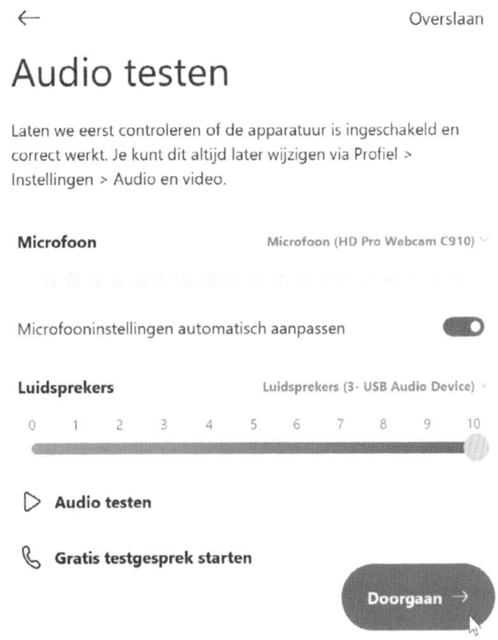

4 Tenslotte wordt de videocamera getest, na dat je Skype toegang hebt gegeven tot jouw camera:

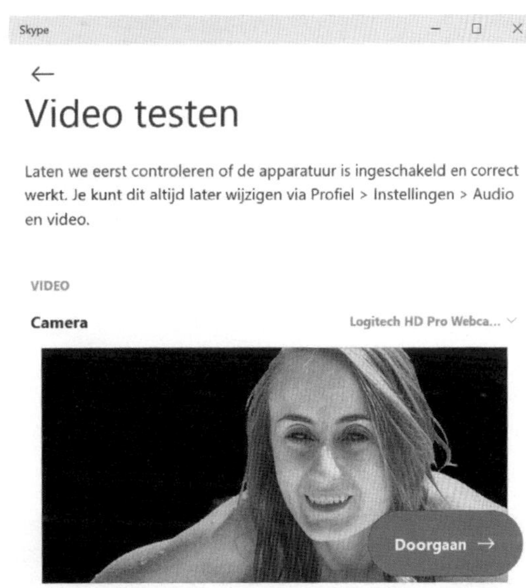

Profiel aanpassen

Vrienden kunnen jou op Skype terugvinden via jouw naam en voornaam, e-mailadres(sen), telefoonnummer(s) of Skype gebruikersnaam. Wanneer je een vaak voorkomende voor- en familienaam hebt, dan zorg je er best voor dat je al deze gegevens invult.

1 Surf met jouw favoriete webbrowser naar login.skype.com en meld je aan.

2 Zoek op de pagina naar een link 'Profiel bewerken'.

3 Jouw persoonlijke gegevens verschijnen. Klik op een ontbrekend veld en vul in:

Om reeds ingevulde velden aan te passen, klik je eerst op de knop 'Profiel bewerken'. Na het maken van aanpassingen klik je op Opslaan. **Tip**: Vrienden kunnen jou vinden via het e-mailadres gekoppeld aan jouw Microsoft-account of via jouw telefoonnummer.

4 Om jouw profielfoto aan te passen na de registratie, gebruik je niet de website maar de app. Klik daar ofwel op jouw huidige profielafbeelding of jouw initialen. Selecteer Foto uploaden. Je kan nu een mooie foto van jezelf op de harde schijf kiezen.

Vrienden zoeken

Chatten wordt maar leuk als je het met iemand kan doen. Je kan vrienden overtuigen om ook Skype te installeren, zodat je met hen kan chatten, praten en zelfs videobellen.

Van zodra je iemand kent die Skype gebruikt, dan kan je die persoon zoeken en toevoegen aan jouw Skype-contactpersonen.

1 Start de app Skype. Klik in de knoppenbalk op de knop Contacten. Je merkt dat er al minstens één contact aanwezig is: 'Echo/ Sound Test Service'. Dat dient om jouw microfoon en audio-instellingen te testen.

2 Klik op de knop '+ Contact' om een Skype contactpersoon toe te voegen:

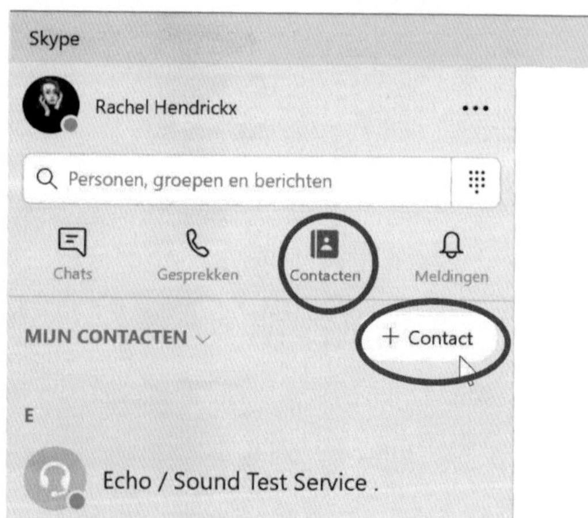

3 In het veld 'Personen zoeken' kan je de exacte naam van de persoon invullen:

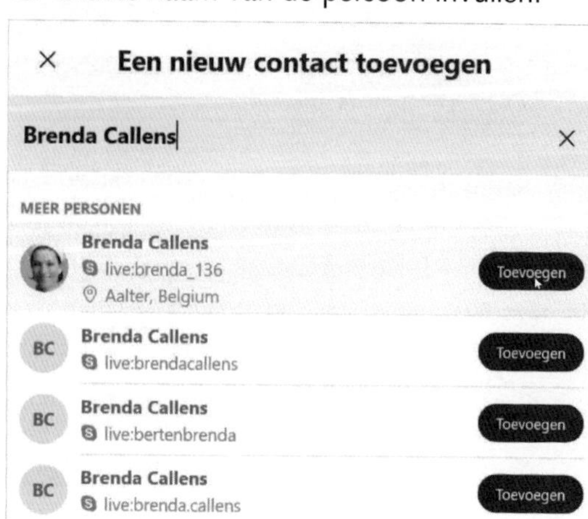

Beter is het om het juiste e-mailadres in te vullen, indien je dit kent. Een e-mailadres is uniek en indien je op die manier één persoon vindt, dan ben je zeker dat het om de juiste persoon gaat. Verschijnt er bovendien een foto, dan ben je helemaal zeker:

4 Klik op de knop Toevoegen in het vak van de gevonden persoon.

Status

In de lijst met contactpersonen zie je, via gekleurde pictogrammen, wie er gecontacteerd kan worden en wie niet.

Statuspictogrammen

Dit zijn de belangrijkste statusinstellingen:

Online (groen): Deze contactpersoon kan meteen gecontacteerd worden. Tekstberichten worden onmiddellijk afgeleverd.

Afwezig (geel): De persoon is aangemeld op Skype, maar heeft de status op Afwezig gezet. Deze status wordt ook automatisch ingesteld wanneer op de computer van de contactpersoon, gedurende een uur geen activiteit meer vastgesteld werd.

Niet storen (rood): De persoon is aangemeld, maar wenst niet gestoord te worden.

Offline (grijs): De persoon is niet aangemeld of heeft zichzelf 'onzichtbaar' gemaakt. Hij kan niet gecontacteerd worden via Skype.

Status aanpassen

Van zodra je aangemeld bent op Skype, krijg je in principe de status Online. Je Skype-vrienden kunnen je dus contacteren. Wil je dit even niet, dan kan je jouw status als volgt aanpassen:

1 Je huidige status is zichtbaar in jouw profielfoto (of initialen). Klik op het statussymbool, er zit een menu achter:

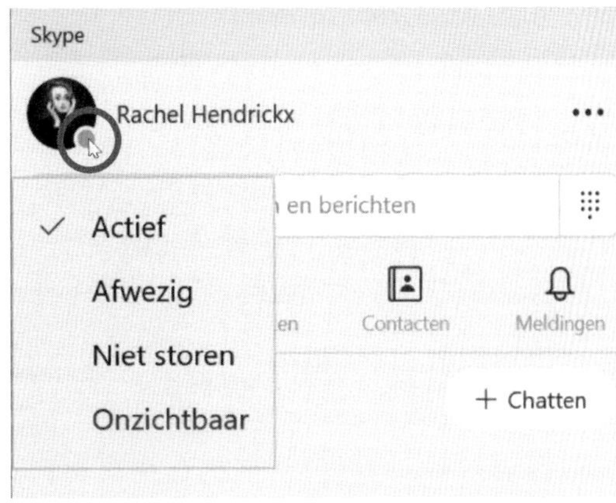

2 Kies jouw gewenste nieuwe status.

Tip: Onzichtbaar meldt je niet af op Skype, maar maakt jou voor jouw contact-personen onvindbaar, het lijkt dan alsof je Offline bent, maar je bent nog steeds aangemeld op Skype en je kan nog zien wie online is. Kies je voor Offline, dan wordt je afgemeld en kan je de status van je contactpersonen niet meer zien.

Contactpersoon blokkeren

Wil je offline zijn voor één bepaalde persoon, dan kan je die persoon blokkeren:

1 Selecteer de contactpersoon in de lijst Contacten met de rechtermuisknop en kies 'Contact bewerken...'.

2 Klik op de link Blokkeren. In het slechtste geval, stalking bijvoorbeeld, kan je misbruik van deze persoon rapporteren.

3 De persoon krijgt de status 'Geblokkeerd'. Hij of zij ziet jou nu steeds als 'Offline'.

Chatten met tekst

Je kan rechtstreeks chatten met iemand die in jouw lijst Contacten voorkomt en de status Online heeft.

Een eenvoudig chatbericht starten

1 Open Contacten en selecteer de online persoon waarmee je wil praten. Heb je veel contactpersonen, vul dan de naam van de persoon in het zoekbalkje bovenaan in.

2 In de rechterhelft van het venster kan je onderaan een bericht typen.

3 Druk op Enter of klik op de knop Verzenden om het bericht te verzenden.

4 Wacht op de reactie van jouw contactpersoon.

Tip 1: Van zodra de gesprekspartner aan het typen gaat, verschijnt net boven het berichtvak de melding 'X is aan het typen'. Het antwoord volgt dan waarschijnlijk snel:

Tip 2 Van zodra het antwoord er is, hoor je een geluidssignaal.

CHATTEN MET TEKST VIA SKYPE

Jouw profiel
Kies je profielfoto, vul een stemmingsbericht en status in of meld je af

Stemming
Elke Skype-gebruiker kan met een kort zinnetje iets meedelen

Conversatie
Jouw eigen berichten staan rechts uitgelijnd

Groep maken
Nodig extra gesprekspartners uit

Bellen
Schakel over naar audio-gesprek

Videogesprek
Schakel over naar live video (webcam vereist)

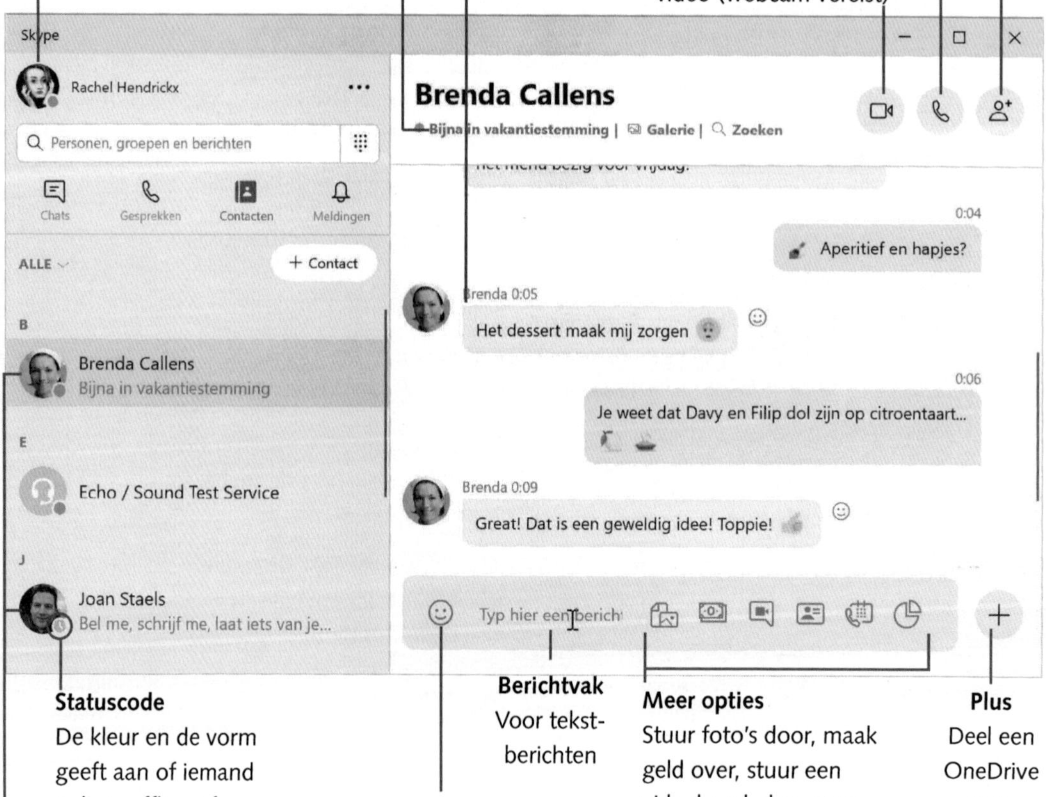

Statuscode
De kleur en de vorm geeft aan of iemand online, offline of afwezig is of even niet gestoord wil worden

Berichtvak
Voor tekst-berichten

Expressiekiezer
Voeg een emoticon, GIF, sticker of moji toe

Meer opties
Stuur foto's door, maak geld over, stuur een videoboodschap mee of een contactpersoon, maak een afspraak of peil naar de mening van de gesprekspartner(s).

Plus
Deel een OneDrive map of een liedje via Spotify...

Contacten
Je kan enkel live chatten met contacten met status Online

Emoticons gebruiken

Je kan een tekst wat verfraaien door gebruik te maken van de Skype emoticons. Emoticons die je zelf typt, bijvoorbeeld :-), worden automatisch omgezet in mooie, geanimeerde emoticons, bijvoorbeeld: 

Speciale emoticons voeg je in via de emoticonknop links van het tekstvak. Je kan een keuze maken uit geanimeerde smileys en andere figuurtjes:

Tip 1: Voor elke emoticon is er ook een tekstvariant, die zie je in het bericht verschijnen. Bijvoorbeeld  is (celebrate).

Tip 2: Naast de klassieke emoticons (geanimeerde smileys en figuurtjes) kan je ook GIF-plaatjes (korte animaties), stickers (afbeeldingen zonder animatie) en moji's (animaties met geluid) toevoegen.

Tip 3: Wil je een bepaalde afbeelding, maar vind je die niet direct, zoek er dan naar via het zoekbalkje boven de knoppenbalk.

Foto of bestand meesturen

Skype biedt de mogelijkheid om tijdens een chatsessie een foto of een bestand te delen.

1 Klik op het pictogram 'Meer opties' (knop met drie puntjes) rechts van het tekstvak:

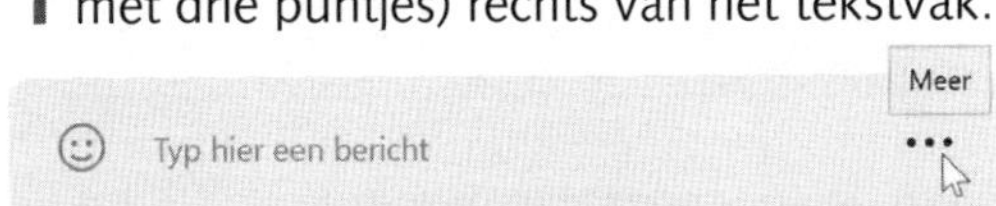

2 Klik op het eerste pictogram, 'Bestanden':

3 selecteer een foto of bestand op de harde schijf en klik op Openen. Het bestand wordt meteen verzonden.

4a Bij foto's ziet de ontvanger een miniatuur in de chatberichten staan. Daarop klikken opent de foto in hoge resolutie.

4b Werd een bestand verstuurd, dan ziet de contactpersoon de naam en de grootte van het bestand verschijnen. Om het bestand te downloaden moet op een ronde downloadknop geklikt worden.

Daarna moet deze nog bevestigen dat hij het bestand accepteert.

Groepsgesprek

Via de knop 'Groep maken' kan je een derde persoon uitnodigen tot de chat:

Je kan nu één of meer contacten selecteren en uitnodigen om deel te nemen aan het gesprek:

Klik op Gereed. Er wordt een nieuwe chat gestart. De nieuwe contactpersoon ziet de berichten van vóór de uitnodiging dus niet.

Chatsessie afsluiten

Sluit af door jouw status op Offline te zetten (zie vorige pagina's). Je kan ook afmelden door in je profielpagina Afmelden te kiezen. De app afsluiten is niet voldoende, Skype blijft actief op de achtergrond (zie pictogram van Skype in het systeemvak van Windows)!

Chatgesprek wissen

Standaard blijven jouw conversaties bewaard. Wil je een gesprek wissen, ga dan naar onderdeel Chats. Klik op een gesprek met de rechtermuisknop en kies 'Gesprek verwijderen'.

Bellen en videogesprek

Wanneer jij en je gesprekpartner een microfoon aangesloten hebben op de computer, of een smartphone of tablet gebruiken, dan kan je met elkaar 'bellen', alsof jullie een telefoongesprek voeren, maar dan via internet. Dit is met name interessant wanneer de gesprekspartner in het verre buitenland verblijft. Hebben jullie daarnaast ook een webcam, dan is een videogesprek mogelijk. Je kan best beginnen met 'bellen' alvorens over te schakelen naar een videogesprek. Misschien zit je gesprekspartner wel in bad of heeft hij of zij een te warrig kapsel op dit moment...

Bellen

1 Open Contacten en selecteer de online persoon waarmee je wil bellen en klik op het pictogram Bellen (telefoonhoorn). Krijg je een keuzemenu, kies dan: 'Bellen / Gratis via Skype'.

2 Er wordt getracht via internet, dus niet via het telefoonnetwerk, een verbinding te maken met de persoon. Het gesprek van computer naar computer is gratis en vanaf een smartphone via WiFi ook.

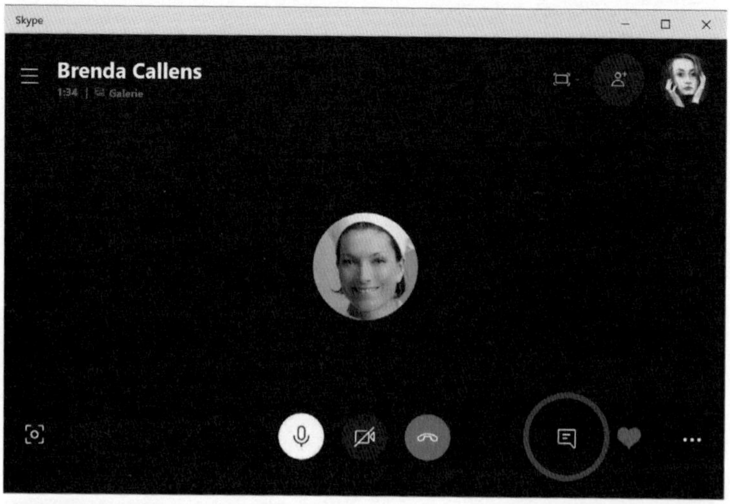

3 Van zodra de persoon het gesprek aanvaard heeft, kan je praten.

4 Tijdens het bellen kan je ook teksten typen, bijvoorbeeld om te melden dat je de contactpersoon niet hoort omdat diens microfoon uitstaat. Klik daarvoor op de knop 'Gesprek openen' in het venster (hiernaast omcirkeld). Je kan nu opnieuw teksten uitwisselen.

Gebeld worden

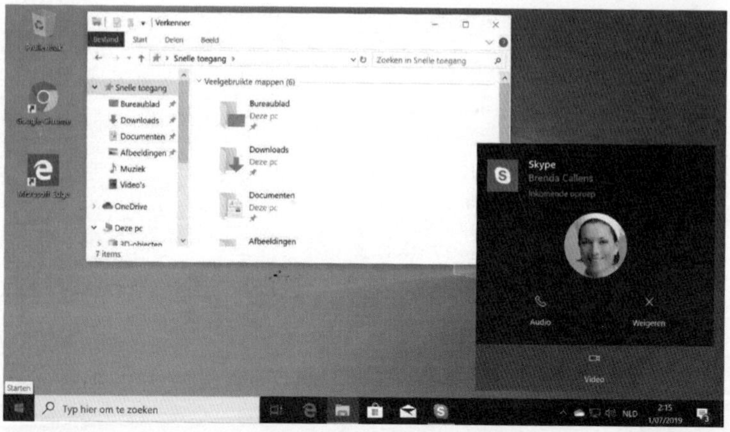

Je kan natuurlijk ook gebeld worden door één van je Skype-vrienden, tenminste indien jouw computer aan staat en Skype op de achtergrond actief is. Van zodra iemand jou wenst te contacteren, verschijnt een melding op je scherm. Klik op knop 'Audio' om een audiogesprek te starten. Je kan later nog overgaan naar een videogesprek. Indien je geen zin hebt om de persoon te woord te staan, klik dan op Weigeren.

Overschakelen naar video

Hebben jullie allebei een camera, dan kan je overschakelen naar een videogesprek via de cameraknop. Als het goed gaat, krijg je nu jezelf én je gesprekspartner in beeld. Zie kader op de pagina hiernaast. Je gesprekspartner wordt venstervullend getoond, jouw eigen video staat in een hoekje bovenaan. Zie kader op de pagina hiernaast.

VIDEOCHATTEN VIA SKYPE

Videobeeld gesprekspartner
De echte naam verschijnt hier. Diens video wordt venstervullend getoond.

Jouw videobeeld
Dit is wat jouw gesprekspartner ziet.

Groep maken
Nodig gesprekspartners uit voor een videoconferentie.

Volledig scherm
Toont de video van jouw gesprekspartner in volledig scherm.

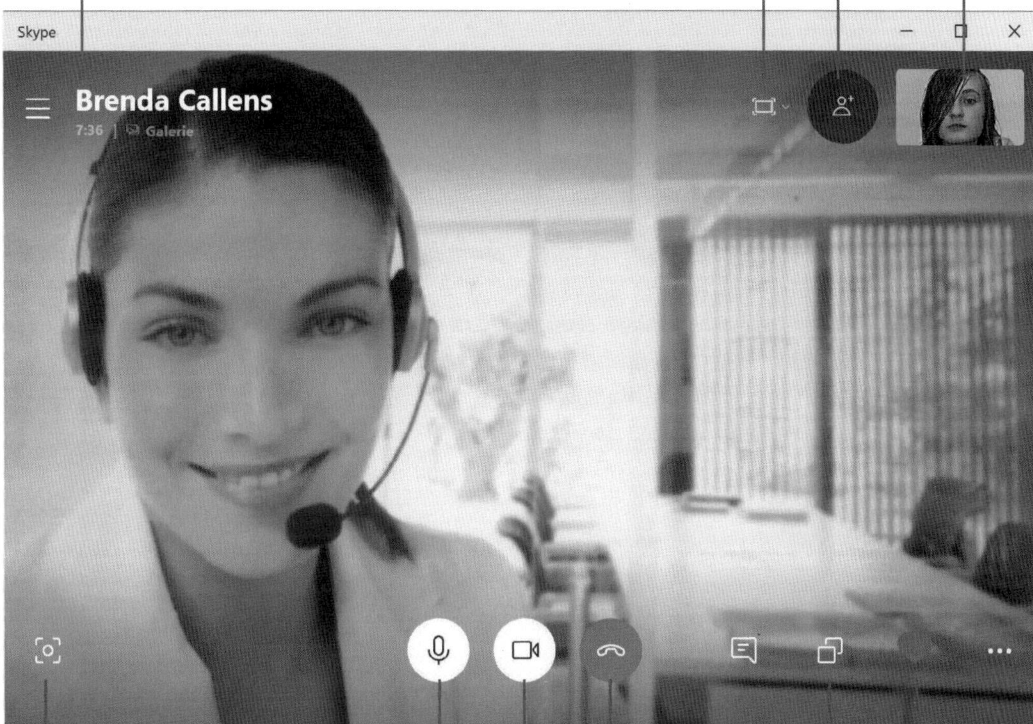

Snapshot
Maak een 'foto' van jouw live videobeeld en stuur dit door. Handig indien je iets via de lens van je camera wil tonen.

Microfoon
Audio in- of uitschakelen. Zweef over het pictogram om audio-instellingen aan te passen.

Camera
Video in- of uitschakelen. Zweef over het pictogram om video-instellingen, zoals het onscherp maken van de achtergrond, aan te passen.

Ophangen
Chat beëindigen

Scherm delen
Toon jouw bureaublad.

Emoticon
Toon symbool als video-overlay.

Achtergrond vervagen

Zit je voor de camera maar ziet de ruimte waarin je bent, er niet zo opgeruimd uit, dan kan je de achtergrond kunstmatig laten vervagen zodat enkel jouw gezicht scherp in beeld is. Gebruik hiervoor de optie 'Mijn achtergrond vervagen' in het menu met de drie puntjes of zweef met de muisaanwijzer over de cameraknop en zet daar de optie aan:

Snapshot

Wil je een item tonen aan je gesprekspartner, dan kan je dat voor de camera houden en er een foto van maken via de knop 'Snapshot' in de linker onderhoek. De 'foto' wordt dan doorgestuurd als bestand. Met de huidige kwaliteit van de webcamera's zullen voldoende details zichtbaar zijn. **Tip**: Zorg er voor dat de optie 'Mijn achtergrond vervagen' niet aan staat, zodat het item scherp in beeld kan gebracht worden.

Scherm delen

Tijdens een videogesprek kan je jouw scherm delen. Dat wil zeggen dat jouw contactpersoon exact ziet wat er op jouw computerscherm te zien is. Zo kan je bijvoorbeeld tijdens een Skype-gesprek door jouw foto's bladeren en daar commentaar bij geven. Het kan ook nuttig zijn indien je een computerprobleem hebt en hulp nodig hebt van een Skype contactpersoon met meer computerervaring. Je contactpersoon kan echter niet de controle overnemen van jouw computer, dus: kijken mag, aankomen niet! Jouw computerscherm deel je als volgt:

1 Klik tijdens het gesprek op de knop 'Scherm delen' onderaan in het venster.

2 Je kan eventueel ook het computergeluid mee doorsturen. Bevestig met een klik op 'Scherm (en geluiden) delen':

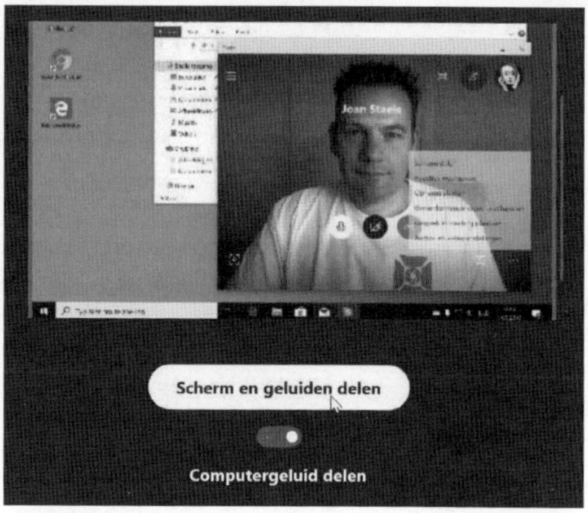

3 Jouw contactpersoon ziet nu het gedeelde scherm in zijn of haar Skype-venster. Zie voorbeeld hieronder.

4 Het delen stop je via de knop 'Delen beëindigen' of via ... ▸ 'Delen beëindigen'.

Gesprek beëindigen

Een telefoon- of videogesprek beëindig je door 'op te hangen' via een klik op het pictogram met de telefoonhoorn. ■

Chatten via Facebook

Chatten met één of meerdere vrienden en zelfs videobellen is mogelijk via jouw Facebookpagina's. En ook deze keer is het volledig gratis!

Wie zit op Facebook?

Wanneer je zelf aangemeld bent op Facebook, dan kan je zien wie van jouw Vrienden op dit moment bereikbaar is via Facebook en misschien ook bereid is om met jou te chatten.

Een chatbericht starten

1 Meld je aan op Facebook. Op de webpagina vind je een vak Chat. Klik op dit vak om het te openen:

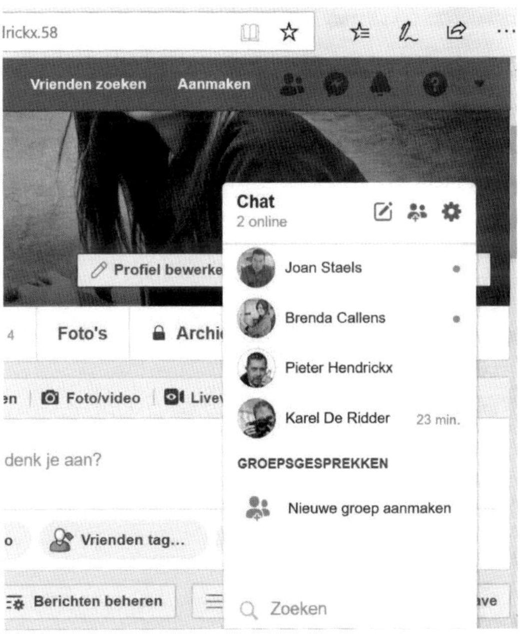

Vrienden met een groene stip naast hun naam zijn beschikbaar om te chatten. Vrienden zonder groene stip zijn momenteel niet aangemeld op Facebook. Chatberichten die je naar hen verstuurt, gaan mogelijk naar hun Postvak IN in Berichten.

2 Klik op de naam van de Vriend waarmee je een chatgesprek wilt voeren. Voer je bericht in en druk je op Enter op je toetsenbord:

3 Wacht de reactie van je Vriend af... Van zodra deze begint te typen zal Facebook dit melden via een animatie met drie puntjes:

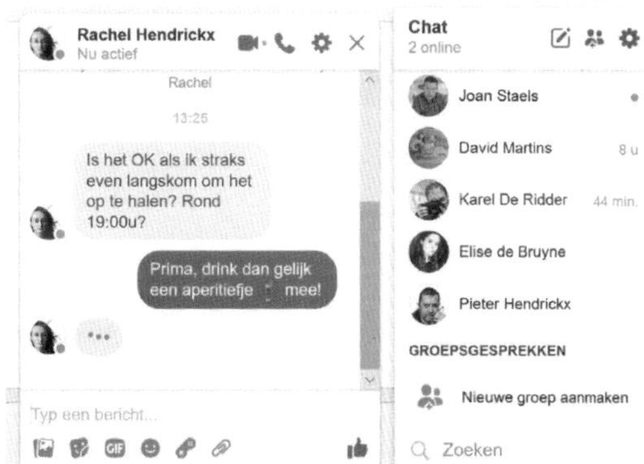

Emoticons, foto's en bestanden meesturen

Net zoals bij Skype kan je ook in Facebook emoticons toevoegen in het tekstbericht en kan je foto's, bestanden en meer media versturen tijdens het chatten. Zie kaderstuk hieronder. ■

CHATTEN VIA FACEBOOK

Foto
Selecteer een foto op de harde schijf en plaats deze als miniatuur in de conversatie. De foto kan gedownload worden in hoge resolutie.

Vind ik leuk
Een eenvoudig duimpje in een chatbericht betekent: dat vind ik leuk!

Sticker/GIF
Kleine animaties om de conversatie mee op te vrolijken

Emoticon
Plaats een smiley of ander figuurtje in je tekst.

Bestand
Verstuur een bestand vanaf de harde schijf

Spelletje?
Speel een spel, deel jouw score en daag je chatpartner uit om beter te doen.

Chatten via Twitter

Chatten met één van je volgers op Twitter is ook mogelijk.

Chatten met Volgers

Van zodra je Volgers hebt, kan je naar één van hen een persoonlijke tweet sturen. Je kan privéberichten niet sturen naar personen die jou niet volgen!

1 Meld je aan op Twitter.com en klik in jouw profielpagina op de link Volgers.

2 Klik op de Volger met wie je wil chatten.

3 Klik op de knop 'Berichten' (pictogram met envelop):

4 Typ in het vak 'Nieuw bericht beginnen' je bericht (maximum 140 tekens!) en klik op Verzenden.

5 Het berichtvenster blijft staan. Als de Volger meteen reageert, dan kan je een chatconversatie houden:

Net zoals bij Facebook en Skype kan je ook hier emoticons gebruiken, GIF's en foto's meesturen. ■

CHATTEN VIA TWITTER

Meer opties
Bij misbruik of andere problemen kan je hier nieuwe berichten van de Volger negeren. Je kan hier ook het gesprek verlaten, waarna de chathistorie automatisch gewist wordt..

Emoticon
Plaats een smiley of een andere figuurtje in je tekstbericht

GIF toevoegen
Plaats een korte animatie of videofragment in de conversatie.

Foto
Selecteer een foto op de harde schijf en plaats deze als miniatuur in de conversatie. De foto kan gedownload worden in hoge resolutie

HAND**BOEKEN.BE**

... EN JE BENT WEER MEE

DIGITALE FOTOGRAFIE 1: BASISTECHNIEKEN

Het boek beschrijft uitvoerig de basistechnieken van het digitaal fotograferen. Je verneemt alles over belichting, kleuren, scherpte en scherptediepte. We geven tips voor het fotograferen van mensen en dieren, steden en landschappen, macro en panorama's. Kortom: je leert je digitale camera kennen en betere foto's te maken. Met Photoshop Elements maak je van minder geslaagde opnames toch nog fraaie foto's. Dit boek is onmisbaar voor wie start met digitale fotografie!

ISBN: 978-9-49264-704-7
AANTAL PAGINA'S: 232
UITVOERING: pocket, 15,4 x 24,0 cm, **volledig in kleur**

DIGITALE FOTOGRAFIE 2: CREATIEF MET LICHT

Na een bespreking van de spiegelreflex- en systeemcamera's, objectieven en accessoires, behandelt dit boek portret-, product- en landschapsfotografie, aangevuld met HDR (foto's met hoog dynamisch bereik), macro en close-up fotografie. Hierbij worden de mogelijkheden van natuurlijk licht, kunstlicht en flitslicht besproken.

ISBN: 978-90-821-7636-0
AANTAL PAGINA'S: 224
UITVOERING: pocket, 15,4 x 24,0 cm, **volledig in kleur**

DIGITALE FOTOGRAFIE 3: SPECIALE TECHNIEKEN

In dit boek focussen we op interessante fotografische technieken: zwart-wit fotografie, high en low key portretfoto's, tekenen en schilderen met licht, 3D-fotografie, tijdsopnamen (time-lapse), 360° en sferische panorama's, geotagging, hogesnelheidsfotografie, videofilmen en meer... Fotograferen zal na het lezen van dit boek nog nooit zo veelzijdig en boeiend geweest zijn!

ISBN: 978-90-816-8258-9
AANTAL PAGINA'S: 216
UITVOERING: pocket, 15,4 x 24,0 cm, **volledig in kleur**

BEZOEK **HANDBOEKEN.BE** VOOR MEER INFORMATIE OVER DEZE BOEKEN, ACTUELE PRIJZEN EN BESTELINFO. TEVENS KAN JE VAN ELK BOEK EEN AANTAL HOOFDSTUKKEN GRATIS DOORBLADEREN.